Otto Behaghel

Die deutsche Sprache

Verlag
der
Wissenschaften

Otto Behaghel

Die deutsche Sprache

ISBN/EAN: 9783957008602

Auflage: 1

Erscheinungsjahr: 2016

Erscheinungsort: Norderstedt, Deutschland

Hergestellt in Europa, USA, Kanada, Australien, Japan
Verlag der Wissenschaften in Hansebooks GmbH, Norderstedt

DIE DEUTSCHE SPRACHE

VON OTTO BEHAGHEL
PROFESSOR AN DER
UNIVERSITÄT GIESZEN

1923
HÖLDER-PICHLER-TEMPSKY A. G.
WIEN / G. FREYTAG G. M. B. H.   LEIPZIG

MEINER LIEBEN FRAU.

VORWORT ZUR ZWEITEN AUFLAGE.

In seiner ursprünglichen Gestalt ist mein Büchlein von der deutschen Sprache 1886 erschienen. Damals umfaßte es 231 Seiten, während das neue Buch 370 Seiten aufweist. Die Abschnitte über die Veränderungen der Laute und die Wirkung der Analogie, über die Einwirkung fremder Sprachen auf das Deutsche, über Betonung, Lautlehre und Wortbiegung des Neuhochdeutschen sowie über die Eigennamen decken sich im wesentlichen mit Teilen der ersten Bearbeitung. In allem übrigen hat das Werk tiefgreifende Umgestaltungen und erhebliche Vermehrungen erfahren. Fachgenossen darf ich vielleicht auf die kleine Wortbildungslehre aufmerksam machen, die zum erstenmal auftritt, und auf die Erweiterungen, die mit der Lehre von der Satzfügung vorgenommen worden sind. Neu ist auch das Wort- und Sachverzeichnis. Einzelne Wörter habe ich dann aufgenommen, wenn durch bestimmte Stellen des Buches ihr Verständnis gefördert wird, nicht, wenn sie als beliebig gewählte Beispiele erscheinen. Bei den Sachen habe ich eine vielleicht etwas willkürliche Auswahl getroffen, habe dasjenige verzeichnet, von dem ich glaubte, daß man es leichter und lieber hier nachschlagen würde als in der Inhaltsübersicht.

Gießen, 5. Mai 1901.

O. Behaghel.

VORWORT ZUR DRITTEN AUFLAGE.

In der neuen Auflage ist die neue Rechtschreibung durchgeführt. Im übrigen konnten nur Druckfehler und einige kleinere Versehen berichtigt werden.

Gießen, 2. August 1903.

O. Behaghel.

VORWORT ZUR VIERTEN AUFLAGE.

Für die Zurüstung der neuen Auflage stand mir nur ganz kurze Zeit zur Verfügung. Soweit es unter diesen Verhältnissen möglich war, habe ich meine Darstellung mit dem neuesten Stand der Forschung in Einklang gebracht; auch habe ich mich bemüht, durch zahlreiche kleine Zusätze das Bild reicher und farbiger zu gestalten. Das Wort- und Sachverständnis hat eine erhebliche Vermehrung erfahren. Neu erscheint ein kleiner bibliographischer Wegweiser; dieses Verzeichnis will tatsächlich nichts als den Weg weisen zu Schriften und Abhandlungen, in denen der geneigte Leser weitere Aufklärung finden kann; jeder Gedanke an Vollständigkeit liegt hier weit ab; in ganz vereinzelten besonderen Fällen soll eine Angabe zur wissenschaftlichen Begründung des im Text Gesagten dienen.

Gießen, 15. Februar 1907.

O. Behaghel.

VORWORT ZUR FÜNFTEN AUFLAGE.

Ich habe geändert, zugefügt, gestrichen, wie es die Fortschritte unseres Wissens oder meines Wissens zu erheischen schienen: die Zusätze sind namentlich der Lehre von der Satzfügung zugute gekommen. Die Beispiele sind da und dort vermehrt; das Schriftenverzeichnis und das Wort- und Sachverzeichnis haben Ergänzungen erfahren.

Gießen, den 20. Oktober 1910.

O. Behaghel.

VORWORT ZUR SECHSTEN AUFLAGE.

Ich kann heute im wesentlichen nur die Worte wiederholen, die ich der fünften Auflage vorausgeschickt habe. Manchen Benützern des Buches bin ich für freundliche Verbesserungen und Ergänzungen zu lebhaftem Dank verpflichtet.

Gießen, den 20. April 1915.

O. Behaghel.

Die Verschiedenheiten innerhalb der deutschen Sprache.

Alltägliche Dinge pflegen unsere Aufmerksamkeit nicht in Anspruch zu nehmen, unser Nachdenken nur wenig anzuregen. Nun ist nichts alltäglicher als die Wörter, welche unsere Rede ausmachen, als die Sätze, die uns beim Lesen entgegentreten. Und doch besteht in den Kreisen gebildeter Männer und Frauen eine lebhafte Teilnahme für die Erscheinungen der Sprache, doch bieten sprachliche Dinge oft genug den Stoff unserer geselligen Gespräche. Wie ist diese Tatsache zu erklären? Wenn wir für einen und denselben Gegenstand stets die gleiche Form des Ausdrucks gebrauchten oder von andern gebraucht sähen, so würden ohne Zweifel sprachliche Fragen uns so gleichgültig lassen wie die Wahrnehmung, daß das Wasser bergab fließt, oder daß das Eisen rostet. Eine solche Gleichheit besteht aber tatsächlich nicht; auf Schritt und Tritt stoßen wir auf Verschiedenheiten: nach Zeit, nach Ort, nach der Persönlichkeit des Redenden; ja ein und derselbe Mensch verfügt über verschiedene Arten des Ausdrucks, je nach den Bedingungen, unter denen seine Rede zustande kommt.

Diese Unterschiede vor allem sind es, die sich der Betrachtung aufdrängen und das Nachdenken herausfordern. Sie sind keine zufälligen, sie sind notwendige, jederzeit auftretende Erscheinungsformen; sie bilden in ihrer Gesamtheit die Geschichte einer Sprache. Diese Erscheinungen im Leben unserer eigenen Sprache zu verfolgen, die Geschichte der deutschen Sprache zu schreiben, das soll die Aufgabe unserer Darstellung sein. Dabei werden wir freilich nicht allen Zeiten mit demselben gleichmäßigen

Herzschlag des kühlen Beobachters gegenüberstehen; die Ereignisse der Vergangenheit sollen uns insbesondere dazu behilflich sein, daß wir die Zustände der Gegenwart begreifen lernen und zu ihnen das richtige Verhältnis gewinnen.

Wir beginnen mit den Tatsachen selber; die allgemeinen Ursachen, die das Sprachleben gestalten, werden uns später beschäftigen. Die Tatsachen, das sind jene Verschiedenheiten mannigfachster Art zwischen den Sprachäußerungen des nämlichen Menschen wie zwischen den Sprachen der verschiedenen Einzelwesen. Zum Glück für unsere Betrachtung stehen diesen starken Abweichungen doch wieder zahlreiche Übereinstimmungen gegenüber, und die Vertreter der gleichen Eigentümlichkeiten schließen sich zu größeren Einheiten, zu Sprachkreisen zusammen. Von ihnen sollen zunächst die Einheiten betrachtet werden, die durch die Verschiedenheit der Zeiten entstehen.

A. Zeitliche Abschnitte.

I. Vorgermanische Zeit.

Indogermanische Zeit. Lautverschiebung.
Akzentverschiebung.

Das Sondertum des deutschen Volkes, seine geistige und körperliche Eigenart, der Umfang der Sitze, die es einnimmt, all das hat sich nicht erst im Lichte der geschichtlichen Zeit herausgebildet. So reichen auch die Besonderheiten der deutschen Sprache zum Teil weit hinauf in die graue Vorzeit, und die Vorgeschichte unserer Sprache führt uns hinaus über die Grenzen des Gebietes, das in geschichtlicher Zeit von den Vertretern deutscher Zunge bewohnt wird.

Die deutschen Stämme sind nur ein Bruchteil eines größeren Ganzen; sie sind ein Zweig des großen germanischen Volksstamms, zu dem außer den Deutschen unter den Völkern der Gegenwart Friesen, Engländer und Skandinavier gehören. Die Loslösung der Deutschen von der übrigen germanischen Sippe hat auch ein Auseinandergehen der Sprachen herbeigeführt. Zeigen sich nun z. B. zwischen den Skandinaviern einerseits und den Deutschen anderseits Übereinstimmungen der sprachlichen Bildung, so ist in sehr vielen Fällen mit Bestimmtheit anzunehmen. daß jene Bildungen der germanischen Sprache bereits vor ihrer Spaltung angehört haben. Die vergleichende Betrachtung der verschiedenen germanischen Sprachzweige ist somit imstande, uns ein Bild von der gemeinsamen germanischen Grundsprache zu geben.

Die Sprachwissenschaft leistet aber noch mehr. Sie hat nachgewiesen, daß, wie Friesen, Engländer und Skandinavier die Geschwisterkinder der Deutschen sind, so auch die Germanen selbst wieder sich einer ausgebreiteten Vetterschaft erfreuen, wenngleich der Grad, in welchem diese Vettern mit den Germanen verwandt sind, ein viel entfernterer ist. Zu diesem weiteren Kreise gehören die Inder, die Iranier, die Armenier, die Griechen, die Italiker (deren Hauptvertreter die Römer sind), die Kelten, die Slawen und Litauer. Alle diese haben zusammen mit den Germanen einmal ein einheitliches Volk gebildet und eine einheitliche Sprache besessen. Man nennt dieses Volk die **Indogermanen**, ihre Sprache die **indogermanische**. Von der Gestalt dieser Sprache läßt sich durch die Vergleichung der sämtlichen Einzelsprachen ein annähernd richtiges Bild gewinnen.

Weiter hinauf vermag die Wissenschaft nicht vorzudringen; man hat sich bemüht darzutun, daß in letzter Linie die indogermanischen Sprachen auch noch mit dem semitischen Sprachstamm verwandt seien; allein ein sicherer Nachweis ist bis jetzt nicht gelungen. Wenn aber auch der vorsichtigen Forschung weitere Erkenntnis verschlossen bleibt, so ist damit nicht gesagt, daß das Indogermanische dem Urzustand der Sprache nahekomme. Im Gegenteil: es ist eine nach allen Seiten hin hoch ausgebildete Sprache, die eine lange Entwicklung voraussetzt, und es besteht in der formalen Gestaltung kein grundsätzlicher Unterschied zwischen Indogermanisch und Germanisch. Das Indogermanische besaß ungefähr ebenso viele und ebenso geartete Laute wie das letztere; an Formenreichtum war es ihm überlegen; nur in bezug auf den Bau des zusammengesetzten Satzes stand es zurück; es ist zweifelhaft, ob bereits der Indogermane gelernt hatte, einen Satz dem andern mit Hilfe einer Konjunktion unterzuordnen.

Wir geben eine Übersicht über die für uns wichtigsten Laute des Indogermanischen und führen so dem Leser zugleich die Kunstausdrücke vor, die zu ihrer Bezeichnung verwendet werden. An Vokalen besaß das Indogermanische:

1. Einfache:
   a) kurze: a e i o u;
   b) lange: â ê î ô û.
2. Zusammengesetzte (Diphthonge): ai au ei eu oi ou.

Die Konsonanten zerfallen in sonore Konsonanten und Geräuschlaute. Von den ersteren kamen dem Indogermanischen die Halbvokale j und w, die Liquiden r und l, die Nasale m und n zu.

An Geräuschlauten fanden sich vor:

1. Einfache Laute:
   a) Augenblickslaute (die keiner Verlängerung fähig sind,
   , auch Verschlußlaute, Schlaglaute, Explosivlaute genannt); diese unterscheiden sich:
   α) nach dem Organ, mit dem die Laute erzeugt werden: Kehllaute (Gutturale): k-g, Zungenlaute (Dentale): t-d, Lippenlaute (Labiale): p-b;
   β) nach der Art der Erzeugung: Tenues (harte, tonlose Laute): k-t-p, Mediae (weiche, tönende Laute): g-d-b.
   b) Dauerlaute (die beliebig verlängert werden können, auch Reibelaute, Spiranten genannt); ihr Hauptvertreter im Indogermanischen war s. In spätere Zeit sind diese Laute häufiger, und sie lassen sich gleichfalls in tonlose und tönende unterscheiden.
2. Zusammengesetzte Laute: Verbindungen der Medien mit dem Laute h: Aspiraten: gh dh bh (zu sprechen ungefähr wie die betreffenden Zeichen in den Wörtern Waghals, Eidhelfer. leibhaftig).

Von dieser indogermanischen Grundsprache hat sich nun im Laufe des ersten Jahrtausends vor unserer Zeitrechnung das Germanische nach und nach losgelöst, d. h. es sind sprachliche Veränderungen in einem Teil des Indogermanischen eingetreten, von denen die übrigen Zweige freiblieben. Wenn man die Masse der Wörter überblickt, welche dem Germanischen mit den.

Griechischen und dem Lateinischen gemeinsam sind, so zeigt sich, daß die Vokale und die Sonorlaute im ganzen übereinstimmen, daß aber in den Geräuschlauten, abgesehen vom Laute s, stets eine Verschiedenheit besteht, und zwar entspricht einem gewissen Laut des Griechischen und Lateinischen stets ein ganz bestimmter anderer des Germanischen. Diese Erscheinung, deren Gesetze von Jakob Grimm entdeckt worden sind, heißt Lautverschiebung (bei den Engländern Grimm's law), und zwar die erste, da im Leben des Germanischen später noch einmal ein solcher Vorgang eintritt. Die hierzu gehörigen Tatsachen lassen sich unter drei Hauptregeln zusammenfassen:

1. Die Tenuis des Indogermanischen (das für uns durch Griechisch und Lateinisch vertreten werden mag) wird im Germanischen zum Reibelaut (Spiranten). Wir müssen hier einen Unterschied machen, der bei den indogermanischen Lauten noch keine Rolle spielte; wie es von Anfang an tonlose und tönende Verschlußlaute gibt, so gibt es später auch tonlose und tönende Reibelaute. Der Spirant nun, der aus der indogermanischen Tenuis hervorgeht, ist tonlos. Dabei ist zu bemerken, daß der Spirant der Kehllaute im Germanischen durch den Laut h vertreten wird. Der Laut k wird also zu h, p zu f, t zu th (th gesprochen wie im engl. third, further). So gelten denn folgende Gleichungen:

griech. καρδία, lat. cor = Herz.

griech., lat. pater = Vater (gesprochen wie Fater).

griech. τρεῖς, lat. tres = engl. three (hochd. drei).

Wir nehmen bisweilen unsere Zuflucht zu Beispielen aus dem Englischen, da dieses in manchen Punkten dem ursprünglichen germanischen Zustand treuer geblieben ist als unser heutiges Deutsch.

2. Wenn man die Regel ganz obenhin fassen will, so läßt sich sagen, daß Aspirata des Indogermanischen im Germanischen als Media erscheine. Für das Verständnis der Beispiele ist zu beachten, daß die indogermanischen Aspiraten gh, dh, bh im Griechischen als χ, ϑ, φ, im Lateinischen als h, f, f auftreten:

griech. χόρτος, lat. hortus = Garten.

griech. ϑύρα, lat. fores = engl. door.

griech., lat. fero = (ge-)bären.

Diese Fassung der Regel wird aber den Tatsachen nicht in allen Punkten gerecht. Manche Mundarten kennen eine Media g nur im Anlaut der Wörter oder besitzen eine solche überhaupt nicht; an ihrer Stelle erscheint eine tönende gutturale Spirans. Ebenso gebricht es gewissen Mundarten — hauptsächlich den niederdeutschen — an einer inlautenden labialen Media, an deren Stelle ebenfalls tönender Reibelaut auftritt, ein Mittelding zwischen unserm f und w (wir bezeichnen ihn mit bh). Und zwar sind diese Spiranten nicht etwa erst aus Medien hervorgegangen, sondern sie haben den ursprünglichen Stand der Dinge bewahrt. Offenbar ist der Vorgang, dem unsere zweite Regel gilt, kein einheitlicher gewesen; sondern zuerst sind wohl alle Aspiraten des Indogermanischen überall zu Reibelauten geworden, und diese haben sich später teilweise zu Medien gewandelt, teilweise haben sie sich bis auf unsre Tage erhalten.

3. Die Media wird zur Tenuis:

griech. γένυς, lat. gena (die Wange) = Kinn.

griech. δύο, lat. duo = engl. two.

griech. τύρβη, lat. turba = niederdeutsch dorp (= hochdeutsch Dorf).

Durch diese Vorgänge ist im indogermanischen Lautbestand eine wesentliche Veränderung vor sich gegangen. Das Germanische besitzt keine Aspiraten mehr; dagegen hat die Zahl der Spiranten, die im Indogermanischen nur durch s vertreten waren, bedeutend zugenommen.

Die drei Vorgänge der Lautverschiebung stehen unter sich in keinerlei Zusammenhang. Sie sind nicht gleichzeitig; es läßt sich vielmehr der bestimmte Nachweis führen, daß die Verschiebung der Media zur Tenuis erheblich jünger ist als die beiden anderen Verschiebungen, und ebensowenig gilt für sie das Verhältnis von Ursache und Wirkung. Die Media z. B. hat sich nicht deshalb zur Tenuis gewandelt, weil die Aspirata zur Media geworden, also nicht, damit der Zusammenfall des alten Lautes mit dem neu entstandenen vermieden werde; denn — um von anderen Gegengründen abzusehen — ein solcher „Differenzierungstrieb", der dem Zusammenfall von Lauten und Formen entgegenarbeiten würde, ist der lebendigen Sprache durchaus fremd.

Man hat mehrfach versucht, für die merkwürdigen Tatsachen der Lautverschiebung eine Erklärung zu finden. Man hat die Ansicht ausgesprochen, es sei die Lautverschiebung hervorgerufen worden durch einen Einfluß des turanischen Sprachstamms, der sich mit den Germanen berührt habe; beispielsweise sei die Media zur Tenuis geworden, weil dem Turanier die Laute g, d, b ursprünglich fremd gewesen seien. Neuerdings hat man eine Mischung mit rätischen Völkern, die vor den Kelten in Oberdeutschland gesessen hätten, für die Lautverschiebung verantwortlich gemacht. Allein die Unrichtigkeit dieser Annahmen läßt sich mit schlagenden Gründen erweisen. Nicht minder haltlos ist die Meinung, die die gesamte Lautverschiebung aus einer Verstärkung des Luftstroms hervorgehen läßt, den die Lunge beim Sprechen entsendet, und die diese Verstärkung herleitet aus dem Einrücken der Germanen in gebirgige Gegenden.

Die eben dargelegten Gesetze der Lautverschiebung erleiden eine scheinbare Ausnahme. Dem indogermanischen k, t, p entspricht im Germanischen nicht bloß h, th, f, sondern auch g, d, b. Neben den oben unter 1 aufgestellten Gleichungen gelten auch folgende:

griech. δείκνυμι, lat. dico = zeigen.

griech. κλυτός, lat. (in)clytus = engl. loud (hd. laut).

lat. capio = heben.

Die Endung der dritten Person der Mehrzahl erscheint im Lateinischen als nt (dicunt, audiunt), im Gotischen als nd (haldand, giband).

Die Erklärung für diese scheinbaren Ausnahmen hängt mit einem zweiten Unterschied zusammen, der — neben der Lautverschiebung — zwischen Indogermanisch und Germanisch besteht. Er betrifft die Art, in welcher beide Sprachen die einzelnen Wörter betonen. Wir legen den Hauptakzent (den man mit zu bezeichnen pflegt) in allen Biegungsformen und Ableitungen, die von ein und demselben Worte gebildet werden, stets auf die gleiche Silbe. Es heißt Hauses, wie Häuser, häuslich, Häuslichkeit. Und wir betonen in der Regel die erste Silbe eines Wortes. Anders gesagt: wir haben festen Akzent. Nicht so im Indogermanischen: hier konnte der Akzent innerhalb desselben

Wortes wechseln, ebenso wie im Griechischen ($\mu\acute{\eta}\tau\eta\varrho$—$\mu\eta\tau\varrho\acute{o}\varsigma$, $\mathring{a}\nu\delta\varrho\varepsilon\varsigma$—$\mathring{a}\nu\delta\varrho\tilde{\omega}\nu$), und es konnte die erste, zweite, dritte oder jede beliebige Silbe des Wortes die Tonsilbe sein. Dieser freie Akzent des Indogermanischen reichte noch bis in germanische Zeit hinein, d. h. in die Zeit, als die Lautverschiebung bereits begonnen hatte, und gewann Einfluß auf die Verschiebung der Tenuis. Ging der Akzent ihr unmittelbar voraus ($\acute{-}$ k —, $\acute{-}$ t —, $\acute{-}$ p —), so wurde sie nach der allgemeinen Regel zur tonlosen Spirans; folgte der Akzent nach (— k $\acute{-}$, — t $\acute{-}$, — p $\acute{-}$), oder ging er ihr zwar voraus, jedoch nicht unmittelbar ($\acute{-}$ — k —, $\acute{-}$ — t —, $\acute{-}$ — p —), so entstand die Media. Dieses Gesetz wird nach seinem Entdecker Karl Verner das Vernersche genannt.

Die Regeln der Lautverschiebung sind von großer Wichtigkeit bei jeder Forschung über auswärtige Verwandte germanischer Wörter. Nur solche Wörter der übrigen indogermanischen Sprachen können als verwandt in Betracht kommen, bei denen diese Lautvertretung stattfindet. Also Wörter, die die gleichen Kehl-, Zahn- oder Lippenlaute aufweisen, können nicht ursprünglich verwandt sein. So kann also z. B. Kopf nicht mit lat. caput zusammengehören, nicht Fuchs mit lat. fuscus, was einmal ein bekannter Semitologe behauptet hat. Kammer ist freilich identisch mit lat. camera, aber es ist kein ursprünglich deutsches Wort, sondern aus dem Lateinischen entlehnt; ebenso ist z. B. Dom erst in neuhochdeutscher Zeit aus dem lat. domus gebildet worden.

In dem Vernerschen Gesetz haben wir sogar ein Mittel an der Hand, um den Akzent eines indogermanischen Wortes zu bestimmen. Wo ein indogermanisches k, t, p einer germanischen Media entspricht, muß der Akzent auf der der Media nachfolgenden Silbe geruht oder um mehr als eine Silbe zurückgelegen haben; entspricht eine Spirans, so ging der Akzent unmittelbar voran..

II. Das Germanische und seine Unterabteilungen.

Mit diesen zwei Vorgängen, der Lautverschiebung und der Änderung des indogermanischen Akzents, ist die Selbständigkeit der germanischen Sprache entschieden.

Der Reichtum an Formen ist im Germanischen immer noch beträchtlich. Wo später nur eine Einzahl und eine Mehrzahl gebildet wurde, war in der Grundsprache noch eine Zweizahl, der Dual, möglich. Beim Zeitwort bestand wenigstens im Präsens noch eine besondere Form für das Passiv; die Frage „womit?" konnte noch durch eine besondere Kasusform beantwortet werden, zum Teil auch noch die Frage „wo?" und vielleicht auch die nach dem „woher?"

Dagegen hat die Fülle der Zeitformen, die dem Indogermanischen zukamen, starke Einbuße erlitten. Es besteht kein Futurum mehr. Während das Indogermanische neben dem Perfektum verschiedene andere Ausdrucksmittel für die einfache Erzählung besaß, muß sich das Germanische mit einer einzigen Form zur Bezeichnung des Vergangenen begnügen. In formaler Hinsicht ist allerdings etwas fast durchaus Neues geschaffen worden, das sogenannte schwache Präteritum (klagte, legte); es hat so wenig deutliche Anknüpfungen in älterer Zeit, daß noch heute über seine Entstehung die verschiedensten Meinungen im Schwange sind. Das Indogermanische hat neben dem Indikativ über einen Konjunktiv und einen Optativ verfügt; die beiden letzteren Modi sind im Germanischen in der einen Form des Konjunktivs zusammengefallen.

Eine wichtige Neuschöpfung hat das Beiwort erfahren. Während im Indogermanischen jedes Adjektiv nur eine einzige Formenreihe entfaltete, die von der Gestaltung des Hauptworts sich kaum unterschied, hat im Germanischen fast jedes Beiwort die Fähigkeit erlangt, zwei vollständige Reihen von Formen zu bilden, die sogenannten starken (z. B. ein guter Mann, mit gutem Mut) und die sogenannten schwachen (z. B. der gute Mann, des guten Mannes), von denen nur die letzteren in der Biegung des Substantivs ihresgleichen finden.

Im Bau des Satzes hat das Germanische aus der indogermanischen Zeit noch manches bewahrt, was uns fremd geworden ist. Wo wir einen Grund oder eine Zeitbestimmung in einem besonderen Satz ausdrücken müssen, genügte für den alten Germanen gerade wie für Römer und Griechen die Verbindung eines Substantivs mit einem Partizipium: „als der Vater kam".

hieß etwa **faderi kumendi**. Und wo wir bei einem Vergleich der Hilfe eines „als" oder „denn" bedürfen, kam man in alter Zeit ohne solche Bindemittel aus, indem man den verglichenen Gegenstand, wieder wie im Griechischen und Lateinischen, durch eine bestimmte Kasusform bezeichnete, z. B. **maiza imma**, ihm größer, d. h. größer als er. Die Bildung von Relativsätzen und andern Nebensätzen ist zu reicher Blüte gekommen. Während die indogermanische Zeit die Rede eines Menschen nur mit dessen eigenen Worten weiter melden konnte, hat sich jetzt die Form der abhängigen Rede ausgebildet, mit bestimmten, festen Gesetzen, die die Anwendung der Zeitformen im Nebensatz regelten.

Diese Einheit der Germanen und der germanischen Grundsprache hat sich nicht unmittelbar in die ganze Zahl von Völkern und Mundarten zerspalten, die uns später entgegentreten, sondern ist zunächst in drei größere Einheiten, in drei sich untereinander enger zusammenschließende Sprach- und Völkergruppen auseinandergegangen. Nämlich erstens das Gotische, zweitens das Skandinavische; beide, die sich vielleicht noch etwas näher stehen als jedes dem dritten, lassen sich als **Ostgermanisch** zusammenfassen; ihnen steht als drittes die Sprache der **Westgermanen** gegenüber.

Glänzend sind die gotischen Völker und ihre Verwandten in die Geschichte eingetreten; in überschäumender Kraft haben sie Reiche gegründet auf dem Boden der römischen Monarchie. Aber nicht lange hat das gotische Volkstum sich vor der überlegenen römischen Kultur behaupten können. Ihre Sprache ist dem Untergang verfallen. Wohl ist der Wortschatz des Italienischen, des Spanisch-Portugiesischen stark durchsetzt mit germanischen Bestandteilen, und auch in der Satzfügung dieser Sprachen zeigt sich gelegentlich germanischer Geist.

Aber kein schriftliches Denkmal gibt uns Kunde von der Sprache, in welcher Gelimer seinen Schmerz gesungen hat; wir wissen nichts von der Sprache der Gepiden und Bastarnen; ja nicht einmal die Ostgoten haben uns ein literarisches Denkmal ihres Daseins hinterlassen. Nur von den Westgoten, und zwar von den Westgoten der Balkanhalbinsel, besitzen wir zusammenhängende Aufzeichnungen in ihrer eigenen Sprache; diese sind zugleich die ältesten zusammenhängenden Denkmäler einer germanischen Sprache überhaupt. Sie bestehen — von Kleinigkeiten abgesehen — aus den Bruchstücken einer gotischen Bibelübersetzung, welche von Ulfilas, dem ersten Bischof der Westgoten, herrührt (geb. 311, gest. 383). Diese Übersetzung, obwohl sie in zahlreichen Punkten auch sprachlich unter dem Einfluß des griechischen Bibeltextes steht, bietet doch vielfach ein treues Bild der gotischen Redeweise.

Das Gotische weicht in seiner lautlichen Gestalt nur wenig von der germanischen Grundsprache ab und kann uns einigermaßen als deren Vertreter dienen. An Formen hat es freilich gegenüber jener einige Einbuße erlitten; teilweise ist es hierin sogar weniger ursprünglich als Zweige des Westgermanischen, die nur in erheblich jüngeren Quellen auf uns gekommen sind.

Ein versprengter Rest der Goten hat sich bis in neuere Zeit erhalten, die sogenannten tetraxitischen Goten auf der Krim. Im 16. Jahrhundert hat uns ein niederländischer Arzt namens Busbeck Kunde von ihrer Sprache gegeben, eine Reihe von Wörtern derselben aufgezeichnet, die er in Konstantinopel gehört hatte. Später sind sie tatarisiert worden und ausgewandert in die Gegend des Asowschen Meeres.

Das Skandinavische oder Nordische kennen wir, abgesehen vielleicht von den ältesten Runeninschriften, nicht in seiner einheitlichen Grundgestalt, sondern nur in den Einzelsprachen, aus denen das Urbild sich erschließen läßt; es umfaßt das Schwedische, Norwegische, Dänische und Isländische; die handschriftlichen Quellen dieser Sprachen beginnen kaum vor dem 12. Jahrhundert.

Auch den dritten Zweig, der für uns der wichtigste ist, können wir nicht in seiner ursprünglichen Einheit unmittelbar beobachten. Wann die westgermanische Sippe des germanischen Stamms sich von den anderen Gruppen losgelöst und wo diese Trennung stattgefunden hat, ist nicht zu bestimmen. Ebensowenig läßt sich für die ersten Jahrhunderte unserer Zeitrechnung bis zur Zeit, wo wir literarische Denkmäler besitzen, ein klares Bild dieses Sprachgebiets gewinnen, der Lauf seiner Grenzen genauer bezeichnen. Denn unablässig war noch um jene Zeit die germanische Völkermasse in der Bewegung begriffen; alte Stämme und Stammesnamen gehen unter, neue Völkerbünde, neue Namen treten in die Geschichte ein. Erst mit dem 6. Jahrhundert, mit der Eroberung Britanniens, kommt die große Verschiebung zu einem Abschluß.

Das westgermanische Sprachgebiet umfaßt von den Stämmen, deren Sprache Bestand gehabt hat, oder über deren Sprache aus überlieferten Resten sich urteilen läßt, die folgenden: die Langobarden, Bayern, Alemannen, Franken, Hessen, Thüringer, Angeln, Sachsen, Jüten und Friesen, während über die Zugehörigkeit der Burgunder sich keine bestimmte Ansicht gewinnen läßt. Weit ausgedehnter war somit die Herrschaft der deutschen Zunge als in späteren Tagen. Sie reichte im Norden, in Großbritannien, bis gegen den Clyde, im Westen an den Atlantischen Ozean und im Süden an die Pyrenäen, wenngleich nicht in dichten Massen, sondern mehr in verstreuten Ansiedlungen, und endlich über die Kämme der Alpen bis hinein nach Oberitalien. Anderseits war das Gebiet des Deutschen nach Osten hin viel eingeschränkter; Grenze war die Elbe, und östlich von dieser saßen Slawen.

Hätten wir Sprachdenkmäler der eben genannten Völker aus dem 4. oder 5. Jahrhundert, sie würden unter sich nur geringe Abweichungen zeigen und auch der Sprache der Goten in ihren Lauten noch nahe stehen. Der Hauptunterschied zwischen dem Gotischen (und Skandinavischen) einerseits und dem Westgermanischen anderseits liegt auf dem Gebiete der Wortbiegung. Jenes bildet nämlich bei den starken Zeitwörtern die zweite Person der Einzahl des Präteritums auf -t (eine Bildungsweise, welche mit der der andern indogermanischen Sprachen übereinstimmt), also z. B. namt (du nahmst), gaft (du gabst); die westgermanischen Sprachen dagegen haben statt dessen eine Form auf i: nâmi, gâbi.

Zu der Zeit aber, aus der wir Aufzeichnungen des Westgermanischen besitzen, weichen die einzelnen Sprachen weit stärker vom Gotischen und unter sich selbst ab, und diese Unterschiede sind mit der Zeit immer größer geworden. Am entschiedensten hat die germanische Sprache Britanniens ihren eigenen

Weg eingeschlagen, die Sprache der Angeln, Sachsen und Jüten, das Angelsächsische oder Englische. Der starke Unterschied ist bedingt einmal durch die räumliche Absonderung, sodann durch die Schicksale, die die englische Bevölkerung Britanniens erfahren hat. Die Eroberung durch die Normannen hat dem Wortschatz des Englischen einen halbromanischen Charakter gegeben, und auch die beständigen Einfälle der Dänen, ihre zeitweilige Herrschaft in England sind nicht ohne Einfluß auf dessen Sprache geblieben. Das Englische fällt außerhalb des Kreises unserer ferneren Betrachtung. Ebenso das gleichfalls von den festländischen Mundarten ziemlich stark abweichende Friesische, das noch auf den Nordseeinseln und an manchen Küsten der Nordsee sein Dasein fristet.

Es bleiben somit für unsere Darstellung zunächst noch die Langobarden, Bayern, Alemannen, Hessen, Thüringer, die auf dem Festland zurückgebliebenen Teile der Sachsen und Angeln und vielleicht die Burgunder. Die Geschichte dieses nun eigentlich deutschen Sprachgebiets, des Deutschen im engeren Sinn, bedarf weiterer Gliederung.

III. Die Perioden des Deutschen im engeren Sinn.

Es hat stets etwas Bedenkliches, eine geschichtliche Entwicklung in Abschnitte zu gliedern, und gegenüber dem Leben der Sprache sind diese Bedenken besonders gewichtig. Die Entwicklung vollzieht sich langsam und allmählich, nicht sprungweise; nicht selten geschieht es, daß eine bestimmte Erscheinung auf einem Teile des Gebietes sich rascher ausbildet als auf einem andern. Ob man diese oder jene Veränderung als das bedeutsamste Kennzeichen einer Zeit auffaßt, ist Sache einer ziemlich willkürlichen Entscheidung.

Hergebrachtermaßen gliedert man die Geschichte der deutschen Sprache in drei Abschnitte, in eine alte, mittlere und neue Zeit. Da nun der wichtigste Zweig des Deutschen der hochdeutsche Sprachstamm ist und die Benennung einer zusammengesetzten Größe nach dem überwiegenden Bestandteil zu erfolgen pflegt, so spricht man von einer althochdeutschen, einer mittelhochdeutschen, einer neuhochdeutschen Periode.

Als Grenze zwischen dem ältesten und dem mittleren Abschnitt wird gewöhnlich die Zeit um 1100 betrachtet; die neuhochdeutsche Zeit beginnt man mit dem Auftreten Luthers, das für die Begründung der neuhochdeutschen Schriftsprache entscheidend geworden ist. Die äußern Kennzeichen dieser verschiedenen Zeiten findet man in der Gestaltung der Vokale. Wer ein althochdeutsches Denkmal zum ersten Male liest, dem springt vor allem die eigentümliche Beschaffenheit der Endsilben in die Augen: wo heute das einförmige e durchaus herrscht, erscheinen dort die mannigfachsten vollen Vokale, kurze und lange: es heißt z. B. branta (brannte), hellâ (der Hölle), sagên (sagen), boto (Bote), salbôn (salben), fridu (Friede), zungûn (die Zungen). Die Abschwächung dieser vollen Vokale gilt als das Kennzeichen der mittelhochdeutschen Zeit. Allerdings bedarf dieser Satz einer gewissen Einschränkung: die alemannischen Mundarten des Südens haben nur die kurzen, nicht die langen Vokale der älteren Zeit zu e gewandelt, und auch in Tirol finden sich Gebiete mit Zeugnissen für dieses Verfahren.

Für die jüngere Zeitgrenze kommen die Vokale der Stammsilben in Betracht. Eine große Menge von Silben, die wir heute lang sprechen, ist im Mittelhochdeutschen noch kurz gewesen; es hieß z. B. mhd. des tages, ich sprach mit kurzem Vokal der Stammsilbe. Statt reich, Weib, Zeit hieß es rîch, wîp, zît; Bauch, Haut, Maus lautete bûch, hût, mûs; heute, teuer, Treue erschien mhd. als hiute, tiure, triuwe. Umgekehrt wurden lieben — schieden, Tuch — Huf, wüte — grüße als liêben — schiêden, tuoch — huof, wüete — grüeze ausgesprochen. Also Längung alter Kürzen, Diphthongierung alter Längen, Vereinfachung alter Doppellaute sind bedeutsam geworden für das Neuhochdeutsche.

Diese an sich sehr wichtigen Erscheinungen sind aber doch als Kennzeichen eines ganzen Zeitabschnitts von untergeordnetem Wert. Sie kennzeichnen wohl unsere neuhochdeutsche Schriftsprache, aber von den Mundarten doch nur einen kleinen Teil: alle drei vereint erscheinen sie nur in einem allerdings beträchtlichen Teil der Mundarten Mitteldeutschlands; die Diphthongierung erscheint außerdem im Schwäbischen und Bayrischen, aber nicht im übrigen Süddeutschland und nicht im Niederdeutschen; die alten Diphthonge sind in Süddeutschland erhalten geblieben, in Niederdeutschland waren sie größtenteils gar nicht vorhanden gewesen.

Es ist aber überhaupt nicht möglich, einen durchgreifenden Unterschied in der Lautgestalt der mittleren und der neuern Zeit aufzufinden. Dagegen besteht ein sehr wichtiger Unterschied in dem Bestande der Biegungsformen: der Genitiv der älteren Sprache ist in den Mundarten der neuern Zeit so gut wie gänzlich untergegangen. Wenn er trotzdem in der uns geläufigen Schriftsprache sein Dasein fortführt, so verdankt er das der künstlich erhaltenden Wirkung der Schriftsprache; wir werden darüber noch zu reden haben. Der Schriftsprache und den Mundarten gemeinsam sind Unterschiede auf dem Gebiete der Satzfügung. Erst das Nhd. hat es gelernt, die Zeitform des Präsens ohne weiteres auch in der Erzählung anzuwenden. Jene festen Gesetze, die das Germanische ausgebildet hatte über die Anwendung der Zeitformen in der abhängigen Rede (s. oben S. 16), sind im Nhd. der Auflösung verfallen; Näheres darüber im Abschnitt über die Satzfügung. Auch auf dem Gebiete der Wortbildung hat das Nhd. Erscheinungen hervorgebracht, die älteren Zeiten fremd sind, so insbesondere jene Bildungen, die durch das Zusammenwirken von Ableitung und Zusammensetzung zustande kommen, wie **Ehebrecher** von **die Ehe brechen**, **Freilassung** von **frei lassen**, **altjüngferlich** von **alte Jungfer**.

Wie man sieht, sind die Abweichungen der neuen Zeit gegenüber den beiden früheren Abschnitten zahlreicher und wesentlicher als diejenigen zwischen der althochdeutschen und der mittelhochdeutschen Zeit. Man würde also besser tun, zunächst der neuesten Periode die beiden älteren als eine Einheit, als das **Altdeutsche** gegenüberzustellen und die ältere und mittlere Zeit nur als deren Unterabteilungen zu betrachten.

a) Die althochdeutsche Zeit.

Erst in dieser Zeit kann von einer Geschichtschreibung die Rede sein, die sich auf zeitgenössische sprachliche Zeugnisse stützt. Diese bestehen aber keineswegs von Anfang an in wirklichen terarischen Schöpfungen, ja nicht einmal in zusammenhängender Rede. Die älteste deutsche Dichtung pflanzte sich hauptsächlich durch mündliche Überlieferung fort. und wenn ja etwas davon aufgezeichnet wurde, so bedurfte es eines wunderbaren Zufalls, sollten sich Reste davon auf unsere Zeit retten, trotz der Feindschaft der christlichen Geistlichen gegen den altheimischen Gesang und das in ihm fortlebende Heidentum. Und die Sprache der Wissenschaft, des öffentlichen Verkehrs, der Gesetze war das Lateinische und blieb es noch auf Jahrhunderte hinaus, trotz der Bemühungen Karls des Großen, seiner Muttersprache eine höhere Stellung zu gewinnen, denn die späteren deutschen Könige waren nichts weniger als Beförderer der deutschen Sprache.

Aber auch dieses lateinische Schriftwesen hat der Sprachforschung wertvollen Stoff aufbewahrt, vor allem die alten, auf deutschem Sprachgebiet ausgestellten Urkunden. Diese enthalten eine große Anzahl von deutschen Wörtern, freilich fast ausschließlich Namen von Personen und Orten und meist mit lateinischer Umgestaltung der Endungen. Die Aufschlüsse, welche diese bei richtiger Benutzung uns trotzdem gewähren, betreffen zwar nur das Gebiet der Laute und — weit seltener — die Biegung des Hauptworts und die Wortbildung, sind aber doch von großer Bedeutung, um so mehr, als fast jedesmal Abfassungsort und Abfassungszeit einer Urkunde genau bekannt ist. Den Namen schließen sich in der Reihenfolge der Sprachquellen die sogenannten Glossen an. Das sind Übersetzungen einzelner lateinischer Wörter, gemacht zu Zwecken des Lehrens und Lernens. Diese Glossen sind entweder über die Wörter des fortlaufenden lateinischen Textes übergeschrieben (Interlinearglossen) oder zu kleinen Wörterbüchern, Glossaren, vereinigt.

Erst etwa aus der Zeit Karls des Großen besitzen wir zusammenhängende Sprachdenkmäler. Sie umfassen hauptsächlich geistliche Übersetzungsliteratur, einige geistliche Dichtungen, verschwindende Reste des heimischen Volksgesangs. Diese Literatur verteilt sich sehr ungleich auf die deutschen Stämme. Gar nicht sind die Angeln daran beteiligt, deren kümmerliche bald verschollene Reste uns vielleicht ein paar einzelne Wörter hinterlassen haben; nicht die Hessen und Thüringer, nicht die

Langobarden und Burgunder. Wenig die Sachsen, noch weniger die Franken des Unterrheins; am meisten die übrigen Franken, die Bayern und Alemannen; demnach hauptsächlich das Gebiet des Rheins von Konstanz bis zur Mosel und das der obern Donau. Also gerade das Gebiet, in dem die neue christliche Kultur am frühesten und entschiedensten sich festsetzte.

Daß uns die Langobarden und Burgunder keine zusammenhängenden Sprachdenkmäler hinterlassen haben, hat seinen besonderen Grund. Im Beginn des Zeitabschnitts, der uns beschäftigt, hat das deutsche Sprachgebiet eine sehr erhebliche Einbuße erlitten. Das Schicksal, das die Goten auf römischem Gebiet erfahren haben, ist auch den Burgundern, Langobarden und den westlichen Franken in Gallien zuteil geworden: die romanische Sprache hat den Sieg über die deutsche davongetragen.

Freilich hat das germanische Element in der siegenden romanischen Sprache starke Nachwirkungen zurückgelassen, die stärksten im Französischen. Zahlreiche Ausdrücke des Kriegswesens sind deutschen Ursprungs — la guerre selbst ist ein deutsches Wort und hängt mit wirren zusammen —, ebenso solche des Lehenswesens, des Rechts. Sogar das Geschlecht einer ganzen Klasse von französischen Wörtern ist durch das Deutsche bestimmt worden: von den Wörtern auf -eur (la blancheur, la fureur usw.) sollte man erwarten, daß ihnen männliches Geschlecht zukäme; sie sind weiblichen Geschlechts, weil fast sämtliche entsprechenden Bildungen des Deutschen es sind.

Mit diesen Einschränkungen des Deutschen durch das Romanische ist seine West- und Südgrenze nunmehr im wesentlichen endgültig festgestellt. Sie beginnt im Norden östlich von Gravelines, zieht sich an dem französischen St. Omer vorbei nach Süden, nicht ganz bis zur Lys, wendet sich nach Osten, stößt in der Mitte zwischen Lüttich und Maastricht auf die Maas, geht südöstlich gegen Malmédy und dann südlich gegen Longwy (Malmédy und Longwy sind französisch), südöstlich auf Saarburg und Lützelhausen, südlich gegen Kolmar, trifft westlich davon auf die Grenze des Deutschen Reiches, folgt dieser bis Roggenburg an der Lützel, geht östlich zur Birs, von da entlang der Solothurner

Kantonsgrenze und westlich vorbei am Bieler See, der Ziehl entlang, gegen Murten, durch die Stadt Freiburg hindurch, schneidet die Rhone bei Siders, geht am Matterhorn vorbei, umzieht im Süden Monte Rosa und St. Gotthard, begleitet die Nordgrenze Graubündens bis etwa Tamins und zieht schließlich in östlicher Richtung auf Klagenfurt los.

Von den Schicksalen, die die Laute der Sprache in althochdeutscher Zeit betroffen haben, ist eines, die Abschwächung der Endungen, schon erwähnt, die hinüber leitet zur mittelhochdeutschen Zeit. Auch die Vokale der Stammsilben haben einen Wandel erlitten, überall dann, wenn in der Wortendung ihnen ein i nachfolgte; in solchem Fall hat eine Art von Angleichung stattgefunden, ist der Vokal des Stammes dem i der Endung angenähert worden; so wird von Kraft kräftig abgeleitet, von hûs der Plural hüser gebildet. Das ist der sogenannte Umlaut.

Besonders wichtig ist eine Veränderung, die sich auf dem Gebiet der Konsonanten vollzogen hat. Es ist auch hier wieder eine Lautverschiebung eingetreten, die zweite in ihrer Art. Sie hat mit jener ersten das gemeinsam, daß die einzelnen Erscheinungen durchaus voneinander unabhängig sind und auch nicht gleichzeitig erfolgen. Dagegen besteht ein erheblicher Unterschied der beiden Verschiebungen darin, daß das zweite Mal weniger Laute eine Veränderung erlitten haben als das erste.

In sehr ungleicher Weise haben die verschiedenen Gebiete an der zweiten Verschiebung teilgenommen. Am stärksten, wie auch am frühesten, sind die südlichen Gegenden betroffen worden; je weiter nach Norden, desto schwächer ist der Wellenschlag der Bewegung; die nördlichsten Gebiete sind fast gänzlich unberührt geblieben. So kommt es, daß der Stand der Verschiebung ein wichtiges Merkmal bildet für die Unterscheidung der einzelnen deutschen Mundarten.

Die früheste und umfassendste Verschiebung hat bei den Tenues k, t, p stattgefunden, und zwar ging sie am weitesten bei dem germanischen t. Hier muß nun ein Unterschied gemacht werden zwischen Anlaut einerseits und Inlaut und Auslaut anderseits. Im Anlaut ist kein einheitlicher Laut entstanden, sondern eine Verbindung von Tenuis und Spirans, eine sogenannte

Affricata. Dieser Laut wird in den alten Quellen gewöhnlich mit z bezeichnet und gesprochen wie unser tz. Z.B. niederdeutsch tein = hochdeutsch zehn. Im In- und Auslaut ist t zur Spirans geworden. Während aber die indogermanische Tenuis t im Germanischen zur Spirans th geworden war (s. S. 11), ist die neue Spirans ein Laut, der in den Quellen ebenfalls meist die Bezeichnung z gefunden hat. Die Aussprache ist wohl die unseres scharfen s gewesen. Das alte s selber, das aus indogermanischer Zeit vererbt war, hatte ursprünglich eine breitere Aussprache als heute, stand derjenigen unseres sch ziemlich nahe.

Auch bei den Schicksalen des k kommt es auf seine Stellung an. k ist im Inlaut und Auslaut eines Wortes auf dem ganzen hochdeutschen Gebiet zur Spirans ch geworden: englisch to speak, niederdeutsch spreken = hochdeutsch sprechen; niederdeutsch ik = hochdeutsch ich. Anlautendes k bleibt im größten Teile des Gebietes erhalten; nur auf bayrischem und alemannischem Boden — und auch hier nicht überall — ist Verschiebung zu kch oder ch eingetreten.

p ist im In- und Auslaut auf dem ganzen hochdeutschen Gebiet zu f geworden: niederdeutsch schap, slapen = Schaf, schlafen. Im Anlaut wurde es zu pf im Alemannischen und Bayrischen und außerdem in einem Teile des Fränkischen, das auf diese Weise von dem übrigen geschieden wird: dem Fränkischen im Gebiete des Mains und den südlichen Teilen der Rheingegend. Über die Mundarten Mitteldeutschlands, die erst später in den Gesichtskreis unserer Betrachtung eintreten, sei vorgreifend bemerkt, daß pf oder vielmehr daraus entstandenes f auch dem Thüringischen, Obersächsischen, Schlesischen zukommt.

Von den tonlosen Spiranten bleiben h und f unverändert bestehen; th dagegen wird nach und nach auf dem ganzen Gebiet, auch auf dem niederdeutschen, zu d: englisch brother = Bruder. bh — der tönende Spirant in der Reihe der Lippenlaute (s. S. 12), der nur im Inlaut der Wörter vorkam — ist im Alemannischen und Bayrischen und auch in einem Teil der anderen hochdeutschen Mundarten zum Augenblickslaut b geworden, also zum selben Laut wie der, der schon bisher im Anlaut der Wörter seinen Sitz hatte. Die Media d hat sich in den

26

südlichen Gebieten des Hochdeutschen zur Tenuis **t** gewandelt. Wir fassen diese Tatsachen der Lautverschiebung in einer Tafel zusammen (s. S. 27).

Der Formenbestand des Germanischen hat in der althochdeutschen Zeit erhebliche Einbuße erlitten. Der Dual besteht nur noch bei dem persönlichen Fürwort der ersten und zweiten Person. Beim Zeitwort ist die Passivform völlig ausgestorben. Von Kasus gibt es außer Nominativ, Vokativ und Akkusativ, Genitiv und Dativ noch den Instrumentalis, der auf die Frage „womit?" antwortet: z. B. fiuru mit dem Feuer; auch dieser jedoch geht im Laufe des Zeitabschnitts verloren. Anderseits sind Neubildungen geschaffen worden: es sind Umschreibungen des Passivs entstanden, es entwickelten sich neue Ausdrucksweisen für das Perfekt, für die Bezeichnung der abgeschlossenen Handlung: **ich bin gekommen, ich habe gefunden,** so daß die alten einheitlichen Formen **ich kam, ich fand** der reinen Erzählung dienen können.

Die Möglichkeit, einen bestimmten Kasus als Vergleichskasus zu verwenden oder Fügungen mit einem absoluten Mittelwort zu bilden, ist der echten deutschen Rede abhanden gekommen.

Es ist freilich nicht immer ganz leicht zu sagen, was rein heimische Weise sei. Wir kennen kaum deutsche Prosa, die nicht unter der Zucht des Lateinischen gestanden hätte. Bisweilen sind zweifellos dessen Fügungen unmittelbar nachgeahmt; selbst bei Otfried heißt es ganz undeutsch: **gote helphante** (= deo adjuvante). Sogar eigene Satzfügewörtchen sind unter der Anleitung des Lateinischen von alten Übersetzern gebildet worden; so muß etwa **warlihho** (eig. = wahrlich) zur Vertretung der lateinischen Konjunktionen **vero, autem, enim, ergo, igitur, itaque** dienen. Aber die gesunde Lebenskraft der deutschen Sprache hat diese fremden Tropfen in ihrem Blute bald wieder ausgestoßen.

b) Die mittelhochdeutsche Zeit.

Das Bild, welches das deutsche Sprachgebiet in diesem Zeitraum gewährt, ist viel reicher als das bisherige. Es sind ver-

Indo-germanisch			Germanisch			Niederdeutsch			Hochdeutsch — Fränkisch			Hochdeutsch — Alemannisch			Hochdeutsch — Bayrisch		
Gutt.	Dent.	Lab.	Gutt.	Dent.	Lab.	Gutt.	Dent.	Lab.	Gutt.	Dent.	Lab.	Gutt.	Dent.	Lab.	Gutt.	Dent.	Lab.
k			h			h			h			h			h		
	t			th			th (später d)			d			d			d	
		p			f			f			f			f			f
gh			g (Spir. o. Med.)			g (Spir. o. Med.)			g (Med. o. Sp.)			g (Media).			g (Media).		
	dh			d			d			d			t			t	
		bh			b [bh]			b [bh]			b [b o. bh]			b			b
g			k			k			k[ch]			k, kch o. ch [ch]			k, kch o. ch [ch]		
	d			t			t			z [ʒ]			z [ʒ]			z [ʒ]	
		b			p			p			p o pf [f]			pf [f]			pf [f]

Anmerkung. Die vor den eckigen Klammern stehenden Zeichen stellen den Wortanlaut, die in den Klammern befindlichen den Wortinlaut und Wortauslaut dar. — Das Zeichen z entspricht in seinem Klang unserm tz, das Zeichen ʒ unserm ß.

schiedene Ursachen, welche diese größere Lebensfülle bedingen. Einmal treten Gebiete, die früher nur spärliche Sprachdenkmäler aufzuweisen hatten oder sich noch gar nicht an den literarischen Bewegungen beteiligt hatten, nun in unsern Gesichtskreis ein. Das gilt von den niederdeutschen Gegenden und von den nördlichen Teilen des Hochdeutschen: dem fränkischen Gebiet von Mainz bis Köln, den hessischen und thüringischen Gauen.

Zu gleicher Zeit hat aber das deutsche Sprachgebiet nach außen einen erheblichen Zuwachs erfahren. In dem Maße wie die slawische Macht sich vor dem deutschen Schwert und der deutschen Ansiedlung beugen muß, faßt auch die deutsche Sprache festen Fuß im Osten der Elbe. Sachsen und Schlesien wird erobert, Böhmen teilweise gewonnen — hat doch dort im 14. und 15. Jahrhundert die deutsche Literatur eine freundliche Stätte gefunden —; Brandenburg, Mecklenburg, Pommern, Preußen wird deutsches Land. So stehen heutzutage die deutschen Vorposten gegen das Slawentum bis an den Niemen vorgeschoben. Im Südosten hat das Deutsche seine Grenzen auf Kosten der Magyaren kräftig erweitert, auch sich mit einer Reihe von Sprachinseln, insbesondere mit den Sitzen der Siebenbürger Sachsen, in deren Gebiet eingekeilt. Diese führen freilich ihren Namen sehr zu Unrecht: die Ansiedler stammen im wesentlichen aus den Gegenden der Mosel.

Die neu gewonnenen Landschaften bilden jedoch in ihrem sprachlichen Charakter keine geschlossene Einheit. Dieser Satz gilt hauptsächlich von den nördlichen Gebieten. Sie sind teilweise von Niederdeutschen, teilweise von Hochdeutschen besiedelt worden. Und zwar trägt das Hochdeutsche den Charakter des Mitteldeutschen (über dieses s. u. S. 40). So schließt sich Sachsen und Schlesien an Mitteldeutschland an, und auch das Deutschordensland gehört in unserer Periode zu diesem Gebiet. Die Marken dagegen und das Küstengebiet erfuhren niederdeutsche Einwanderung. Im Südosten hat sich der bayrische Stamm auf dem eroberten Boden angesiedelt.

Die deutsche Sprache gewinnt aber nicht nur äußerlich in diesem Zeitraum an Gebiet. Sie war bis jetzt in ihrem eigenen Hause nicht Alleinherrscherin gewesen: ganze Gattungen der schriftlichen Aufzeichnungen waren in lateinischer Sprache abgefaßt. Eine Prosa, die nicht Übersetzung war, hatte nur in den allerersten Anfängen bestanden. In der mittelhochdeutschen Zeit wird dies anders. Die deutsche Predigt nimmt, besonders in den Händen der Mystiker, seit der Mitte des 13. Jahrhunderts einen mächtigen Aufschwung, und ebenso beginnt die Sprache des Rechts sich in deutsches Gewand zu hüllen; um 1230 entsteht das berühmteste deutsche Rechtsbuch, der Sachsenspiegel. Der Mainzer Reichslandsfriede von 1235 wird das älteste Reichsgesetz in deutscher Sprache, und mit dem Ausgang des 13. Jahrhunderts beginnen die deutschen Urkunden; in Süddeutschland, der Schweiz, in der Gegend von Köln sind sie in den siebziger, achtziger Jahren schon etwas Gewöhnliches; im übrigen Deutschland werden sie zahlreicher erst etwa von 1310 an. Es handelt sich freilich bei den bis jetzt genannten Erzeugnissen wesentlich um die Befriedigung eines praktischen Bedürfnisses; der eigentlichen Literatur gehören sie noch nicht an. Aber auch an wirklich literarischer Prosa fehlt es nicht: auch in der Geschichtschreibung kommt mit Erfolg jetzt die ungebundene (wie die gebundene) deutsche Rede zur Anwendung, und man mag, wenn man die philosophischen und theosophischen Traktate der Mystiker ins Auge faßt, sogar von wissenschaftlichen Erörterungen in deutscher Sprache reden. Im ganzen aber ist die Sprache der Wissenschaft noch immer das Lateinische geblieben.

Die Dichtung der früheren Zeit war überwiegend auf den freien Vortrag berechnet gewesen und durch mündliche Überlieferung fortgepflanzt. Jetzt entwickelt sich eine umfangreiche Buchdichtung, die für das Lesen oder Vorlesen bestimmt ist.

Der erzieherische Einfluß der lateinischen Sprache tritt in unserer Zeit sehr stark zurück. Dagegen wird etwa seit den sechziger Jahren des 12. Jahrhunderts die Berührung mit dem französischen Nachbar bedeutsam. Sie wirkt zum Teil unmittelbar: es werden massenhaft französische Wörter aufgenommen, französische Bildungssilben für die deutsche Wortbildung verwertet; zum Teil aber mittelbar: die überlegene, jedenfalls in der Pflege der feinen Form weit vorausstehende französische Kultur ist in hervorragendem Maße beteiligt an der Entfaltung jener ausgesuchten höfischen Bildung, wie sie gegen Ausgang des 12. Jahrhunderts in Deutschland Platz greift.

Zwischen der literarischen Sprache, die seit dem Ausgang des 12. Jahrhunderts, seit der klassischen Blüte der mittelhochdeutschen Literatur, durch gut zwei Jahrhunderte herrschend bleibt, und der Sprache, die den Werken aus der ersten Hälfte des 12. Jahrhunderts eignet, besteht ein scharfer Gegensatz. In jener ersten Zeit kommt selten der Spielmann, zumeist der Geistliche zu Wort, der aber selber nicht ungern den volkstümlichen Klängen der Spielmannsdichtung gelauscht hat. Der Bau der Sätze ist verhältnismäßig einfach, nicht selten einförmig; es fehlt nicht an mancherlei Unebenheiten und Verstößen, wie sie die mündliche Rede mit sich bringt. Anderseits ist der Wortschatz stark altertümlich, was ja zumeist die Eigenart der rein volkstümlichen Dichtung ist. Wie mit einem Schlage verschwinden diese „unhöfischen Wörter“, wie man sie genannt hat, als in der eigentlich höfischen Dichtung das fein gebildete Rittertum das Wort erhält; die Unebenheiten der mündlichen Rede werden gemieden; der Satzbau wird höchst kunstvoll, wenngleich er vollkommen durchsichtig und leicht übersehbar bleibt.

c) Die neuhochdeutsche Zeit.

Die Grenzen des deutschen Gebietes haben in diesem jüngsten Zeitabschnitt keine so starken Veränderungen erfahren wie in dem vorhergehenden. Sehr beträchtlich ist immerhin der Verlust im französischen Flandern: im 17. Jahrhundert reichte das Flämische noch über Boulogne hinaus; im Beginn des 18. Jahrhunderts lag die Sprachgrenze vor den Toren von Calais; jetzt zieht sie, wie oben bemerkt, östlich von Grávelines vorbei. In Elsaß-Lothringen hat das Deutsche mehrfach Einbuße erlitten; dem Vordringen des Französischen ist aber durch den Krieg von 1870 Einhalt geboten worden. Im Süden weicht das Deutsche vor dem Italienischen jetzt kaum mehr zurück; die Sprachinseln der Sette communi und der Tredeci communi auf italienischem Boden, östlich vom Gardasee, sind aber fast ganz abgestorben. Wo das Deutsche in tschechisches Gebiet eingesprengt ist, ist es vielfach der Übermacht erlegen, und gerade auf diesem Gebiet ist ja der Kampf gegen die deutsche Zunge jetzt aufs heftigste entbrannt. Im Osten gegen die Polen hat das Deutsche in den letzten Jahrhunderten fortwährend an Gebiet verloren; langsam und sicher schreitet es seit vier Jahrzehnten in Schleswig gegen Norden vor. Die wendische Sprachinsel in der Lausitz geht ihrem Untergang entgegen. Ein anschauliches Bild des deutschen Sprachgebietes, wie es heute als Ergebnis jener Veränderungen besteht, bietet die Sprachkarte in dem physikalisch statistischen Atlas des Deutschen Reiches, herausgegeben von R. Andrée und Oskar Peschel.

Eine merkwürdige Einschränkung hat der Gebrauch der deutschen Sprache zu Anfang unseres Zeitabschnitts im Innern des Gebiets erfahren. In mittelhochdeutscher Zeit hat man angefangen, ein Stück der wissenschaftlichen Prosa für das Deutsche zu erobern. Diese Bestrebungen fanden jetzt nicht nur keinen Fortgang, sondern es trat sogar ein starker Rückschlag ein. Kein Jahrhundert der deutschen Geschichte ist so von volkstümlicher Erregung erfüllt wie gerade das sechzehnte; keines hat wieder solche Meisterstücke der volkstümlichen Beredsamkeit, der volkstümlichen Satire geschaffen; die schönste Blüte des Kirchenliedes, des Volkslieds gehört dem 16. Jahrhundert an. Und gerade jetzt wird die lateinische Schriftstellerei eine neue Macht; sogar die Sprache der Dichtung wird teilweise lateinisch. Die Humanisten und ihre Nachfolger schreiben lateinische Briefe; in ihren Streitschriften und Streitgesprächen bedienen sie sich des Lateinischen; sie dichten in der fremden Zunge; Terenz feiert in der lateinischen Schulkomödie seine Auferstehung. Hand in Hand damit geht die Neigung der gelehrten Kreise, ihre Namen ins Lateinische oder Griechische zu übersetzen. So ist unendlich viel Geist und Formgewandtheit verloren gegangen, die für die Weiterentwicklung der deutschen Sprache von größter Bedeutung hätten sein können.

Erst im 17. Jahrhundert wurde die fast unbeschränkte Herrschaft des Lateinischen wieder angefochten. Und zwar war es jetzt ein bewußtes vaterländisches Streben, die herrliche deutsche Sprache zu Ehren zu bringen, das in den Kampf gegen die

Fremdherrschaft eintrat, während in der mittleren Periode das Umsichgreifen der deutschen Prosa mehr unbewußt geschah, mehr durch die Logik der Tatsachen herbeigeführt wurde. Der erste Deutsche des 17. Jahrhunderts, Leibniz, steht in diesem Punkt auf der Scheide zwischen alter und neuer Zeit. Seine eigenen Hauptwerke sind zum Teil lateinisch, zum Teil auch französisch, also immerhin nicht lateinisch, abgefaßt, aber in theoretischen deutschen Auseinandersetzungen ist er mit klarem Bewußtsein für die Würde und für die Pflege der deutschen Sprache eingetreten und ebenso in der „Generalinstruktion", die er bei der Begründung der Preußischen Akademie der Wissenschaften entworfen hatte. Freilich konnten diese Abhandlungen nicht den Einfluß üben, der ihnen bei der Persönlichkeit ihres Verfassers zugekommen wäre; sie sind erst nach seinem Tod erschienen.

Es sind jüngere Zeitgenossen, welche entscheidende Schritte taten. Im Winter 1687 auf 1688 hielt Christian Thomasius an der Universität Leipzig die erste deutsche Vorlesung — nach schwachen Anfängen im 16. Jahrhundert: schon Paracelsus hat in Basel deutsch vorgetragen —, und im Jahre 1688 hat Thomasius die erste literarische Zeitschrift in deutscher Sprache herausgegeben; durch Christian Wolff ist die Sprache unserer Philosophie deutsch geworden. Der Philosophie folgten Literaturgeschichte und Weltgeschichte nach, und mit der ersten Hälfte des 18. Jahrhunderts ist die Wendung vollzogen. Seitdem hat die Geltung des Lateinischen sehr stark abgenommen; in größeren wissenschaftlichen Werken tritt es nur noch dann auf, wenn diese von vornherein ihren Absatz auch über die deutsche Grenze hinaus suchen; sonst fristet es sein Dasein in akademischen Programmen und Dissertationen, hauptsächlich bei Stoffen aus dem Bereich der klassischen Philologie.

Das Bild der deutschen Sprache gestaltet sich in der neuhochdeutschen Zeit für unsere Betrachtung so formen- und farbenreich wie nie zuvor. Während uns über das mundartliche Leben der früheren Zeit vielfach nur durch Rückschlüsse und auf Umwegen Kunde gegeben wird, werden sie jetzt der unmittelbaren Betrachtung zugänglich. Was früher kaum geahnt oder nur in Anfängen vorhanden war, die Schaffung einer einheitlichen

Schriftsprache neben und über den Mundarten, das wird jetzt zur Wahrheit. Von der Schriftsprache hinab zur vollen echten Mundart wird die Brücke gebildet durch eine Reihe von Abstufungen, von Mischungen. Die Sprache gewisser abgeschlossener Lebenskreise, die Standessprachen und technischen Sprachen. kommen jetzt erst zur deutlichen Beobachtung.

Von Lebensvorgängen, die allen diesen verschiedenen Gestaltungen des Neuhochdeutschen gemeinsam wären, ist wenig zu melden, außer jenen Tatsachen der Wortbildung und der Satzfügung, die wir bereits als Kennzeichen der neueren Zeit erwähnt haben.

Wichtig ist eine Erscheinung im Bereiche der Formen. Die Unterschiede, die im Altdeutschen vielfältig noch bestanden zwischen den Formen des Nominativs und des Akkusativs, sind bis auf wenige Reste beseitigt worden.

Im Plural hatten schon im Altdeutschen keine Unterschiede der beiden Kasus mehr gegolten außer dem von wir — uns, ihr — euch, der bis heute verblieben ist. Während es aber altdeutsch im Sgl. hieß: Nom. zunge — Akk. zungen, Nom. grabe — Akk. graben, wenden wir für beide Kasus die Formen Zunge und Graben an. Von Hauptwörtern haben nur diejenigen noch den alten Unterschied gewahrt, die lebende Wesen oder gewisse abstrakte Begriffe bezeichnen: der Bote — den Boten, der Löwe — den Löwen, der Wille — den Willen. Gegenüber der mittelhochdeutschen Unterscheidung: Nom. ein schoeniu maget — Akk. eine schoene maget, Nom. disiu maget — Akk. dise maget, Nom. diu maget — Akk. die maget steht im Neuhochdeutschen für Nominativ wie Akkusativ: eine schöne Magd, diese Magd, die Magd, und es sind beim Beiwort wie beim Fürwort — abgesehen von den ungeschlechtigen ich und du — nur noch beim männlichen Geschlecht Unterschiede geblieben: ein guter — einen guten, der — den, er — ihn.

Im Mittelhochdeutschen bestanden noch mehrfach besondere, von denen des Maskulins abweichende Formen für die Mehrzahl des sächlichen Geschlechts; diese Sonderstellung ist im Neuhochdeutschen völlig verloren. Man unterschied also damals: die ringe — schoene ringe von diu dinc — schoeniu dinc, was nun auch die Dinge — schöne Dinge lautet; auch die Bildung mit — er ist nicht mehr auf die Neutra beschränkt, wie Geister, Götter, Leiber u. dgl. dartun.

Wenn solche gemeinsame Eigentümlichkeiten der nhd. Rede nicht in größerer Zahl zu verzeichnen sind, so mag das zum Teil an Mängeln unserer Erkenntnis liegen: Genaueres über das Leben der Mundarten vermögen wir erst für das 19. Jahrhundert zu ermitteln. Sodann aber ist es zweifellos, daß in dem Kleinleben der Mundarten das Dasein verhältnismäßig einfach und ruhig gewesen ist. Nur in den Höhen der Schriftsprache hat sich ein reicheres geschichtliches Leben abgespielt.

Die große Bewegung, die zur Wiedergeburt des klassischen Altertums und zur Glaubenserneuerung geführt, die uns in ihrem weiteren Verlauf die deutsche Bibel geschenkt hat, hat doch auch die deutsche Sprache wieder unter die fremde Zucht gestellt, die schon einmal überwunden war. Das Vorbild des Lateinischen hat wiederum. wie in der ältesten Zeit, gewisse lateinische Fügungen eingeführt; es hat bewirkt, daß da, wo die Wahl zwischen verschiedenen Fügungen möglich war. diejenige den Vorzug erhielt, die der lateinischen Weise näher stand. Es hat aber dann ganz im allgemeinen der Pflege und der Würdigung der echt volkstümlichen Sprechart Abbruch getan; mehr und mehr gerät die Schriftsprache in den Bann der Überlieferung, der starren Regel.

Schon im 16. Jahrhundert, das der Sache nach von volkstümlichem Leben erfüllt ist, schreitet neben Vertretern natürlicher Redeweise die weitgehendste Abkehr von dieser einher. Im 17. Jahrhundert vernichtet der große Krieg, was noch an Wertschätzung des heimischen Volkstums vorhanden war; die Sprache bleibt steif und starr und lebt in unnahbarer Hoheit bis über die Mitte des 18. Jahrhunderts, abgesehen von vereinzelten Ausnahmen, wie sie etwa in den Briefen der Herzogin Elisabeth Charlotte vorliegen. Als die gelehrte Schriftstellerei den Übergang macht zum Gebrauche des Deutschen, hat dies in mancher Beziehung zunächst geradezu verhängnisvoll gewirkt; von manchem wird da ein so weltfremdes, so von Latinismen

durchsetztes Deutsch geschrieben, wie es vorher kaum erhört
gewesen ist.

Das Französische, das im 17. Jahrhundert das ehrfurcht-
gebietende Vorbild für das Deutsche war, hat zwar den Satzbau, die Gesamthaltung des Deutschen nicht beeinflußt, wohl
aber eine Sprachmischung im Wortschatz herbeigeführt, die zu
ihrer Überwindung angestrengter Bemühungen der Sprachgesellschaften und vaterländisch begeisterter Satiriker und des
Vorbilds hervorragender Stilisten bedurfte.

Mit Klopstock, Lessing, Wieland ist die Zeit der Steifheit,
der Unselbständigkeit vorüber. Freilich ist Klopstock im wesentlichen der Schöpfer einer neuen Dichtersprache; die etwas manie-
rierte Prosa seiner Gelehrtenrepublik konnte schon deshalb keine
nachhaltige Wirkung ausüben, weil die gewählte Einkleidung
des Stoffs geradezu unerträglich war. Und Lessings Prosa, die
trotz aller glänzenden Beweglichkeit im Bann einer gewissen
Verständigkeit blieb, war vermöge ihrer höchst persönlichen
Eigenart nicht geeignet, allgemein vorbildlich zu werden.

Eine starke und wohltätige Erschütterung — wohltätig auch
gegenüber Wielands bedächtiger, zierlich abgemessener Rede —
brachte das Auftreten von Sturm und Drang in der zweiten Hälfte
des 18. Jahrhunderts. Nicht nur die hergebrachten Kunstregeln
werden gesprengt, sondern auch die geheiligte Überlieferung der
Sprache mißachtet, überall die Rückkehr zur Natur angestrebt,
deutsche Art und Kunst in ihre Rechte eingesetzt. Der junge
Goethe, der junge Schiller beteiligten sich in hervorragender Weise
an dieser Bewegung, haben aber selbst von den Errungenschaften
dieser Zeit später manches wieder aufgegeben. Jedenfalls aber
waren die Tage der Klassiker, in deren Treiben der Weltsturm
kaum hineindrang, eine Zeit, in der auf die sprachliche Form das
höchste Gewicht gelegt wurde, in der die Größten es nicht ver-
schmähten, aus der grammatischen Darstellung eines Adelung
sich Rat und Regel zu holen.

Im 19. Jahrhundert wird das teilweise anders. Die Literatur,
die um ihrer selbst willen da ist, steht nicht mehr so unbedingt
voran im Interesse aller Gebildeten. Die politischen Erregungen,
der ungeahnte Aufschwung der Naturwissenschaften, von Handel

und Verkehr ziehen ab von beschaulicher Sammlung. Die Sprache wird vielfach bloß Mittel zum Zweck, dem jede Hilfe, auch die überreiche Verwendung des Fremdworts, gut ist. Schon das Massenhafte, das Hastige der sprachlichen Hervorbringung steht einer liebevollen Pflege der Sprache im Wege. Erst das Wiedererstarken des nationalen Gefühls, das dem Krieg von 1870 nachfolgte, erinnerte uns aufs neue an unsere Verpflichtungen gegen die vaterländische Sprache.

Seit dem Anfang der siebziger Jahre erscheinen in immer rascherer Folge jene Bücher, die zum richtigen Gebrauch der deutschen Sprache anleiten wollen und von denen namentlich dasjenige von Wustmann das Gewissen weiter Kreise wachgerüttelt hat, wenn es auch von starker Einseitigkeit nicht freizusprechen ist. Im Jahre 1885 entsteht der Allgemeine Deutsche Sprachverein, der im Anfang insbesondere die Bekämpfung des Fremdworts auf seine Fahne geschrieben hat, der aber immer mehr die verschiedensten Seiten des Sprachlebens in seine Bestrebungen einbezieht, aufklärend, ratend, ebenso der sprachlichen Lauheit wie einseitiger Leidenschaft entgegenarbeitend. Selbst Juristen, juristische Zeitschriften wirken heute mit an der Pflege der deutschen Sprache; das große Werk des neuen Bürgerlichen Gesetzbuchs hat auch in sprachlicher Beziehung höchst Achtenswertes geleistet, und die Regierungen verschmähen es heute nicht mehr, die Hilfe des Sprachvereins bei der Neubearbeitung von Gesetzen in Anspruch zu nehmen. Bei der 200jährigen Jubelfeier der Preußischen Akademie der Wissenschaften konnte es geschehen, daß der Kaiser drei neue Stellen in ihr begründete, die vornehmlich der Pflege der deutschen Sprache gewidmet sein sollten.

Unabhängig von vaterländischem Empfinden, den Kulturvölkern der Gegenwart gemeinsam ist die naturalistische Bewegung, die in den letzten Jahrzehnten alle Zweige der Kunst ergriffen hatte. Auch sie hat auf die deutsche Sprache stark eingewirkt, in ähnlichem Sinn, wie das Auftreten der Stürmer und Dränger im 18. Jahrhundert, indem sie zu treuerer Beobachtung des Lebendigen, Natürlichen anleitete, dem Festhalten an der Überlieferung den Krieg erklärte, und ihr Erfolg ist stärker, nachhaltiger gewesen als bei den Stürmern des 18. Jahrhunderts; deren Natur war nicht selten nur eine vermeinte Natur.

B. Räumliche Unterabteilungen.

Es sind nunmehr 96 Jahre verflossen, seitdem Andreas Schmeller, ein hervorragender bayrischer Gelehrter, den Weg gewiesen hat für die wissenschaftliche Erforschung der deutschen Mundarten. Wohl hat es fast ein halbes Jahrhundert gedauert, bis ihm würdige Nachfolger erstanden sind, aber seitdem ist die Zahl der Arbeiten über diesen Gegenstand, ist die Feinheit der Beobachtung, die Masse des gewonnenen Stoffs beständig gewachsen. Für ein einzelnes Gebiet, das schwäbische Land, ist die Fülle der Erscheinungen in einem Kartenwerk niedergelegt worden. Ein Sprachatlas des gesamten Deutschen Reichs ist in Bearbeitung begriffen, und ein guter Teil des großartigen Werkes ist bereits gefördert. Aber durch diese Bereicherung unserer Kenntnisse wurde die Aufgabe, die einzelnen Mundarten gegeneinander abzugrenzen, nicht in dem Maß erleichtert, wie man wohl gehofft hatte; sie ist im Gegenteil in manchen Punkten erschwert worden. Es hat sich gezeigt, daß die Besonderheiten, durch die sich einzelne Mundarten gegenüber anderen abheben, vielfach nicht in scharfen Grenzlinien verlaufen, sondern unter Umständen höchstens von einem Grenzgürtel gesprochen werden kann.

Und noch etwas Bedenklicheres hat sich herausgestellt. Betrachten wir einen größeren Raumabschnitt, der an verschiedenen Stellen verschiedene Spielarten desselben uranfänglichen Lautes, verschiedene Vertretungsweisen der nämlichen Biegungsform, verschiedene Wörter für ein und denselben Begriff aufweist, und verfolgen wir die Grenzen der einzelnen Erscheinung, so ergeben sich Linien, die das Gesamtgebiet in den verschiedensten Richtungen durchkreuzen; verhältnismäßig selten geschieht es, daß bei mehreren Eigentümlichkeiten die Verbreitungsgebiete sich vollständig decken. Will man trotzdem, was aus praktischen Gründen nicht zu vermeiden ist, das Gesamtgebiet in einzelne geschlossene Unterabteilungen zerlegen, so ist dies nur möglich, wenn wir eine Auswahl treffen unter den verschiedenen sprachlichen Eigenheiten, die einen für wichtiger als die anderen erklären;

es werden nicht selten Grenzen gezogen werden müssen, die manches Zusammengehörige auseinanderreißen.

Man wird natürlich vor allen Dingen solche Grenzen auswählen, auf denen möglichst viele Erscheinungen ihre gemeinsame Umschreibung finden. Bei solchen ist es zugleich wahrscheinlich, daß ihnen ein höheres Alter zukommt. Wir müssen ja darauf bedacht sein, unsere Einteilung so vorzunehmen, daß sie nicht nur für die Gegenwart, sondern auch für ältere Zeiten zutrifft. Es gibt allerdings noch ein anderes Mittel, um das Alter einer Scheidelinie zu beurteilen. Man hat die Wahrnehmung gemacht, daß sprachliche Grenzlinien mehrfach mit alten politischen Markscheiden zusammenfallen; natürlich wird eine Sprachgrenze, die eine im 16. und 17. Jahrhundert entstandene staatliche Scheidung begleitet, jünger sein als diejenige, die der Grenze eines alten Herzogtums sich anschließt.

Denn in jene frühen Zeiten, ja in die Zeiten jenseits des Beginns der deutschen Sprachquellen geht ein guter Teil unserer mundartlichen Unterschiede zurück. Es ist also ein arger Irrtum, wenn man früher geglaubt hat und wenn der Glaube noch heute vereinzelte Anhänger findet, als ob die Mundart verdorbene Schriftsprache sei. Sie ist das Angeborene, Urwüchsige, zu aller Zeit Vorhandene, während die Schriftsprache das Spätere darstellt, das erst auf einer bestimmten Stufe der Kultur sich entfalten konnte.

Schon der Vorgang der zweiten Lautverschiebung hat tiefe Furchen im deutschen Boden hinterlassen. Ihm verdanken wir die wichtigste Scheidung, die Zerlegung des gesamten deutschen Gebiets in niederdeutsche und hochdeutsche Mundarten. Das eigentliche Kennzeichen ist die Behandlung der germanischen Tenues, insbesondere ihr Auftreten im Innern und am Ende des Wortes. Wer ik und rôken, schâp und slâpen, grôt und lâten spricht, ist Niederdeutscher; der Hochdeutsche hat daraus ich und rauchen, Schaf und schlafen, groß und lassen gemacht.

Die Scheidung zwischen dem Hochdeutschen im Süden und dem Niederdeutschen im Norden bezeichnet eine ungefähr von West nach Ost gerichtete Linie. Sie beginnt an der Maas in der

Mitte zwischen Lüttich und Maastricht, geht die Maas abwärts bis Roermonde, von hier aus östlich bis Düsseldorf und Elberfeld; dann wendet sie sich südöstlich und zieht sich parallel dem Rhein bis fast an die Sieg, von hier endlich in einer ziemlich geraden Linie nach Nordosten, über Münden an die Elbe, die sie bei Magdeburg trifft. Die Grenze geht dann im Norden von Wittenberg vorbei, trifft die Spree bei Lübben, die Oder bei Fürstenberg und erreicht nahezu die Warthe in der Gegend von Birnbaum.

Man könnte sich nun versucht fühlen, die Geschicke des Niederdeutschen und des Hochdeutschen vergleichend zu überblicken und die besonderen Ereignisse, die auf jedem einzelnen Gebiet sich vollzogen haben, mit der Art der dort ansässigen Stämme in Zusammenhang zu bringen. Wer den Dingen tiefer auf den Grund sieht, weiß, daß das ein eitles Unterfangen ist. Es klingt z. B. so hübsch, was man von den Friesen gesagt hat: sie sind die letzten in ganz Deutschland gewesen, die feste Familiennamen angenommen haben; das soll natürlich mit dem ihnen eigenen zähen Festhalten am Hergebrachten zusammenhängen. Wir werden aber bei der Betrachtung der Eigennamen sehen, daß jene Erscheinung einen viel näher liegenden Grund besitzt.

Wesentlich mit einer rein äußerlichen Tatsache, mit der größeren Nähe der römischen und romanischen Kultur, hängt es zusammen, daß der Süden und der Südwesten Deutschlands dem Norden in der Entfaltung der geistigen und materiellen Kultur vorangegangen ist. Das hat dann auch zu einem Übergewicht der hochdeutschen Sprache geführt. So erklärt es sich, daß während des Mittelalters die Grenze zwischen Hochdeutsch und Niederdeutsch in Nordthüringen nicht unerheblich zugunsten des Hochdeutschen verschoben worden ist. Und so mußte es denn auch kommen, daß die Wiege der deutschen Schriftsprache auf hochdeutschem, nicht auf niederdeutschem Boden stand.

Innerhalb des Niederdeutschen läßt sich wieder eine westliche Gruppe und eine östliche Gruppe unterscheiden, als deren Grenze ungefähr der Rhein betrachtet werden kann, genauer gesagt, eine Linie, die etwas östlich des Rheins verläuft von Olpe bis gegen Bocholt und dann über Zütphen sich nach dem Südende der Zuidersee wendet. Den westlichen Bestandteil bezeichnet man als **Niederfränkisch**, den östlichen als **Niederdeutsch** im engeren Sinn oder als **Plattdeutsch**. Das wichtigste Merkmal, durch welches sich die Mundarten links und rechts jener Rheingrenze unterscheiden, liegt auf dem Gebiete der Wortbiegung. Im Niederfränkischen endigt beim Zeitwort die erste und dritte Person der Mehrzahl auf —en. weiter östlich auf —et: dort (wir) geben — (sie) geben, hier (wir) gebet — (sie) gebet. Das gleiche Kennzeichen dient aber auch dazu, das Plattdeutsche selber wieder in zwei Gruppen zu zerlegen: jene Endung —et eignet nur dem niedersächsischen Gebiet zwischen Rhein und Elbe, während das ostelbische Niederdeutsch, das Deutsch der Siedlungen auf altem slawischem Boden, wieder —en zeigt.

In eine weit größere Zahl von wichtigen Unterabteilungen zerfällt das hochdeutsche Sprachgebiet. Auch hier spielt die Lautverschiebung bei der Bestimmung der Grenzen eine Rolle. Zunächst zerlegen wir das Hochdeutsche in das **Mitteldeutsche** und das **Oberdeutsche**. Man bemerke wohl den Unterschied im Gebrauch der beiden Ausdrücke **Hochdeutsch** und **Oberdeutsch**. Beide haben sie ursprünglich denselben Sinn, bezeichnen den höher gelegenen Teil Deutschlands; aber im Gebrauch der Sprachwissenschaft ist das Oberdeutsche zu einer Unterabteilung des Hochdeutschen gestempelt worden.

Die Grenzlinie zwischen **Mitteldeutsch** und **Oberdeutsch** wird dadurch als eine besonders tief einschneidende und alte gekennzeichnet, daß hier eine Erscheinung der Lautverschiebung mit einer ganz anders gearteten, mit einer Tatsache der Wortbildung zusammentrifft. Das Oberdeutsche bildet seine Verkleinerungen mit einer Bildungssilbe, die mit l beginnt, das Mitteldeutsche — im Einklang übrigens mit dem Niederdeutschen — weist eine Silbe mit **ch** (niederdeutsch k) auf. Es heißt also oberdeutsch etwa **Bübele**, **Büebli**, **Büeberl**, **Bubele**, mitteldeutsch **Kindchen**. Das ganze Gebiet nun, dem die Bildungssilbe mit l eignet, hat auch den Laut p in allen seinen Stellungen verschoben: es heißt nicht nur **slafen**, sondern auch **pferd** und **apfel**, gegenüber niederdeutsch **perd** und appel. Das Mitteldeutsche dagegen steht auch hier näher zum Niederdeutschen: es hat das **pp** im Inlaut unberührt erhalten: **appel** — **dapper** — **zippel**, und wenigstens im Westen auch das anlautende **p**: **perd, pund**.

Die Grenzlinie, die diese verschiedenen Erscheinungen zusammenfaßt, zieht etwa von Südwest nach Nordosten. Sie beginnt an der französisch-deutschen Sprachgrenze westlich von Hagenau, überschreitet den Rhein bei Germersheim, den Neckar unterhalb von Mosbach, den Main bei Prozelten, geht über die Rhön hinweg, zieht auf den Kamm des Thüringer Waldes los, folgt dem Rennsteig bis in das Quellgebiet von Schwarza und Werra, durchzieht das südliche Sachsen, schneidet den Norden von Böhmen ab. Es fällt also zum **Oberdeutschen** das Gebiet des Alemannischen und Bayrischen, aber auch altfränkischer Boden im nördlichen Baden, im Norden von Württemberg und Bayern — man kann es als das **oberdeutsche Fränkisch** bezeichnen —, im Kolonistengebiet namentlich der größte Teil des Vogtlands.

Die weitere Zerlegung des **Mitteldeutschen** ist vorhin schon angedeutet worden: sie hängt ab von der Gestaltung des anlautenden **p**: im Westen — dem **Westmitteldeutschen** ist dieser Laut wie im Niederdeutschen unverschoben, also **perd** — **penning** — **pund**; im Osten — im **Ostmitteldeutschen**, zu dem das **Thüringische**, das **Obersächsische**, das **Schlesische** gehört — erscheint er als **f** oder **pf**: **ferd** (Pferd) — **fenning** (Pfenning) — **fund** (Pfund). Die Grenze zwischen beiden Gebieten wird gebildet durch eine Verbindungslinie zwischen der oberdeutsch-mitteldeutschen und der hochdeutsch-niederdeutschen Grenze, die in der hohen Rhön ihren Ursprung nimmt und zwischen Kassel und Münden die niederdeutsche Grenze trifft.

Endlich läßt sich das **Westmitteldeutsche** in die beiden Unterabteilungen des **Mittelfränkischen** und des **Rheinfränkischen** zerlegen: das **Mittelfränkische** im Norden, das hauptsächlich Gebiete der preußischen Rheinprovinz, rheinabwärts von der Lahnmündung und dem Westerwald, umfaßt, steht wiederum dem Niederdeutschen noch eine Stufe näher; es spricht dat, wat, dit, it, allet, während das Rheinfränkische auch hier die Verschiebung durchgeführt hat: das und daß, was, dies, es, alles; diese Weise beherrscht Deutsch-Lothringen, die bayrische und badische Pfalz, Hessen und Nassau.

Auf dem oberdeutschen Boden hebt sich sehr deutlich der Osten, das bayrisch-österreichische Sprachgebiet heraus, gekennzeichnet durch eine besondere Merkwürdigkeit der Formenbildung. Die Form des Duals war ja schon im Altdeutschen erloschen außer bei dem Pronomen ich und du. Das Bayrische ist der einzige Teil des Hochdeutschen, der diese Formen bei du nicht nur erhalten hat bis auf die Gegenwart, sondern sogar diejenigen des Plurals ihnen zum Opfer gebracht hat: ös und enk ist bayrisch soviel wie ihr und euch. Die Westgrenze des Bayrischen wird im Süden durch den Lech gebildet, dessen Quellgebiet jedoch alemannisch ist. Von der Einmündung des Lechs in die Donau zieht sich die Linie nach Norden weiter, im Westen von Nürnberg, im Osten von Bayreuth vorbei, hinüber nach Wunsiedel.

Was nach der Ausscheidung des Bayrischen übrig bleibt, das oberdeutsche Fränkisch und das Alemannische, läßt sich, wie es scheint, nicht durch ein einheitliches Kennzeichen voneinander abgrenzen. Die Scheide des Fränkischen im Norden gegen das Alemannische im Süden muß vielmehr aus zwei ungleichartigen Stücken zusammengesetzt werden: das Alemannische selber zerfällt nämlich in zwei Unterabteilungen, das Schwäbische im Nordosten, das Alemannische im engern Sinn im Nordwesten und im Süden, das das Elsaß, das südliche Baden und die Schweiz umfaßt. Dieses Alemannische ist gekennzeichnet durch die Festhaltung der alten langen Vokale (î, û, ü̂, s. oben S. 20); das westliche Stück der fränkischen Südgrenze wird also durch die Grenze von ei, au, eu gegen î, û, ü̂ gebildet; diese Linie geht über den Rhein oberhalb von Selz und folgt dann eine Zeitlang der Murg.

Das Schwäbische, das im Einklang mit dem Fränkischen und im Gegensatz zu dem eigentlichen Alemannischen die neuen Doppellaute besitzt, hat doch wieder eine Reihe von starken

Besonderheiten, die es zum Teil vom Alemannischen, noch mehr vom Fränkischen abheben. Schon die Schwaben selber betrachten als das Schiboleth ihrer Mundart den Satz: gau, stau, bleibe lau, und mit vollem Recht; denn im Fränkischen heißt es statt dessen: gehn, stehn, bleibe lasse. Ferner biegt der Schwabe sein Zeitwort also: mir nemet, ihr nemet, sie nemet, wo der Franke sagt: mir neme, ihr nemt, sie neme, und endlich spricht der Schwabe: die gãs (= die Gänse), ohne n, aber mit nasaliertem Vokal wie im Französischen le prince, während der Franke den n-Laut festgehalten hat: die gens. So entsteht das östliche Stück der fränkischen Südgrenze: es zieht von Freudenstadt im Schwarzwald nach Nordosten, so daß Pforzheim und Heilbronn im Nordwesten fränkisch bleiben, dann nach Osten, im Süden an Hall, im Norden an Ellwangen vorbei, zwischen Nördlingen und Donauwörth hindurch nach dem Lech.

Jede der so gekennzeichneten Mundarten zerfällt wieder in Unterabteilungen und diese wieder in Untermundarten. Fast von Ort zu Ort bestehen kleinere Unterschiede; ja ältere Beobachter haben sogar innerhalb einer Stadt wie Frankfurt oder Nürnberg nach verschiedenen Stadtteilen mundartliche Unterschiede wahrnehmen wollen.

In die von uns entworfenen groben Umrisse nun ein ausgeführtes farbiges Bild hineinzumalen, das die Verfassung der Mundarten in alter und neuer Zeit lebensvoll wiedergäbe, das wäre schon für die reine Wissenschaft eine fast unlösbare Aufgabe. Unsere Quellen für die Erkenntnis des älteren mundartlichen Lebens fließen nur dürftig und trübe. Ums Jahr 1300 hat ein Bamberger Schulmeister eine merkwürdige dichterische Kennzeichnung deutscher Mundarten geliefert; hier heißt es z. B.:

> Swaben ir wörter spaltent.
> die Franken ein teil sie valtent,
> die Beire sie zezerrent,
> die Düringe si uf sperrent,
> die Sachsen sie bezuckent,
> die Reinleite sie verdruckent,
> die Weterreiber (Wetterauer) sie würgent,
> die Misenaere si vol schürgent (stoßen).

Leider aber sind wir kaum imstande, diese Angaben zu bestimmten, auch uns bekannten Merkmalen dieser Mundarten in Beziehung zu setzen.

In der Gegenwart verwirrt einesteils die Fülle des schon Beobachteten, anderseits harrt noch vieles der genauen Erforschung. Und zwar zum Teil gerade solche Erscheinungen, von denen der Gesamteindruck einer Mundart abhängt, und die dem Laien für seine Heimatsbestimmungen maßgebend sind, von ihm oft mit großer Sicherheit verwandt werden. Es geht hier wie mit dem Wein: die Zunge des Feinschmeckers ist oft zuverlässiger als die Untersuchung des Chemikers.

Es ist z. B. von großer Bedeutung, ob die stark betonten Silben zugleich mit höherer Stimmlage gesprochen werden, ob zwischen der gehobenen und gesenkten Stimme kleinere oder größere Unterschiede bestehen. In letzterer Beziehung ist im allgemeinen beim Norddeutschen der Wechsel geringer als beim Süddeutschen. Manche Mundarten, wie das Thüringische und Sächsische, werden geradezu als singende bezeichnet; doch sind derartige Urteile mit Vorsicht aufzunehmen, denn nach der Zugehörigkeit des Urteilenden werden verschiedene Mundarten unter Umständen sehr verschieden beurteilt. Auch in bezug auf die Schnelligkeit der Rede besteht ein Gegensatz zwischen Norden und Süden; der Norddeutsche spricht im allgemeinen rascher als der Süddeutsche.

Von den Vokalen haben namentlich die Doppellaute sehr verschiedenartige Schicksale gehabt. Die alten **ie z. B.** sind im Ostmitteldeutschen und im südlichen Teil des Fränkischen heute zu dem einheitlichen Vokal unserer Schriftsprache gewandelt worden: diese Gegenden sprechen seit langem das einfache ī. das z. B. in **lieb, tief, fließen** vorliegt, freilich durch ein zweifaches Zeichen ausgedrückt. Die Alemannen dagegen und die Bayern haben den alten Doppellaut bewahrt, die Bayern sogar in besonders kräftiger Aussprache des zweiten Teils: **liab, fliaßn.** An diese Erscheinung wahrscheinlich hat jener Bamberger gedacht, wenn er behauptet, daß die Schwaben ihre Wörter „spalten" und die Bayern sie „zerzerren". Zu einem andern einfachen Laute, zu ê, ist jenes **ie** auf niederdeutschen Gebieten

geworden: deep, fleet, das z. B. in holsteinischen Ortsnamen
erscheint. In andern Gegenden endlich des Niederdeutschen wie
in Teilen des Westmitteldeutschen, im Gebiet des Hessischen,
in der Gegend von Köln, ist schließlich ei daraus erwachsen: leif,
deip. Noch mehr Gestalten hat der altdeutsche Dipthong ei
(z. B. in ich weiß, breit, Teig) in der heutigen Aussprache
angenommen: die einen, wie die Kölner, sprechen ëi oder äi
(das heißt mit e oder ä als erstem Teil des Diphthongs), die
anderen ai, die dritten, wie die südlichsten Franken und die
Schweizer, äi, andere, wie die Schwaben, oi; auf bayrisch-öster-
reichischem Boden ergibt sich oa, auf mitteldeutschem Gebiet
werden einfache Laute, â oder ê, daraus.

Sehr stark zeigt sich die Eigenart der südlichern Gebiete
in der Form der Endsilben: das ganze Oberdeutsche und die
angrenzenden Teile des Mitteldeutschen haben das e der Endungen
abgeworfen: ich halt, die Köpf, der schoenst; ebenso hat
das Alemannische, das oberdeutsche Fränkisch und südliche
Gebiete des Mitteldeutschen das n am Schluß der Endungen eingebüßt: mir (= wir) halte, der Wage, nebe (= neben),
während das Bayrische das n im allgemeinen festhält.

Wer eine Schweizer Reise macht, bringt die Kunde zurück
von den rauhen Kehllauten der Bergbewohner. Der Eindruck
beruht aber nicht sowohl darauf, daß jene Alemannen andere
Kehllaute besitzen als wir, sondern zumeist darauf, daß sie die
auch uns bekannten Laute in anderer Weise verwenden. In
Bach und Bäche, Loch und Löcher schreiben wir immer
ein und dasselbe ch, aber der Laut klingt nach a und o ganz
anders als nach ä und ö: das erstemal wird er hinten in der
Kehle, das zweitemal viel weiter vorne gebildet. Im südlichen
Alemannischen nun besteht dieser Unterschied nicht: der ch-Laut
von Bach und Loch wird auch in den Pluralformen festgehalten.
Dazu kommt, daß er sich auch im Anlaut der Wörter statt unseres k
eingefunden hat: Chind, chli (= klein), cho (= kommen;
ch ja nicht wie das ch in Chemie zu sprechen).

Weniger zahlreich, nicht so rasch sich ablösend wie die lautlichen Verschiedenheiten sind die Abweichungen in der Formenbildung, in der Art der Ableitung und Zusammensetzung, im

Satzbau. Nur dem östlichen Niederdeutschen eignen die liebkosenden Wörter auf -ing: Vatting, Mutting, Lining und Mining; der Alemanne hat dafür Bildungen auf -i: Aetti (Vater), Büebi (Büblein), Ruedi (Koseform für Rudolf). In zahlreichen oberdeutschen Mundarten fehlen Verba, die mit zer- zusammengesetzt wären: statt zerbrechen, zerschlagen, zerreißen heißt es hier verbreche, verreiße usw.; statt der Bildungen mit er- hat das Bayrische solche mit der-: derschlagen (wahrscheinlich ist aber der- lautlich aus er- entstanden, vgl. minder aus älterem minner).

Das Alemannische (ohne das Schwäbische) und ein Teil der fränkischen Mundarten macht, außer bei dem persönlichen Pronomen, keinen Unterschied mehr zwischen Nominativ und Akkusativ: die Form des ersteren muß auch für den letzteren dienen: „ich hab der Vatter net gsehe" = ich habe den Vater nicht gesehen. Umgekehrt gebricht dem Niederdeutschen die Endung -er im Nominativ des Adjektivs; statt ihrer tritt die Form des Akkusativs ein: hei is en gauden Mann, en wohren Heid = er ist ein guter Mann, ein wahrer Heide. Und beim persönlichen Pronomen der dritten Person ist der Akkusativ hen, sie niederdeutsch zu einem großen Teil verschwunden und durch den Dativ (h)em, ehr verdrängt worden. Beim Zeitwort haben die oberdeutschen Mundarten das Imperfektum völlig aufgegeben; seine Aufgabe hat das mit sein oder haben gebildete Perfektum übernommen. Bei eben diesem Perfektum bevorzugt das Niederdeutsche in stärkerem Maß das Hilfszeitwort haben, als dies im Hochdeutschen geschieht; es heißt niederdeutsch: dat hett slicht gahn = das ist schlecht gegangen, und sogar: dat hett gaud west = das ist gut gewesen.

Mit diesen letzeren Beispielen werden wir bereits auf das Gebiet der syntaktischen Abweichungen geführt. Die Verbindung von Präpositionen mit dem Dativ hat im Kreise des Niederdeutschen schon früh sehr starke Einschränkungen zugunsten des Akkusativs erlitten: dat was in dat Johr 1829, ut dit holt = aus diesem Holz, an de Bost = an der Brust. Der Norddeutsche verwendet die Personennamen ohne Artikel, der Süddeutsche stets mit diesem. Dem Alemannen und den südwestlichen

Gebieten des Fränkischen ist das Relativpronomen abhanden gekommen; statt seiner wird das Adverbium wo verwendet: „'s
Hus, wo abbrennt isch“. In der abhängigen Rede wenden die
niederdeutschen und mitteldeutschen Mundarten und ein Teil
des Bayrischen den Konjunktiv des Präteritums an: mer secht,
er wär gstorwe; dagegen das Alemannische und ein anderer
Teil des Bayrischen setzt den Konjunktiv des Präsens: mehr
seit, er sig gstorbe. Wo es im Schriftdeutschen heißt:
hieraus war nicht viel zu entnehmen, sagt der Niederdeutsche mit abweichender Wortstellung: hir was nich vel
ut tau nemen.

Sehr tief schneiden ein und ein äußerst buntes Bild gewähren
die Verschiedenheiten des Wortschatzes. Fast jede Gegend besitzt
einzelne Wörter, die schon in der Entfernung von einigen Meilen
kaum mehr verstanden werden. Andere Wörter wieder sind
kennzeichnend für ganze große Gebiete. Solche Leitworte sind
für das Oberdeutsche z. B.: losen (hören) und lupfen (empor-
heben); für das Niederdeutsche kiken (sehen) und trecken
(ziehen).

Und wenn auch die gleichen Wörter in verschiedenen Mundarten wiederkehren, so haben sie wieder häufig verschiedene
Bedeutung. Im Alemannischen hat lehren auch die Bedeutung
von hochdeutsch lernen; im Südfränkischen wiederum sind
beide Bedeutungen in der Form lernen vereinigt. Für den
Niederdeutschen ist es bezeichnend, daß er all in dem Sinne
von schon gebraucht, daß ihm schön nicht nur für sichtbare
Dinge gilt, sondern daß ihm Dinge auch schön schmecken und
schön riechen. Dem Oberdeutschen eigentümlich ist Schmutz
im Sinne von Fett, schmecken in der Verwendung für riechen.
Merkwürdig ist die Verschiebung, die sich auf oberdeutschem
Boden bei den Zeitwörtern des Gehens vollzogen hat. In einem
Teile dieses Gebietes hat das Wort gehen, wenn es allein steht,
fast nur noch die Bedeutung fortgehen; gehen in dem einfachen Sinn von „in Bewegung sein“ wird dann durch laufen
ausgedrückt; und für hochdeutsch laufen = rasch gehen heißt
es springen, so daß für springen = einen Sprung tun wieder
mancherlei andere Verba verwendet werden.

C. Geschriebene Rede und gesprochene Rede.

I. Lautbild und Schriftbild.

Wenn menschliche Rede zustande kommen soll, so müssen Teile der Mundorgane, von den Stimmbändern bis zu den Lippen, in Schwingungen versetzt werden. Von der Auswahl dieser Teile, von der Art der Bewegung, die sie vornehmen, hängt es ab, ob wir den einen oder den andern Laut, ein **m**, ein **r**, ein **t**, ein **f** empfinden, hängt mit andern Worten das ab, was man als Qualität der Laute bezeichnet. Gewisse Laute nun werden hervorgebracht, indem Teile des Mundes aus einer Stellung in eine andere übergehen (man bilde z. B. ein **p**); gewisse andere setzen eine Ruhestellung der Organe voraus (z. B. ein **n**, ein **f**, ein **a**). Diese Stellung kann länger oder kürzer festgehalten werden: es gibt also Verschiedenheiten in der Dauer der Laute. Die einzelnen Lautgruppen, die Silben und Wörter, können verschieden rasch aufeinander folgen; das ergibt Unterschiede im Zeitmaß der Rede. Endlich können die verschiedenen Teile der Rede mit verschiedenem Nachdruck, mit verschiedener Höhenlage der Stimme hervorgebracht werden, das heißt mit verschiedener Betonung.

Diesen Reichtum von Gestaltungen, deren das Lautbild fähig ist, kann das Schriftbild nur in sehr unvollkommener Weise zur Anschauung bringen. Die Tonhöhe, das Ansteigen oder Tieferwerden der Stimme zu bezeichnen, hat sie keinerlei Mittel; nur auf einem Umweg gibt das Ausrufungs- und Fragezeichen von solchen Dingen Kunde. Denn im Fragesatz, im Aufforderungssatz gilt eine andere Tonbewegung als im einfachen Aussagesatz. Ebenso fehlt es an einer regelmäßigen Wiedergabe der Tonstärke; ganz gelegentlich wird im Druck der Sperrsatz, beim Schreiben das Unterstreichen einzelner besonders wichtiger Wörter zur Anwendung gebracht.

Von den Verschiedenheiten im Zeitmaß kann die Schrift nur eines, nur die Pausen, anschaulich machen, sei es durch den Gedankenstrich, sei es durch die Satzzeichen, die gewöhnlich mit einem Ruhepunkt der Rede zusammenfallen, sei es durch Herstellung eines Absatzes, durch Einrücken in der Zeile. Das

Freilassen des Raumes, das beim Einrücken sich ergibt, ist nicht
etwa ein Sinnbild für das Aussetzen der Rede, sondern ist erst
das mittelbare Ergebnis der Gedankenpause; in den alten Hand-
schriften herrschte die Gewohnheit, den Beginn neuer Abschnitte
durch besonders große, mit Arabesken, mit farbiger Ausmalung
ausgestattete Anfangsbuchstaben auszuzeichnen: dadurch wurde
der Hauptteil des ersten Wortes ziemlich weit in die Zeile hinein-
gedrängt und blieb dort auch in späteren Zeiten stehen.

Um den Vokal mit längerer Dauer von dem kürzer dauernden
zu unterscheiden, besitzen wir das Hilfsmittel, daß wir die Zeichen
verdoppeln (Saal, Beet); auf rein zufällige Weise ist das h dazu
gekommen, die Länge eines Vokals anzudeuten.

Aber auch die Bezeichnung der Lautqualität läßt mancherlei zu wünschen übrig. Die Laute, die von den Sprechenden erzeugt werden, sind sehr viel zahlreicher als die Lautzeichen, die
im gewöhnlichen Leben zur Verfügung stehen. Man bedenke,
wieviel verschiedene Aussprachen allein durch das Zeichen r oder
g gedeckt werden müssen. Es können also nur die gröberen Unterschiede der Laute schriftliche Darstellung finden. Dazu kommen
mancherlei andere Störungen, wie die Betrachtung der neuhochdeutschen Rechtschreibung in einem späteren Abschnitt dieses
Buches lehren wird.

II. Die sachlichen Verschiedenheiten zwischen der geschriebenen und der gesprochenen Rede.

Durch die Unvollkommenheit der Schrift wird es bewirkt,
daß das Schriftbild im Verhältnis zum Lautbild farblos, einförmig, verwischt erscheint. Aber noch viel tiefer greifende Folgen
ergeben sich aus der einen Grundtatsache, daß die geschriebene
Rede unter ganz anderen Voraussetzungen zustande kommt als
das gesprochene Wort.

Der Sprechende wendet sich an den Hörer, der vor ihm steht,
seine Rede wirkt auf das Ohr. Das Geschriebene wirkt ausschließlich auf das Auge. Wie die Schrift schon unvermögend
ist, die einfachsten physikalischen Vorgänge getreu festzuhalten,
die bei der Rede sich abspielen, so ist sie noch viel weniger imstande, seelische Bewegungen widerzuspiegeln, von der leiden-

schaftlichen Erregung des gesprochenen Wortes Kunde zu geben, anzudeuten, ob die Worte als gleichgültige Nebensache behandelt werden oder großes Gewicht auf sie gelegt wird. So wird die schriftliche Rede z. B. genötigt werden, Nebensache und Hauptsache durch besondere Satzformen zu unterscheiden, das eine einem Hauptsatz, das andere dem Nebensatz zuzuweisen, wo die mündliche Rede nur Hauptsätze nebeneinander stellt. Wo diese schon aus der Art des Tones erkennen ließ, welches logische Verhältnis zwischen zwei Sätzen bestehe, wird die Schriftsprache Anlaß nehmen, die Beziehung durch Anwendung von Konjunktionen klar zu stellen.

Freilich auch bei der mündlichen Rede spielt das Auge eine Rolle. Das Verständnis des Hörenden wird gefördert durch die Gebärden, die das Gesprochene begleiten. Insbesondere kann ein bloßer Wink der Hand zur Unterscheidung genügen, wo der Schreibende auf derselbe, auf dieser und jener oder gar auf der erstere, der letztere angewiesen ist. Anderseits vermag der Sprechende unmittelbar in den Gesichtszügen, der Haltung des Angeredeten die Wirkung seiner Worte zu erkennen. Macht er die Wahrnehmung, daß er nicht richtig verstanden wurde, so kann er durch Wiederholungen, durch Zufügungen und Nachträge Abhilfe schaffen.

Auch sonst zeigt sich bei dem mündlichen Wort die Wirkung der unmittelbaren Beziehungen, die zwischen dem Sprecher und dem Hörer bestehen. Jeder von beiden pflegt zu wissen, unter welchen Voraussetzungen der andere spricht oder hört. Dieser Umstand gestattet es nicht selten, ganze Reihen von Vorstellungen mit wenigen Worten abzutun oder überhaupt unausgedrückt zu lassen, etwa eine Rede mit und zu beginnen oder mit einem er: der andere wird schon wissen, welcher Gedanke hier weitergesponnen wird, oder um welche Persönlichkeit es sich handelt. Diese Sparsamkeit der mündlichen Rede erstreckt sich bis auf das einzelne Wort, namentlich auf solche, die stehende Wendungen sind in öfter wiederkehrender Lebenslage; der Gruß des Guten Morgens wird zu einem dumpfen Gebrumme, das aus **m** in **n** übergeht, und die Frage wie? zu einem einfachen, etwas länger ausgedehnten **m**.

Aber die Loslösung aus der Gemeinschaft mit dem Hörenden hat doch auch ihre Vorteile. Der Schreibende kann sich Zeit nehmen; er braucht sich durch nichts in der Ruhe und Klarheit seiner Stimmung beeinträchtigen zu lassen. Er kann jeden Augenblick sich vergegenwärtigen, was er eben niedergeschrieben hat, und darf auch dem Leser ein solches Zurückblicken zutrauen oder zumuten. So kann er sorgsam auswählen zwischen den verschiedenen Fassungen, die für eine Vorstellung sich darbieten. Er kann es wagen, umfangreichere Wortgruppen und größere Satzgebäude zu zimmern, und er wird bisweilen gerne sich für ein solches entscheiden, wenn der bedächtige Überblick ihm die innere Einheit einer Gedankenreihe aufgedrängt hat.

Bei dem Sprechenden dagegen muß das bewußte Erwägen stark zurücktreten. Auch hierdurch wird er dazu geführt, bereits Gesagtes nachträglich zu verdeutlichen, zu ergänzen, oder er vermischt zwei verschiedene Fügungen, zwei verschiedene Bilder; so kommen die Wendungen zustande, deren klassische Vertreter der sich in gutem Zustand befindliche Tisch, jene Redensarten vom Grundstein, von dem man kaum eine solche Frucht erwartet hätte, vom Strom der Zeit, der an der Stirnlocke ergriffen wird, vom Zahn der Zeit, der auch diese Träne trocknet. Es kommt sogar vor, daß einzelne Wörter gemischt werden: es gibt im Nhd. ein Wort Grachel, in dem die beiden damit gleichbedeutenden Wörter Granne und Achel zusammengeflossen sind. Aus entsetzlich und erschrecklich hat das Elsässische ertsetzlich gemacht.

Die mündliche Rede liebt es, eine Anschauung erst völlig zu erledigen, ehe sie zu einer neuen übergeht. So ist sie im ganzen weit loser gefügt als die Sprache der Schrift; sie meidet Einschaltungen und Einschachtelungen; sie stellt einfache, gleichartige Sätze nebeneinander, statt große Perioden zu bauen. Aber auch innerhalb des einzelnen Satzes zeigen sich derartige Unterschiede. Man sagt: der Brief aus Amerika, das Fest vor acht Tagen; man schreibt: der aus Amerika eingetroffene Brief, das vor acht Tagen abgehaltene Fest; beim Redenden heißt es: er wagt sich hinaus aufs Meer, er steht auf vom Boden, er ist demütig in seinem Herzen, beim Schreibenden: er wagt sich aufs Meer hinaus, er steht vom Boden auf, er ist im Herzen demütig.

Aber nicht nur das ruhige Erwägen, sondern auch die Kraft des Gedächtnisses spielt bei der mündlichen Rede eine weit geringere Rolle als bei der schriftlichen Aufzeichnung. Einmal ausgesprochene Teile der Rede werden sehr leicht vergessen; eine Möglichkeit, sie wieder zurückzurufen, besteht weder für den Hörer noch den Redenden. So geschieht es leicht, daß der Fortgang eines Satzes nicht seinem Anfang entspricht, oder daß der Redende bereits Gesagtes wiederholt, vielleicht ohne es selber wahrzunehmen, vielleicht auch, weil er dem Hörer nicht die genügende Erinnerungskraft zutraut. Die Anwendung des gleichen Wortes in gleichen Zwischenräumen, die beim Lesen den Eindruck der Armut oder der Nachlässigkeit macht, verliert beim Sprechen das Anstößige und erleichtert sogar die Auffassung.

Keine Art von Sprachgebilde kommt ja zustande, ohne daß das Gedächtnis mitwirkt, ohne die Erinnerung an frühere Formen eigener oder fremder Aussage; nur wer einer überlieferten Sprache sich bedient, kann hoffen verstanden zu werden. Aber in der mündlichen Rede, im Drang des Augenblicks, kann sich doch diese Erinnerung weit weniger geltend machen. Der richtige, d. h. der bereits vorhandene Ausdruck fällt uns nicht ein; neue Wörter, neue Satzformen werden ohne große Bedenken gebildet. Eine viel größere Rolle spielt das Gedächtnis bei dem Schreibenden. Die Schulregel kommt ihm zum Bewußtsein; er besinnt sich auf den Sprachgebrauch, d. h. er fragt, wie es andere machen und gemacht haben.

Da aber diese anderen gerade so verfahren sind, so muß die Schriftsprache notwendig ein stark altertümliches Gepräge gewinnen: sie führt Wörter, Wendungen, Satzformen weiter, die in der lebendigen Sprache nicht nur seit mehreren Geschlechtern, sondern vielleicht schon seit Jahrhunderten ausgestorben sind. Der Genitiv, der der Mundart wohl schon seit dem 15. Jahrhundert verloren gegangen ist (siehe oben S. 21), ist in der Schriftsprache noch durchaus lebendig, ebenso das Mittelwort der Gegenwart, das in der Mundart nur noch geringe Verbreitung besitzt (z. B. im Niederösterreichischen noch vorhanden).

Aber nicht nur der ältere Gebrauch der deutschen Sprache gewinnt Einfluß auf den Schreibenden, sondern auch die Eigenart fremder Sprachen. Fremde Wörter sind ja auch durch den mündlichen Verkehr entlehnt worden, so die ältesten Lehnwörter, die dem Lateinischen entstammen, vieles Französische, namentlich in der Rheinprovinz, der Pfalz, dem Elsaß, der westlichen Schweiz, oder die jüdischen Bestandteile des Deutschen. Vieles andere aber, namentlich die späteren Entlehnungen aus den klassischen Sprachen, ist zumeist von der Schriftsprache übernommen worden. Vollends haben fremde Satzfügungen — abgesehen von gewissen Grenzgegenden — fast ausschließlich in der Sprache der Schrift Nachahmung gefunden.

So sind denn Fügungen wie die des lateinischen Akkusativs mit dem Infinitiv und des absoluten Partizips in das Deutsche eingedrungen (vgl. den dritten Abschnitt des allgemeinen Teils); aus der gleichen Quelle stammt die rücksichtslose Durchführung des Brauchs, im Nebensatz das Zeitwort an die letzte Stelle zu setzen, und die Bildung umfangreicher künstlicher Satzgebäude.

Aber die Schriftsprache lebt doch nicht bloß vom Erborgten, von dem Sprachgut der mündlichen Rede, der eigenen Vorzeit oder fremder Völker. Sie lebt auch ihr eigenes Leben, hat Erscheinungen ausgebildet, die nicht früher gewesen sind und außerhalb der Schriftsprache nirgends angetroffen werden. Wenn die Schriftsprache einen großen Reichtum an Wörtern mit abstrakter Bedeutung aufweist, so ist das im wesentlichen kein Verlust auf der Seite des gesprochenen Wortes, sondern Neuschöpfung auf Seite des geschriebenen. Auch Bildungen auf -er, wie: der Begründer (der Stadt), der Überbringer (des Briefes), der Verfertiger (des Werkzeugs) scheinen der lebendigen Sprache fremd zu sein. Ebenso der Brauch, im Nebensatz das Hilfszeitwort zu ersparen, der seit dem 15. Jahrhundert sich ausgebildet hat: nachdem er erfahren, daß alles glücklich abgelaufen, oder die Fügung von zu mit dem Mittelwort: die zu hörende Vorlesung, die abzuhaltende Versammlung. Eine eigenartige Feinheit übt die Schriftsprache, wenn sie im Nebensatz der abhängigen Rede mit den Zeitformen wechselt: er behauptet, er habe gesehen, aber:

er behauptet, sie hätten gesehen, eine Unterscheidung, von der Mundarten und Umgangssprache nichts wissen (vgl. im besondern Teil den siebenten Abschnitt, VI, c).

In der Schriftsprache können wir von Personenbezeichnungen Beiwörter ableiten, die die Beziehung eines Dinges zu der betreffenden Person ausdrücken: das kaiserliche Haus, die Schillerschen Gedichte, der Cottasche Verlag, eine Freiheit, die der mündlichen Rede gänzlich fremd ist.

III. Die Schriftsprache als Einheitssprache im Gegensatz zu den örtlichen Verschiedenheiten der Mundarten.

Der unvermeidliche Umstand, daß jegliche schriftliche Aufzeichnung unter dem Einfluß dieser oder jener Vorbilder steht, kann noch eine besondere Folge nach sich ziehen. Sind jene früheren, deren Brauch maßgebend wird, Volksgenossen des Schreibenden, so kommt durch ihre Einwirkung nur die altertümliche Färbung zustande, von der wir bereits gesprochen haben. Befinden sich jedoch unter den Vorbildern Angehörige anderer Sprachgebiete, so können auf diesem Wege sprachliche Erscheinungen hereindringen, die der angestammten Mundart des Aufzeichners fremd sind. Solange die verschiedenen Gegenden des Sprachgebiets gleichberechtigt und gleich leistungsfähig sind, werden derartige Wirkungen hinüber und herüber gehen, sie behalten den Charakter des Zufälligen und Vorübergehenden. Anders jedoch, wenn eine Gegend die andere zu überragen beginnt, in politischer oder in geistiger Beziehung oder gar in beiden zugleich, oder wenn eine gewaltige Persönlichkeit über das niedrige Hügelland des Durchschnitts sich erhebt. Dann werden von einem bestimmten Punkte nachhaltigere Anregungen ausgehen, und es werden nicht mehr einzelne, sondern viele, ja schließlich große Massen der gleichen Wirkung unterliegen.

Was so fast unbewußt geschieht, kann vom einzelnen auch bewußt angestrebt werden. Wenn er den Wunsch hegt, über die Grenze seiner Heimat hinaus leichtes und freudiges Verständnis zu finden, so wird er sich bemühen, Sonderheiten seiner Mundart zu vermeiden, die nur geringe Verbreitung besitzen, anderes aufnehmen, was er in weiten Kreisen als bekannt voraussetzen darf.

Da er naturgemäß seine Leser mit besonderer Vorliebe in den Gegenden suchen wird, deren geistige Entwicklung am weitesten vorangeschritten ist, so ergeben sich aus diesen bewußten Bestrebungen im ganzen die gleichen Wirkungen, wie aus jenen unbewußten Anregungen. So entsteht mit der Zeit das, was wir gewöhnlich im engern Sinn als Schriftsprache den Mundarten entgegensetzen.

Ob auch nur die allerersten Anfänge einer derartigen Schriftsprache schon in der althochdeutschen Zeit aufgetreten sind, ist sehr fraglich. Wohl finden sich bei Notker von St. Gallen, beim Verfasser der althochdeutschen Tatian-Übersetzung, die in Fulda entstanden ist, Sprachformen, die mit der Mundart der genannten Örtlichkeiten in Widerspruch stehen. Aber niemand bürgt uns dafür, daß jene Männer an den Orten, wo ihre Klöster standen, auch wirklich zu Hause gewesen sind.

Dagegen ist es über allen Zweifel erhaben, daß in mittelhochdeutscher Zeit schriftsprachliche Regungen sich geltend machen, zum mindesten im Kreise der Dichtung. Wo sie literarisch wirken wollen, verzichten die Alemannen auf die ihnen noch gebliebenen vollen Endvokale, die Bayern bis zum Ende des 13. Jahrhunderts auf jene eigenartigen Pronominalformen, die doch altererbt sein müssen (siehe oben S. 42). Männer wie Heinrich von Veldeke, Hartmann von Aue, Wolfram von Eschenbach meiden manche allzustarke Besonderheiten ihrer heimischen Mundart. Die mitteldeutschen Dichter bedienen sich nicht ihrer heimischen Verkleinerungsformen auf —chen, sondern der oberdeutschen auf —lein. Was aber das merkwürdigste ist, das ganze niederdeutsche Sprachgebiet zeigt in seiner Dichtung aufs stärkste den hochdeutschen Einfluß in massenhafter Verwendung hochdeutscher Reimformen. Und selbst die niederdeutsche Prosa arbeitet zu einem großen Teil mit hochdeutschem Sprachmaterial.

Sogar die Urkundensprache hat sich in mittelhochdeutscher Zeit nicht mehr ausschließlich in den Grenzen der Mundart gehalten; so hat die Speyrer Kanzlei die angestammten p im Anlaut des Wortes zugunsten des oberdeutschen pf aufgegeben.

Daß aber derartige Ausgleichungen schon zu einer wirklichen, überall ebenmäßig anerkannten Einheit geführt hätten, davon kann keine Rede sein. Diese Errungenschaft blieb der neuhochdeutschen Zeit vorbehalten.

Man pflegt Luther als den Schöpfer unserer Schriftsprache zu bezeichnen. Will man den Satz wörtlich nehmen, so ist er falsch. Denn einmal hat Luther die Sprache nicht frei geschaffen, in der er als Reformator aufgetreten ist, und zweitens war man auch nach seinem Auftreten noch ziemlich weit entfernt von einer durchweg herrschenden Gemeinsprache.

Tatsächlich reichen die Wurzeln unserer Schriftsprache in die vorhergehende Periode hinein. Soll eine Sprachgestalt über andere den Sieg davontragen, so ist es vor allem nötig, daß ihr ein bedeutendes Übergewicht zukommt; sie wird um so leichter durchdringen, je länger sie in Ansehen steht, und je mehr ihre Eigenart eine Mittelstellung einnimmt gegenüber anderen Spracheinheiten.

Diese Voraussetzungen sind erfüllt in der Sprache der kaiserlichen Kanzlei, nachdem mit dem zweiten Viertel des 14. Jahrhunderts die Sprache der Urkunden und Akten überwiegend die deutsche geworden war. Sehr wichtig war es, daß von der Mitte des 14. Jahrhunderts an durch fast 100 Jahre die Kaiserwürde mit kurzer Unterbrechung beim selben Hause, dem Hause der Luxemburger, blieb. Ihre Kanzlei war in der Hauptstadt Böhmens, des Landes, in dem mitteldeutsches und oberdeutsches Gebiet, in dem obersächsische und österreichische Mundart aufeinander stießen. Aus einem Ausgleich dieser beiden Bestandteile geht die Sprache der Prager Kanzlei hervor, und dieser Sprachtypus blieb die Sprache der kaiserlichen Kanzlei, als die Herrschaft an die Habsburger überging. Und zwar wurde diese Sprache nicht nur in der Hauptkanzlei selbst geschrieben; während früher die Urkunden mit der Unterschrift des Kaisers gar verschiedenen Charakter trugen, mannigfache landschaftliche Färbung zeigten, geben schon seit Friedrich III. und mit voller, bewußter Entschiedenheit seit Maximilian die Schriften, die unmittelbar vom Kaiser ausgingen, die gleiche Sprache wieder, in welchem Teile von Deutschland sie entstanden sein mögen.

Es ist begreiflich, daß andere Kanzleien diesem Beispiel nachstrebten; besonders folgenreich war das Verhalten einer der wichtigsten, der kursächsischen Kanzlei. Das Sprachgebiet, dem sie vorstand, war mitteldeutsch, und so war auch die Sprache der Kanzlei mitteldeutsch bis zur Mitte des 15. Jahrhunderts; in dessen zweiter Hälfte jedoch fand eine entschiedene Annäherung an die Sprache der kaiserlichen Kanzlei statt: teils durch unmittelbare Herübernahme oberdeutscher Eigentümlichkeiten, teils dadurch, daß die lautliche Entwicklung des Mitteldeutschen selbst dem oberdeutschen Lautstand in einzelnen Punkten nahe gekommen war, und daß man, eben unter dem Einfluß der kaiserlichen Kanzlei, dieser Entwicklung in der Schreibung rascher und vollständiger nachgab, als es ohne dies geschehen wäre. So trafen die beiden wichtigsten Kanzleisprachen zusammen und bildeten nahezu eine Einheit.

Damit war nun der erste große Schritt getan, aber auch nur dieser; zu einer wirklich überall durchgedrungenen Einheit war der Weg noch weit genug. Das zeigt schon der Umstand, daß dieselben Fürsten, deren Kanzleien ein Vorbild für die anderen geworden sind, in ihren Privatschreiben sich noch der heimischen Mundart bedienen. Auch war die Kanzleisprache nur in beschränkter Weise dazu angetan, die Grundlage für eine nationale Literatursprache abzugeben: denn die Gedanken, die in ihr zum Ausdruck kamen, gehören einem verhältnismäßig engen Gebiet an, und die formelhafte, hergebrachte Bezeichnung war von ihr mit Vorliebe gewählt. Sie konnte also etwa nur für die Lautbezeichnung und für einen Teil der Formenbildung maßgebend sein; für alles übrige mußten noch ganz andere Dinge geschehen, sollte das Ziel der Einheit erreicht werden.

Luther war es, von dem die entscheidende Tat ausging. Das sprachliche Ansehen, das amtlichen Schriftstücken innewohnte, war doch verhältnismäßig gering; es waren nur wenige, welche die Erzeugnisse der Kanzleien lasen. Luthers gewaltige Gestalt aber hat das deutsche Volk in seinen Grundfesten bewegt; hier handelte es sich um Fragen, die dem Menschen ans Herz griffen, wes Standes er auch sein mochte. So mußte der mächtige Gedankeninhalt, der die weite Verbreitung seiner Schriften bedingte, auch ihrer Form eine außerordentliche Wirkung verleihen. Um so mehr, als dieser Inhalt ganz dazu angetan war, auch seinem

Wortlaut nach in das Gedächtnis der Leser überzugehen: das gilt besonders von der Bibelübersetzung und von den Kirchen- liedern. Aber die von Luther gewählte Form trug in sich selbst die Bürgschaft für eine weitausgreifende Wirkung, denn mit vollem Bewußtsein hat er sich für diejenige Sprache entschieden, die schon jetzt einer gewissen allgemeinen Geltung sich erfreute: „ich brauche der gemeinen deutschen Sprache, das mich beide, Ober- und Niederländer, verstehen mögen. Ich rede nach der Sechsischen Cantzelei, welcher nachfolgen alle Fürsten und Könige in Deutschland. Kaiser Maximilian und Kurfürst Friedrich, Herzog von Sachsen, haben im römischen Reiche die deutschen Sprachen also in eine gewisse Sprache gezogen".

Wie Luthers Sprache sich weiter verbreitet hat, darüber sind wir im einzelnen noch nicht zur Genüge unterrichtet. Jedenfalls geschah ihr Siegeslauf nicht so rasch, wie das Wort „Luther, der Schöpfer der neuhochdeutschen Schriftsprache" vermuten ließe. Auf verschiedenen Seiten traf sie auf kräftigen Widerstand. Luthers Sprache war von seinem Geist schwer zu trennen; sie war die Trägerin der protestantischen Ideen. So war ihr das Ein- dringen in katholische Gegenden von vornherein erschwert; wie hartnäckig man hier der ketzerischen Sprache entgegentrat, mag der Umstand zeigen, daß noch Gottscheds Sprachlehre für katho- lische Obere ein verbotenes Buch war.

Aber auch in protestantischen Gebieten ging das Vorschreiten langsam genug; der deutsche Partikularismus hat auch in sprach- lichen Dingen sehr entschieden für die Bewahrung des örtlichen Sondertums gekämpft. Noch im Anfang des 17. Jahrhunderts, im protestantischen Basel, schreibt Thomas Platter seine Selbst- biographie in alemannischer Mundart. Und noch 1671 erläßt die Berner Regierung eine Weisung an die Geistlichen, sich eines „ungewöhnlichen neuen Deutsch" zu enthalten, „als welches den Verständigen nur ärgert und das gemeine Volk in ihrem Christen- tum nicht unterweisen tut". Auf niederdeutschem Gebiet hat sich Luthers Sprache etwas rascher Bahn gebrochen. Dafür haben aber hier bis fast in unsere Tage die Bestrebungen nicht aufgehört, die darauf ausgingen, das Niederdeutsche zum Rang einer Schrift- sprache zu erheben. Noch jetzt erscheinen Zeitungen und Kalender

in niederdeutscher Sprache, entstehen niederdeutsche Erzählungen und Dramen, zumal in Hamburg, in dem heute alles niederdeutsche Wesen mit besonderem Eifer gepflegt wird. Und selbst
wenn man absieht von diesen bewußten Gegenbestrebungen
so liegt in der Sache selbst die Schwierigkeit. Wir besitzen aus.
dem 16. und 17. Jahrhundert Schriftstücke, die ein merkwürdiges
Gemisch von Schriftdeutsch und Mundart aufweisen: so die
Briefe der Herzogin Elisabeth von Sachsen an ihren Bruder
Landgraf Philipp von Hessen; sie zeigen, daß der Geist willig,
aber das Fleisch schwach gewesen ist.

So kam es denn, daß trotz den eifrigen Bemühungen der
Grammatiker und dem Auftreten hervorragender Schriftsteller
im 16. Jahrhundert noch kaum das Bewußtsein von einer Einheit
vorhanden war. Im 17. Jahrhundert schwebte zwar eine höhere
Einheit den Schriftstellern deutlich vor Augen; aber die tatsächlichen Abweichungen derselben untereinander und die Schwankungen des Gebrauchs bei jedem einzelnen waren immer noch
erheblich genug. Erst in der zweiten Hälfte des 18. Jahrhunderts
ist die wirkliche Einheit entschieden. Auf der Scheide zwischen
alter und neuer Zeit steht Albrecht von Haller. Seine Gedichte
zeigen in den beiden ersten Auflagen noch ziemlich starke Spuren
der alemannischen Mundart; „denn“, sagt er selbst, „ich bin ein
Schweizer, die deutsche Sprache ist mir fremd. und die Wahl
der Wörter war mir fast unbekannt“: in der dritten Auflage hat
der Dichter sie größtenteils ausgemerzt. Aber noch Wieland
setzt erst 1785 in seinem Pervonte die gemeinüblichen hochdeutschen Ausdrücke mehrfach für mundartliche, die er noch
1778 darin geschrieben hatte.

Eine unbedingt vollständige Einheit besteht freilich auch
heute noch nicht und wird kaum jemals erreicht werden. Landschaftliche Verschiedenheiten gedeihen noch heutzutage fröhlich
weiter, zumal, wie es naturgemäß ist, in den Grenzgebieten des
deutschen Bodens. In den meisten Fällen wird es möglich sein.
wenn der Schriftsteller ein Schweizer oder ein Österreicher ist,
dies aus seinen Werken zu erkennen.

Am bezeichnendsten für den Schweizer ist die Verwendung
von einer Sache rufen, was sogar bei Gottfried Keller sich

findet, in Sinne von hervorrufen, verlangen: „der Antrag rief einer längeren Diskussion“, „man hatte schon lange einer Verbesserung dieser Straße gerufen“. Weiter eignen dem Schweizer die Wörter jeweilen, bemühend in der Bedeutung von peinlich, an einer Sache beitragen. Das Schiboleth der Österreicher ist die Wendung vergessen auf etwas: „auf die Erweiterung des Wahlrechtes hatte er vergessen“; ferner über statt auf, gemäß: „über Beschluß“, „über Antrag“; das Wort Gepflogenheit, das freilich auch schon in weitere Gebiete eingedrungen ist, das Fremdwort meritorisch, das soviel wie sachlich bedeutet. Überall für überhaupt ist eine Eigentümlichkeit, die sich bisweilen bei norddeutschen Schriftstellern findet: „es wäre die Pflicht des Herausgebers gewesen, wenn er den Aufsatz überall akzeptierte (Rundschau VII, 317)“. Ebenso ist norddeutsch, zumal in den Hansestädten gebräuchlich, der Gebrauch von erinnern im Sinne von sich erinnern: „von der Melodie erinnere ich nur einen Teil“ (vielleicht englischer Einfluß).

Nachdem wir die Betrachtung zu Ende geführt haben, welche den Einheitsbestrebungen und ihren Erfolgen gewidmet war, müssen wir noch einen Blick auf die Beschaffenheit der also gewonnenen Einheit werfen, auf die Eigentümlichkeiten, die das Neuhochdeutsche von anderen örtlichen und zeitlichen Spracheinheiten unterscheiden. Wir müssen dabei freilich stets dessen bewußt bleiben, daß das, was wir als Neuhochdeutsch zu bezeichnen pflegen, keineswegs ein überall gleichartiges Ganzes bildet. Nicht nur zeigen verschiedene Zeiten des Neuhochdeutschen verschiedene Stufen der Einigung, sondern die Sprache ist, unabhängig davon, während der neuhochdeutschen Periode von Schritt zu Schritt weitergegangen. Aber der Gesamtcharakter der Sprache ist im wesentlichen der gleiche geblieben: der der Mischung aus verschiedenen Mundarten, wobei jedoch das Mitteldeutsche die Hauptgrundlage bildet.

Mitteldeutsch ist der Vokalismus, und zwar steht er den südlichen Gebieten des Obersächsischen am nächsten. Im Konsonantismus dürften zwischen diesem Gebiet von Obersachsen und dem bayrisch-österreichischen Gebiet damals kaum wesentliche

Unterschiede bestanden haben, Unterschiede wenigstens derart,
daß das Schriftbild sich anders hätte gestalten müssen
unter sächsischem, anders unter bayrischem Einfluß. Ebenso
ist in den Wortformen, wie in der Wortverbindung der Unterschied zwischen den bei der Bildung des Neuhochdeutschen beteiligten Mundarten nur gering; das Geschlecht der Hauptwörter
steht auf dem mitteldeutschen, nicht dem oberdeutschen Standpunkt: mitteldeutsch ist die Backe, die Butter, die Traube
usw., während der Oberdeutsche der Backen, der Butter,
der Trauben sagt.

Am stärksten sind die Unterschiede der Mundarten im Wortschatz. Der Grundstock des Neuhochdeutschen ist hier mitteldeutsch. Ganz unerheblich ist das rein oberdeutsche Element;
fast nur dann sind Ausdrücke aus dem Süden in die Schriftsprache
eingewandert, wenn die Dinge selbst, die sie bezeichnen, lediglich
dem Süden eignen, also besonders Bezeichnungen für alles, was
mit dem Hochgebirge zusammenhängt: Alp, Fluh, Föhn
(aus latein. favonius), Gletscher (das wahrscheinlich aus den
romanischen Mundarten des Wallis stammt und jedenfalls auf
vulgärlateinisches *glaciarium zurückgeht), Grat (von dem
noch 1754 spöttisch gefragt wird, ob es die Einzahl von Gräten
sei), Lawine (aus mittellat. labina zu labi gleiten), Matte,
Senn. Von Wörtern anderer Art entstammen Heimweh, lugen
und staunen schweizerischer Heimat.

Zahlreich sind die niederdeutschen Bestandteile der Schriftsprache; dahin gehören natürlich in erster Linie die Wörter,
welche sich auf die Schiffahrt, auf das Leben an und auf dem
Meere beziehen: Boot, Brise, Bucht, Düne, Hafen, lichten
(die Anker, eigentlich leicht machen), Steven, Tau, Wrack usw.,
aber auch andere Ausdrücke wie echt, aus älterem êhaft, das,
was mit der ê (= Ehe), d. h. dem Gesetz zusammenhängt (der
Übergang von ft in cht ist eine Eigentümlichkeit des Niederdeutschen), Fracht, Harke, kneipen, knicken usw. Bisweilen
besitzen wir sogar die hochdeutsche und die niederdeutsche Form
desselben Wortes nebeneinander: so Brunnen — Born, feist
— fett, sanft — sachte, sühnen — (ver)söhnen, Waffen
— Wappen, wo immer das erste Wort die hochdeutsche, das

zweite die niederdeutsche Gestalt zeigt. Niederdeutsches Linnen steht neben hochdeutschem Lein, Geld neben gelten, Klöppel neben klopfen, Stempel neben stampfen, Stümper neben Stumpf.

IV. Die Abstufungen zwischen Schriftsprache und Mundart.

Die Schöpfung einer einheitlichen Schriftsprache ist eine Kulturtat ersten Ranges. Aber solange diese Einheit bloß auf dem Papier steht, stellen sich dem unmittelbaren Verkehr der verschiedenen Volksstämme immer noch störende Schranken entgegen. Der westfälische Bauer und der Hirt aus den Tiroler Bergen, wenn der Zufall sie zusammenführt, sie verstehen sich so wenig als der Franzose und der Chinese. Um dem Bedürfnis des mündlichen Austauschs entgegenzukommen, läßt man sich daher auch hier zu mancherlei Ausgleichungen und Abschleifungen herbei. So hat etwa in der Schweiz die Form seit für sagt allgemeine Geltung gewonnen gegenüber Besonderheiten von beschränkter örtlicher Verbreitung. Beim Süddeutschen bürgern sich norddeutsche Ausdrücke ein, wie stramm und schneidig, woran die Tatsache nichts ändert, daß im Bayrischen a Schneid haben soviel bedeutet wie mutig sein; umgekehrt hat es der Norddeutsche gelernt, von feschen Madeln und von Schnadahüpfeln zu reden.

Aber derartige Kleinigkeiten bieten keine große Förderung. Am sichersten würde für Abhilfe gesorgt, wenn die gesamte geschriebene Einheit ohne weiteres ins Mündliche übertragen werden könnte. Bis zu einem gewissen Grade geschieht das ja auch tatsächlich: beim Vorlesen, beim Vortrag von auswendig gelernten Stücken, also insbesondere auf der Bühne. Aber freilich, etwas sehr Wichtiges fehlt meist bei dieser Übertragung, die Einheit der Aussprache. Für diese hat die schriftliche Aufzeichnung zwar manche Anweisungen geben können, aber diese Anleitung war bei der Unvollkommenheit des Schriftbildes doch recht unzureichend (s. den Abschnitt über die Rechtschreibung). So bestehen denn selbst im allergewähltesten Vortrag schriftsprachlicher Stücke Unterschiede der Aussprache zwischen verschiedenen Gebieten Deutschlands.

Zwar das dürfte, in der Theorie wenigstens, jetzt allgemein anerkannt sein, daß die niederdeutsche Aussprache von st und sp im Wortanfang falsch ist, und daß schtehn, Schpott auszusprechen ist. Aber wie verschieden gestaltet sich nach verschiedenen Gegenden die Aussprache des g! Es lautet bald wie j, bald wie ch, bald ist es Verschlußlaut wie im Französischen vor a, o, u, und keine ist als allein berechtigt anerkannt. Das gleiche gilt für ng am Ende eines Wortes, das in manchen Gegenden als nk gesprochen wird: der Gank, der Sprunk; in den meisten dagegen gerade so wie in Innern des Wortes. Das Zeichen r wird bald mit der Zungenspitze hervorgebracht, bald mit dem Gaumen; es klingt bisweilen nahezu wie ch oder gar wie der Vokal a, wie das Friedr. Vischer humoristisch geschildert hat in den „Leiden des armen Buchstaben r auf seiner Wanderung durch Deutschland“ (Gegenwart 1882, Nr. 40). s wird in Süddeutschland scharf wie im Anlaut der französischen Wörter gesprochen oder wie französisch c vor e und i; im Norden dagegen wie das französische z.

Daß derartige Abweichungen die Verständlichkeit gefährden können, ist zweifellos, zumal wenn wir bedenken, in welcher Weise wir fremde Reden auffassen: tatsächlich wird nicht jeder einzelne Laut, jede einzelne Silbe vom Ohr wirklich wahrgenommen. Was uns zum Bewußtsein kommt, sind vielfach nur Bruchstücke der fremden Rede, die wir dann zu vollen Sätzen ergänzen. Daraus erklärt sich die bekannte Tatsache, daß wir fremde Sprachen viel leichter verstehen, wenn wir sie lesen, als wenn wir sie hören: beim Lesen fällt natürlich die Notwendigkeit des Ergänzens fort. Weiter hat wohl schon jeder die Erfahrung gemacht, daß er einen Satz zunächst nicht verstanden hat, daß ihm dann aber plötzlich der Sinn aufgeht: in diesem Augenblick ist es ihm gelungen, die gesuchte Ergänzung zu finden.

Weil also häufig nur ein Teil der Laute wirklich erfaßt wird, ist es wichtig, daß diese nicht noch durch fremdartige Aussprache Schwierigkeiten bereiten. Dazu kommt noch das besondere Bedürfnis der Bühne. Wo das Sprechen mehrerer sich zu einem kunstvollen Ganzen zusammenfügen soll, da können erhebliche Abweichungen nicht ertragen werden. So hat sich denn in der Aussprache der Bühne seit geraumer Zeit eine gewisse Einheit herausgebildet. Von einer vollständigen Beseitigung des Schwankens kann aber auch hier zurzeit keine Rede sein. Neue Intendanten halten es für nötig, neue Regeln einzuschärfen. Man behauptet, daß an der Wiener Burg anders gesprochen wird als im Berliner Schauspielhaus. Bei den Meiningern haben nicht nur zwischen verschiedenen Schauspielern Abweichungen bestanden, sondern ein und derselbe hat den gleichen Laut bald so, bald so ausgesprochen. Es kann sogar geschehen, daß etwa an einem Berliner Theater im Feuer der Leidenschaft plötzlich bayrische Klänge das Ohr des Süddeutschen heimisch berühren.

Neuerdings hat in Berlin ein Ausschuß getagt, um für die deutsche Bühnenaussprache feste, einheitliche Regeln zu schaffen. Man ist aber noch weiter gegangen. Man will, im Anschluß an diese Einigung der Bühnensprache, auch für andere Arten des mündlichen Ausdrucks die Einheit der Aussprache durchführen.

Auch diese Bemühungen sind an sich durchaus berechtigt. Nur gehen ihre Vertreter nicht selten zu weit. Eine völlige Übereinstimmung ist überhaupt niemals denkbar, da es beim Sprechen gar zu vieles gibt, was in das Gebiet des Unbewußten fällt, vom Willen fast unabhängig ist. Es kann sich also nur darum handeln, die Besonderheiten auf ein gewisses Maß einzuschränken. Die Bühne hat sich mit Vorliebe für diejenigen Gestaltungen der Laute entschieden, die möglichst scharf sie von verwandten Lauten unterscheiden und zugleich die Eigenschaft haben, möglichst weit zu tragen.

Dieser Gesichtspunkt spielt bei andern Weisen des Vortrags eine nur untergeordnete Rolle. Dagegen kommt hier die Frage der leichten Erlernbarkeit in Betracht, die für den Schauspieler keine Frage sein darf.

Es hat schon ein Mißliches. den Angehörigen weiter Gebiete die ihnen fremde Aussprache des r mit der Zungenspitze aufzuzwingen. Bedenklicher ist etwas anderes. Zwischen dem b, g, d des Norddeutschen und demjenigen, das der Mitteldeutsche und Süddeutsche spricht, besteht ein durchgehender Unterschied: der Norddeutsche spricht es derart, daß dabei die Stimmbänder beteiligt sind; man fühlt das, wenn man die Hand auf den Kehlkopf legt. In dem andern Gebiet fehlt dieses Mitschwingen der

Stimmbänder. Die Bühne hat sich für die Laute des Nordens entschieden, die besser geeignet sind, weite Räume zu füllen. Zu diesen herrlichen Tönen will man nun die gesamte gewählte Aussprache bekehren. Wie große Schwierigkeiten das hat, davon wissen im Mittel- und Süddeutschland die Lehrer des Französischen und Englischen zu erzählen. Wenn einzelne besonders Begabte oder besonders Eifrige den fremden Laut leichter erlernen, so beweist das nichts für die große Masse. Und die Schule hat Wichtigeres zu tun, als im deutschen Unterricht Unterschiede erst klarzumachen und dann mit Mühe zu beseitigen, von deren Bestehen die wenigsten Menschen überhaupt eine Ahnung haben.

Noch weniger aber ist die Art zu billigen, wie man es unternommen hat, von höherer Warte die Aussprache der Eigennamen zu regeln. Man wird natürlich diejenigen örtlichen Eigenheiten nicht beibehalten, die mit bestimmten Lautgesetzen der betreffenden Mundarten zusammenhängen. Man wird nicht mit dem Schweizer Schaffhûse sprechen, da eben unsere Schriftsprache aus jedem alten û ein au gemacht, dagegen das auslautende n festgehalten hat. Ebensowenig wird man nach Ortssitte Züri für Zürich, Pforze für Pforzheim, Berne für Pirna sprechen oder mit dem Schwaben Keschtle sagen, zur Bezeichnung der bekannten Familie Köstlin. Aber wo die Besonderheiten der Mundart außer Spiel bleiben, da hat der Träger eines Namens das unbedingte Recht auf die Anerkennung der von ihm geübten Aussprache. Es heißt also Hannofer, nicht Hannower, Magdeburg mit kurzem, nicht langem a; es heißt Gmelin, Böcklin mit Betonung der ersten Silbe; schon der klassische Reim von Böcklin auf Unterröcklin, den er selber gefunden hat, sollte den großen Künstler vor der Mißhandlung seines Namens schützen, die ihm namentlich im Munde von Norddeutschen widerfährt.

Mit dem Augenblick aber, wo die mündliche Rede nicht Geschriebenes wiedergibt, wo es sich nicht um vorbereiteten, ruhig überlegenden Vortrag handelt, wo sie lebendig den Bedürfnissen des Augenblicks entspringt, stellen sich mit Notwendigkeit starke Abweichungen gegenüber der Schriftsprache ein. Sie mag wohl in den Lauten, soweit das Vorbild der Schrift dafür

Anleitung gibt, und in den Formen sich eng an **die** Schriftsprache anschließen, aber im übrigen geht sie ihre eigenen Wege: im Wortschatz wie in der Satzfügung tritt die Umgangssprache — so hat man diese vornehmste Form der mündlichen Rede neuerdings bezeichnet — im wesentlichen auf die Seite der Mundart.

So wird man z. B. fast stets an gewissen Eigenheiten den Norddeutschen und den Süddeutschen zu unterscheiden vermögen. Was an der Erde gelegen hat, das wird vom Norddeutschen je nach dem Gegenstand auf den Tisch gelegt, gestellt oder gesetzt; was auf dem Boden lag, das wird vom Süddeutschen auf den Tisch gelegt oder gestellt. Der Norddeutsche lädt zum Abendbrot ein, und die Speise schmeckt ihm schön, der Süddeutsche zum Abendessen, und er findet daß die Dinge gut schmecken. Der Norddeutsche erscheint in reinem Hemde, einer neuen Hose; der Süddeutsche trägt ein frisches, ein sauberes Hemd und neue Hosen. Im Norden leidet man an einem schlimmen Finger, im Süden hat man einen wehen, einen bösen Finger. Im Norden spricht man von einem Ende Faden, im Süden von einem Stück oder einem Trumm. Im Norden geht Vater mit seinem Jungen spazieren, um Blaubeeren oder Bickbeeren zu suchen, im Süden der Vater mit seinem Buben, um Heidelbeeren oder Schwarzbeeren zu suchen; der Norddeutsche kennt vielfach nur Pflaumen, wo der Süddeutsche Pflaumen und Zwetschgen unterscheidet; das norddeutsche welche als unbestimmtes Fürwort („es gibt welche") ist dem Süddeutschen meist unbekannt. Ein unter Umständen verhängnisvoller Unterschied besteht in der Bedeutung der Worte: „das ist nicht wahr". Der Süden kann damit einfach feststellen, daß etwas nicht den Tatsachen entspricht, während der Norden damit einen Zweifel an der Wahrhaftigkeit des Redenden bekundet.

Ist so die Umgangssprache das Ergebnis einer Wechselwirkung von Schriftsprache und Mundart, so trägt sie doch ein verhältnismäßig einheitliches Gepräge. Daneben aber stehen Mischungen, die viel zufälliger und willkürlicher gestaltet sind. Am Zustandekommen solcher Ausgleichsformen nimmt natürlich die Umgangssprache vermöge ihrer Mittelstellung hervorragenden Anteil. Aber die Schriftsprache wirkt auch unmittelbar auf die Mundart.

In dieser Richtung ist vor allen Dingen die Schule tätig: Ohr und Auge werden hier mit sehr nachdrücklichem Zwang auf die Schriftsprache hingewiesen. Auch das lebendige Wort der Predigt mag von Einfluß sein; so macht der heilige Geist nicht alle die Veränderungen mit, die das ei sonst in den Mundarten erfährt (s. oben S. 45). Immerhin darf dieser Einfluß nicht überschätzt werden: in Gegenden, wo die Macht der Mundart noch ungebrochen ist, wie z. B. im Kanton Bern, ist noch bis vor wenigen Jahrzehnten das Wort Gottes vielfach in mundartlicher Rede verkündet worden. Noch geringer ist die Wirksamkeit des Theaters, schon deshalb, weil nur ein kleiner Bruchteil der Bevölkerung wirklich in den Bann der Bühne gerät. Von der größten Bedeutung aber ist das Lesen hauptsächlich der Zeitungen und der Kolportageschriften.

Das Verhältnis zwischen Schriftsprache und Mundart im mündlichen Gebrauch kann verschiedenartig sein. Am größten ist noch immer die Masse derer, die bloß die Mundart in ihrer Rede zur Anwendung bringen. Ein Teil von diesen ist wenigstens imstande, das Hochdeutsche aufzufassen, wenn es ihnen im Munde von andern entgegentritt: eine große Anzahl ist nur für die Mundart zugänglich. Ganz selten liegt die Sache so, daß die Einsprachigkeit im ausschließlichen Gebrauch der Schriftsprache besteht. Der Fall kann fast nur da eintreten, wo hinter den Gebildeten keine gleichsprachige Volksmasse steht: das gilt für die Deutschen in den russischen Ostseeprovinzen.

Bei denjenigen Menschen, bei denen Schriftsprache und Mundart gebraucht wird, sind wieder die verschiedensten Abstufungen denkbar. Nur wenige gebrauchen neben reinem Dialekt lediglich die reine Schriftsprache; in weitaus den meisten Fällen entsteht eine Mischung von beiden Bestandteilen, wobei bald die Mundart, bald die Schriftsprache überwiegt. Diese Spielart der Rede, die sehr häufig komisch wirkt, hat mehrfach literarische Darstellung gefunden: so in dem „Missingsch“, in welchem Onkel Bräsig bei Fritz Reuter zu reden pflegt (Missingsch aus Meissnisch entstanden; Obersachsen galt im 18. Jahrhundert als Hochburg des besten Deutsch); so in dem Gedichte „die hochdeutsche Nädersmädle“ von dem Pfälzer Dichter Nadler, wo die Gespielinnen sich belehren: man sagt doch nicht „mar sächt“, mar sächt: „man sagt“.

Der Grad der Mischung kann bei einem und demselben Einzelwesen verschieden sein, verschieden bei den einzelnen Gliedern derselben Volksgruppe und verschieden nach den Gebieten des deutschen Landes. Im Verkehr mit dem Fremden wird naturgemäß die Mundart mehr zurücktreten als gegenüber dem Volksgenossen. Je feierlicher die Gelegenheit, desto größer wird die Annäherung an die Schriftsprache sein; auf der Rednerbühne, auf dem Lehrstuhl würde die Anwendung der Mundart kaum gelingen; der vertrauliche tägliche Verkehr ist seine eigentliche Stätte. Dem Vorgesetzten gegenüber ist die Schriftsprache notwendiger als im Befehl an den Untergebenen. Die ruhige, gesammelte Stimmung wird sich regelrechter ausdrücken als die Erregung, die Ermattung. Der Gebildete spricht weniger in der Mundart als der Ungebildete, der Weitgereiste weniger als der, der an die Scholle gebunden ist, der Städter weniger als der Bauer auf dem Lande, der Hofmann weniger als der einfache Bürgersmann, der Mann weniger als die Frau.

Auf dem Gebiete des Niederdeutschen ist ein reines Hochdeutsch viel häufiger anzutreffen als sonstwo in Deutschland; nirgends ist die Mundart so verbreitet und geht in so hohe Kreise hinauf als in Schwaben und Bayern, in Österreich und der Schweiz. In der Schweiz werden an gewissen Orten z. B. sogar die Verhandlungen von richterlichen Behörden in der Mundart geführt. Freilich sind auch innerhalb dieser Gebiete wieder mancherlei Unterschiede wahrzunehmen. So wird in Basel und Bern mehr Mundart gesprochen als in der Ostschweiz.

Diese örtlichen Verschiedenheiten mögen zum Teil ihren Grund in der Eigenart des Volkscharakters haben, mögen davon abhängen, ob größerer oder geringerer Wert auf äußere Form gelegt wird, ob man mehr oder weniger nach Abschließung gegenüber anderem Volkstum trachtet, ob zäh an dem Alten festgehalten wird oder Neues sich einer freundlichen Aufnahme erfreut. Wenn aber der Norddeutsche im allgemeinen richtiger die Schriftsprache zu gebrauchen pflegt als die übrigen Angehörigen des deutschen Sprachgebiets, so liegt die Hauptursache noch wo anders. Zwischen der Schriftsprache des Norddeutschen und seiner niederdeutschen Mundart liegt eine viel größere Kluft als zwischen dem Neuhochdeutschen und den mittel- und süddeutschen Mundarten. Dieser Unterschied ist in doppelter Weise von Bedeutung. Wo die Schriftsprache verstanden wird, können auch die hochdeutschen Mundarten noch auf ein gewisses Maß von Verständlichkeit rechnen, viel weniger die niederdeutschen Mundarten. Für den Norddeutschen besteht also ein größerer Zwang, sich der Schriftsprache zu bedienen, als für die übrigen Deutscher. Zweitens aber ist es weit leichter, eine Sprache völlig zu erlernen, sie rein und unvermischt anzuwenden, wenn sie von der uns bereits geläufigen sich scharf und deutlich abhebt, als wenn die Abweichungen nur wenig zahlreich sind und wenig in die Augen fallen.

Die Richtigkeit der zuletzt aufgestellten Gesichtspunkte bewährt sich auch weiterhin, wenn wir die Art der Mischung zwischen Schriftsprache und Mundart noch etwas näher betrachten. Am frühesten und leichtesten finden einzelne hochdeutsche Wörter in die mundartliche Rede Eingang; hier fällt eben der Unterschied zwischen dem fremden und dem eigenen Sprachgut sehr deutlich in die Augen. Weit später erst und seltener kommen auch hochdeutsche Formen zur Anwendung; freilich ist dabei auch noch ein anderer Grund im Spiele: durch hochdeutsche Wörter in dialektischem Gewande wird die Verständlichkeit mehr gefördert, als es durch die bloße Anwendung hochdeutscher Formen für mundartliche Wörter geschehen würde. Auch die hochdeutschen Formen selbst dringen nicht alle mit gleicher Geschwindigkeit ein; je häufiger eine mundartliche Form, desto schwerer ist sie zu beseitigen. Gar leicht lassen sich Leute, die sich sonst großer Reinheit der Rede befleißigen, doch die mundartlichen Formen für ist, für nicht entschlüpfen.

Der Durchführung der hochdeutschen Lautform tritt nicht selten der Umstand erschwerend in den Weg, daß die Mundart häufig keine Unterscheidung macht, wo in der Schriftsprache solche bestehen, daß zwei Laute oder Formen der Schriftsprache in der Mundart in eines zusammengefallen sind. Der Angehörige der Mundart hört also statt eines einzigen ihm geläufigen Lauts im Munde des hochdeutsch Redenden bald diesen, bald jenen Laut gebrauchen, das eine Mal etwa den gleichen, wie in der Mundart, das andere Mal einen davon abweichenden; das Gedächtnis reicht aber nicht immer aus, um festzuhalten, wann der eine oder der andere Laut zur Anwendung kommt, und so entsteht eine gewisse Unsicherheit, sobald statt der Mundart die Schriftsprache zur Anwendung kommen soll: man wird häufig den mundartlichen Laut auch da mit einem ändern hochdeutschen Laut vertauschen, wo Mundart und Schriftsprache den gleichen Laut besitzen.

Die auf diese Weise entstehenden Formen könnte man als hyperhochdeutsche bezeichnen. Der Alemanne weiß, daß er statt eines i im Hochdeutschen sehr häufig ein ei setzen muß — Weile für Wil, schleichen für schliche: er sagt darum auch gelegentlich veil = hochdeutsch viel (Hebel), ich verseichere sie = hochdeutsch ich versichere sie. Der Schwabe spricht das hochdeutsche sind, Wind als send, Wend: er macht dann auch umgekehrt aus dialektischem Mensch (homo) ein hochdeutsches Minsch; er entbehrt ferner der Vorsilbe zer; bei ihm werden die Kleider verrissen, verschnitten, die Töpfe verschlagen. Dadurch ist der junge Schiller, ist Uhland verführt·worden, von zerschiedenen Szenen, zerschiedenen Eigenschaften, zerschiedenen Edelsteinen zu sprechen. Der Österreicher spricht ein auslautendes -er nahezu wie -a: der Winta = Winter; so heißt es denn in seinem Hochdeutsch gelegentlich im Sommer, wo er eigentlich meinte: in Summa (Rosegger). Das hochdeutsche·Zwetschge erscheint im Hessischen als Quetsche; daher wird der hessischen Schneiderin die Quetschfalte gelegentlich zur Zwetschgenfalte. Im Munde des·Leipzigers klingt laufen wie lofen; darum redet er hochdeutsch auch von einem Aufen statt einem Ofen. So erklärt sich auch die Unsicherheit des hochdeutsch redenden Niederdeutschen im Gebrauche von mir und mich, dir und dich; denn in einem großen Teil des niederdeutschen Gebietes bestehen für Dativ und Akkusativ des Fürworts nur die beiden Formen mi und di.

Merkwürdig ist, daß geradezu Buchstaben, die in der Schrift als Abkürzungszeichen dienen, von der mündlichen Rede als fertige Wörter übernommen worden sind: z. B. **D-Zug** für Durchgangszug, **S. C.** und **D. C.**, die eigentlich Seniorenkonvent und Delegiertenkonvent bedeuten, als Bezeichnungen für die Gesamtheit der Korpsstudenten und der Burschenschafter; die **Hapag** ist die **Hamburgisch-Amerikanische Paketfahrt-Aktien-Gesellschaft.** „Er ist **RIPS**", sagt der Pförtner in Lauffs' **Kärrekiek,** d. h. er ist gestorben, mit den Anfangsbuchstaben der bekannten Formel: Requiescat in pace sempiterna. Und diese Kürzungsformeln sind sogar zum Ausgangspunkt neuer Wortbildung geworden: die Vertreter des Kampfes gegen das Polentum werden **Hakatisten** genannt, nach den hervorragenden Männern jener Bewegung: Hansemann, Kennemann, Tiedemann.

Diesen Einwirkungen, die die Richtung von oben nach unten, von der Schriftsprache zur Mundart, innehalten, stehen andere, nicht minder wichtige, gegenüber, denen zufolge Erscheinungen aus der Tiefe nach oben drängen. Dieser Einfluß der Mundarten, der auch wieder teils unmittelbar ausgeübt, teils durch die Umgangssprache vermittelt wird, ist für die Gestaltung der Schriftsprache von der größten Bedeutung. Die Entwicklung des Neuhochdeutschen, wie wir sie oben S. 34 ff. gezeichnet haben, wird im wesentlichen bedingt durch die größere oder geringere Entfernung, die zwischen der geschriebenen und der mündlichen Sprache besteht. Aus dem Wortschatz der Mundart haben Lessing, Wieland, Goethe, haben die Realisten unserer Zeit der verarmenden Schriftsprache neues Blut zugeführt.

Die Berührung mit der Mundart ist es ferner, die verhindert, daß undeutsche Fügungen, wie der Akkusativ mit dem Infinitiv, wie die Nachbildungen lateinischer Partizipialfügungen auf die Dauer sich festsetzen. Die heutige Schulregel verlangt, daß im Nebensatz das Zeitwort den letzten Platz einnehme. Diese Regel, die seit dem Ausgang des 15. Jahrhunderts sich eingebürgert hat, steht im Widerspruch zu der altdeutschen Weise wie zum

Brauch der Mundarten und der Umgangssprache, die ohne jedes
Bedenken sagen können: wenn sie still da saß bei ihrem
Pflegevater, wie wir vorkommen an die breite Straße.
Sobald sich nun die Schriftsprache wieder mehr der mündlichen
Rede nähert, wie in der Zeit von Sturm und Drang, wie in unseren
Tagen, dringt auch diese freiere Wortstellung in die schriftliche
Aufzeichung ein; so wird sie denn auch in diesen Blättern nicht
selten angewendet.

Diese Art der Anordnung entspricht zugleich einer andern
Neigung (die auch aus der mündlichen Rede in die Schriftsprache eingedrungen ist, freilich nicht aus der Mundart oder der
Umgangssprache, sondern aus der Sprache des Vortrags), der
Neigung, den Ausgang der Sätze volltönender zu gestalten.
Daher jene heute so häufigen Umschreibungen, die an die Stelle
eines einfachen Zeitworts eine Verbindung aus Zeitwort und
Hauptwort setzen: ein Schriftstück wurde früher ganz einfach
verlesen, jetzt kommt es zur Verlesung; es wird nicht
mitgeteilt, sondern zur Kenntnis gebracht, nicht beschlossen, sondern zum Beschluß erhoben. Und statt
des einfachen Beiworts ohne Biegungsendung wird in der Aussage häufig das Beiwort mit dem unbestimmten Artikel verwandt: der Eindruck seiner Rede war ein günstiger.

V. Die Entstehung der mundartlichen Literatur.

Die Einigung, die in der Ausbildung der Schriftsprache sich
vollzog, war das Ergebnis einer innern Notwendigkeit. Aber ganz
ohne Nachteil ist diese Entwicklung nicht geblieben. Solange
die Mundart in wenig bestrittener Geltung war, konnte der Schriftsteller jedes Ding, jede Vorstellung, welche seine Volksgenossen
mit einer Bezeichnung versehen hatten, auch zur literarischen
Darstellung bringen; jede sprachliche Neuschöpfung des Volks-
geistes konnte sofort ihre Aufnahme in das Schrifttum finden.
Das wurde anders mit dem Eintreten einer sprachlichen Einigung.
Jetzt mußte Rücksicht auf viel weitere Kreise genommen werden;
nur das konnte auf Verständlichkeit rechnen, was von der Schriftsprache durch den Gebrauch anerkannt war. Und zwar ist es ein
ganz bestimmtes Gebiet des Wortschatzes, auf welchem so die

freie Wahl beeinträchtigt wurde. Je abstrakter, abgeblaßter die Bedeutung eines Wortes, desto mehr Mundarten stimmen in seinem Gebrauch überein; je sinnlicher die Bedeutung, desto größer ist die Abweichung zwischen den einzelnen Mundarten, desto größer auch die Schwierigkeit, einem Ausdruck allgemeine Geltung zu verschaffen. Diese Schwierigkeit wird durch einen andern Umstand noch erhöht. Bei einer Gemeinsprache der Gebildeten ergibt es sich von selbst, daß ein Gegenstand um so weniger das Interesse der literarischen Darstellung herausfordert, je näher er dem rein sinnlichen Bedürfnis steht, je mehr er dem Kleinleben, dem Gebiet des Volkstümlichen zugehört. Zumal bei einer dem wirklichen Leben so ferne stehenden Literatur, wie es die deutsche im 17. und 18. Jahrhundert geworden ist.

So gibt es denn eine ganze Reihe von Gegenständen, für die es der Schriftsprache an einer allgemein anerkannten Bezeichnung gebricht. Es fehlt uns an Benennungen für zahlreiche Pflanzen und Tiere, für Speisen, für Gerätschaften des Hauses und der Ackerbestellung und ebenso für viele Verrichtungen, die bei Zubereitung oder Handhabung solcher Gegenstände erforderlich sind. Ebensowenig hat die eigentliche Literatur Sinn und Verständnis und demnach Sprachmaterial für die kleinen oder kleinlichen Gefühlsäußerungen des täglichen Lebens, die in Ausdrücken des Ärgers und der Gereiztheit, in Scheltworten und Flüchen, in Ausrufen des Schmerzes und der Freude, in tausend zärtlichen Schmeichelworten zur sinnlichen Erscheinung kommen.

Bei einer gewissen Gruppe von Vorgängen würde zwar das Interesse im allgemeinen nicht fehlen, aber trotzdem bleibt der Vorrat an Bezeichnungen mangelhaft. Es gibt ein Gebiet, auf welchem die lebendige Rede des Volkes auch in der Gegenwart sich schöpferisch erweist: für Abstufungen von Bewegungen, für Färbungen von Lauten werden fort und fort neue klangmalende Wörter gebildet, die aber keine Anerkennung finden, weil die Schriftsprache gegen die Sprache des Volkes sich vornehm ablehnend verhält.

So hat denn die fortschreitende Ausbildung einer einheitlichen Schriftsprache eine nicht unerhebliche Verarmung des für literarische Aufgaben verwendbaren Sprachstoffs zur Folge gehabt. Die Gegenwirkung ist nicht ausgeblieben; die Unterdrückten mußten · wieder eine Vertretung gewinnen: so kommt es zur Schöpfung der Mundartliteratur. Diese ist also nicht ein bloßes poetisches Spiel, sie hat ihre tiefe innere Berechtigung und kann deshalb nicht so· leicht wieder untergehen.

Den Anfang mit der Verwendung der Mundart hat das Drama gemacht. In den beiden letzten Jahrzehnten des 16. Jahrhunderts und im 17. Jahrhundert begegnen wir nicht selten der Erscheinung, daß namentlich auf niederdeutschem Gebiet das ernsthafte Drama, das sich der hochdeutschen Schriftsprache bedient, zur Abwechslung den Narren auftreten läßt, der niederdeutsch redet, oder humoristische Bauernszenen einschaltet, deren Träger gleichfalls die Mundart anwenden. In Hamburg hat seit 1668 sogar die Oper der Mundart Eintritt verstattet, hat der lustigen Person, dem Dienstmädchen, der Vierländer Blumenverkäuferin Arien in Hamburger Platt in den Mund gelegt.

Das hochdeutsche Gebiet hat sich viel ablehnender verhalten. Als Hauptvertreter mundartlicher Dichtung ist hier im 17. Jahrhundert Andreas Gryphius zu nennen, der erste Dramatiker der Zeit. Bei ihm wird ein steifes Alexandrinerdrama höchst ergötzlich durch Prosaszenen in schlesischer Mundart unterbrochen, die uns den Zank zweier Bauern und eine bewegte Gerichtsszene vor Augen stellen. Dann im 18. Jahrhundert haben sich die Stürmer und Dränger gelegentlich zu komischen Zwecken der Mundart bedient; so erscheint in Lenz' Soldaten jüdischdeutsche Rede; in Wagners Kindermörderin reden die Gerichtsdiener derben Straßburger Dialekt.

Ein ganzes Stück in der Mundart zu schreiben hat wieder zuerst Hamburg unternommen. Dort begegnen wir niederdeutschen Fastnachtsspielen um die Mitte des 17. Jahrhunderts; dort hat um 1725 Joh. Phil. Praetorius zwei höchst vergnügliche lebensvolle Lokalpossen verfaßt. Auf hochdeutschem Gebiet war es ganz besonders der Südwesten, der eine hervorragende Rolle gespielt hat. Noch im Ausgang des 18. Jahrhunderts sind in Frankfurt die Szenen vom Prorektor entstanden, eine Art Vorläufer von Ecksteins Besuch im Karzer. Dann ist dort im Anfang der zwanziger Jahre des 19. Jahrhunderts von Maliß der alte Bürgerkapitän auf die Bühne gebracht worden, dem die ergötzlichen Hampelmanniaden sich anschlossen. In ihrer Art ganz vortrefflich ist Darmstadts klassische Lokalposse: der Datterich von Ernst Elias Niebergall. Kaum eine der älteren Mundartdichtungen ist ein so getreues Spiegelbild der Mundart wie gerade dieses Werk.

Außerhalb des Dramas ist im 16. und 17. Jahrhundert die Mundart nur spärlich zur Geltung gekommen, und das 18. Jahrhundert hat die mundartliche Dichtung überhaupt sehr stark zurücktreten lassen. Erst in den siebziger Jahren des 18. Jahrhunderts vollzieht sich ein entschiedener Umschwung. Der einen wichtigen Anstoß gab, war Joh. H. Voß, der berühmte Homerübersetzer, der einige seiner Idyllen in niederdeutscher Mundart abgefaßt hat. Der scherzhaft parodistische Ton, der bisher die mundartliche Dichtung beherrscht hatte, ist hier gefallen; fast zum erstenmal in der mundartlichen Dichtung kommt das naive Empfinden, die Liebe für das kleine Leben zum Ausdruck. Voß ist dabei nicht völlig freier Eingebung gefolgt. Schon im Jahre 1729 hat Kaspar Abel, ein deutscher Dichter sechsten Ranges, gegen die bisherige Verwendung der Mundart sich verwahrt, die nur die gröbsten und dümmsten Bauernredensarten auf die Bahn bringe und die Mundart dadurch prostituiere, und er hat als eine Probe seiner eigenen Auffassung eine niederdeutsche Übersetzung von Virgils Eklogen veröffentlicht.

Durch Vossens Vorbild ist dann der eigentliche Begründer der modernen Dialektdichtung begeistert worden, Joh. P. Hebel, wie Voß ein Sohn des Volkes, wie er ein verehrungsvoller Schüler Theokrits. 1803 erschienen die alemannischen Gedichte, die von der literarischen Welt mit Entzücken aufgenommen wurden. Unter denen, die in Hebels Fußtapfen traten, steht Klaus Groth in erster Linie. Dieser Richtung ist es freilich begegnet, was so leicht das Schicksal von Bewegungen wird, die die Gegenwirkung gegen herrschende Mächte erzeugt hat; sie ist nicht selten über die Grenzen der Mundart hinausgegangen, hat Dinge in ihren Bereich gezogen, die ihr nicht mehr anstehen. Davon ist schon Hebel nicht frei geblieben, und ein Gedicht wie Klaus Groths berühmtes Lied an die Muttersprache ist rein hochdeutsch empfunden.

Durch Hebels Auftreten hat aber auch die scherzhafte Verwendung der Mundart neuen Anstoß erhalten, und die so geartete Dialektdichtung fließt in breitem Strom dahin; es sei an Nadlers und Kobells pfälzische Gedichte, Reuters Leuschen und Rimels, Stolzes Gedichte in Frankfurter Mundart erinnert.

Die mundartliche Prosa ist erst im 19. Jahrhundert aus dem Kreise des scherzhaften Zwischenspiels, des Lokalstücks herausgetreten: durch Fritz Reuter, der sie in umfassender Weise zur Einkleidung seiner Erzählungen verwendet hat. Es ist freilich kaum zu viel gesagt, daß selbst in den erzählenden Abschnitten jedes fünfte oder sechste Wort kein echt niederdeutsches ist, sondern ein Wort der Schriftsprache, das man in niederdeutsches Gewand gehüllt hat. So hat auch Reuters Art in ihrer Gesamtheit wenig Nachfolge gefunden: die Hauptstätte der mundartlichen Prosa waren bis vor kurzem die Gesprächspartien der Dorfgeschichte, namentlich der oberbayrischen, bei Hermann von Schmidt und seinen Genossen. In unseren Tagen ist ein frischer Anstoß erfolgt durch das Auftreten neuer Stürmer und Dränger. Wenn sie auch hochdeutsch erzählen, so bewegen sich doch die Reden, die sie berichten, gerne im Gewand der Mundart, und Gerhart Hauptmann hat mit seinen Webern auch das ernste Drama für die Mundart erobert.

Bei der literarischen Wiedergabe der Mundart begegnet nicht selten eine Erscheinung, die der von uns oben Seite 70 als Hyperhochdeutsch bezeichneten entspricht. Wie der Angehörige der Mundart öfter ein Wort unrichtig ins Hochdeutsche überträgt, so wird auch umgekehrt das Hochdeutsche falsch in die Mundart übersetzt. Hierher gehört es besonders, wenn in niederdeutschen Schriften der verschiedensten Gegenden ein neutrales Adjektiv auf -et erscheint: en grotet Hus, en levet Kind für großes, liebes, während die echte Dorfmundart diese Formen auf -et nur in sehr geringem Umfang kennt.

Aber es wird überhaupt vielfältig von unseren Schriftstellern dadurch gesündigt, daß sie Mundarten darstellen wollen, die sie nicht vollständig beherrschen.

D. Standessprachen; technische Sprachen.

Verschiedene Aufgaben schaffen sich verschiedene Werkzeuge. So gibt es auch Sprachkreise, deren Unterschiede begründet sind durch die Verschiedenheiten des Berufs, dem sich ihre Mitglieder gewidmet haben, oder des Standes, dem sie angehören. Während aber die bisher erörterten Sprachkreise sich nach den verschiedensten Seiten des Sprachlebens verschieden zeigen, beruht bei den Standessprachen und technischen Sprachen die Eigenart wesentlich in der besonderen Gestaltung des Wortschatzes. Einesteils besitzen sie Wörter, die der allgemeinen Sprache wohl vertraut sind, in einer besonderen Färbung der Bedeutung. Wenn der Jäger vom Schweiß der Tiere spricht, so meint er ihr Blut; mit den Löffeln des Hasen bezeichnet er seine Ohren, mit der Lunte des Fuchses seinen Schwanz. Dem Soldaten erscheint das Seitengewehr als Käsmesser, der Tornister als Affe, der Lazarettgehilfe als Pflasterkasten; wo gewöhnliche Sterbliche eine Rede halten, hält der Student eine Pauke, statt eines Ausflugs macht er eine Spritze, und wenn er im Duell unterliegt, so ist er abgeführt. Wenn der Setzer Leichen macht, so sind es Teile des Manuskripts, die er umgebracht, d. h. nicht gesetzt hat; macht er aber Hochzeiten, so begeht er die unbegreifliche Üppigkeit, Stellen einer Vorlage doppelt zu setzen.

Noch fremdartiger gestalten sich diese Standessprachen dadurch, daß sie zahlreiche Wörter besitzen, die dem gewöhnlichen Sterblichen überhaupt unbekannt sind. Der Seemann spricht von sichtigem Wetter, von raumem Winde; der Schiffsraum, in dem der tägliche Proviant aufbewahrt und ausgegeben wird, ist die Bottlerei, Dükdalben die Pfähle zum Festmachen der Schiffe, Etmal die Zeit von Mittag bis Mittag. Ein gewisser Bestandteil einer Deichanlage wird Außenberme genannt; Drumpel heißt die Schleusenschwelle. In der Sprache der Baukunst bedeutet Bauwich den Zwischenraum zwischen zwei nebeneinander stehenden Häusern, abspitten das Abgraben eines Baugrundes. Altung ist in der Sprache der Bergleute ein abgebauter Raum; aufgewältigen heißt einen zeitweilig unbenutzten Grubenbau wieder zugänglich machen. Abbrand ist der Gewichtsverlust beim Hüttenprozeß. Sickenstock heißt eine bestimmte Art von Amboß, Abschrot eine Art von Meißel, der auf dem Amboß befestigt wird; abfinnen besagt: mit der Spitze des Schmiedhammers das Metall bearbeiten. Thelenpfannen und Wolfspfannen sind Gefäße bestimmter Art zum Abdampfen von Flüssigkeiten. Äscher ist bei dem Gerber die Bezeichnung für eine dünne Kalkmilch, in die die Häute eingelegt werden, damit die Zerstörung der Haare befördert werde. Colmation bedeutet in der Wissenschaft des Landwirts eine Erhöhung des Bodens, entstanden durch das Niedersinken von Stoffen, die darüber geleitetes Wasser mit sich geführt hat. Titrieren ist eine Art von chemischem Meßverfahren. Femelbetrieb ist ein Forstausdruck für ein Verfahren, bei dem ausgewählte Bäume aus dem Bestand herausgeschlagen werden. Eissprossen benennt der Jäger die vorletzten Enden des Geweihs; Aalglippe, Aalwaade, Stritze, Schwadderich sind Gerätschaften und Vorrichtungen zum Fischfang.

Diese Besonderheiten solcher abgeschlossenen Wortkreise beruhen zum Teil darauf, daß Neubildungen vorgenommen sind, an denen der gemeine Sprachschatz sich nicht beteiligt hat, wie die Kontrahage (die Forderung) der Studenten, die Isobaren, die Isomerien, die Tautochrone des Physikers, Chemikers, Mathematikers, die Schwundstufe des Sprachforschers. Nicht selten aber haben umgekehrt diese Standessprachen Bildungen bewahrt, die anderwärts längst untergegangen sind. So haben die Seeleute in der Bezeichnung Wanten für ihre gestrickten Handschuhe das alte deutsche Wort für diesen Bekleidungsgegenstand bewahrt, das die Romanen als gant, guanto entlehnt haben. In der Sprache des Jägers bedeutet absprossen die Knospen abbeißen, von mittelhochdeutsch broz die Knospe; rahmen ist überholen, von mittelhochdeutsch râmen, nach etwas streben; wölfen = gebären, Junge werfen, von mittelhochdeutsch welf, Junges von Hunden oder von wilden Tieren. In Fehrücken, Fehwammen, Ausdrücken der Kürschnersprache, steckt ein altdeutsches Wort fêch mit der Bedeutung bunt.

Wer also als Neuling in solche Kreise mit einer besonderen Sprache eintritt, hat es keineswegs immer leicht, sich vor Schaden und Spott zu bewahren. Es sei an den Professor in Mosers

„Ultimo“ erinnert, der in der unbedachtesten Weise sich darauf
einläßt, an der Börse zu spielen und, dem Rate eines Dieners
folgend, „Lombarden zu fixen“.

Selbst da, wo diese Sondersprachen des gemeinen Wortschatzes sich bedienen, sind sie dem Uneingeweihten nicht ohne
weiteres verständlich: „Spiritus bleibt niedriger“; „Belgien und
Holland waren leidlich fest“; „am hiesigen Platze war die Haltung
auf Amerika am Schluß wieder fest“.

Und welcher Uneingeweihte versteht etwa folgende An-
zeige eines großen Berliner Kleidergeschäfts: „Gesucht junge
Damen von schlanker Figur (Größe 42, doppeltgelb)“? Das sollen
nämlich junge Damen sein, deren Wuchs sie geeignet macht zum
Probieren von Kleidungsstücken von der Größe 42, die mit zwei
gelben Sternen bezeichnet werden.

Weitere Erörterungen über die Eigenart technischer Sprachen,
zu denen u. a. auch die Sprache der Dichtung, die Sprache der
Höflichkeit gehört, werden sich ergeben, wenn wir von den Trieb-
kräften des sprachlichen Lebens handeln.

E. Schwankungen innerhalb der nämlichen Spracheinheit.

Auch diejenigen, die nicht durch Raum oder Zeit geschieden
sind, die im gleichen Gesellschaftskreis, in der gleichen Vor-
stellungswelt sich bewegen, sind sprachlich noch lange keine
unterschiedslose Masse. Jeder Verband von Freunden, jede Familie,
ja der einzelne Mensch, ob Schriftsteller, ob harmloser Dutzend-
mensch, sie bilden kleinste Spracheinheiten, die namentlich im
Gebrauch von Abkürzungen, im Wortschatz, in der Eigenart
der Gebiete, denen Bilder und Vergleiche entnommen werden,
in der Anwendung stehender Redensarten, voneinander abweichen;
der besondere Brauch wird bestimmt durch persönliche Lieb-
habereien, durch gemeinsame Erlebnisse, nicht am wenigsten
durch Eigenheiten und Einfälle der Kinder. Artig und bedeutend sind Lieblingsworte Goethes; gerne verwendet Gustav
Freytag das Zeitwort „fahren“ in eigener Bedeutung: „ich aber
fuhr als Dachs durch die Röhre“; „da fuhr Brunico zur Seite in
eine enge Gasse der gebrochenen Mauer zu“ (er ist zu Pferde).
Fürst Hohenlohe-Ingelfingen erzählt von einem Grafen von der

Groeben, der die Angewohnheit hatte, alles lieb, gut zu nennen: „Sie, lieber, guter Prinz, Sie haben die lieben guten Pariser so lieb und prächtig zusammengeschossen.“

Aber selbst wenn alles Persönliche und Zufällige abgezogen wird, bleiben Ungleichheiten bei den Vertretern desselben engsten Sprachkreises übrig, und auch die Rede ein und derselben Person schwankt zwischen verschiedenen Gestaltungen und Verbindungen der gleichen Wörter. Das sind jene Unsicherheiten des Sprachgebrauchs, die namentlich dem Schulmeister so anstößig sind, jene Dinge, die man als Auswüchse und Entartungen, als Stilblüten oder Stilunkraut, als Sprachunarten oder -dummheiten, als Neologismen oder Barbarismen zu benennen pflegt.

Verhältnismäßig am wenigsten häufig sind diese Erscheinungen auf dem Gebiete der Formenlehre. Man sagt der Friede oder der Frieden, des Bauers oder des Bauern, die Lumpe oder die Lumpen, Mietvertrag oder Mietsvertrag, er kommt oder er kömmt, er schwor oder er schwur, er fragte oder er frug. Man sagt, obwohl andere daran Anstoß nehmen: die Bröte statt die Brote, die Spornen statt die Sporen, handgehabt statt gehandhabt. Weit öfter begegnen wir Schwankungen auf dem Gebiete der Wortverbindung. Es heißt: trotz des Regens und trotz dem Regen, während des Tages und während dem Tage, der Gehalt und das Gehalt, ich versichere dich und ich versichere dir. Man schreibt nicht selten: ich anerkenne, der mich betroffene Unfall, häufiger: ich erkenne an, der Unfall, der mich betroffen hat; man redet von einer reitenden Artilleriekaserne, einer ländlichen Arbeiterfrage, wenngleich die Kaserne nicht reitend und die Frage keine ländliche ist.

Eine besonders häufige Gattung von befremdlichen Wortverbindungen entsteht dadurch, daß beim Sprechen oder Schreiben im selben Augenblick zwei gleichberechtigte Ausdrücke in das Bewußtsein eintreten und von jedem der beiden ein Stück in die wirklich gebrauchte Wendung aufgenommen wird (s. auch S. 51). So erklärt sich das so häufig verwendete sich befindlich: es ist das Ergebnis einer Mischung aus sich befindend und befindlich. W. Jensen spricht öfters von Überwägung, wo

Erwägung oder Überlegung gemeint ist. Reuter gebraucht vielfach den Ausdruck: **wat gelt mi dat an**: hier ist **was gilt mir das?** und **was geht mich das an?** zu einem Ganzen zusammengeflossen. In der Emilia Galotti spricht Claudia davon, wie wild Emiliens Vater gewesen sei, als er erfuhr, daß der Prinz sie jüngst „nicht ohne Mißfallen" gesehen; sie meint aber in Wahrheit: **nicht ohne Wohlgefallen** oder: **nicht mit Mißfallen**. Mehrfach begegnet ein eigentümlicher Gebrauch von **statt, anstatt**, z. B. im Tasso: „anstatt, daß meine Schwester mit jedem, wie er sei, zu leben weiß, so kannst du selbst nach vielen Jahren kaum in einen Freund dich finden", gemischt aus den zwei zur Verfügung stehenden Wendungen: „während meine Schwester zu leben weiß" und „statt daß du zu leben weißt".

Die Abweichungen, die sich auf dem Gebiete des Wortgebrauchs ergeben, sind hauptsächlich von zweifacher Art. Auf der einen Seite werden alte Wörter in einer Bedeutung verwendet, die ihnen sonst nach allgemeiner Meinung nicht zukommt: wenn also z. B. **verdanken** im Sinne von **Dank sagen** gebraucht wird, während ihm sonst nur die Bedeutung des französischen **devoir** zukommt; oder **beiläufig** im Sinne von **ungefähr** statt von **nebenbei bemerkt** oder **bereits** im Sinne von **beinahe** statt von **schon**. Oder aber es werden Wörter verwandt, die für die betreffende Spracheinheit etwas Neues sind. Das können veraltete oder ausgestorbene Wörter sein; so hat Richard Wagner sein Lieblingswort **freislich** aus dem Altdeutschen entlehnt. Oder es sind Wörter, denen zwar an sich lebendiges Dasein zukommt, die aber einem andern Sprachkreis angehören; so kann es geschehen, daß Wörter der Mundart in die Schriftsprache übernommen werden. Oder endlich — und die Zahl der Beispiele ist Legion — es werden ganz neue Wörter gebildet, meist neue Ableitungen oder Zusammensetzungen. Solche Neubildungen der neueren Zeit sind Wörter wie **diesbezüglich, demnächstig, mittlerweilig, verbescheiden, Lebendgeburten, regierungsseitig, Eigentumentäußerungsgesetze, Dampfstraßenbahnaktiengesellschaft**. Den größten Beitrag zu derartigen Wortbildungen liefert wohl die Zeitungspresse, wie sie überhaupt die wichtigste Fundgrube für alle sprachlichen Seltsamkeiten bildet. Aber auch anderwärts werden ganz unbefangen neue Wörter aus bereits vorhandenen gebildet: bei Frau Handel-Mazetti begegnet das Wort wirsch im Sinn von ärgerlich, und sie schreibt: **Klirr flog das Geld zum Fenster hinaus.**

Wenn derartiges Schwanken zwischen verschiedenen Wendungen oder zwischen Altem und Neuem in der Mundart oder in der Umgangssprache begegnet, so wird es kaum wahrgenommen, jedenfalls nicht beanstandet. Ganz anders, wenn es in der Schriftsprache auftritt. Hier erscheint es als ein Widerspruch gegen die Bestrebungen, die zur Einheit des Neuhochdeutschen geführt haben. Es wird sehr deutlich wahrgenommen von den Ausländern, die unsere Sprache lernen wollen, von den Lehrern des Deutschen und den Verfassern von Schulgrammatiken. Immer eifriger werden diese Dinge bekämpft, bald mit Feuer und Schwert, bald mit den Waffen des Spottes. Man klagt über die Verwilderung, der die deutsche Sprache namentlich in der Tagesliteratur anheimfalle.

Wer aber die Sprachlehren früherer Jahrhunderte einsieht, der macht die überraschende Entdeckung, daß derartige Klagen so alt sind wie die grammatische Betrachtung der Sprache, und wer das Leben der Sprache selbst ergründet, der gewinnt die Überzeugung, daß derartige Zustände ganz unvermeidlich sind. Es gibt keinen Augenblick — wir werden das noch weiter auszuführen haben —, wo die Entwicklung der Sprache stille steht. Nach innerer Notwendigkeit werden unablässig neue Formen und neue Verbindungen von Wörtern, ja ganz neue Wörter geschaffen. So entspinnt sich ein nie endender Kampf zwischen dem Alten und dem Neuen; jeder einzelne Augenblick ist für zahlreiche Erscheinungen eine Zeit des Übergangs.

Wenn aber somit alle diese Schwankungen oder diese Fehler, wie es andere nennen, ihre innere Berechtigung haben, wenn aller Fortschritt der Sprache aufs engste mit ihnen zusammenhängt, sind wir da nicht verpflichtet, der Willkür ihren Lauf zu lassen? Gilt hier nicht das Goethesche Wort: „was wir verstehen, können wir nicht tadeln?" Schwerlich sind wir zu dieser Folgerung gezwungen. In der sittlichen Welt, im gesellschaftlichen Leben gibt es eine große Zahl von Handlungen, denen an sich durchaus nichts Verwerfliches innewohnt; und trotzdem können sie vom Gesetz oder der Sitte untersagt sein, weil sie sich mit den Zwecken der Gesellschaft nicht vertragen, weil durch die unbedingt freie Bewegung des einen der andere in seiner Freiheit gestört wird. So können auch die Zwecke, welche die Gesellschaft in der Sprache verfolgt, ein Einschreiten gegen an sich berechtigte Dinge verlangen. Schon die Begründung einer Schriftsprache überhaupt ist ein Eingriff in die angestammten Rechte der Mundarten, die jedoch höheren Rücksichten weichen müssen.

Nun tun auch jene Unsicherheiten, jene Neuerungen den Zwecken der Sprache erheblichen Eintrag. Denn der Hauptzweck der Sprache, der sich im Laufe ihrer Entwicklung herausgebildet hat, ist die Mitteilung. Soll diese aber vollkommen sein, so muß die Sprache zweierlei besitzen: unbedingte Verständlichkeit und vollendete Schönheit der Form. Verstöße gegen die letztere schaden in doppelter Weise dem Zwecke der Mitteilung: die Aufmerksamkeit des Lesers oder Hörers wird vom Inhalt auf Äußerlichkeiten abgelenkt, und unwillkürlich, wie so oft, wo das ästhetische Gefühl durch die Form verletzt wird, stellt sich auch eine Abneigung gegen die Sache selbst ein. Die meisten „Sprachfehler‟ nun verstoßen gleichzeitig gegen die Verständlichkeit und gegen die Schönheit der Rede. Eine ungewohnte Form, ein ungewohntes Wort, ein Wort mit ungewohnter Bedeutung erweckt nicht ebenso schnell die beabsichtigte Vorstellung wie ein altvertrautes.

Wir empfinden das besonders bei Werken der Wissenschaft, wenn neue Fachausdrücke auftreten oder alte in neuer Färbung: wenn jeder Philosoph unter Anschauung, Empfindung, Freiheit, Idee, real‘ sich etwas anderes vorstellt; wenn der Botaniker uns mit Ausdrücken wie edaphisch, chasmogam, kleistogam, tropophil beglückt — wobei tropophil keineswegs etwa tropenliebend bedeutet — oder der Physiker sich seiner Abkürzungen wie E, V, T u. dgl. bedient. Anderseits wird ein feiner Schönheitssinn empfindlich verletzt, wenn Wörter von ganz moderner Prägung mit lange abgegriffenen zusammengestellt werden. Es kann also kein Zweifel darüber sein: wir sind berechtigt, von dem einzelnen zu verlangen, daß er zum Frommen des Ganzen seiner unbedingten sprachlichen Willkür entsage; wir sind berechtigt, in das an sich wohl begründete Schwanken, in die bestehende Unsicherheit einzugreifen und Regeln der Sprachrichtigkeit aufzustellen.

Die schwierige Frage ist nur die: wie läßt sich im einzelnen Fall entscheiden, ob eine Wortform, ein Wort, ein Ausdruck als richtig, als zulässig, als fehlerhaft zu bezeichnen sei?

Man könnte meinen, es sei Sache der Sprachwissenschaft, allgemeine Erwägungen über die Zweckmäßigkeit von Sprachgebilden anzustellen und danach das eine zu stützen, das andere zu verurteilen. Wie bedenklich solche Zumutung ist, zeigt schon ein flüchtiger Blick auf das Leben der Sprache. Ein Gebiet verwirft, was ein anderes beibehält und weiter entwickelt; was jetzt in Aufnahme kommt, wird nach längerer oder kürzerer Zeit wieder preisgegeben. Das Aufblühen wie der Verfall muß zur gegebenen Zeit zweckmäßig gewesen sein. Wenn also die Erscheinung selber unverändert blieb, so muß der Wandel in den Umständen, in der Umgebung sich vollzogen haben.

Ob also ein Wort eine Anschauung treffend verkörpert, ob eine Erscheinung auf Dauer rechnen darf, kann nur zugleich mit dem gesamten Sprachbild einer Zeit erwogen werden. Sonst geschieht es leicht, daß, was hier gutgemacht wird, an einer anderen Stelle Schaden stiftet. Ich erkenne diese Tatsache an ist keine sehr bequeme Redeweise; nichts einfacher als zu verfügen, daß es künftig heißen müsse: ich anerkenne diese Tatsache. Daraus ergäbe sich aber die Folgerung, daß bei zahllosen andern Zeitwörtern die Trennung gleichfalls aufgehoben werden müßte. Und andere bedenkliche Wirkungen würden nicht ausbleiben: in vielen Fällen ginge der Unterschied zwischen Hauptsatz und Nebensatz verloren: ich anerkenne, wenn ich anerkenne, und die Tongestaltung würde leiden, wenn es etwa hieße: aufwache! statt wache auf! oder vorstelle dir! statt stelle dir vor! Das volle Ausklingen des Satzes ist ja eine starke Forderung mündlicher Rede (s. oben S. 72).

Oder es könnte mit einem Schein des Rechtes gesagt werden, das s des Genitivs sei entbehrlich: des Genitiv, des Recht, des Satz sei deutlich genug, dank der Hilfe des Artikels. Dabei wird vergessen, daß der Genitiv auch ohne diese Krücke begegnet (z. B. Königs Geburtstag) und weiterhin, daß er auch massenhaft als erstes Glied von Zusammensetzungen erscheint; wollte man sich mit einer Gewalttat befreunden und auch dort die s oder es abschneiden, so würde man zahlreiche feine Unterschiede der Bedeutung verwischen (s. die Darstellung der Wortbildung im sechsten Abschnitt, II). Man sieht also: ob zweckmäßig oder nicht, das ist in der Sprache eine sehr verwickelte Frage, und jedenfalls ist es nicht jedermanns Sache, solche Erwägungen anzustellen und danach über den Sprachgebrauch zu entscheiden.

Manche glauben, die Entscheidung dem gesunden Menschenverstand übertragen zu können, und verlangen, daß die Rede mit den Gesetzen des Denkens übereinstimme. Es ist ja zweifellos, daß logische Widersprüche und Unklarheiten, die uns in der Rede begegnen, das Verständnis hemmen, den künstlerischen Sinn unangenehm berühren. So muß denn gewiß manche Ausdrucksweise als unlogisch ohne weiteres verworfen werden; es ist also z. B. unrichtig, wenn in einer Zeitung von der aktenmäßigen bekannten Vergangenheit des Professors Schwenninger gesprochen wurde, denn die Vergangenheit war nicht aktenmäßig, oder wenn einmal bei Reichstagswahlen ein deutsches Blatt berichtete, daß in einem gewissen Kreise das Zentrum als Kuriosität für die Sozialdemokraten gestimmt habe; denn nicht das Zentrum war die Kuriosität, sondern die Art seiner Abstimmung; oder wenn gar Galen folgendes schreibt: „nachdem sich die Portiere geschlossen hatte, schlüpfte mit leisem Tritte ein weiblicher Fuß ins Zimmer und löschte mit eigener Hand die Kerzen."

Aber das Vertrauen in die Fähigkeit der Logik, in unserer Frage den Ausschlag zu geben, wird sehr bald erschüttert, wenn wir sehen, daß unter Umständen Sprache und Logik auf gespanntem Fuße stehen, daß die sprachlichen Bilder den geistigen Vorgang oft nur mangelhaft widerspiegeln, daß die Sprache nicht selten Mittel anwendet, die für den gegebenen Zweck höchst ungeeignet erscheinen.

Vielfach hat die Sprache gerade das Wichtigste nicht zum Ausdruck gebracht. Man nehme den Satz: er hat es zum Minister gebracht; das kann heißen: er ist Minister geworden, aber auch: er hat es, z. B. das Schreiben, zum Minister befördert. Er ist voll — sie ist voll besagen ganz Verschiedenes: er ist betrunken — sie hat eine üppige Büste; er dient heißt: er steht bei den Soldaten; sie dient — sie ist Dienstmädchen. In Singstunde ist das Wesentliche, der Begriff des Unterrichtens, ungenannt geblieben, in Hochzeit (= hohe Zeit, Fest) die Vorstellung der Heirat; in Melioration (= Verbesserung) hat die Beziehung auf den zu bestellenden Boden keine Bezeichnung gefunden. Was der Schaffner schafft, der Setzer setzt, ist nicht zu ersehen. Jeder Mensch gehört einem bestimmten Stand, der Hund meist einer bestimmten Rasse an, und doch kann von dem einzelnen Menschen, dem einzelnen Hund als etwas Besonderes gerühmt werden: er ist eine Person von Stand, er hat Rasse.

Wollten wir das sprachliche Bild stets erst aus seinen einzelnen Teilen zusammensetzen oder fragen, wie diese sonst verwandt wurden, wir würden zu seltsamen Ergebnissen gelangen. Unter Maulwurf sollte man z. B. einen Wurf verstehen, der mit dem Maule geschieht, aber nicht ein Tier, das mit den Füßen Erdhaufen aufwirft; wir sprechen von Vaterbrust, von Gänsebrust, als von der Brust des Vaters, der Brust einer Gans, von einer Schnürbrust als einem Ding, das zum Schnüren der Brust dient: wer vermag danach die Vorstellung zu deuten, die mit dem Wort Armbrust verbunden ist? Wir reden davon, daß wir eine Ansicht teilen, obwohl durch unsere Beistimmung die Ansicht keine geteilte ist, sondern dieselbe bleibt wie vorher; man erzählt von jemand, daß ihm der Rock oder daß ihm die Heimat zu enge geworden, wenngleich nicht der Rock, die Heimat, sondern der Mensch selber sich verändert hat.

Es erscheint unlogisch und anstößig, einen Menschen, der getrunken hat, als einen getrunkenen zu bezeichnen, und doch ist „ein Trunkener" genau die gleiche sprachliche Form wie ein Getrunkener; unter einem Bedienten verstehen wir nicht einen Menschen, der von anderen Dienste empfängt, wie man doch erwarten sollte, sondern einen, der selber Dienste leistet. Das Wort entblöden ließe nach dem Muster von entkleiden entfärben, vermuten, daß damit das Ablegen der Blödigkeit bezeichnet sei; es wäre also gleich sich nicht scheuen; wir sagen aber „er entblödete sich nicht" im Sinne von „er scheute sich nicht". Vergeßlich ist, wer vergißt, aber unvergeßlich, wer nicht vergessen wird. Vorstehend weist auf Vorausgegangenes, bevorstehend auf Zukünftiges, obwohl in vor und bevor keinerlei Unterschied in der Zeitstufe angedeutet ist. Vorwort und Vorrede haben gleichen Wert, aber Nachwort und Nachrede, wie weit liegen sie auseinander!

Einem jeden steht klar vor Augen, was eine Flasche, ein Hof, eine Kugel ist, und doch können diese Bilder nur störend wirken, wenn wir uns eine Wärmflasche, einen Bahnhof, eine Flintenkugel vorstellen wollen; unsere Kirchhöfe haben sehr häufig mit der Kirche durchaus nichts zu tun. Mit Fastnacht, Weihnacht bezeichnen wir nicht bloß Stunden der Nacht, sondern viel mehr noch solche des Tages. Ein Maueranschlag wird nicht angeschlagen, sondern angeklebt; beim Anstechen eines Fasses kommt nichts Stechendes mehr zur Anwendung; dem Stammbuch fehlt es an jeder Beziehung zum Stamm oder zum Stammbaum. Ein Viertel ist der vierte Teil eines Ganzen; aber der Stadtviertel kann es eine beliebige Anzahl geben. Es wäre ein unerträglicher Widerspruch, von einem hölzernen Eisen oder von einem quadratischen Kreise oder vom Essen eines Getränkes zu reden. Und doch: wer nimmt Anstoß daran, wenn von Wachsstreichhölzern oder von viereckigen Fensterscheiben oder von einem bißchen, d. h. einem Bissen Wasser gesprochen wird? Wir sprechen vom Begehen eines Festes, wenn wir auch längst keine Begehung, keinen Umgang mehr vornehmen. Wir heben die Tafel auf, auch wenn die Tische nicht mehr aufgehoben und weggetragen werden.

Die Anakreontik des 18. Jahrhunderts hat ohne Bedenken von den häßlichen Schönen geredet. Nicht anders ist es mit den ehernen Buchstaben, denn Buchstaben sind ursprünglich Stäbchen von Holz der Buche, oder mit dem Silbergulden, dem Papiergulden, denn Gulden ist soviel wie golden, oder mit dem Winterstiefel, dem trockenen Humor, der zwanzigtägigen Quarantäne, denn Humor bedeutet von Haus aus soviel als Feuchtigkeit, Quarantäne eine Frist von vierzig Tagen; Stiefel war zunächst eine Fußbekleidung für den Sommer, aus aestivale, vom lateinischen aestas, der Sommer. Es hat eben die Sprache oft genug eine alte Benennung, die seinerzeit der Sache entsprach, auch dann festgehalten, als die sachliche Grundlage sich wandelte.

Wird hier das Widersprechende zusammengespannt, so ist in anderen Fällen der gleiche Begriff zweimal ausgedrückt. Die Bibel ist ein Buch, das Maul ein Tier, das Wort lint ein alter Name mit der Bedeutung Schlange: trotzdem spricht man von Bibelbuch, Maultier, Lindwurm, wie man sich auch nicht scheut, von Eidschwur, von Wiedervergeltung, von Wittfrau, von nachfolgen, von jedermänniglich zu reden, wo einer der beiden Bestandteile allein genügen würde. Und in jener Anakreontik haben auch die schönen Schönen eine Rolle gespielt.

Es kommt aber auch vor, daß wir einen Ausdruck als anstößig empfinden, weil er für uns eine doppelte Bezeichnung enthält: ein alter Greis, ein toter Leichnam. Früher aber war beides einwandfrei, denn gris hat in der älteren Sprache nur so viel wie grau bedeutet, und Leichnam bezeichnete den Körper überhaupt, den lebendigen wie den toten.

Wir sehen sonach, daß es unlogische Ausdrücke gibt, die sprachlich falsch sind, und solche, die allgemein als sprachlich richtig anerkannt werden. Der Unterschied zwischen beiden Gattungen besteht nur darin, daß uns das eine Mal der logische Widerspruch zum Bewußtsein kommt, das andere Mal aber nicht. Ob nun bei einem bestimmten Ausdruck für den Hörer oder Leser der erstere Fall eintritt, der Ausdruck also verwerflich ist, oder der zweite Fall vorliegt und der Ausdruck zulässig ist, darüber zu entscheiden ist die Logik nicht imstande. Sie kann also unmöglich als höchstes Gericht in sprachlichen Dingen bezeichnet werden.

Das geht auch noch aus einer andern Erscheinung hervor, die der eben besprochenen genau entgegengesetzt ist. Eine Form, ein Ausdruck kann vor dem Spruch der Logik siegreich bestehen; es läßt sich vielleicht eine ganze Anzahl von völlig gleichgearteten

Formen und Ausdrücken beibringen, und trotzdem kann die Form, der Ausdruck nach allgemeinem Urteil unzulässig sein. Das Wort Mannesalter würde uns logischerweise zu einer Bildung Frauenalter berechtigen; die Logik könnte uns nicht hindern, dem Frauenzimmer ein Mannszimmer zur Seite zu stellen. Von Tag bilden wir die Wörter tagen und Tagung; warum sollten wir nicht auch eine Versammlung, die bei Nacht stattfindet, eine Nachtung nennen? Und doch wäre das ein unerträglich häßlicher, ein kaum verständlicher Ausdruck. Also auch die grammatische Analogie kann bei der Frage nach der Sprachrichtigkeit uns keine Hilfe bieten.

Vielleicht aber vermag das ästhetische Gefühl einen zuverlässigeren Führer abzugeben, da ja für den Zweck der Rede die Schönheit der Form von so wesentlicher Bedeutung ist. Man könnte prüfen, welche von zwei zur Auswahl gebotenen Formen oder Wendungen die schönere sei. Eine solche Erwägung könnte den Sinn haben, daß man fragt, inwieweit bei einem Wort oder Ausdruck eine Harmonie von Form und Inhalt vorhanden sei. Da aber in der Sprache, wie sie uns heute vorliegt, ganz verschwindende Ausnahmen abgerechnet, eine Beziehung zwischen der Form eines Wortes und seiner Bedeutung nirgends besteht, so wird die ganze Untersuchung ohne weiteres hinfällig. Wollte man aber die Schönheit eines Wortes, einer Verbindung von Wörtern lediglich im sinnlichen Wohlklang suchen, so kämen wir mit dieser Forderung auf das musikalische Gebiet und damit auf den Tummelplatz der unbedingten Subjektivität, während wir doch gerade danach streben, durch Aufstellung bestimmter Gesetze die Willkür des einzelnen nach Kräften auszuschließen.

Anders freilich liegt die Sache, wenn wir die Frage so stellen: welches von zwei Wörtern stimmt besser zu der Umgebung, zu dem Ganzen, in welchem es Aufnahme finden soll? Darin besteht ja hauptsächlich die Schönheit der Rede, daß sie einen einheitlichen Stil besitze, daß nicht alter Hausrat mit modernen Zieraten ausgestattet werde, daß nicht die gewagten Ansätze zu einem Stil der Zukunft sich eindrängen in die hergebrachten Kunstformen der Gegenwart. Also gegen die Zuständigkeit des ästhetischen Urteils wären an sich keine Einwendungen zu machen.

Leider ist aber gerade für den Stil der Sprache der ästhetische Sinn der Deutschen äußerst wenig empfindlich: Beweis genug ihre Sucht, die Rede durch den massenhaften Gebrauch von Fremdwörtern aufzuputzen. Leute, für die stilvoll ein unentbehrliches Schlagwort war, die es als einen Frevel betrachtet hätten, modernes Geräte in ein altdeutsches Zimmer zu stellen, sie haben sich nicht gescheut, deutsche, lateinische, französische Wörter in bunter Mischung zu gebrauchen, ohne die leiseste Ahnung von der Stilwidrigkeit, die sie damit begingen. Wie viel weniger wird das unentwickelte Stilgefühl imstande sein, bei lauter rein deutschen Wörtern eine Entscheidung zu finden! Wir sehen uns also genötigt, zuerst den ästhetischen Sinn auf eine höhere Stufe der Ausbildung zu führen; dann erst kann er imstande sein, uns als Wegweiser zu dienen. Ob eine Form, ein Ausdruck vollkommen deutlich, ob er vollkommen schön sei, können wir, ohne die Krücken der Logik und Ästhetik, auf ganz unmittelbarem Wege feststellen.

Worte, Wortformen, Wortverbindungen sind uns um so verständlicher, bieten um so weniger Anstoß, je vertrauter sie uns sind, je mehr wir gewohnt sind, sie selber zu gebrauchen oder von anderen gebraucht zu sehen. Einzig der Sprachgebrauch ist es, was den Ausschlag gibt. Was gebräuchlich ist, ist sprachrichtig, was nicht gebräuchlich, widerspricht der Sprachrichtigkeit. Der Sprachgebrauch allein entscheidet, ob ein logischer Widerspruch erträglich sei oder nicht. Und nur genaue Beobachtung des Sprachgebrauchs kann den Sinn für sprachliche Harmonie zu größerer Vollkommenheit entwickeln; alles Stilgefühl ist ja nichts anderes als ein unbewußt gewordenes Wissen, als die Erinnerung, daß man gewisse Formen schon oft vereinigt gefunden, daß man andere Erscheinungen nur getrennt beobachtet habe. Mit dieser Regel der Sprachrichtigkeit stellen wir uns auf den Standpunkt, den vor fast 2000 Jahren schon Horaz in seiner Poetik ausgesprochen hat: Wörter leben auf, und Wörter vergehen,

si volet usus, quem penes arbitriumst et jus et norma loquendi:

wenn der Gebrauch es will, in dessen Händen die Entscheidung liegt und das Recht und die Regel für den sprachlichen Ausdruck.

Wie aber fangen wir es an, um die Gebote des Sprachgebrauchs, der Sprachsitte kennen zu lernen? Der Deutsche hat es in dieser Hinsicht nicht so bequem als manche andere Völker; er besitzt keine gesetzgebende Versammlung, keine Akademie wie die Franzosen, die hier mit starker Hand eingreifen würde. Man hat das oft bedauert; schon Leibnizens weit umspannender Geist hat sich mit dem Plan einer deutschen Sprachakademie getragen, und der fürstliche Begründer der Berliner Akademie der Wissenschaften hat ihr die Pflege der deutschen Sprache ausdrücklich als Aufgabe gestellt, „damit die uralte teutsche Hauptsprache in ihrer natürlichen, anständigen Reinigkeit und Selbststand erhalten werde". Freilich hat die Akademie diese Aufgabe fast gänzlich aus den Augen verloren, und so ist auch in unseren Tagen wieder, sogar von hervorragenden Mitgliedern eben jener Akademie, der Ruf nach einer kaiserlichen Akademie der deutschen Sprache erhoben worden.

Allein es muß bezweifelt werden, ob ein solches Ziel wirklich erstrebenswert sei. Zunächst: wo wäre das Dutzend oder auch nur das halbe Dutzend deutscher Gelehrter zu finden, die sich über ein Gesetzbuch des Sprachgebrauchs zu verständigen vermöchten? Hat doch die orthographische Konferenz zu Berlin gezeigt, daß nicht einmal über ganz untergeordnete und anscheinend so gleichgültige Dinge wie die Schreibung eines Wortes eine Einigung unter ihnen möglich ist. Aber ganz abgesehen von dieser praktischen Schwierigkeit liegt es im Wesen der Sache, daß ein Gesetzbuch mit einer lebendigen Entwicklung unmöglich Schritt halten kann. Und gerade die Franzosen zeigen anschaulich die Gefahren, welche mit einer solchen Festlegung verbunden wären. Je starrer das Dictionnaire de l'Academie an seinem eleganten Klassizismus festhielt, desto mächtiger war der Umschwung, desto ungebundener die Zügellosigkeit, als die Romantik die alten Schranken durchbrach. Und heutzutage sind die Franzosen nicht viel besser daran als wir selbst; der Durchschnitt ihrer Zeitungen ist fast ebensosehr wie bei uns ein Tummelplatz der Nachlässigkeit, eine Fundgrube für Neubildungen aller Art.

Weniger Nachteile als solche Erlässe amtlicher Gewalten haben die Arbeiten einzelner. Zu einem Erstarren der Regeln kann es nicht so leicht kommen, weil in unablässigem Wechsel neue Schriften den alten zur Seite treten. Beruhen solche Bücher auf umfassender selbständiger Beobachtung, so mögen sie wohl ihr Nützliches haben; aber sehr bequem und förderlich ist es nicht, mitten im Sprechen oder Schreiben in dem Register einer solchen Schrift zu blättern und bald den, bald jenen Paragraphen durchzulesen. Es wäre das ungefähr so, als wenn jemand im gesellschaftlichen Verkehr plötzlich vor eine schwierige Frage des Taktes gestellt würde und er wollte in diesem Augenblick Knigges Umgang mit Menschen aus der Tasche ziehen. Der Sprachgebrauch darf kein äußerliches Wissen sein; er muß übergehen in Fleisch und Blut. Und das geschieht nur, wenn wir selbst zu den Quellen hinabsteigen, aus denen jene Bücher geschöpft haben.

Wie wir verständlich, wie wir in schöner Weise einen Gedanken zum Ausdruck bringen, lernen wir nur, wenn wir sehen, wie ihn die andern auszudrücken gewohnt sind; wenn wir das Vorbild von solchen in uns aufnehmen, denen wir einen höher entwickelten Formensinn zutrauen. Je mehr aber jemand gelesen hat, desto feiner wird im allgemeinen sein Sprachgefühl entwickelt sein. Aber freilich: die Masse des Gelesenen tut es nicht allein; die Stimmen dürfen nicht nur gezählt, sie müssen auch gewogen werden; nicht bei denen kann man lernen, was gute Sitte ist, die auf Sitte, auf äußere Form keinen Wert legen. Es kommt also auch auf die Beschaffenheit dessen an, was wir lesen: die Tagesliteratur, die sich keine Zeit gönnt, das Stilgefühl zu bilden oder auch nur es um Rat zu fragen, kann nicht selber bildend wirken. Das gilt nicht nur von dem landläufigen Zeitungsstil, sondern auch von manchem von der Mode hoch gefeierten Schriftsteller, der es für seine Pflicht hält, jedes Jahr einen neuen Roman auf den Weihnachtstisch niederzulegen. Doch ist gerade einer der fruchtbarsten unserer Erzähler, Paul Heyse, zugleich ein unvergleichlicher Meister der deutschen Sprache gewesen.

Noch etwas anderes als die bloße Arbeit für die Schnellpresse kann eine unbewußte Verdunklung des Sprachgefühls herbeiführen: die eingehende Beschäftigung mit fremden Sprachen, besonders das Übersetzen aus diesen; solche Übersetzungen haben selten die Eigentümlichkeiten der fremden Sprache völlig überwunden. Zu den fremden Sprachen, welche die Reinheit der Sprache störend beeinflussen, kann sogar das Deutsche selbst gehören; Jakob Grimm hat eine ganz ungemeine Gewalt über die Sprache besessen; es ist 'ein wahrer Genuß, der Kraft und Gedrungenheit, der Anschaulichkeit und Wärme seiner Rede zu lauschen. Und doch hat ihm die Vertrautheit mit dem Altertum unserer Sprache hie und da das Gefühl für das heute Gebräuchliche verdunkelt; altdeutsche Wortformen und Wortverbindungen sind bei ihm nichts Ungewöhnliches.

Daneben gibt es nun gewisse Klassen von Schriftstellern, die mit vollem, klarem Bewußtsein dahin geführt werden, über die sprachliche Überlieferung hinauszugehen. Zu diesen gehören die Humoristen: die Verletzung der Regel dient ihnen oft gerade dazu, eine komische Wirkung zu erzielen, und das Bedürfnis, das kleine Leben des Tages zu schildern, veranlaßt sie leicht zu Neubildungen. Jean Paul hat es selbst gelegentlich ausgesprochen, wie wertvoll jedes neugebildete Wort für ihn sei, um seinen Bedarf an Halb- und Viertelsfarben zu decken. Zu ihnen gehört weiter die große Zunft der Volksschriftsteller, derjenigen, die uns das Leben des Volkes schildern oder auf das Volk wirken wollen; mit voller Absicht und wieder, um den gerade ihnen vorschwebenden Zweck der Verständlichkeit zu erreichen, setzen sie sich über die Regeln der gebildeten Rede hinweg; darum wäre es töricht, etwa Hebel, Gotthelf oder Rosegger als Muster deutscher Rede aufzurufen. Noch andere, wie Scheffel und Gustav Freytag, zeichnen uns Bilder aus der deutschen Vergangenheit und wenden mit Bewußtsein altertümliche Wörter und Wendungen an, damit Inneres und Äußeres zusammenstimme, damit schon die sprachliche Form uns hinwegführe aus der Gegenwart.

Endlich darf man noch eine dritte Gattung von Schriftstellern nennen, bei denen man häufig eine bewußte Vernachlässigung der Form antrifft: das ist die Zunft der Gelehrten. Es hat eine Zeit gegeben, wo es geradezu bei dem Mann der Wissenschaft beinahe für unanständig galt, gut zu schreiben: wer auf schöne Form ein Gewicht legte, der schien der Oberflächlichkeit zu huldigen. Zum Glück verliert diese Anschauung in der Gegenwart mehr und mehr an Boden; besonders die Geschichtsforschung tut sich rühmlich hervor. Bei ihr ist es ja fast unumgänglich, daß mit der verstandesmäßigen Untersuchung sich künstlerisches Gestalten paare: so ist es denn vor anderen unsere geschichtliche Prosa, die Prosa eines Ranke, J. Burckhardt, Gregorovius, Hausrath, Treitschke, die als mustergültig angesehen werden darf. Auch die geschichtlichen Schriften des großen Generalstabs, Moltkes, des Grafen von Schlieffen, sind mit Ehren zu nennen. Gleiches Lob verdienen zumeist auch die — und es wäre traurig, wenn es anders wäre —, die von Berufs wegen der Erforschung deutschen Altertums und der deutschen Sprache sich widmen; es seien Männer wie Vilmar, W. Wackernagel, W. Scherer genannt.

Freilich nicht alles, was Klassiker heißt, kann deshalb als unser Vorbild hingestellt werden, insbesondere die nicht, an die wir bei jenem Worte zuerst denken, Lessing, Goethe,, Schiller. Der Grund ist sehr einfach; so wenig wir ein Anstandsbuch des 18. Jahrhunderts in Fragen der Sitte zu Rate ziehen können, so wenig ist es zulässig, einen Schriftsteller dieser Zeit als obersten Richter in sprachlichen Dingen zu betrachten. Zwischen jenen Männern und uns liegt, wenn sie auch dem oberflächlichen Blick entgehen mag, ein gutes Stück sprachlicher Entwicklung. Es gilt dies hauptsächlich mit Bezug auf Lessing, aber auch in Goethes und Schillers prosaischen Schriften können wir kaum eine Seite aufschlagen, ohne auf Wörter oder Wortverbindungen zu stoßen, die uns fremdartig klingen.

Aber wenn wir auch alle diese Abzüge gemacht haben, so ist das Zeugnis der Übrigbleibenden keineswegs ein einmütiges, und auch bei den sichersten Gewährsmännern, den ausgezeichnetsten Schriftstellern ist ein Schwanken nicht völlig ausgeschlossen. Wo der einzelne sich widerspricht, da ist nicht selten die Lösung zu finden, wenn man genau die Umstände ins Auge faßt, unter denen die einzelne Aussage zustande gekommen. Wenn wir sehen, daß gewisse Eigentümlichkeiten sich besonders im vertrauten Briefe finden, so ist kein Zweifel, daß diesen Belegen die geringere Gewähr innewohnt. Wenn Heine manche Wendung nur in späteren Zeiten braucht, wo er in Paris geweilt hat, wo seine Werke unter Umständen aus Zeitungsartikeln hervorgegangen sind, so ist der Verdacht nicht unberechtigt, daß da geringere Sorgfalt gewaltet oder Einwirkung des Französischen das deutsche Sprachgefühl getrübt hat.

Doch auch da, wo es nicht möglich ist, den einzelnen aus sich selbst zu berichtigen, wo er regelmäßig abweicht von dem, was anderen richtig dünkt, kommen wir nicht in Verlegenheit. Nicht alles, wofür sich aus klassischen Schriftstellern der oder jener Beleg gewinnen läßt, ist damit geheiligt; nicht alles, was sprachlich gebraucht wird, ist deshalb Sprachgebrauch. Es gilt eben, die großen Massen der Erscheinungen zur einheitlichen Regel zusammenzufassen, unter denen die Ausnahmen verschwinden. So muß auch hier, wie so oft im sozialen und politischen Leben, die Statistik den Grund legen für die Gesetzgebung, und die Sprachstatistik hat vor jeder andern den Vorzug, daß ihre Ergebnisse sich ganz unmittelbar zu Folgerungen für das praktische Handeln gestalten. Natürlich kann der einzelne diese Arbeit nicht in der Weise leisten, daß er Beispiele sammelt und Zettelkasten füllt, sondern indem er fort und fort die Fülle der Erscheinungen auf sich wirken läßt, d. h. indem er möglichst viel in guten Schriftstellern liest. Dann schließt sich ganz unbewußt das Gleichartige zusammen, das Gesetz geht über in Fleisch und Blut; was neu, was als ungewöhnlich oder fehlerhaft uns entgegentritt, findet nicht seinesgleichen im Bewußtsein vor und wird ganz von selbst wieder abgestoßen.

Wenn wir so zu Werke gehen, so tun wir das nämliche, was jene Schriftsteller selber meistens getan haben, sei es bewußt, sei es unbewußt. Aber gerade deshalb ist dieses Verfahren nicht ganz ohne Bedenken. Wenn es streng durchgeführt wird, so muß die Schriftsprache in immer höherem Grade den Charakter des Altertümlichen gewinnen, von dem früher (S. 52) die Rede gewesen ist; die Kluft zwischen dem geschriebenen und gesprochenen Wort muß sich immer mehr erweitern. Und auch das ist wieder in seiner Weise dem obersten Zweck der Sprache, der Verständlichkeit, nachteilig.

Wer schreibt, kommt oft genug in die Lage, das Geschriebene vorzutragen, wird also minder verständlich, wenn seine Rede allzuviel sich nach den Gesetzen der geschriebenen Rede richtet.

Für Menschen, die auf verschiedenen Stufen der Bildung, des gesellschaftlichen Lebens stehen, ist es oft schon schwer genug, sich in der Sache zu verständigen; es wäre vom Uebel, wenn die Entfremdung noch gesteigert würde durch die Verschiedenheit des sprachlichen Ausdrucks. Schon ganz von selber müssen sich Ausgleichungen ergeben; es ist unmöglich, daß in derselben Person mehrere Sprechweisen, die Mundart, die Umgangssprache, die Schriftsprache, ohne Berührung bleiben. So zeigt denn die Geschichte der deutschen Sprache immer wieder von neuem das Bestrehen, die geschriebene Rede der gesprochenen Rede anzunähern, und gerade unsere Zeit steht unter dem Zeichen einer solchen Bewegung.

Ein völliges Aufgehen der Schriftsprache in der Umgangssprache ist ja unmöglich, und wenn es möglich wäre, wäre es verhängnisvoll. Denn wie die Mundarten, so ist auch die Umgangssprache nach Gegenden verschieden, die sich in der Satzfügung meistens auf die Seite der Mundarten stellt. Es würde also das Wesen der Schriftsprache, die einheitliche Grundlage für den Gedankenaustausch, verloren gehen, wenn die Umgangssprache unbedingt maßgebend würde. Trotzdem dürfen wir uns ihrer Einwirkung nicht entziehen. Bei der Auswahl unserer schriftlichen Vorbilder werden wir uns namentlich an solche halten, die schon selber den Fügungen der gesprochenen Rede Eingang gestattet haben. Und auch ganz unmittelbar kann die Umgangssprache Vorbild sein, in den Erscheinungen, die in allen Gegenden des Gebietes gleichmäßig auftreten, in der Kürze der Sätze, der Einfachheit ihrer Verknüpfung, der Neigung für anschauliche, sinnliche Ausdrucksweise. Vom Schreiben des Kaufmannes bis hinauf zu den Briefen gekrönter Häupter geht die Sitte, nach dem Bindewort und gleich das Zeitwort folgen zu lassen, statt dem Subjekt des Satzes: „Ihre Mitteilung ist mir zugegangen, und habe ich die nötigen Weisungen gegeben." Dieser Brauch ist schlechthin verwerflich; er ist der Umgangssprache wie der Mundart völlig fremd. Dagegen darf man sich nicht etwa auf das Zeugnis der Grimmschen Hausmärchen berufen, denn sie spiegeln keineswegs die gesprochene Rede treu wieder; ihre Sprache ist ein Zeugnis bewußter Kunst und hat stark den Einfluß früherer Jahrhunderte erfahren.

Aber selbst für die sorgfältigste Beobachtung, für das feinste Sprachgefühl wird ein Rest bleiben, wo der Gebrauch der Schriftsteller oder der Umgangssprache für die Sprachrichtigkeit nicht mehr den Ausschlag geben kann. In dem Kampfe zwischen Altem und Neuem muß es Augenblicke geben, wo beide Mächte sich die Wage halten, wo für verschiedene Gebrauchsweisen sich gleich viele und gleich hoch anzuschlagende Musterbeispiele geltend machen lassen. Dann bleibt nicht anderes übrig, als die Ergebung, die Anerkennung des schwankenden Tatbestands. Wir müssen eben aufhören, Forderungen an die Sprache zu stellen, die sie nicht erfüllen kann; wir müssen auch der Sprache die Freiheit der Bewegung gönnen, die wir keinem andern natürlichen Organismus, keiner andern Erscheinung des menschlichen Seelenlebens versagen. Und es ist sogar denkbar, daß aus der Not eine Tugend gemacht wird. Die Möglichkeit der Auswahl kann der Mannigfaltigkeit des Ausdrucks, also der Schönheit der Rede, förderlich sein. Bald kann die längere, bald die kürzere Form eines Wortes sich besser in den Tonfall fügen oder dazu dienen, daß vokalischer Ausgang eines Wortes vor vokalischem Anfang des nächsten vermieden wird.

Zweiter Abschnitt.

Die Entstehung der sprachlichen Verschiedenheiten.

A. Allgemeines.

Der letzte Abschnitt hat uns gezeigt, daß innerhalb der deutschen Sprache eine große Zahl von Verschiedenheiten besteht: die Rede weicht ab nach Ort und Zeit, aber auch nach den Lebenskreisen, innerhalb deren der Sprechende steht, und selbst in der Rede des einzelnen können sich Schwankungen einstellen. Wir haben nunmehr genauer nach dem Wesen und den Ursachen dieser Verschiedenheiten zu fragen.

Man hat wohl versucht, die Entstehung der sprachlichen Veränderungen dadurch anschaulich zu machen, daß man die Wörter mit den Kieseln verglich, die der Bach, der Strom mit sich führt, die immer mehr sich abschleifen und ihre ursprüngliche

Gestalt verlieren; dem strömenden Wasser sollte der häufige Gebrauch der Wörter entsprechen. Der Vergleich ist grundfalsch: das Wort ist nicht ein Ding, das, einmal ins Leben gerufen, eine ununterbrochene Fortdauer besitzt, sondern es ist eine Tätigkeit, ein Vorgang. Und zwar besteht der Vorgang darin, daß gleichzeitig mit einer seelischen Bewegung eine schallerzeugende Bewegung der Sprachorgane erfolgt, daß, kürzer ausgedrückt, ein Vorstellungsbild und ein Lautbild verbunden werden. Wenn ich jetzt ein Wort ausspreche und es nach zehn Minuten oder am andern Tage wiederhole, so besteht zwischen den einzelnen Hervorbringungen so wenig ein unmittelbarer stofflicher Zusammenhang als zwischen zwei Schlägen, die der Lehrer jetzt dem einen, dann dem andern Schüler zumißt, oder zwischen den Verbeugungen, die ich heute und morgen vor derselben Person ausführe.

So ist das sprachliche Gebilde auch nicht den pflanzlichen oder tierischen Lebewesen zu vergleichen, die wachsen, reifen und absterben, sondern den Einrichtungen und Vorkehrungen, die der Mensch selber geschaffen hat in Sitte und Brauch, in den gesellschaftlichen Ordnungen, in den Betätigungen von Technik und Industrie. Wohl kann die einzelne Einrichtung sich überleben; aber das bedeutet nichts für das Leben der Gesamtheit; Neues, Besseres tritt an ihre Stelle. So hat auch die Sprache als Ganzes kein Greisenälter, keine Zeiten des Verfalls. Was in der Sprache untergeht, ist wert, daß es vergehe; mit immer größerer Vollkommenheit erfolgt die Anpassung an die äußeren Lebensbedingungen, an die verschiedenen Fähigkeiten und Bedürfnisse des Einzelnen oder engerer und weiterer Kreise.

B. Die Triebkräfte des Sprachlebens.

Die Bedingungen, denen der Sprechende zu genügen hat, die Zwecke, die er verfolgt, können ungemein verschieden sich gestalten.

Schon die Zahl und die Art der Anschauungen, die nach sprachlicher Verkörperung verlangen, schwankt zwischen weiten Grenzen. Sie ist abhängig von Zahl und Art der Eindrücke, die eindringen auf den Menschen und auf alle die, mit denen er in sprachlichem Verkehr steht. Je enger der Lebenskreis, dem ein

Mensch angehört, je niederer der Grad seiner Bildung, desto beschränkter die Welt seiner Anschauungen; der Arbeiter in der Fabrik, der Bauersmann auf dem Lande, sie haben vor allem Sinnliches, Greifbares zu benennen, während dem Hochgebildeten, dem Dichter ein Schatz von vielen tausend Wörtern kaum zu genügen vermag, um die Fülle der Gesichte, den Reichtum der Gedanken zu bewältigen. Man ist freilich leicht geneigt, den Umfang des Wortvorrats zu unterschätzen, der z. B. dem Bauern zur Verfügung steht: aus einem oberhessischen Dorf hat man über 5000 Wörter zusammengebracht.

Je eigenartiger die Beschäftigung eines Menschen ist, je mehr sie heraustritt aus dem Gesichtskreis der großen Masse, desto eigenartiger ist auch der Wortvorrat, über den er verfügt. So hat sich innerhalb des Deutschen eine ganze Reihe von Kunstausdrücken, von Kunstsprachen gebildet; der Kaufmann und der Fischer, der Bienenzüchter wie der Bergmann, der Seemann wie der Jäger, sie haben alle ihr besonderes Latein; wer in die Geheimnisse dieser Beschäftigungen eingeweiht wird, - muß mit den neuen Anschauungen auch eine neue Sprache sich aneignen.

Ebenso ist die Masse der vorhandenen Anschauungen nach Zeiten verschieden: so sind mit dem Untergang des Ritterwesens und der alten Lehensverfassung, mit dem Absterben alter Rechtsformen, mit dem Aufgeben des astrologischen Studiums auch zahlreiche diesen Gebieten angehörige Wörter dem Untergang verfallen.

Aber nicht darauf allein kommt es an, ob gewisse Dinge in der Außenwelt überhaupt vorhanden sind, sondern auch die Stärke des Eindrucks ist maßgebend; diese aber ist hauptsächlich davon abhängig, ob die Dinge Wert für den Menschen haben, ob sie schädlich oder fördernd auf ihn einwirken: die großen Tiere und die mächtigen Bäume, die Tiere und Pflanzen, die für die Ernährung und Bekleidung des Menschen von Bedeutung sind, die Tiere, die sein Leben bedrohen, sie haben viel früher sprachliche Bezeichnung gefunden als der unscheinbare Käfer im Sande als die kleine Blume des Waldes. So kommt es, daß die Namen der größeren Tiere, der großen Waldbäume, der wichtigsten

Getreidearten allen germanischen Stämmen gemeinsam sind, einzelne sogar, wie Wolf, Kuh, Ochse, Birke, Buche, Erle, Gerste, mit den Benennungen anderer indogermanischer Völker übereinstimmen; für Blumen und Kerbtiere dagegen wechseln die Bezeichnungen oft von Mundart zu Mundart, so daß noch heute der Zoologe und Botaniker des lateinischen Kunstausdrucks ungern enträt. Beispielsweise kennt das Deutsche für Primula elatior etwa 70, für Colchicum autumnale etwa 50 verschiedene Ausdrücke; allein im Gebiete des Mittelfränkischen und Niederfränkischen hat man 64 Ausdrücke für Schmetterling gezählt.

Neben der allgemeinen Empfänglichkeit des Menschen ist aber noch eine ganze Reihe von Seelenkräften und Seelenvorgängen von Bedeutung für die Gestaltung des Sprachstoffs.

Für das Gedächtnis, dessen Tätigkeit bei der Verwertung des überlieferten Sprachstoffs eine entscheidende Rolle spielt, ist es wichtig, ob ein Sprachglied häufig angewendet wird oder nicht. Je seltener ein Wort, eine Wortform oder Wortfügung, um so leichter gerät sie in Vergessenheit. Aber auch der Umstand ist von Einfluß, ob ein Wort Verwandte besitzt oder nicht, und wie zahlreich die Sippschaft ist. Koch und Köchin — kochen — Küche, Mühle — Müller — Müllerin, sie stützen sich gegenseitig; jedes Glied einer solchen Reihe taucht nicht nur um seiner selbst willen im Bewußtsein auf: es klingt auch an, wenn das andere genannt wird. Dagegen z. B. das altdeutsche kürn, das auch Mühle bedeutete, aber vereinzelt dastand, hat dem begünstigteren Nebenbuhler weichen müssen.

Weiter kommt es auf den Grad der Aufmerksamkeit an, auf das Maß von Zeit und Kraft, das auf die Wiedererweckung der Lautbilder, auf ihre Auswahl verwandt wird. Der Lässige greift nach dem Nächstliegenden, nach den Wendungen, die andere schon zubereitet haben; so muß die Mannigfaltigkeit und Bestimmtheit des Ausdrucks empfindlich leiden.

Dieser Mangel an geistiger Anspannung macht sich am meisten geltend beim Ungebildeten und Halbgebildeten; darum bewegt er sich mit Vorliebe in sprichwörtlicher Ausdrucksweise, in stehenden Redensarten — Fritz Reuter hat in seinem Jungjochen einen Typus dieses Verfahrens geschaffen —; die verschiedensten Anschauungen werden durch eine und dieselbe Lautgruppe dargestellt: so hat z. B. machen in der Rede des Halbgebildeten die mannigfaltigste Bedeutung angenommen, vgl. Ausdrücke wie Geld machen = Geld erwerben; Holz machen = Holz spalten; einen König machen = König spielen; einen machen = schelten; er macht = er sagt; es macht = es regnet; voran machen = sich eilen; lang machen = viel Zeit brauchen; in etwas machen = handeln mit etwas; in die Stadt machen = in die Stadt gehen.

Aber auch in einem bestimmten Kreise von Gebildeten herrscht die gleiche Denkfaulheit: die Studentensprache sucht geradezu etwas darin, in allen möglichen und unmöglichen Fällen ein und dasselbe Wort, die gleiche Redensart anzubringen. Und wenn weite Kreise es lieben, sich in Zitaten, in geflügelten Worten zu bewegen, so ist das zwar zum Teil Ausfluß einer gewissen Eitelkeit, aber zum andern Teil doch auch der Bequemlichkeit, die das Suchen nach Eigenem sich gern erspart. Das Eigene sind dann bloß jene kleinen Abweichungen vom Schriftstellerwort, die so häufig gerügt werden: Glaube, Liebe, Hoffnung, statt Glaube, Hoffnung, Liebe. wie bei Luther im ersten Korintherbrief zu lesen steht; der Mohr hat seine Schuldigkeit getan, statt: hat seine Arbeit getan; dem Glücklichen schlägt keine Stunde, statt: die Uhr schlägt keinem Glücklichen! Und doch zeigt auch solche falsche Wiedergabe bisweilen eine gewisse Vernunft, eine Anpassung an die Zwecke der Rede: „mein Königreich für ein Pferd", wie es bei Shakespeare heißt, klingt töricht im Munde des gewöhnlichen Sterblichen, der es deshalb vorzieht zu sagen: „ein Königreich für ein Pferd"; und es war unter Umständen störend, mit Schiller zu sagen: drum soll der Sänger mit dem König gehn, und es wurde daraus: Es soll der Sänger mit dem König gehn.

Auch ist es nicht gleichgültig, unter welchen äußern Umständen der Sprachvorgang sich abspielt.

Beim Schreiben werden weit weniger Neubildungen gemacht als beim Sprechen und wieder in feierlicher, gehaltener Rede weniger als im täglichen Verkehr; in dem ruhigen Gedankenaustausch stehen wir der Überlieferung näher, als in dem übersprudelnden Gefühlserguß, als in leidenschaftlich erregtem Wortwechsel. Ebenso wächst und sinkt der Grad der Aufmerksamkeit mit der Bedeutsamkeit des Gedankens, mit dem Werte, der seiner richtigen Mitteilung beigelegt wird. Dieser Umstand ist wichtig für den Charakter der Rechtssprache, der Kanzleisprache. Da kann die kleinste Ungenauigkeit der Mitteilung Anlaß zu Verwicklungen, zu Streitigkeiten geben; da wird denn mit peinlicher Gewissenhaftigkeit im Gedächtnis oder in frühern Ausfertigungen der einmal festgestellte Ausdruck gesucht, und er wird auch bei seiner Wiederkehr nicht durch die Anwendung von Synonymen vermieden: so erhält diese Sprache das Gepräge des Starren und Formelhaften, des Altertümlichen.

Hat ein in der Sprache bereits vorhandener Ausdruck glücklich die Hemmnisse überwunden, die sich seiner Wiedererweckung im Bewußtsein entgegenstellen, so ist damit noch nicht gesagt, daß er auch wirklich zur Anwendung kommt. Es ist leicht möglich, daß er aus irgend einem Grunde den augenblicklichen Zwecken des Redenden nicht entspricht.

Der oberste Zweck der Sprache ist die Verständlichkeit. Dazu gehört erstens, daß für den Hörer jede andere als die vom Redenden beabsichtigte Anschauung ausgeschlossen, daß also der Ausdruck nicht zweideutig sei. Im Mittelhochdeutschen gab es drei verschiedene Wörter mit der Lautform wern. Das eine in der Bedeutung dauern, unser heutiges währen. Das zweite in der Bedeutung fernhalten, verhindern: das einfache wehren ist heute nur noch selten und in altertümelnder Rede gebraucht; weit gewöhnlicher ist abwehren, verwehren. Das dritte endlich, das zahlen, geben bedeutete, hat sich nur noch in der Zusammensetzung gewähren erhalten. Freilich, dieser Anlaß zur Verwerfung ist nicht so häufig, als man auf den ersten Blick erwarten sollte, wenn man die Fülle gleichlautender Wörter ins Auge faßt; diese kommen ja in der Regel nicht für sich allein vor, und der Zusammenhang des Satzes reicht meistens aus, um ein Mißverständnis auszuschließen.

Zweitens genügt es nicht für die Zwecke der Verständlichkeit, daß für den Hörer bei reiflicher Erwägung die Zweideutigkeit ausgeschlossen sei, sondern möglichst rasch und leicht soll seine

Vorstellung durch ein bestimmtes Lautbild angeregt werden. Und irgendein Gegenstand, irgendein Begriff ist uns sehr oft nicht wegen der Gesamtheit seiner Eigenschaften wichtig, sondern wegen irgendeiner bestimmten Einzelheit, und das kann bald dieser, bald jener Zug des Gesamtbildes sein.

Diesem Streben nach Deutlichkeit, nach der klaren Hervorhebung gewisser Einzelzüge kann dadurch Rechnung getragen werden, daß zu den Lautgruppen, die früher im vorliegenden Falle Verwendung gefunden haben würden, néue näher bestimmende Lautgruppen hinzugefügt werden. Wo wir jetzt Präpositionen in Verbindung mit einem Kasus anwenden, genügte früher dieser Kasus für sich allein; die Zahl der der Satzverbindung gewidmeten Wörter ist heute größer als in der mittelhochdeutschen Zeit; unablässig können wir den Vorgang beobachten, daß einfachen Wörtern zusammengesetzte zur Seite treten, daß jene durch diese verdrängt werden. Wir sagen jetzt bedürfen, begehren, bewegen, erbarmen, erbleichen, erhitzen; in genau derselben Bedeutung galten früher die einfachen Wörter dürfen, gern, wegen, barmen, bleichen, hitzen. Neben älteres laden ist heute einladen getreten, neben Gesandter Abgesandter, neben lösen loslösen; neben mindern — vermindern macht sich allmählich herabmindern geltend. Sogar völlig gleichbedeutende oder in der Bedeutung sich nahestehende Wörter können zusammengesetzt werden, wenn das eine von ihnen aus dem Sprachbewußtsein zu schwinden beginnt: Maul, Saum, Elen genügten früher, wo wir jetzt Maultier, Saumtier, Elentier sprechen. Das erste Glied von Windhund hat nichts mit Wind zu tun; im Mittelhochdeutschen war schon wint allein die Bezeichnung des betreffenden Tieres; in Lindwurm ist Lint ursprünglich für sich soviel als Wurm, Schlange (vgl. S. 88).

Von zwei Ausdrücken ist immer derjenige der deutlichere, der anschaulichere, der etymologisch klarer ist, d. h. neben dem mehr Wörter von gleicher Wurzel mit der gleichen Grundanschauung bestehen. So ist mittelhochdeutsch mâc verloren gegangen und dafür das gleichbedeutende Verwandter eingetreten, mittelhochdeutsch maere ersetzt durch berühmt, magezoge

durch Erzieher; minne und minnen der alten Sprache wurden
verdrängt durch die Wörter Liebe und lieben, die am Adjektiv
lieb einen starken Halt hatten. So vermeidet die gemeine Rede
das Adverbium sehr, das ganz vereinzelt dasteht, und steigert
ihre Adjektiva und Verba mit fürchterlich, eklig, haarig,
höllisch, mörderlich, ochsig usw.; statt Maul sagt sie Fresse,
Gefräß, statt Nase Riecher, statt Hut Deckel, statt sterben
verrecken.

Ebenso ist der uneigentliche, der bildliche Ausdruck deutlicher und anschaulicher als der eigentliche; das Bild nötigt die
Vorstellung, besonders auf jenen Zug der Gesamtanschauung zu
achten, der den Vergleichungspunkt bildet. Solcher Anschaulichkeit befleißigt sich vor allem die Dichtung: hier ist die bevor-
zugte Stätte des metaphorischen Ausdrucks. An die Stelle rein
geistiger Bezeichnungen setzt sie sinnliche Bilder:

> Vom Eise befreit sind Strom und Bäche
> durch des Frühlings holden, belebenden Blick,
> im Tale grünet Hoffnungsglück;
> der alte Winter, in seiner Schwäche,
> zog sich in rauhe Berge zurück.

An die Stelle der gedachten Möglichkeit tritt die eindrucks-
vollere Wirklichkeit: aus unzählbaren Scharen werden un-
gezählte; wer unbesiegbar ist, erscheint als unbesiegter
Held. Aber auch in der gerade entgegengesetzten Sphäre, in der
gemeinen Rede des Werktags, zeigt sich unbewußt der künst-
lerische Trieb nach Anschaulichkeit; hier heißt es statt sich
täuschen etwa sich schneiden, sich stoßen, sich verhauen,
statt vergessen verschwitzen, statt studieren ochsen,
büffeln; ein grober Mensch wird als klobig, klotzig oder
knotig bezeichnet, das Bett als Korb, Klappe, Nest, der
Bauch als Ranzen oder Schwartenmagen, der Kopf als
Kübel, Äpfel, Simri. So wiederholt sich denn auch in der
geschichtlichen Entwicklung unaufhörlich der Vorgang, daß neben
einem eigentlichen Ausdruck ein uneigentlicher aufkommt, daß
dann der alte eigentliche untergeht, somit der uneigentliche als
eigentlicher gefühlt und dann wieder eine neue metaphorische
Bildung hervorgerufen wird.

Endlich ist noch ein Punkt wichtig für die Anschaulichkeit der Rede: ein Ausdruck ist um so eindringlicher, die mit ihm verbundene Vorstellung wird um so leichter erfaßt, aus je weniger Teilen er besteht; ein einziges Wort ist stets anschaulicher als eine Verbindung mehrerer, als ein ganzer Satz. Daher die Fülle von Zusammensetzungen, welche in der Dichtersprache fortwährend neu geschaffen werden, wie etwa Traubengestade (Klopstock), feuchtverklärtes Blau (Goethe), Berggetreue im Tannenharnisch (Scheffel).

Aber die Rücksicht auf die Verständlichkeit kann auch in umgekehrter Richtung wirken. Es können Wörter unausgesprochen bleiben, weil sie für das Verständnis nicht unbedingt erforderlich sind. So entsteht stillgestanden aus es wird stillgestanden, siehe die im Wörterverzeichnis unter stillgestanden angegebene Stelle; so wird in der Verbindung von Beiwort und Hauptwort das letztere unterdrückt: Berliner (Ranzen), Harzer (Roller), Kalabreser (Hut), Ziegenhainer (Stock); Gulden ist der goldene (Schilling). So entsteht indem aus indem daß, sobald aus sobald als, weil aus ahd. diu wila so; sogar einzelne Silben von Wörtern gehen auf diese Weise unter: Bauer stammt aus mhd. gebure, Bistum aus ahd. biscoftuom, Unfall aus mhd. ungeval, Frankfurt, Frankreich aus Frankenfurt, Frankenreich, Viertel aus ahd. fiorda teil. Ein Stücker drei geht zurück auf ein Stück oder drei.

Es besteht aber auch die Möglichkeit, daß ein Ausdruck gerade deshalb nicht gewählt wird, weil er zu verständlich ist. Es kann von unmittelbarem Nutzen sein, Wörter zu gebrauchen, deren Sinn nicht von jedem zufälligen Hörer erfaßt wird. So haben sich die Kinder ihre p-Sprache, eine Art von Geheimsprache, gebildet: in jede Silbe des ursprünglichen Wortes wird die Silbe p mit einem Vokal eingeschaltet, z. B. wipir wopollepen foporth gepehn = wir wollen fort gehen. Vor allem aber hat das Gaunertum sich seine eigene Sprache gestaltet; einen erheblichen Bestandteil derselben bilden Entlehnungen aus dem Jüdischen und Zigeunerischen, aber auch zahlreiche deutsche Wörter werden verwendet in einer Bedeutung, die von der gewöhnlichen stark abweicht, so daß etwa blätteln Karten spielen, Windfang den Mantel oder Plattfuß die Gans bedeutet.

Nicht sowohl der Wunsch, aus einer Sondersprache unmittelbaren Nutzen zu ziehen, als die Sucht, sich von der großen Masse abzuschließen, macht sich geltend in der Sprache des Sports. Zu einem großen Teil ist diese ja technische Sprache; es müssen Anschauungen mit Bezeichnungen versehen werden, die der Allgemeinheit fremd sind; aber auch für solche Dinge hat sie eigene Ausdrücke geschaffen, die allgemein bekannt und für die allgemein bekannte Lautbilder vorhanden sind. Wehe dem Jäger, der von den Ohren des Hasen sprechen wollte statt von seinen Löffeln, von den Füßen eines Falken statt von seinen Ständern!

In einem dritten Falle wird zwar die Verständlichkeit an sich beabsichtigt, aber es werden Ausdrücke gewählt, die möglichst wenig anschaulich sind: das gilt von den sogenannten Euphemismen. Es werden längere Ausdrücke statt kürzerer, Umschreibungen statt einfacher Wörter angewendet: statt nackt heißt es unbekleidet, das Gesäß wird als die vier Buchstaben bezeichnet oder als „der Teil des Körpers, wo der Rücken aufhört, einen anständigen Namen zu führen" (Heine), der After als „das untere Ende des Nahrungsschlauches". Oder man gebraucht Ausdrücke, bei denen man an unangenehme, anstößige Vorstellungen denken kann, aber nicht denken muß. Der Abort wird als ein gewisser Ort, als das Kabinett bezeichnet, die Hosen als die Unaussprechlichen; von der Schwangern sagt man, sie sei guter Hoffnung oder in gesegneten Umständen. Es ist weniger bedenklich, von der Brust der Frau zu reden, als von ihren Brüsten, die mit voller Deutlichkeit den Bau des Weibes gegenüber dem des Mannes kennzeichnen.

Den Dummen nennt man einfach, harmlos, den Langweiligen still oder ruhig. Wer die Möglichkeit des Sterbens in das Auge faßt, sagt: „wenn mir etwas Menschliches begegnen sollte". Aus Gottes wird Potz, aus o Jesus o Jerum, aus Sakrament Sackerlot, Sapperlot, Sappermont, aus Teufel wird Deibel, Deichsel; thom Knüvel (= zum Teufel) heißt es bei einem Niederdeutschen des 16. Jahrhunderts; auch pfui tausend ist = pfui Teufel; meiner Treu (in vielen Mundarten gesprochen wie drei) wird durch meiner Sechs ersetzt; statt heiliger Gott wird heiliger Bimbam, heiliger Strohsack gesagt.

Wird in solchen Fällen der uneigentliche Ausdruck zum eigentlichen im Laufe der Zeit, bezeichnet er also ohne weiteres selber deutlich die häßliche oder unangenehme Vorstellung, die zu verhüllen er ursprünglich gewählt war, so macht das oft den Eindruck eines pessimistischen Zuges in der Entwicklung der Wortbedeutungen. Dirne hatte ursprünglich die Bedeutung von Mädchen überhaupt und konnte sogar von der Jungfrau Maria gesagt werden; frech bedeutete früher soviel als mutig; geil war = fröhlich (vgl. das daraus stammende französische gaillard); Mähre konnte in älterer Zeit jedes Pferd genannt werden; Wicht war vor Zeiten die Bezeichnung für Ding überhaupt.

Der Grund für die eben besprochene Erscheinung, für die absichtliche Erschwerung der Verständlichkeit, hat mit dem unmittelbaren Zweck der Sprache wenig mehr zu tun. Er liegt einesteils auf sittlichem Gebiet; man scheut sich, die Bezeichnungen für heilige Dinge unnütz im Munde zu führen; man trägt Bedenken, den Namen des Bösen auszusprechen, weil die Nennung ihn herbeirufen kann. Anderseits liegen die Gründe auf dem Gebiete der gesellschaftlichen Ästhetik: die Gesetze des Anstandes verlangen es, daß das Unangenehme, das Gemeine gemieden oder verhüllt werde.

Dies Verlangen macht sich nun auch noch weiterhin geltend. Bei den Euphemismen war die Anschauung selber dasjenige, woran der Redende Anstoß nahm. Aber auch bei an sich unanstößigen Dingen können die sie bezeichnenden Ausdrücke als verwerflich empfunden werden, eben vom Standpunkt der sozialen Ästhetik. Weil der Gebildete, derjenige, der der guten Gesellschaft angehört, überhaupt in Sitte und Brauch das Gebaren des gemeinen Mannes verwirft, so erscheint ihm auch dessen sprachliche Sitte als gemein und anstößig; er sucht seine Ausdrucksweise nach Kräften zu vermeiden.

Und wiederum, was mit dem guten Ton in der gewöhnlichen Rede des Gebildeten sich vollkommen verträgt, erscheint zu gewöhnlich für den, der in feierlicher Stunde, an geweihter Stätte, in gehobener Stimmung seinen Gedanken Ausdruck verleiht. So entsteht eine besondere Sprache der Höflichkeit, eine Sprache des Rechtes und der Kanzlei, die Sprache der Dichtkunst; so können nebeneinander für eine und dieselbe Anschauung Ausdrücke von sehr verschiedener gesellschaftlicher Wertung gelten. Man vergleiche Unreinlichkeit—Schmutz—Dreck, Mund—Maul—Gosche, Roß—Pferd—Gaul, Glück—Schwein, Unglück—Pech, Haupt—Kopf—Schädel, abscheiden—sterben—hingehen—verrecken. Ja, es wird abgestuft nach dem Range dessen, von dem man redet: Exzellenz besitzt eine Gemahlin, sein Regierungsrat eine Gattin, der Kaufmann Müller eine Frau. Kaiser und Könige essen nicht, sondern speisen, sie gehen nicht, sondern bewegen sich oder schreiten, ziehen sich nicht in ihre Zimmer, sondern in ihre Gemächer zurück, und was sie tun, das geruhen sie zu tun.

Für die Sprache des Rechts, der Kanzlei ist das Formelhafte bezeichnend, schon weil es der Verständlichkeit dient (s. S. 102); aber auch die Würde des Auftretens wird gesichert durch die Bewahrung des Hergebrachten, der Formel; freilich, die Verständlichkeit wird wieder stark beeinträchtigt, wenn der Kanzleistil der letzten Jahrhunderte und noch oft genug auch der heutige die Würde in der steifen Schwerfälligkeit sucht, in der Anwendung längst ausgestorbener Wörter und Wortverbindungen, in Sätzen, deren Umfang und Verwickeltheit über das gewöhnliche Fassungsvermögen hinausgeht. Der Reichstagsabschied von 1518 beginnt folgendermaßen: „Wir Maximilian von Gottes Gnaden, erwählter Römischer Kayser, zu allen Zeiten Mehrer deß Reichs etc. Bekennen offentlich mit diesem Brief, und thun kund allermänniglich nachdem Wir, als erwählter Römischer Kayser, Vogt und Schirm-Herr der Christenheit, auß Christlichem Gemüth betracht, und zu Hertzen gefast, die Empörungen und Gebrechen, so sich allenthalben im Reich je länger je mehr erzeigen, auch die schwere und obliegende Sachen gemeiner Christenheit, unsers Heiligen Glaubens und Teutschen Nation, mit was Anfechtung der Feind Christi, unsers Herrn und Seligmachers, der Türk, unsern Glauben und gmeine Christliche Kirch zu benöthigen und unterzudrücken, sich täglich übet, und deßhalb hievor verfügt, das Unser und aller christlichen Könige und Potentaten Bottschaften, zu Päbstlicher Heiligkeit kommen sind, zu rathschlagen und zu beschliesen, wie solchen erschrecklichen Obliegen und Fürnehmen, Rath und Widerstand beschehen mög, und ferner auß denselben und anderer beweglichen Ursachen einen Reichstag in Unser und deß heiligen Reichs Stadt Augspurg furgenommen, der Meynung mit deß Heil. Reichs Ständen, in desselben Reichs, seiner Ständ und Teutschen Nation Empörung, auch Mängel und Gebrechen Rechtens, Einigkeit und Friedens, laut der Stand Schrifts, auf nechstgehaltenen Reichs-Tag zu Mäyntz ausgegangen, und was ferner die Nothdurfft erfordert, zu rathschlagen und zu handeln, damit solche Empörung, Mängel und Gebrechen abgestellt, und in gut löblich beständig Wesen gebracht werden, und darauß eine außträglich Hülff wider den Türken, zur Rettung unsers Heil. Glaubens, folgen mög."

Und noch im Jahrgang 1904—1905 der Zeitschrift für Staats- und Gemeindeverwaltung im Großherzogtum Hessen stehen folgende Ausführungen eines Oberlandesgerichts zu lesen: „Hervorzuheben ist vor allem, daß, wenn es auch hinsichtlich des Polizeiverordnungsrechts allerdings einerseits richtig ist, daß auch der Satz, daß eine im Strafgesetzbuch abschließend geregelte „Materie" den Sonderbestimmungen der Landesgesetzgebung entzogen ist, für Übertretungen gilt, andererseits doch allgemein anerkannt ist, daß für das Rechtsgebiet dieser letzteren in Anschung fast aller in das Strafgesetzbuch aufgenommener Strafbestimmungen (Ausnahmen kommen vor, wovon unten noch die Rede sein wird) eine solche abschließende Regelung nicht beabsichtigt war, und daß daraus, daß im Strafgesetzbuch, insbesondere im 29. Abschnitte seines zweiten Teiles, eine Reihe von Polizeivorschriften sich finden, welche in das Gebiet einzelner Zweige der Polizeiverwaltung einschlagen — z. B. der Feuer-, Straßen-, Verkehrs- usw. Polizei — nicht gefolgert werden darf, daß diese Zweige der Polizeitätigkeit als „Materien" im Sinne des § 2 Einf.-Ges. zum Strafgesetzbuch anzusehen seien, bezüglich deren eine landesgesetzliche Regelung ausgeschlossen sei. Es ist daher, weil solches nicht der Fall, der Landesgesetzgebung — der unmittelbaren oder mittelbaren delegierten — umfassender Raum verblieben, um sich auf dem Gebiete dieser einzelnen Zweige der Polizei zu betätigen."

Die Sprache der Höflichkeit hat, wie die Höflichkeit überhaupt, den Zweck, „die gesellschaftliche Berührung des Menschen mit dem Menschen möglichst zu fördern" (Ihering), dem persönlichen Zusammensein Annehmlichkeit und Behaglichkeit zu geben. Sie will stets etwas Angenehmes sagen, hat aber einen bestimmt umgrenzten Anschauungsgehalt und läßt sich daher den technischen Sprachen zur Seite stellen. Es handelt sich hauptsächlich darum, daß einer dem andern einen Beweis seiner Wertschätzung gebe, geschehe das nun durch Erhöhung der fremden, Erniedrigung der eigenen Persönlichkeit, oder geschehe es durch das Aussprechen guter Wünsche, durch die Bezeigung der Freude über das Zusammensein, der Hoffnung auf dessen Wiederkehr.

Nun hat aber die Gesellschaft es nicht lediglich in das Belieben des einzelnen gestellt, welchen Wert er einem andern zuerkennen wolle. Sondern für gewisse Personen, gewisse Verhältnisse ist diese Wertschätzung ein für allemal festbestimmt; so muß denn auch die Sprache der Höflichkeit fest geregelt, formelhaft werden. Ob den Worten auch die Gesinnung entspricht, ob überhaupt mit Höflichkeitsformeln irgendein Gedanke verbunden wird, das ist für die Sprachgeschichte völlig gleichgültig, wie es auch vom Standpunkt der Sitte unerheblich ist.

Das lautliche Material, das die Sprache der Höflichkeit verwendet, kann übereinstimmen mit dem, das außerhalb jenes Zwangs für die wirklich vorhandenen Anschauungen im Gebrauch steht; sehr häufig liegt aber der Fall so, daß jenes Material zu gewöhnlich erscheint; das trifft nicht nur den Wortvorrat, sondern merkwürdigerweise auch die Syntax der gewöhnlichen Rede, vor allen Dingen die Art der Anrede und die Art, wie jemand von sich selber spricht. Und zwar macht sich bei den Abweichungen von der gewöhnlichen Rede das Bestreben geltend, einerseits das natürliche Größenverhältnis zwischen dem Redenden und dem Angeredeten zu des letzteren Gunsten zu verschieben, anderseits die unmittelbare Berührung zwischen den

Sprechenden zu vermeiden, sinnbildlich den Zwischenraum zwischen ihnen zu vergrößern: Bezeichnung großen Abstands ist Zeichen der tiefen Ehrerbietung.

Das kann geschehen durch Anwendung der Mehrzahl statt der Einzahl. Der Sprechende verringert die Geltung seines Eigenwesens, indem er ein wir statt des ich anwendet und so sich in die große Masse zurückzieht; er erhöht die Geltung des Angeredeten, wenn er durch das Ihrzen vorgibt, mehr als eine Person sich gegenüber zu fühlen. Oder der Sprechende nennt sich überhaupt nicht mehr; so besteht noch heute im kaufmännischen Stil die Sitte, das Pronomen ich wegzulassen, und auch die gewöhnliche Rede birgt noch Reste dieses Brauches: danke, bitte = ich danke, ich bitte. Man spricht zu Euer Gnaden, Euer Hoheit, und man trägt seine Bitten nicht in eigener Person vor, sondern „der ergebenst Unterzeichnete erlaubt sich“, dies zu tun.

Auch die Anrede mit er, sie drückte ursprünglich in höflicher Weise den Abstand aus, den man selbst empfand, während sie jetzt gebraucht wird, um andere den Abstand fühlen zu lassen. Diese Verwendung der dritten Person in der Anrede ist jünger als die der Mehrzahl; sie gehört erst der neuhochdeutschen Zeit an, während ir für du schon ein Stück der mittelalterlichen Standessitte bildet. Die jüngste Entwicklungsstufe ist das Verfahren, in dem die deutsche Sprache ganz allein dasteht, die gleichzeitige Setzung der Mehrzahl und der dritten Person: Sie haben für du hast der einfach natürlichen Rede; „wie befehlen der Herr Oberst?“ für: „Oberst, was befiehlst du?“ Dieses Sie haben wird sogar, freilich ganz mißbräuchlicherweise, auch angewendet für er hat, sie hat, wenn man von einem Anwesenden spricht, den man geradezu anreden würde mit Sie haben.

Das Gebiet, auf dem man vor allem die Wirkung ästhetischer Rücksichten suchen würde, ist die Sprache der Dichtung. Aber der Schein trügt hier sehr stark. Beim Dichter wie beim Künstler überhaupt verläuft der schöpferische Vorgang im Reiche des Unbewußten. Keine Rede davon, daß bewußte Absicht bestünde, Schönes zu erzeugen; Wählen und Scheiden zwischen Schönem und weniger Schönem spielt nicht die maßgebende Rolle. Die Dichtung entsteht in einem Zustand der Erregung, des Rausches.

So muß auch die Sprache der Dichtung Merkmale der Erregung zeigen, verwandt sein mit anderen Sprachformen, die unter dem Bann der Erregung stehen, mit der Sprache der Leidenschaft, der Sprache der Geisteskranken.

Es ist zumal die Redeform der Wiederholung, in der die Erregung sich kundtut. Wiederholung ist geradezu die Urform menschlicher Dichtung, wie sie das Stammeln der Leidenschaft beherrscht und die Rede des Irren kennzeichnet. So singt der Indianer: „Nebel, Nebel; Blitz, Blitz; Wirbelwind, Wirbelwind." Oder an der Loangoküste lautet die Beschwörung: „komm herauf, o Toter; komm herauf, o Toter". Derartiges zeigt sich denn auch in unserer spätern Kunstdichtung. Freilich nicht so massenhaft, wie auf ursprünglicher Menschheitsstufe, und neben der wört-lichen Wiederholung steht der Wandel des Ausdrucks; es wird dasselbe gesagt mit ein bißchen anderen Worten.

So heißt es etwa bei Klopstock: „alles ist still vor dir, du Naher, rings umher ist alles still." Oder in Goethes Ganymed: „ich komm', ich komme! wohin? ach wohin? hinauf! hinauf strebt's." Und bei Schiller in der Jungfrau, im Demetrius: „ihr staunt mich an, ihr seid verwundert", „niemand hielt stand, das Fliehen war allgemein", „mir ist alles ein Vergangnes, liegt alles als gewesen hinter mir".

Aber noch ein weiteres ergibt sich aus der Erregung. Die Spannung der Erregung ist gleichbedeutend mit einer gewaltigen Steigerung des Kraftbewußtseins, und das starke Empfinden ver-langt starken Ausdruck. Wieder ist es die Rede der Leidenschaft, die Bestätigung gibt. Außerdem wird aber die Erregung des Dichters als ein Neues, ein Ungewohntes empfunden; in ihr er-hebt sich der Mensch über das Gewöhnliche und fühlt sich der Gottheit nah, wie denn weitverbreitete Anschauung von dem Dichter glaubt, daß er nicht sein Eigen sei, daß die Gottheit von ihm Besitz ergriffen habe.

Solcher Stimmung aber ist die Rede des Alltags nicht ge-wachsen; was täglich und stündlich erklingt, ist matt und ab-geblaßt, zu leicht für das Spiel gesteigerter Kräfte. So kommt es, daß die Dichtung zur Heimstätte des ungewöhnlichen Ausdrucks wird, daß ihre Sprache als gewählt erscheint.

Auf zwei Wegen wird dieses Ergebnis erreicht: einmal durch Anwendung des Alten, des Vergessenen oder Absterbenden; so gewinnt die Sprache der Dichtung stark altertümliche Färbung. Auf der andern Seite durch den Gebrauch von Dingen, die noch niemals dagewesen sind: so wird die Dichtung der Tummelplatz üppig wuchernder Neuschöpfung.

Nicht nur der Wortschatz, sondern auch Wort- und Satzformen sind in Poesie und Prosa verschieden. Freilich ist die Trennung nicht immer eine unbedingte; sondern gewisse Dinge erscheinen überwiegend in der Prosa, gewisse andere eignen überwiegend der poetischen Rede. Wo die Prosa sagt: du lebst, er lebt, da hat die Poesie die Wahl zwischen lebst und lebest, lebt und lebet. Die Prosa zieht vor die Formen hob, gerächt, schwor, webte, wurde, die Dichtung braucht lieber hub, gerochen, schwur, wob und ward. Der Prosa kommt die Pluralbildung Denkmäler, Länder zu, die Poesie wählt Denkmale, Lande. Ihr sind Kürzungen wie mächt'ge, wen'ge, Reu', klagt' für klagte gestattet. Der Poesie allein stehen Formen zu Gebote wie Herze, Genoß, zurücke; sie sagt mein, dein statt meiner, deiner, des und wes statt dessen, wessen; sie bildet inniglich, wonniglich, seliglich, wo die Prosa sich mit den einfachen Ableitungen auf -ig begnügt.

Der Dichtung ist es vergönnt zu sagen: welch Getümmel, ein glücklich Land, Röslein rot, mit entzückt besonnenem Auge, des Gebirges Klüfte, gebraucht der Zeit, tönt die Glocke Grabgesang, und sie vermeidet es, in schwerfälliger Partizipialfügung etwa von einem „das Gehör bezaubernden Gesang" zu reden. Sie scheut das Fremdwort, sie allein besitzt Wörter wie frevel (= frevelhaft), frommen, gülden, Hain, Hindin, Mär, Odem, lind, schwank, siech, zag; Wörter wie Erlebnis, Gesichtskreis, deswegen, derjenige, Seelenruhe bleiben der prosaischen Rede überlassen. Gemeine ist poetischer als Gemeinde, Fittich als Flügel, Roß als Pferd, nahen als sich nähern, mehren, zeugen, zwingen als vermehren, erzeugen, bezwingen.

Die Unterschiede zwischen der poetischen und der prosaischen Rede sind nicht zu allen Zeiten gleich groß gewesen; sie hängen ab von der Wertschätzung, welche die Dichtung in ihrer Zeit genießt: ob wirklich eine höhere Würde ihr beigelegt wird, oder ob sie bloß als ein unnützes Spiel erscheint, etwa bloß in den Dienst lehrhafter Zwecke gestellt wird. So ist bei manchen Dichtern des 17. Jahrhunderts jener Unterschied besonders gering; Brockes spricht wirklich von einem „das Gehör bezaubernden Gesang", von „solchem nach der Kunst gekräuselten Geschwirre", oder er liefert folgende Schilderung:

> . . . . . zwischen Bergen, Fels und Stein
> Leben meist die Katzenlüchse, wenn die Kälberlüchs' hingegen
> In den dickverwachsnen Wäldern insgemein zu wohnen pflegen.
> Für die Schwerenot und Krampf wird die Luchsklau uns verschrieben,
> Und mit ihren Bälgen werden große Handlungen getrieben.

Und Christian Weise hat ganz ausdrücklich den Standpunkt vertreten, daß die poetische Sprache sich keine Freiheiten erlauben dürfe, die in der Prosa unmöglich seien, und hat das sogar für die Wortstellung und Satzfügung behauptet.

Selbst in ein und derselben Zeit ist bei verschiedenen Dichtern die Abweichung von der Prosa verschieden groß: der gesprochenen Rede steht der höfische Roman des Mittelhochdeutschen näher als das gleichzeitige volkstümliche Epos, Otfrieds Evangelienharmonie näher als ·der etwas früher verfaßte altsächsische Heliand.

Auch Gründe der äußeren poetischen Technik können bestimmend auf die Sprache der Dichtung einwirken. Wo die Dichtung nicht gelesen oder vorgelesen, sondern frei vorgetragen wird, bildet sich von selbst eine Anzahl von stehenden Formeln heraus, die sich darbieten, wenn den Rhapsoden das Gedächtnis verläßt oder er der Ruhepunkte bedarf, um für das Nachfolgende sich zu sammeln. Daher findet sich in der altdeutschen Spielmannsdichtung eine Fülle von formelhaften Wendungen. Bei Homer hat sich aus diesem Grunde das stehende Epitheton ornans entwickelt, und Voß in seiner Luise hat in äußerlicher Nachahmung sich dem angeschlossen, obwohl für ihn die Umstände ganz verändert waren. Goethe dagegen in Hermann und Dorothea hat in richtigem Takt die stehenden Beiwörter fallen lassen; die seinigen wechseln und sind dem Augenblick mit Weisheit angepaßt.

In der altgermanischen Dichtung mußte die Ausbildung von stehenden Formeln in hohem Maß durch das Bedürfnis des Stabreims begünstigt werden; es waren ja erheblich öfter Wörter mit gleichem Anlaut erforderlich, als bei unseren heutigen metrischen Grundsätzen gleiche Reimwörter verlangt werden. Dagegen hat der Bau unserer Verse wieder einen andern Nachteil: Wörter von mehr als zwei Silben, bei denen die zwei höchstbetonten unmittelbar nebeneinander stehen, z. B. Leuchtwürmchen, Maikäfer, Mondscheibe, fügen sich schlechterdings nicht dem Tonfall unserer Verse und müssen durch andere Bildungen ersetzt werden.

Das Würdevolle, das Geziemende, der ästhetische Einklang wird aber gelegentlich mit vollem Bewußtsein vermieden. Der derbe, gemeine Ausdruck kann um seiner selbst willen erstrebt werden: dieser Zug ist kennzeichnend für die Studentensprache. Sie redet in der dem Burschen eigenen Verachtung von Gesetz und Herkommen geflissentlich nicht vom Mund, von Essen und Trinken, sondern vom Maul, von Fressen und Saufen; verhüllende Ausdrücke sind ihr ziemlich fremd.

Wird der gemeine, der triviale Ausdruck in enge Verbindung mit dem gewählten, dem feierlichen gebracht, wird das nichtssagende Wort da angewendet, wo man ein gewichtiges, bedeutungsvolles erwartet, so entsteht eine komische Wirkung. In diesem Verfahren liegt ein guter Teil des Geheimnisses, durch das z. B. Wilhelm Busch die Lachmuskeln seiner Leser in Bewegung setzt.

Aber schon die bloße Abweichung von der sprachlichen Überlieferung, die Verletzung der grammatischen Regel, der scheinbare Denkfehler kann komisch wirken. In meiner Heimat Karlsruhe bildet man so verzwatzeln für verzweifeln; Kavanz sagt der Elsässer für Vakanz, mit Umstellung der Buchstaben; es heißt: ich habe gespiesen, ent- oder weder, das ist ein Schiedunter, Numero Sicher, Anno dazumal oder Anno Duwack anstatt Anno domini. Einen ergötzlichen Komparativ bildet Goethe in einem Brief an Johanna Fahlmer vom März 1775: „Stella ist schon Ihre, wird durch das Schreiben (= Abschreiben) immer Ihrer." „Was habe ich verdient?" fragt etwa im Wirtshaus der Gast, der seine Zeche bezahlen will.

Solche Zerstörung des Überlieferten oder scherzhafte Neubildung von Worten verfährt mit Vorliebe derart, daß sie Anklänge schafft an Wörter, zu denen von Hause aus gar keine Beziehungen vorhanden sind. Zum Teil beruht die Komik dann in dem Umstand, daß zwischen den anklingenden Wörtern gewisse sachliche Beziehungen bestehen; so wird melancholisch in maulhenkolisch umgedeutet; aus Gargantua macht Fischart Gurgellantua, der überhaupt eine unerschöpfliche Fundgrube solcher Bildungen ist; oder es erinnert das Neue wenigstens äußerlich an das Verdrängte; „ja Pfeifendeckel" lautet eine ablehnende Antwort im Gedanken an die Wendung: „ich pfeife darauf"; „mir geht ein Seifensieder auf" sagt der Berliner: denn dieser Handwerker stellt Lichter her, und so mahnt uns der Ausdruck an den andern: „mir geht ein Licht auf".

In manchen Fällen bringt uns der gewählte Ausdruck gerade solche Vorstellungen zum Bewußtsein, die weit abliegen von den augenblicklich verlangten; so wird umgestellt: taubstumm zu staubdumm, Freischütz zu Schreifritz oder vom Elsässer G'sundheit in Hundskeib gewandelt; es heißt Reformatismus statt Rheumatismus, historisch statt hysterisch; man spricht von telegrafünfen, photografünfen; es heißt: „der hat mehr Glück als Ferdinand".

Bisweilen wird in der Weise durch den Gegensatz gewirkt, daß eine volltönende, prunkhafte Endung für ein Wort verwendet wird, das Mißliebiges bezeichnen soll: ein Sauremus, ein saurer Wein, ein Buckelorum, ein Buckliger, eine Stinkatores, eine Zigarre, die sicherlich keine Havanna ist. Besonders gern erhalten Appellative das Aussehen von Eigennamen, oder diese werden Wörtern mit lebendiger Bedeutung angenähert; der Württemberger wird zum Wüschteberger gemacht, die Xanthippe zur Zanktippe, und Heine singt: „mein Hofweltweiser Konfusius bekömmt die klarsten Gedanken." Umgekehrt: wer sich gern drückt, wer gern heult oder wühlt, wird zum Drückeberger, Heulmeier, Wühlhuber. Der Bucklige heißt auch Buckelinski, das Wasser Brunnewitzer Gänsewein. Der

Geizige ist „nicht von Gebshausen“, der Habgierige vom Stamme Nimm oder von Habsburg. Der Müde geht nach Bettingen, d. i. ins Bett; der Atemlose ist außer Adam. Nach Speier appellieren ist soviel als speien; wenn der Student ein Spiel verliert, das schon an und für sich — per se — zum Verlieren der Partie genügt, so ist das ein Perser.

Auch die Metapher tritt in den Dienst des Lächerlichen. Die Nase erscheint als Zinken, als Löschhorn (thüringisch); der Süddeutsche bezeichnet ·ein kleines Mädchen als Krott (= Kröte), der Elsässer die Jünglingsjahre als Kalberjahre; dem Soldaten ist sein Gewehr der Schießprügel. Die Faulheit erscheint als Faulfieber, der umständliche Mensch als Umstandskommissarius. Die Ohrfeige ist das Fünffingerkraut, die Prügel nach Hebel eine Handvoll ungebrannter Asche. Gern wird auch das Häßliche, das Unangenehme mit besonders poetischer Bezeichnung belegt: dem Elsässer ist die Jauche als Kaffee, die Kröte als Kanarienvogel, die Zichorienbrühe als Mokka bekannt.

Endlich gehört hierher die Ironie: in einzelnen Mundarten hat awol (jawohl) die Geltung des schriftdeutschen nein; das war ursprünglich uneigentlicher, ironischer Ausdruck, aber von ironischem Ton ist dabei jetzt keine Rede mehr.

Aber auch ganz ohne Rücksichten, positive oder negative, auf die Verständlichkeit der Sprache oder auf ihre Schönheit, zeigt sich in der Sprache die Neigung, rein willkürlich die Lautgestalt der Wörter abzuändern. Es ist eine Art von Spieltrieb, die darin zum Ausdruck kommt. So entstehen Neubildungen, die zum Teil nur einzelnen Personen oder kleineren Kreisen von Personen eignen, etwa Lolch oder Lorch für Loch, Schlanje für Schlange, zaruck für zurück. So entstehen auch, weiteren Kreisen gemeinsam, die sogenannten Streckformen, so daß z. B. klatschen im Holsteinischen zu kladatschen erweitert erscheint, schwenzen zu scharwenzen, tratschen zu tralatschen.

Daß nicht auch die Logik eine Rolle in der Sprachentwicklung spielt, dafür haben wir bereits im vorigen Abschnitt (S. 85 ff.) Belege gegeben. Freilich eine bestimmte Art der angewandten Logik, die grammatische Theorie, hat wenigstens auf die Entwicklung der neuhochdeutschen Schriftsprache einen gewissen Einfluß gehabt; besonders die Arbeiten Gottscheds und Adelungs haben gesetzgeberische Bedeutung gewonnen.

C. Die einzelnen Veränderungen.

I. Die Wandlungen der äußeren Form.

a) Lautgesetzliche Wandlungen.

Wenn der Redende bereits vorhandenen Sprachstoff zur Anwendung bringt, so gibt er die Anschauung genau mit denselben Lauten wieder, mit welchen sie schon früher ihren Ausdruck gefunden hat, oder er sucht es wenigstens zu tun. Denn die genaue Übereinstimmung zwischen der durch Wiederholung erzeugten Form eines Wortes und den früheren Hervorbringungen desselben wird durch verschiedene Umstände nicht unerheblich beeinträchtigt. Die wichtigste Vorbedingung ist, daß das frühere Lautbild bei der ersten Aneignung in allen seinen Einzelheiten auf die Sinne des Redenden eingewirkt habe, d. h. daß das Wort richtig gehört worden sei. Richtiges Auffassen eines fremden Lautbildes findet am leichtesten statt, wenn das betreffende Wort einzeln für sich langsam und deutlich hervorgebracht wird. Das geschieht besonders beim Sprechenlernen und Lesenlernen des Kindes.

Werden nun die so hervorgerufenen Lautbilder von der Wahrnehmung sorgfältig aufgefaßt, so sollte man bei oberflächlicher Betrachtung denken, daß das nachgebildete Wort mit dem Urbild völlig übereinstimmen müsse. Das ist aber keineswegs der Fall; wie alle Nachahmung unvollkommen ist, so ist es auch die sprachliche. Um die ihm überlieferten Laute nachzubilden, setzt das Kind seine Sprachwerkzeuge in Bewegung, zunächst ohne eine Ahnung, durch welche Mittel es seinen Zweck erreichen wird. Daher fallen seine Versuche anfänglich sehr unvollkommen aus; aber es vergleicht unablässig das Ergebnis seiner Sprechtätigkeit mit dem ihm vorschwebenden fremden Lautbild, setzt andere Muskeln, andere Teile des Mundes in Bewegung und gelangt so zu immer größerer Übereinstimmung zwischen dem von ihm gesprochenen und dem gehörten Worte.

Die Genauigkeit der Wiedergabe hängt ab von der Schärfe der Vergleichung, welche der Lernende zwischen seinem eigenen und dem fremden Lautbild anstellt, also von der durch das Ohr geübten Nachprüfung. Aber dieses ist ein unzuverlässiges Werkzeug: es können ihm zwei Laute als gleich erscheinen, die in der Art ihrer Hervorbringung noch erhebliche Verschiedenheiten zeigen. Dazu kommt noch ein Weiteres. Verschiedene Ursachen können gleiche Wirkung haben: um gleichen Eindruck auf das Ohr zu erzielen, werden die Sprachwerkzeuge des Lernenden auch Bewegungen machen können, welche von denen des Lehrenden abweichen. Und diese Ersetzung von Sprachbewegungen durch andere, welche die gleiche Summe ergeben, wird oft genug nötig werden, denn die Sprachwerkzeuge verschiedener Menschen sind keineswegs immer völlig gleich gebaut, und wenn zwei Produkte, von denen der eine Faktor ungleich ist, gleichen Wert haben sollen, so müssen auch die übrigen Faktoren ungleich sein. So kann sich denn beim Übergang der Sprache vom Vater auf den Sohn, von Geschlecht zu Geschlecht eine Abweichung der Aussprache vollziehen.

Diese Abweichung ist zunächst vielleicht nicht bedeutend; der Enkel unterscheidet sich aber wieder vom Sohn; so kann doch im Laufe der Geschlechter ein ganz beträchtlicher Unterschied gegenüber den Urahnen eintreten.

Die Veränderungen, welche so entstehen, können von doppelter Art sein. Entweder sie treffen die Mittel der Spracherzeugung, d. h. es werden andere Teile der Sprachorgane verwendet, andere Muskeln in Bewegung gesetzt als zuvor: das geschieht z. B., wenn der Zahnlaut n in den Lippenlaut m übergeht, wenn also etwa Imbiß aus Inbiß entsteht. Oder sie sind quantitativ, d. h. die gleiche Art der Bewegung kann mit größerem oder geringerem Kraftaufwand vor sich gehen: es erfordert z. B. eine geringere Tätigkeit der Sprachorgane, Ferd und Fund zu sprechen, wie es der hochdeutsch redende Westfale tut, als zu sprechen Pferd und Pfund. Der Fall, daß der Kraftaufwand größer ist, ist im ganzen selten im Vergleich zu denen, wo bei der Nachahmung man sich mit geringerer Anstrengung begnügt.

Es spielt also die Bequemlichkeit, das Beharrungsvermögen eine Rolle in der Entwicklung der Sprache, freilich weniger als Ursache der Veränderung als in der Art, daß dadurch der Veränderung ihre Richtung angewiesen wird. Aber es gibt keinen allgemeinen Maßstab, wonach sich berechnen ließe, welcher Laut im gegebenen Fall der bequemere sei. Der germanische Doppellaut ai hat sich im Altdeutschen zu ei gewandelt; dieses ei ist aber später zum Teil wieder in ai übergegangen. Altdeutsches waere (= wäre) ist im Niederdeutschen mit Verengerung des Vokals zu wir geworden, im Bayrischen dagegen hat sich der Vokal verbreitert: wār. Und wenn der Westfale Pfund durch Fund ersetzt, so tut er es doch hauptsächlich deshalb, weil er den Laut f in seiner Mundart schon besitzt, während pf ihm fremd ist.

Man pflegt die Umwandlungen der Sprache, wie wir sie eben geschildert haben, als lautgesetzliche zu bezeichnen. Denn die Gründe, die der völlig genauen Wiedergabe eines Lautes im Wege stehen, gelten beim jedesmaligen Auftreten desselben, in welchem Wort er auch begegnen möge. Mit anderen Worten, ein Laut schlägt in allen Fällen immer denselben Weg der Veränderung ein, und diese Fälle lassen sich in einer Regel, einem Gesetz zusammenfassen. So ist es z. B. Lautgesetz, daß ein langes i des Mittelhochdeutschen im Neuhochdeutschen zu ei wird: gîge—Geige, hîrât—Heirat, mîden—meiden, nît—Neid, zît—Zeit usw.

Die Einheit der Entwicklung gilt aber zunächst nur für den einzelnen Menschen. Bei einer größeren Anzahl von Menschen können die Umstände, welche die Sprachentwicklung beeinflussen, sich sehr verschieden gestalten. Die Schärfe des Ohrs ist nicht die gleiche, die Sprachwerkzeuge selbst sind nicht völlig gleich gebaut: müssen sich da nicht mit der Zeit so viele Sprachen herausbilden, als es Menschen gibt? Es läßt sich nicht leugnen, daß auch im engsten Kreise sich kleine Unterschiede der Aussprache vorfinden, daß etwa ein Glied des Kreises mit der Zunge anstößt und den Buchstaben s spricht wie das englische th — es wird das besonders häufig bei Juden beobachtet —, aber daraus ergibt sich zugleich, daß auf den die Sprache lernenden Menschen nicht eine einzige Aussprache einwirkt, sondern mehrere solche: es wird also die Sprache des einzelnen gewissermaßen ein Auszug sein, ein Durchschnitt aus der Sprache seiner Verkehrsgenossen. Dies gilt für jedes Mitglied des jüngern Geschlechts; wo nun diese Glieder einem engen Kreise angehören, da sind die Verkehrsgenossen, deren Sprache als Vorbild wirkt, wesentlich dieselben, und die verschiedenen Durchschnitte aus den kleinen Abweichungen des ältern Geschlechts können ihrerseits wieder nur sehr wenig voneinander abweichen.

Dazu scheint noch die Wirkung einer Art von Nachahmungstrieb, einer gewissen Ansteckung zu kommen; vielfältig scheinen sich Veränderungen von bestimmten Mittelpunkten aus wellenförmig auszubreiten.

Freilich, wo zwei Menschen, zwei Gruppen von Menschen nicht mehr in näherer Verbindung stehen, wo der Verkehrszwang zwischen ihnen geringer wird oder ganz aufhört, da muß notwendig auch die Sprachentwicklung auseinandergehen, ein Laut sich hier nach der, dort nach jener Richtung umgestalten, mit anderen Worten, es müssen mundartliche Unterschiede entstehen.

b) Wirkungen der Analogie.

Wäre die lautgesetzliche Umgestaltung der Sprache die einzige Art ihrer Veränderung, so würde die Geschichte einer Sprache ungemein einfach und durchsichtig sein. Es wäre ein leichtes, die einzelnen Lautregeln festzustellen, und man wäre mit ihrer Kenntnis ohne weiteres imstande, rein mechanisch etwa Goethesche Verse in die Sprache des Nibelungenliedes zu übertragen oder die Dichtung Otfrids in die Sprache des Wulfila umzuschreiben. Einer solchen Lage der Dinge entsprechen aber die tatsächlichen Verhältnisse keineswegs.

Die einfachste und äußerlichste Abweichung von der getreuen Wiedergabe eines früher bestehenden Lautbildes besteht darin, daß nur ein Teil seiner Laute oder Lautgruppen zur sinnlichen Erscheinung kommt. Dabei kann es sich um ein einzelnes Wort handeln: wir verlangen ein Glas Soda statt Sodawasser, sprechen von einem Kilo statt einem Kilogramm, von Allerheiligen, Allerseelen statt Allerheiligen- oder Allerseelentag; Lootse ist Kurzform von Lootsmann. Besonders wird dieses Verfahren bei Eigennamen in den sogenannten Koseformen geübt: so ist Folco die Abkürzung für Volkmar (volksberühmt), Volkwald (volkswaltend) usw., Jack für Jakob. Champagner wird in volkstümlicher Rede zu Schampus; die Sprache des Schülers, des Studenten wandelt Pädagogium zu Piu, Laboratorium zu Labum oder Labor. Oder von einem ganzen Ausdruck wird nur ein Teil ausgesprochen: hierher gehört so ziemlich alles das, was die Schulgrammatik als Ellipse zu bezeichnen pflegt. Wir sagen Guten für guten Appetit, wir verlangen einen Schoppen alten oder neuen, nämlich Wein; er muß fort ist soviel als er muß fortgehen.

Die Möglichkeit der Verwendung solcher unvollständiger Lautbilder begreift sich, wenn wir die seelischen Vorgänge ins Auge fassen, die das Hören und Erfassen eines Wortes begleiten. Wenn in einem Zimmer sich zwei Saiteninstrumente befinden und eine Saite des einen Instruments wird zum Schwingen und Tönen gebracht, so klingen zugleich auch die Saiten des zweiten Instruments an, welche mit ihr gleiche Tonhöhe besitzen oder deren Klang in gewissen harmonischen Verhältnissen zu dem Klang der ursprünglich berührten Saite steht. Etwas Ähnliches tritt ein beim Sprechen. Wenn ein Lautbild erzeugt wird, so bringt es in der Seele des Hörenden nicht nur einen einzigen Eindruck hervor, sondern es klingen die gleichen oder ähnlichen, die kürzern oder vollständigeren Lautbilder mit an, die schon im dunklen Grunde des Bewußtseins vorhanden sind. Und zwar zunächst die gleiche Form des gleichen Wortes oder Ausdrucks, wenn diese bereits früher einmal gehört worden war. Das ist sehr wichtig für das Verstehen der Rede eines andern. Es wäre ein großer Irrtum zu glauben, daß bei der gewöhnlichen Art des sprachlichen Verkehrs wir jedes einzelne Wort in seinem vollen Umfang mit dem Ohr auffassen. Sondern wir hören nur Hauptteile des Wortes, des Satzes, und es klingen bei dem Ertönen dieser Teile die im Gedächtnis ruhenden vollständigen Lautbilder an (s. oben S. 63).

Weiter können nun aber auch bei dem Hören eines Lautbildes bereits vorhandene Wörter anklingen, die nicht identisch mit jenen sind, deren Stamm aber zu einem Teile den gleichen Lautstoff enthält. Nehmen wir an, das Kind habe nach öfterem Vorsprechen das Wort Stein und die damit verbundene Vorstellung seinem Gedächtnis fest eingeprägt. Es höre nun weiter die Lautgruppe Steine, ohne daß ihm in irgendeiner Weise gezeigt werde, welcher Sinn diesem Worte innewohnt. Trotzdem wird es die stoffliche Bedeutung des Wortes, wenn auch nicht seine formale Beziehung erkennen, denn beim Hören findet sofort ein Anklingen des Lautbildes Stein statt. Der gleiche Vorgang tritt ein, wenn die Worte steinigen, aussteinen, Versteinerung, Steinwurf. Grenzstein ausgesprochen werden. Mit anderen Worten: die Wörter mit gleichen Lautgruppen schließen sich durch unbewußte Anziehung zu Vorstellungsgruppen zusammen; es bildet sich das Gefühl aus, daß, um eine gewisse Vorstellung in irgendwelcher Beziehung auszudrücken, eine gewisse Summe von Lauten in dem Worte vorkommen müsse.

Es bedarf nicht einmal der vollständigen Übereinstimmung für das Anklingen der Lautbilder, sondern es genügt schon ihre Ähnlichkeit, um die etymologisch verwandten Wörter zu Gruppen zusammenzuschließen. Nicht nur nehmen, genehm, Vernehmung klingen untereinander an, sondern auch nimmt, nahmen, genommen werden zu jenen in Beziehung gebracht. Es leuchtet ein, daß diese Gruppen für die gedächtnismäßige Bewahrung der Wörter sehr förderlich sein müssen und so für die getreue Weiterüberlieferung des überkommenen Sprachguts von großer Bedeutung sind.

Sie können aber auch umgekehrt der rein lautgesetzlichen Umgestaltung verhängnisvoll entgegenwirken, nämlich dann, wenn nicht nur gleiche, sondern ähnliche Lautbilder zu Gruppen vereinigt sind. Ist nehm-, nimm-, nahm- oder nomm- der Träger der Bedeutung? Wenn Luther sagt: du kreuchst, er kreucht, wir kriechen, sie kriechen, ist da kreuch- oder kriech- die wahre Versinnlichung des Vorstellungsbildes? Das Sprachgefühl hat kein Mittel zur Entscheidung dieser Frage. Das Gedächtnis überliefert nur, daß im Präsens nehm- oder

124

nimm-, im Partizip genommen angewendet wird, daß in der
Einzahl früher kreuch-, in der Mehrzahl kriech- gesagt wurde.
Versagt diese Stütze des Gedächtnisses, so hat die Sprache keine
Veranlassung mehr, in dem einen Fall zu sagen er kreucht,
in dem andern wir kriechen; sie ist vollauf berechtigt, auch
einmal er kriecht und wir kreuchen zu sprechen. Äußerlich
betrachtet, kann man sagen: kreucht hat seine Gestalt umge-
ändert nach dem Muster oder der Analogie von kriechen. Ein
anderes Beispiel: statt fährt, trägt, schlägt heißt es in vielen
Mundarten fahrt, schlagt, tragt; die ursprünglichen Formen
mit ä sind umgebildet nach der Anleitung von ich fahre, schlage,
trage, fahren, schlagen, tragen.

Bei solchen Bildungen ist es oft nicht ganz leicht, die Art
der Analogiewirkung festzustellen; der eine Ausdruck x hat sich
nicht selten so stark nach dem Ausdruck y gerichtet, daß sich
nicht entscheiden läßt, ob x das ursprünglich Beabsichtigte sei und
y das Muster für die Analogiebildung oder umgekehrt. Das gilt
besonders für die Beispiele, die wir oben S. 51 und 80 als Vermischung zweier Ausdrücke bezeichnet haben. Die Zahl solcher
Analogiebildungen in Wort und Satz ist ungemein groß; sie
steht der der rein lautgesetzlich entwickelten Formen kaum nach.

Die nächste Folge der Neubildung nach Analogie ist die Entstehung von Doppelformen: kriecht bestand eine Zeitlang neben
kreucht, und noch heute haben wir nebeneinander gelehrt und
gelahrt, gesendet und gesandt, gewendet und gewandt.
Aber dieses Nebeneinander ist selten von langer Dauer, denn zwei
verschiedene Lautgruppen für genau denselben Zweck, das ist
ein unnötiger Aufwand, und so wird mit der Zeit die eine der
Doppelformen ausgeschieden; es heißt jetzt nur noch er kriecht.
Und zwar wird im allgemeinen diejenige Form des Lautbildes beibehalten, welche den festeren Anhalt im Gedächtnis hat, welche
also häufiger gebraucht worden ist; kreuch- hatte seine Stätte nur
in den drei Personen des Präsens des Indikativs und in der Einzahl
des Imperativs, kriech- wurde lautgesetzlich schon angewendet
in der Mehrzahl des Präsens Indikativi, im ganzen Konjunktiv,
im Infinitiv und im Partizip des Präsens, in der Mehrzahl des
Imperativs. Sind die Machtverhältnisse der streitenden Formen

ungefähr die gleichen, so entscheidet wohl der Zufall für die Herrschaft der einen oder der andern.

Diejenigen, die zu einem und demselben Kreis von Sprechenden gehören, passen sich natürlich einander an und verfahren in übereinstimmender Weise. Dagegen kann es sich ereignen, daß Gruppen von Menschen, die räumlich getrennt sind, die in keinem Verkehrszwang miteinander stehen, nicht die gleiche Form beibehalten, sondern daß, was in dem einen Gebiete bestehen bleibt, im andern untergeht. Z. B.: in der mittelhochdeutschen Periode lautete der Plural von ich fand: wir funden. Das Neuhochdeutsche hat den Wechsel zwischen fand und fund- so ausgeglichen, daß der Pluralvokal dem Vokal der Einzahl weichen mußte: ich fand — wir fanden; das Niederdeutsche ist umgekehrt verfahren, und es heißt bei Fritz Reuter: hei funn — wi funnen. Oder die Sache kann auch so liegen, daß in einzelnen Gebieten ausgeglichen wird, in anderen nicht: so ist der mittel- und neuhochdeutsche Wechsel von ich fahre—er fährt, trage—trägt schon im Mittelniederländischen und in vielen der heutigen deutschen Mundarten beseitigt, so daß es also hier er fahrt, er tragt lautet.

Warum in einem Falle Ausgleichung eintritt, in dem andern nicht, darüber läßt sich keine allgemeine Regel aufstellen. Nur so viel darf behauptet werden: je mehr die ursprünglichen lautlichen Abweichungen gleichwertiger Lautbilder zusammentreffen mit Bedeutungsverschiedenheiten der Wörter, desto leichter entziehen sie sich der Ausgleichung. Mit der Abweichung zwischen ich nehme—wir nehmen einerseits und ich nahm—wir nahmen anderseits fällt der Unterschied zwischen Gegenwart und Vergangenheit zusammen: so hat denn hier in keiner deutschen Mundart Ausgleichung zwischen Präsens und Präteritum stattgefunden. Wenn dagegen im Mittelhochdeutschen das Präteritum von ich hoere lautet ich hôrte, so ist die Unterscheidung von œ und ô überflüssig; das t genügt, um die Vergangenheit gegenüber der Gegenwart zu kennzeichnen: so lautet es denn neuhochdeutsch mit Ausgleichung ich hörte.

Die Verschiedenheit in der Bedeutung zweier Wörter kann sogar so weit gehen, daß beide nicht mehr als zusammengehörig gefühlt werden: schon und fast sind ursprünglich die adverbialen Formen der Beiwörter schön und fest, und ein solcher lautlicher Unterschied zwischen Adjektiv und Adverb ist im Mittelhochdeutschen gar nicht selten gewesen. Er ist aber nur hier bewahrt, wo durch die Art der Bedeutung eine Sonderstellung der betreffenden Formen eingetreten war; sonst hat die Analogie Beiwort und Adverb gleich gemacht. Im Mittelhochdeutschen wurde das Wort rauh so flektiert: rûch—rûhes; neuhochdeutsch ist die Form ohne ch auch für das einsilbige Wort maßgebend geworden; dessen alte Gestalt ist aber bewahrt in der Zusammensetzung Rauchwerk, bei welcher an jenes Beiwort nicht mehr gedacht wurde, oder in dem Bergnamen Rechberg (mhd. = rêch— rêhes = Reh—Rehes). Zahlreiche Beispiele solcher „isolierten" Formen werden sich uns im besondern Teil dieses Buches ergeben.

Vergleicht man die Wirkungen der Analogie mit den Veränderungen, die nach bestimmten Lautgesetzen vor sich gehen, so zeigt sich, daß beide Vorgänge in einem gewissen Gegensatz zueinander stehen. Die lautlichen Veränderungen machen gleiche Lautbilder unähnlich: jenes hœre—hôrte lautete früher einmal hôriu—hôrte, und hôriu wurde wegen des Einflusses von i auf vorhergehende Vokale lautgesetzlich zu hœre; die Analogie aber strebt danach, das durch lautliche Scheidung Auseinandergegangene wieder einheitlich zu gestalten.

Die Schwingungen, welche durch das Erklingen eines Tonbildes erregt werden, gehen aber noch über die bisher in Betracht gezogenen Kreise hinaus; auch die Lautbilder, welche nicht verwandte Bedeutung haben, nicht etymologisch verwandt sind, klingen an, sofern die äußere Übereinstimmung mit dem an das Bewußtsein neu herantretenden Lautbild groß genug ist. Es ließe sich damit etwa das Anklingen der zum Grundton unharmonischen Obertöne vergleichen. Gewöhnlich ist das Anklingen dieser unverwandten Lautbilder kaum hörbar, gelangt kaum zum Bewußtsein. Sie treten erst stärker hervor, wenn kein Mitschwingen etymologisch verwandter Lautbilder stattfindet. Dieser Fall kann eintreten, wenn solche überhaupt nicht vorhanden sind; sei es, daß sie nicht bestanden haben: dies gilt besonders für das Hören von Fremdwörtern; sei es, daß sie verloren gegangen sind: wahnwitzig ist zusammengesetzt mit einem Adjektiv wan = leer, das schon in der frühesten Zeit des Altdeutschen ausgestorben ist; nach dessen Untergang war die frühere Art des Anklingens, der Gruppenbildung nicht mehr möglich, und so konnte es kommen, daß jetzt das lautlich zunächst stehende, obgleich unverwandte Substantiv der Wahn anklingt.

Der gleiche Fall kann aber auch eintreten, wenn zwar etymologisch verwandte Wörter vorhanden sind, aber durch starke Veränderungen derselben das Sprachgefühl verhindert ist, die Verwandtschaft zu erkennen, und die äußere Ähnlichkeit zwischen unverwandten Wörtern größer geworden ist als die zwischen den verwandten. Das Wort Eiland ist durch lautliche Veränderung entstanden aus Einland — das Land, das für sich allein ist —; nach dem Untergang des n lag es viel näher, das Wort mit der Lautgruppe Ei als mit ein in Verbindung zu bringen; bei echt liegt das etymologisch verwandte Lautbild Ehe (s. oben S. 61) sehr fern, weit näher das Wort achten. Ja, es ist sogar möglich, daß die lautliche Übereinstimmung mit dem etymologisch verwandten Wort so groß oder größer ist als mit dem unverwandten und trotzdem nicht das verwandte, sondern das letztere anklingt: wenn nämlich das geistige Band, das die ursprüngliche Gruppe zusammenschließt, locker geworden ist, wenn die Beziehung zwischen den Anschauungsbildern der verwandten Wörter nicht mehr oder nicht mehr leicht erkannt wird; so ist in Frankfurt ein Galgentor zu einem Gallustor geworden, nachdem der zugehörige Galgen aus Anschauung und Erinnerung geschwunden war.

Dieser eigentümliche Vorgang des Anklingens, wobei aus unverwandten Wörtern Gruppen gebildet werden, ähnlich den Gruppen aus etymologisch verwandten Wörtern, wird gewöhnlich als Volksetymologie bezeichnet. Auch diese Gruppen sind wie jene von großer Bedeutung für das Erfassen und das gedächtnismäßige Festhalten neu gehörter Wörter. Undeutlich gehörte Wörter werden auch hier zu denjenigen ergänzt, deren Teile beim Hören in Schwingung geraten. Stimmen nun die Lautgruppen des undeutlich vernommenen Wortes und des bereits im Bewußtsein sich vorfindenden völlig überein, so wird in der Regel auch richtig ergänzt, so verändert das Wort seine Gestalt nicht bei der Wiedergabe durch den Hörenden, abgesehen natürlich von rein lautlichen Umwandlungen; hierher gehören die beiden vorhin gebrauchten Beispiele Wahnwitz und Eiland. Ist diese Übereinstimmung nicht vorhanden, so ergänzt der Hörende die aufgenommenen Teile zu einem Wort, das von dem ursprünglich erklingenden mehr oder weniger stark abweicht; so wird im Volksmund aus unguentum Neapolitanum ein umgwendter Napoleon, oder der Seemann hat aus Hermaphroditebrigg eine Maufarteibrigg gemacht.

Die Festigkeit der Gruppen, welche durch Volksetymologie gebildet werden, ist nicht in allen Fällen gleich groß. Es kann sein, daß sie bloß auf dem lautlichen Zusammenklingen beruhen, daß ein gemeinsamer Bedeutungskern überhaupt nicht empfunden wird. Zwischen den Bestandteilen, dem Aussehen, der Verwendung jenes unguentum Neapolitanum und dem umgewendeten Napoleon besteht nicht die geringste Beziehung; ebensowenig hat wohl das 18. Jahrhundert an ein abends geschehenes Ereignis gedacht, wenn es statt Abenteuer (mhd. aventiure = lat. adventura) sein Abendtheuer schrieb. Kommt es dem Sprachgefühl zum Bewußtsein, daß keine solche Beziehung besteht, so sucht es unter Umständen eine Erklärung dafür zu geben, daß hier Wörter verwandt werden, die eigentlich nicht zur Sachlage passen; die Bezeichnung Sauerland für den südlichsten Teil des alten Sachsenlandes — die ursprünglich Süderland = Südland lautete —, suchte man zu rechtfertigen durch die Erzählung, daß Karl der Große nach der Eroberung gesagt habe: „das war mir ein sauer Land". Oder der Name Achalm sollte entstanden sein aus dem durch den Tod unterbrochenen Ausruf eines Ritters: „Ach Allmächtiger". Man hat solche Art der naiven Spracherklärung als mythenbildende Volksetymologie bezeichnet.

In anderen Fällen erscheint aber als Folge des lautlichen Zusammenklingens die · Herstellung einer geistigen Beziehung. Diese kann begünstigt werden durch eine sachlich bereits vorhandene Beziehung der anklingenden Wörter. Das gilt z. B. für Sündflut, was aus ursprünglichem sinfluot, d. h. große Flut, umgestaltet ist: bei dem Wort Fuge denkt man nicht unpassend an die kunstvolle Fügung, während es vom italienischen fuga, Flucht (der Töne), herübergenommen ist. Wir haben guten Grund, bei dem Wort Mysterien, der Bezeichnung für die mittelalterlichen geistlichen Spiele, an die Mysterien des Gottesdienstes anzuknüpfen: es kommt aber doch wohl vom lateinischen ministerium.

Freilich sind diese Fälle verhältnismäßig selten; die Vorstellung über den Zusammenhang der in ihren Lauten anklingenden Begriffe ist gewöhnlich recht unklar, ja, die Anschauung von einem Gegenstand kann Merkmale in sich aufnehmen, welche den Tatsachen geradezu widersprechen. Bei Armbrust — aus lateinischem arcubalista — denkt man zwar an Arm und Brust, aber die Beziehung dieser Körperteile zu der betreffenden Waffe bleibt durchaus undeutlich. Nur wenige Inseln rechtfertigen es, daß uns bei dem Worte Eiland die Eigestalt vorschwebt. Wenn der zur Blutentziehung verwendete Wurm, der von Hause aus zur Gattung der Egel gehört, jetzt als Blutigel bezeichnet wird, so ergibt sich daraus eine ganz irrige Ansicht über das Äußere des Tieres. Und mit dem Worte Maulwurf verbinden wohl die meisten Menschen die Vorstellung, daß jenes Tier seine Erdhaufen mit dem Maul aufwerfe, während tatsächlich die Hinterbeine zu diesem Zweck benutzt werden: Maulwurf lautete ursprünglich moltwerfe, d. h. Erdwerfer.

Immerhin wird in all diesen Fällen, trotz der etwas abweichenden Vorstellung, das volksetymologisch umgedeutete Wort noch für die gleiche Anschauung verwendet, für die es vor der Umdeutung in Gebrauch war. Das Anklingen und die Gruppenbildung kann aber sogar zur Folge haben, daß die neue Vorstellung mit der früheren kaum mehr etwas gemein hat. Das gelobte Land war ursprünglich das verheißene Land — also gelobte abgeleitet von geloben —; jetzt versteht man gewöhnlich darunter das gepriesene Land und leitet sich das Wort von loben her. Sucht bedeutet kaum mehr etwas anderes als ein tadelnswertes Streben; das kommt von der Anlehnung an das Verbum suchen, während es ursprünglich eine Krankheit bedeutet und mit siech zusammenhängt. Unser hantieren bedeutet in seiner Heimat

Frankreich soviel wie besuchen; es gewann seine deutsche Bedeutung durch die Verknüpfung mit Hand. Die Rote Erde ist wohl ursprünglich die gerodete Erde.

Bei den Erscheinungen des Anklingens, die wir bisher kennen gelernt haben, stimmten die Wörter in den wesentlichsten Teilen ihres Bestandes ganz oder nahezu überein. Es gibt aber auch Fälle, wo die Bedeutungslaute zwar scharf und deutlich geschieden sind, wo an ein Verwechseln, an ein Zusammenfallen nicht zu denken ist, wo aber doch wichtige Teile der die Bedeutung tragenden Lautgruppe identisch sind; diese klingen also beim Sprechen an, und die Folge für das Sprachgefühl muß die sein, daß die Bedeutungen, deren Träger teilweise zusammenfallen, gleichfalls teilweise sich decken, daß sie ähnlich sind oder daß sie als Teile eines Ganzen zusammengehören. Die weitere Folge ist, daß solche Wörter mit Vorliebe verbunden werden zu einer Einheit, daß die Sprache eine Menge von zwei- und mehrgliedrigen Formeln besitzt, die durch Übereinstimmung einzelner Laute zusammengehalten werden.

Entweder ist der Anlaut des Wortes gemeinsam, dann entsteht Alliteration oder Anreim, aus dem sogar ein metrisches Prinzip hervorgehen kann und in der ältesten germanischen Dichtung hervorgegangen ist. Solche anreimende Formeln sind noch heute ungemein häufig. Sie verbinden sinnverwandte Begriffe: los und ledig, Lust und Liebe, leibt und lebt; oder Gegensätze: Lust und Leid, samt und sonders, Wohl und Wehe; oder Teile eines Ganzen: Haus und Hof, Küche und Keller, Mann und Maus; oder syntaktisch zusammengehörige Ausdrücke: bitter böse, der wilde Wald, seine sieben Sachen; wenn die Maus satt ist, ist das Mehl bitter. Oder der erste Laut ist verschieden, und es stimmt überein der Stammvokal und die folgenden Konsonanten, d. h. die Wörter reimen aufeinander; die Gruppen sind wieder die gleichen: Lug und Trug, Saus und Braus, toll und voll; aut oder naut (hessisch = entweder — oder; eigentlich: etwas oder nichts), Freud und Leid, Zeit und Ewigkeit; Dach und Fach, Handel und Wandel, Sang und Klang; Wahl macht Qual, heute rot — morgen tot.

Ist gar keine Lautgruppe im Gedächtnis vorhanden, an welche ein neu gehörtes Wort anklingen kann, so wird selbst bei deutlichem Hören desselben eine erhebliche Anspannung des Gedächtnisses verlangt, wenn es unverändert bleiben soll. Ist aber die Wahrnehmung gar eine unvollständige, so ist der willkürlichen Entstellung Tür und Tor geöffnet. Das gilt besonders bei Eigennamen, die ja verhältnismäßig selten in der Rede wiederkehren, so daß die Unvollständigkeit des einzelnen Hörens nicht bei der häufigen Wiederkehr ausgeglichen werden kann. Einem Träger des Namens Behaghel ist es begegnet, daß er bei einem vergeblichen Besuch seinen Namen hinterließ; dieser wurde dann in der Form Meloni weitergemeldet, die dem Eigentümer des Namens bis heute als Nebenname anhaftet.

Es gibt aber noch eine ganz andere Art des Anklingens, der Gruppenbildung als die, von denen bis jetzt die Rede gewesen ist. Durch das Zusammenschließen von gleich oder ähnlich lautenden Wörtern mit gleicher Grundanschauung hatte sich das Gefühl herausgebildet, daß gewisse Lautbilder die Träger der Bedeutung eines Wortes abgeben, daß also in steinigen, versteinern usw. stein- die wesentlichste Lautgruppe dieser Wörter ist, und um das Anklingen der Laute, in denen sich die Hauptanschauung des Wortes ausdrückt, handelte es sich denn auch bei den Erscheinungsformen der Volksetymologie.

Mit der Wahrnehmung der vorhandenen lautlichen Übereinstimmung von Wörtern, mit der Abstraktion einer Bedeutungssilbe, geht aber Hand in Hand die Wahrnehmung ihrer Verschiedenheiten. Diese sind von doppelter Art. Es sind meist noch überschüssige Laute vorhanden, Laute, die mit der Grundbedeutung nichts zu tun haben können; hier etwa ein -e, dort ein -igen, oder ein -ern. Und die Grundanschauung tritt bald in dieser, bald in jener bestimmten Form uns entgegen, hier in einmaliger Verkörperung, dort in mehrfacher Gestalt; bald dient sie als Ausdruck einer Tätigkeit, bald als Begleitung einer andern Vorstellung.

Unterscheidet sich nun ein Wort von einem andern desselben Stamms zugleich in Rücksicht auf die Vorstellungsart und in Rücksicht auf die Laute, so entsteht leicht das Gefühl, als ob das eine die Folge des andern sei. Bei der Vergleichung von Stein. Steine, steinigen, steinern bildet sich die Empfindung, als ob für die Vorstellung einer Mehrheit von Steinen das -e, für das Werfen von Steinen, für Gegenstände aus Stein die Lautgruppen -igen, -ern von Wichtigkeit seien. Wohl gemerkt, es handelt sich zunächst nur um den bestimmten einzelnen Begriff; daß -e überhaupt zur Quantitätsbezeichnung dienen könne usw., folgt daraus noch nicht mit Notwendigkeit. Nun höre aber der Mensch, der jene Wahrnehmung über das -e in Steine gemacht hat, das Wort Kreuze: dabei wird einmal anklingen das Wort Kreuz, anderseits aber wird die übereinstimmende Endung -e in Steine anklingen und mit diesem wieder das Wort Stein. Ebenso geht es bei Nennung von Fische. Tage, Tische: kurz, es klingt nicht nur das etymologisch verwandte Wort an, sondern auch je zwei unverwandte, bei welchen das gleiche Lautverhältnis herrscht wie bei jenen ersten zwei; es entstehen also völlige mathematische Proportionen.

Kaum hörbar ist das Anklingen der Verhältnisse, solange sich die Übereinstimmung auf rein lautlichem Gebiet bewegt: laste: Last, fange: Fang haben mit Steine und Stein nichts anderes gemein, als das Weniger oder Mehr des e. Anders liegt die Sache, wenn die Ähnlichkeit auch auf geistiges Gebiet sich erstreckt: aus der Vergleichung von Kreuz mit Kreuze, Stein mit Steine ergibt sich der Schluß, daß der Zusatz von -e überhaupt dazu diene, um eine Mehrheit auszudrücken. So bilden sich für die verschiedensten geistigen Beziehungen solche Verhältnisgruppen: aus steinern — Stein, hölzern — Holz usw. wird -ern als Mittel für die Stoffbezeichnung erschlossen, aus höre — hörte, sage — sagte das t als wesentlich für die Darstellung der Vergangenheit.

Es leuchtet ein, daß auch diese Gruppen für die Fortpflanzung der Sprache, für jeden einzelnen Akt des Sprechens von der größten Bedeutung sind. Es ist gar nicht nötig und auch nicht möglich, sich für jedes einzelne Wort zu erinnern, ob und in welcher Weise man die Pluralform schon gehört hat; einige wenige im Gedächtnis bewahrte Verhältnisse genügen, um als Muster zu dienen. So ist das Bilden irgendeiner Nominal- oder Verbalform gewissermaßen das Aufsuchen einer vierten Proportionale.

Aber auch diese Gruppenbildung steht einer rein lautgesetzlichen Umwandlung im Wege. Wie aus Stein — Steine, Kreuz — Kreuze ein e als Mittel für die Mehrheitsbezeichnung erschlossen wird, so aus Blatt — Blätter, Haus — Häuser, Lamm — Lämmer ein er, aus Graf — Grafen, Bär — Bären, Herr — Herren ein en als zu gleichem Behufe tauglich. Aussage — sagte, klage — klagte ergab sich t als Zeichen der Vergangenheit; in grabe — grub, trage — trug, schlage — schlug bietet sich eine eigentümliche Veränderung des Stammvokals zu gleichem Zwecke dar. Und so besteht für grammatische und logische Beziehungen in zahlreichen Fällen mehr als ein Hilfsmittel der lautlichen Wiedergabe.

Lebt nun nicht im Gedächtnis die Erinnerung, daß bei diesem Worte dieses, bei jenem Worte jenes Hilfsmittel früher in Anwendung gebracht worden, so hängt es vom Zufall ab, welches jener Mittel bei dem einzelnen Vorgang des Sprechens verwendet wird. Und wieder wird man (wie oben S. 122) sagen können, daß man mit besonderer Vorliebe zu dem lautlichen Merkmal greifen wird, das infolge besonders häufiger Verwendung am festesten im Bewußtsein haftet. Die Sache kann dann so liegen, daß die angewendete Lautgruppe zufällig mit derjenigen zusammentrifft, die auch früher hier ihre Stelle fand; dann ist kein Unterschied gegenüber der lautgesetzlichen Umwandlung vorhanden. Oder aber diese Übereinstimmung findet nicht statt; es hat sich also eine Umbildung des früheren Verhältnisses nach dem Muster von anderen Verhältnissen vollzogen. Wird nach dem Muster von sagte, klagte ein fragte gebildet, so stimmt das zu der früheren, schon im Altdeutschen bestehenden Weise: frug, nach dem Muster von trug, schlug gestaltet, ist eine Neubildung. Auch die Zahl solcher Neubildungen ist außerordentlich groß; fort und fort werden seltenere Biegungsweisen durch gewöhnlichere ersetzt und so die Sprache einer immer größeren Einförmigkeit zugeführt.

II. Die Wandlungen der Bedeutung.

Wenn ein Lautbild, das dem Hörer als Träger einer bestimmten Anschauung bekannt ist, eines schönen Tages zur Bezeichnung einer andern Vorstellung verwandt wird, so vollzieht sich damit eine Änderung seiner Bedeutung. Ein solcher Wandel setzt jedoch voraus, daß zwischen den beiden Anschauungen, derjenigen, die neuerdings wiedergegeben werden soll, und derjenigen, die dazu das Lautbild herleiht, irgend eine innere Beziehung besteht.

Dies Verhältnis der beiden Anschauungen kann das der Ähnlichkeit sein. Wir erkennen eine Person ohne Schwierigkeit, wenn uns ein Bild von ihr gezeigt wird. Mag auch die Zeichnung ganz roh sein, mögen auch nur einige Umrisse angedeutet sein, mit leichter Mühe ergänzt die Phantasie die zur getreuen Wiedergabe fehlenden Züge. So kann jede beliebige Anschauung im Bewußtsein erweckt werden durch eine Anschauung, welche von jener die allgemeinen Züge enthält: es können Gattungsbezeichnungen die Vorstellung einer bestimmten zugehörigen Art, eines bestimmten Einzelwesens hervorrufen, vorausgesetzt, daß der Zusammenhang, die begleitenden Umstände den richtigen Weg zur Ergänzung der fehlenden Züge weisen.

So sagt Luther: „das Wort sie sollen lassen stan" und meint das Wort der Schrift; die Schrift wiederum gilt für die Heilige Schrift. Bei den Ausdrücken: „er gehört der Gesellsch ft an", „er ist von Familie", „von Stand", „er hat Rasse" ergänzt man stillschweigend die Bestimmung gut; sitzen, spinnen kann bedeuten gefangen sein; machen kann, wie wir oben gesehen haben (S. 98), die allerverschiedensten Tätigkeiten bezeichnen. Besteht neben dieser abgeleiteten Verwendung eines Wortes, seiner „uneigentlichen" Bedeutung die ursprüngliche „eigentliche" nicht mehr weiter, so spricht man davon, daß das Wort seine Bedeutung verengert habe. So hat Brunst ursprünglich ganz allgemein Brand bedeutet (vgl. Feuersbrunst); Ecke war überhaupt etwas Spitzes, Scharfes und konnte z. B. auch von der Schneide des Schwertes gesagt werden; gerben (abgeleitet von gar) hieß bereiten ohne Beziehung auf einen bestimmten Gegenstand.

Wollen wir beim Kinde die Vorstellung eines Hundes, eines Pferdes erzeugen, so zeigen wir ihm etwa das Bild eines Pudels, eines Schimmels: die Anschauung von den wesentlichen Zügen erleidet durch das Hinzutreten einiger unwesentlichen keine

Schädigung. So kann auch in der Sprache die Bezeichnung des Einzelwesens oder der Art die Vorstellung der Art oder der Gattung hervorrufen und so die Bedeutung eines Wortes erweitert werden. So kann etwa holzen mit Bezug auf jede beliebige Prügelei gesagt werden, auch wenn keine Waffe aus Holz dabei zur Verwendung kommt; bechern kann ein Trinkgelage überhaupt bezeichnen, auch wenn aus Krügen getrunken wird. „Der Mensch ist sterblich" will soviel besagen, als: die Menschen sind sterblich.

Die Erinnerung an eine Person kann auch dadurch bei jemand hervorgerufen werden, daß wir ihm ein Bild einer ganz andern Person zeigen, die aber jener ersten ähnlich ist, eine Reihe von Zügen mit ihr gemeinsam hat, also etwa ein Bild von Verwandten, von Geschwistern. Dabei bestehen natürlich auf beiden Seiten, bei der Anschauung, die man hervorrufen will, und bei der zu diesem Zweck verwendeten zweiten Anschauung überschüssige, nur einer derselben eigentümliche Züge. Es handelt sich also um verschiedene, aber derselben Art angehörige Einzelwesen. So können auch in der Sprache Bezeichnungen vertauscht werden, welche verschiedenen Vertretern einer und derselben Gattung, Unterabteilungen desselben größeren Ganzen gelten.

Dabei ist der Begriff Gattung im weitesten Sinne zu fassen. Streng genommen entsteht jedesmal eine Gattung, wenn zwischen verschiedenen Dingen Ähnlichkeiten aufgefunden werden. Der Schimmel, das Schneeglöckchen, der parische Marmor, das Linnen, der Schnee, die Stearinkerze und andere weiße Gegenstände bilden an sich gerade so gut eine Gattung, wie Schimmel, Ochse, Hase in die Klasse der Säugetiere, Schneeglöckchen, Lilie, Rose in die Klasse der Phanerogamen eingereiht werden. Und es kann ein und derselbe Gegenstand mehreren verschiedenen Kategorien gleichzeitig angehören. Trotzdem kann für unser Gefühl ein Unterschied zwischen verschiedenen Gattungen bestehen. Je bedeutsamer die Eigenschaften sind, auf denen die Ähnlichkeit zweier Anschauungen beruht, desto häufiger haben wir Veranlassung, uns die Ähnlichkeit zum Bewußtsein zu bringen, die Unterordnung unter eine höhere Anschauung, die Gattungsbildung zu vollziehen. So

können sich Kategorien herausbilden, die sich für jeden ohne
weiteres ergeben und die dann auch zur feststehenden Überlieferung werden.

Sehr starke Ähnlichkeit wird z. B. empfunden zwischen den
durch die verschiedenen Sinnesorgane vermittelten Eindrücken.
Bezeichnungen des Gesichtssinns werden auf das Gehör übertragen: bei altdeutschen Dichtern ist nicht selten das Verbum
sehen gebraucht, wenn es sich um Wahrnehmungen des Ohrs
handelt: wir reden von dem runden, dem dünnen Ton oder von
dem dunkeln Klang eines Instrumentes. Umgekehrt sprechen wir
von Farbentönen, von schreienden Farben; grell und hell
sind ursprünglich nur vom Gehörten gebraucht (vgl. die Grille,
hallen — der Hall). Süß, zuerst vom Geschmack gebraucht,
kann auch als Bezeichnung des Duftes verwendet werden, und
schmecken gilt mittelhochdeutsch und noch in heutigen Mundarten auch für den Geruch, während es, wie es scheint, anfangs
nur von der Empfindung der Mundorgane gesagt wurde. Und die
Bezeichnungen für die spezifischen Sinneswahrnehmungen selbst
sind oft von Ausdrücken des Tastsinns hergenommen. Bitter
ist eigentlich das, was beißt; stinken ist vom Hause aus lediglich
stechen; man redet von warmen, scharfen, spitzen, schnei-
denden, weichen, rauhen Tönen.

Eine andere Art von Vertauschung innerhalb derselben Kate-
gorie beruht auf übereinstimmendem Zweck oder verwandter
Wirkung verschiedener Dinge. So wird der Ausdruck Streich-
hölzchen auch da noch gebraucht, wo nicht mehr Holz, sondern
Wachs als Stoff des Feuerzeugs verwendet ist; Fensterscheiben
sind gewöhnlich nicht rund, tun aber dieselben Dienste, wie die
alten Butzenscheiben. Ein starker Eindruck und ein schmerzlicher
berühren sich sehr nahe; so werden als steigernde Adverbien häufig
Wörter genommen, die auf die Empfindung des Schmerzes gehen:
„es ist grausam kalt", „es dauert furchtbar lang"; der Student
ist sogar imstande, etwas scheußlich schön zu finden, und der
Altenburger stellt sich mit häßlich schön ihm zur Seite; das Wort
sehr selbst bezeichnet ursprünglich so viel als schmerzlich,
vgl. versehren. Anderseits wird auch der Eindruck des Widrigen,
des Unerwünschten, den ein Gegenstand hervorruft, als die

Verneinung des Gegenstandes aufgefaßt: Unart, Untier, Unwetter, das ist kein Plan, das ist kein Benehmen; wir treten in einen Raum und rufen aus: „es ist noch niemand da", wenngleich der Saal von Menschen wimmelt; niemand, das heißt eben: niemand Erwünschtes, niemand, der uns angeht.

In manchen Gegenden Mitteldeutschlands wird oder statt aber gesagt: das Gemeinsame beider Wörter ist die Bezeichnung eines Gegensatzes.

Befremdlich ist es für uns logisch und grammatisch geschulte Menschen, daß die Sprache es sogar fertig bringt, aktive und passive Handlung einander gleich zu setzen, daß sie es überhaupt mit der ursächlichen Verknüpfung der Erscheinungen nicht sehr genau nimmt. Heißen bedeutete ursprünglich nur einen Namen geben, später auch einen Namen erhalten, besitzen; kehren, treiben, wenden bezeichnen anfänglich nur einen Gegenstand in eine gewisse Bewegung versetzen. Wir können jetzt sagen: einen fahren, während fahren früher ein Objekt nicht zu sich nehmen konnte; „er zählt nicht mit" ist soviel als einer, der nicht mitgezählt wird; selbstvergessen ist uns einer, der sich selbst vergißt oder vergessen hat, nicht der vergessen wird; ebenso sprechen wir von einem besonnenen, einem vermessenen, einem in seine Arbeit vertieften Menschen und meinen damit jemand, der sich besonnen, sich vermessen, sich vertieft hat; verlegen ist einer, der sich verliegt, liegen bleibt, wo er ins Leben hinaus sollte; ein Bedienter bedient, ein Studierter hat studiert; in Basel sagt man ungefreut im Sinne von unerfreulich. Zahlreiche deutsche Mundarten machen keinen Unterschied zwischen lehren und lernen; das eine oder das andere Wort muß für beide Anschauungen dienen. Das Essen, das Fressen, das Trinken können die Dinge bezeichnen, die gegessen, gefressen, getrunken werden; Ableger, Schieber, Überzieher ist etwas, das abgelegt, geschoben, übergezogen wird.

Gesund kann der Mensch sein, gesund seine Lebensweise: er kann ärgerlich und traurig sein, aber auch ärgerliche und traurige Geschichten erleben.

Blinde Fenster sind solche, durch die nicht gesehen wird; in der tauben Nuß wird nichts gehört; wenn man etwas auf die leichte Achsel nimmt, so ist es in Wahrheit der getragene Gegenstand, der als leicht empfunden wird. Die fallende Sucht fällt nicht selber, sondern der, der von ihr behaftet ist. Wenn die Wand von Fliegen wimmelt, das Faß überläuft, so bleiben tatsächlich Wand und Faß in Ruhe.

Wird in den erörterten Fällen die Verwandtschaft von Anschauungen nicht durch sehr wichtige Übereinstimmungen, neben denen die Unterschiede verschwinden, zum Bewußtsein gebracht, handelt es sich nicht um feststehende Gattungen, sondern um mehr äußerliche, zufällige Übereinstimmungen, tritt also die Gattungsbildung nur gelegentlich und augenblicklich auf, ohne daß dadurch die anderweitigen festen Verwandtschaftsbeziehungen aus dem Auge verloren werden, so entsteht durch die Vertauschung das, was man gewöhnlich als Metapher bezeichnet. Eine scharfe Grenze freilich ist nicht zu ziehen zwischen den Beispielen von vorhin und dieser neuen Gruppe.

Die Möglichkeiten sind hier zahllos. Gleiche Bezeichnung findet Lebloses und Belebtes. Von dem menschlichen Körper sind Bezeichnungen hergenommen wie Nagelkopf, Landzunge. Nadelöhr, Felsennase, Flaschenhals, Felsenrippe, Bergrücken, Meerbusen, Meeresarm, Stuhlbein, Talsohle. Umgekehrt wird etwa der Kopf — was selber ursprünglich Becher bedeutete — als Kübel, als Simri bezeichnet; der Mensch besitzt einen Brustkorb, ein Becken, eine Kniescheibe, einen Ellenbogen, der Hammel einen Schlegel (vgl. den Trommelschlegel).

Die weitaus wichtigste Art der Metapher ist die Bezeichnung unsinnlicher Erscheinungen durch sinnliche. Unsere Zeitbezeichnungen sind meist von Raumvorstellungen entnommen. Wir sprechen von Zeitpunkt, Zeitraum, einer Spanne Zeit, Zeitabschnitt; die Tage werden kürzer oder länger; wie von der grauen Ferne reden wir vom grauen Altertum, und Heine spricht sogar von der blauesten Zeit im Sinne von Vorzeit; um, nach, vor gelten ursprünglich bloß vom Raum. Und aus Raumbezeichnungen und Zeitbezeichnungen sind wiederum Ausdrücke hergeleitet, die sich auf die Verknüpfung von Ursache und Wirkung beziehen: aus Haß, vor Neid, um ein geringes. Wegen ist vom Hause aus nichts anderes als der Dativ Plural des Hauptwortes Weg, daher die ältere Ausdrucksweise von — wegen; des Geldes wegen heißt also eigentlich: auf den Wegen des Geldes. Weil ist ursprünglich zeitlich = solange als, ein adverbialer Kasus des Hauptworts Weile, entstanden aus die wile so.

Der Mensch mit seinen Eigenschaften wird durch Sachen veranschaulicht: er wird als Bengel, Flegel, Klotz, Knoten, als Beißzange, Filz, Kratzbürste, als Hemmschuh oder Notnagel, als Leuchte der Wissenschaft, als Spielball der Parteien, als Stein des Anstoßes bezeichnet; er will lieber Hammer als Amboß sein; als jener Pfarrer Samstag abend um 12 Uhr gefragt wurde, ob seine Predigt schon fertig sei, lautete die Antwort: „Der Mensch ist kein Eilwagen.“

Ebenso werden geistige Vorgänge und Zustände durch Ausdrücke bezeichnet, welche dem Reich der Sinnenwelt entnommen sind, vgl. einsehen, erfassen, begreifen, vernehmen, Fassung, Verhalten, Zustand, Geschmack; erinnern ist eigentlich hineinbringen; lehren heißt auf den Weg bringen (gotisch laisjan, verwandt mit unserem Geleise), lernen auf den Weg gebracht werden; befehlen ist ursprünglich übergeben. Vernunft ist das Vernehmen, Angst und Bangigkeit das Gefühl der Enge (bange = be-ange); List, das noch mittelhochdeutsch im allgemeinen Einsicht bedeutet, hängt mit lehren, lernen, Geleise zusammen. Vom Geisteskranken wird gesagt, er sei verrückt, d. h. aus dem richtigen Zustand gerückt; „es sei eine Schraube los“, „er habe einen Sparren zuviel“; oder daß fremde Gegenstände in seinem Kopfe sich bewegen: „es rappelt“, „er hat einen Vogel“, wie man auch bei einem Menschen mit sonderbaren Einfällen von seinen Grillen, seinen Mucken redet, auch wohl behauptet, er habe Raupen im Kopf.

Insbesondere sind es gewisse Zweige menschlicher Beschäftigung, die ungemein fruchtbar waren an Bildern für geistiges Leben. Keiner in stärkerem Maß als das Waffenhandwerk, als die

Lust am Kampf, im Ernst und im Spiel, gegen Menschen und Getier, in alter und neuer Zeit.

Allgemeinen militärischen Verhältnissen entstammt Musterung halten, das Kontingent, der unsichere Kantonist, von der Pike auf dienen, der Vergleich von den Offizieren ohne Soldaten, der A-B-C-Schütz, die Pioniere der Kultur, der Bannerträger, das Panier, das Uniformieren, das Paradieren. Der Aufstellung und Bewegung des Kriegers: der Hintermann, in Reih und Glied, Fühlung haben, aufmarschieren, einem den Marsch blasen, Schritt halten, an der Spitze marschieren, einschwenken, eine Schwenkung machen, auf dem Posten sein, dastehn Gewehr bei Fuß.

Von allgemeinen Kampfbezeichnungen ist genommen: fechten, anfechten, verfechten; von den Vorgängen beim Schießen: das Pulver trocken halten, auf einem Pulverfaß sitzen, auf etwas anlegen, auf etwas absehen, einen Anschlag machen, aufs Korn nehmen, bombardieren, die Lach- und Beifallssalven, das Lauffeuer, bei dem einer rasch nach dem andern schießt, in den Schuß kommen, die Tragweite; von dem Gebrauch anderer Waffen: den Bogen nicht zu straff spannen, sich eine Blöße geben, sich decken, einhauen, in Harnisch bringen, parieren, in die Parade fahren, die Pfeile des Witzes, etwas im Schilde führen (von dem Abzeichen, das auf dem Schild zu sehen war), den Spieß umkehren, zum Stichblatt dienen, d. h. die Hiebe auffangen, wie das „Stichblatt“, das Querblatt zwischen Klinge und Griff des Degens.

Von verschiedenen Handlungen und Ereignissen vom Beginn des Kampfes bis zu seiner Beendigung: das Kanonenfieber, die Spitze bieten, Front machen gegen jemand, mit offenem Visier kämpfen, Fuß fassen, Posto fassen, hinter dem Berge halten (im Hinterhalt), zwischen zwei Feuer kommen, überflügeln, ins Hintertreffen geraten, die Scharte auswetzen, die Fahne hochhalten, alle Minen springen lassen, in die Bresche treten, ausfällig werden, die Hurrastimmung, den Fuß auf den Nacken setzen,

aus dem Felde schlagen, die Flagge streichen, die Flinte
ins Korn werfen, sich durchschlagen, sich ins Mittel
legen, d. h. vermittelnd zwischen die Kämpfenden treten. Aus
der Verteilung der Beute stammt der Vorteil, d. h. der Teil,
den der Stärkere, Vornehmere sich vorwegnahm. Und schließlich
aus der militärischen Rechtspflege das Spießrutenlaufen.

Manche dieser Ausdrücke könnten auch von anderen Betätigungen der Waffenfreude genommen sein, zumal solche, die aufs
Schießen sich beziehen. Lediglich dem friedlichen Schützenwesen
entstammen die Ausdrücke ins Schwarze treffen und, was dasselbe besagt, den Nagel auf den Kopf treffen, denn mit
einem Nagel wurde die Mitte der Scheibe bezeichnet. Dieser
Nagel hieß auch Zwecke oder Zweck, daher der Zweck in
unserer heutigen Bedeutung; wer den Vogel abschießt, gewinnt, was als Preis ausgesetzt, zum besten gegeben worden
ist. An den alten Turnierbrauch mahnt: sich wappnen mit
Geduld, in die Schranken treten, eine Lanze einlegen,
stichhalten, d. h. dem Stich standhalten, aus dem Sattel
heben, auf den Sand setzen. Von früherer Zweikampfsitte
blieb die Herausforderung, das Hinwerfen und Aufnehmen
des Handschuhs; vom Fechten und der Mensur die Spiegel-
fechterei (die vor dem Spiegel die eigenen Fechtübungen beob-
achtete, also nicht ernsthaft gemeint war), einen abführen,
der Vorwurf: das ist nicht gehauen und nicht gestochen;
vom Ringkampf das Beinstellen und das Unterliegen.

Nicht weniges stammt von der Jagd: allerlei Wild kann Anlaß
geben, auf den Busch zu klopfen, es aufzutreiben, oder
es gelingt ihm, sich aus der Schlinge zu ziehen. Vierfüßiges
Getier kann Wind bekommen, Lunte riechen, durch die
Lappen gehen; man stellt ihm Fallen, läßt es anlaufen,
es verbeißt sich oder wird mit allen Hunden gehetzt.
Nach den Fischen wird geangelt, sie beißen an, wenn der
Köder ausgeworfen wird: die Vögel gehen auf den Leim,
ins Garn, ins Netz, oder aber sie flüchten in die Binsen,
in die Wicken und sind daher unerreichbar. Wer sich mausig
macht, erinnert an den Falken, der eine Mauser durchgemacht
hat und nunmehr jagdfähig, zum Angriff tüchtig ist.

Auch das Spiel im allgemeinen liefert einen nicht unerheblichen Beitrag von Ausdrücken: die Hand im Spiele haben, sich ins Spiel mengen, gewonnenes Spiel haben, das Spiel aufgeben, verspielt haben, gute Miene zum bösen Spiel machen. Bei zahlreichen Spielen gibt es einen Einsatz, wird etwas aufs Spiel gesetzt, bei Brettspielen verschiedener Art geht es Zug um Zug. Von einzelnen Spielen ist am stärksten das Kartenspiel beteiligt: alles auf eine Karte setzen, die Karten mischen, abgekartetes Spiel, Farbe bekennen, klein beigeben, sich nicht in die Karten sehen lassen, alle Trümpfe in der Hand halten, einen Trumpf ausspielen oder darauf setzen, kaput (aus dem französischen capot, soviel als matsch); die Durchstechereien kommen wohl vom Zeichnen der Karten durch Durchstechen; matt kommt vom Schachspiel. An verschiedene andere Spiele erinnern: Verstecken spielen, in einer Zwickmühle sein, die Würfel sind gefallen, die Kugel ist im Rollen, karambolieren.

Eine beträchtliche Rolle spielt das Essen und seine Zubereitung. Die Fische können faul sein; die Speise ist abgebrüht, abgefeimt (feim ein altes Wort für Schaum), hartgesotten, hausbacken, der Rahm wird abgeschöpft, Verschiedenes in denselben Topf geworfen, die Suppe wird eingebrockt und versalzen, man ist „gespickt" mit Neuigkeiten, die Kastanien werden aus dem Feuer geholt, alter Kohl wird aufgewärmt, anderes kalt gestellt, es wird etwas Schönes angerichtet, man nimmt sich viel heraus, man muß die Suppe ausessen, man verbrennt sich die Zunge, man riecht den Braten, es wird aufgeschnitten, man wird abgespeist.

Neuerdings macht mehr und mehr die Technik ihren Einfluß auf unsere Bildersprache geltend. Es sei an Ausdrücke wie auslösen, ausschalten, Belastungsprobe, bremsen, entgleisen, totes Gleise, Hochdruck, Pufferstaat, Sicherheitsventil, Spannungszustand erinnert.

Menschliche Eigenschaften werden durch Tiernamen gekennzeichnet, zumal solche von unerfreulicher Natur, so daß

gar manches dieser Bilder den Stempel des Schimpfworts erhält; man vergleiche: Esel, Gans, Gimpel, Heupferd,
Kamel, Mistfink, Ochs, Rindvieh, Rhinozeros, Schaf,
Schimpanse, Stockfisch; Ferkel, Sau, Schwein,
Schweinigel; Drache, Natter, Schlange; Hund, Bullen-
beißer, Windhund; Faultier, Trampeltier, Affe, Brüll-
affe, Grasaffe, Drohne, der Kleidermarder, die Hyäne
des Schlachtfeldes. Aber es gibt auch solche, die nicht unbedingt als Beleidigungen zu betrachten sind: Backfisch (eig.
ein Fisch, der nicht mehr ganz klein, aber auch noch nicht aus-
gewachsen ist, also nur zum Backen, nicht zum Sieden
taugt) und Goldfisch, Bär—Brummbär—Seebär, Biene,
Chamäleon, Dachs, Fuchs, Hammel (ein gutmütiger),
der Angsthase, der Streithahn, Hering (ein langweiliger),
das Bier- und Sumpfhuhn, der Elefant (der Helfer eines
Liebespaars), eine leichtsinnige Fliege, die wilde Hummel,
der niedliche Käfer, das Kammerkätzchen, das Kar-
nickel, die freche Krabbe oder Kröte, der Kiebitz,
der Spielern in die Karten schaut, der Löwe des Tages,
die süße Maus, das Murmeltier, der Bücherwurm,
der Ohrwurm und der Unglückswurm, der Unglücks-
rabe, die Spielratte, die Schnecke, die sanfte Taube,
das Wiesel, der flatterhafte Schmetterling, das arme Wurm,
der lockere Zeisig; bocken, hamstern, sich mopsen,
sich langweilen wie ein Mops; maikäfern sich zur Rede an-
schicken wie der Maikäfer, der die Flügel zum Fluge hebt,
ochsen, wurmen.

Besonders merkwürdig ist innerhalb der geistigen Sphäre
eine Art von Vergleichen, die ein Vorrecht der hochstehenden
Kultursprache sind. Was aus den Büchern der Geschichte, aus den
Werken der Dichter in der Erinnerung des Menschen haftet,
sind besonders einzelne merkwürdige Persönlichkeiten, mit merkwürdigen Eigenschaften oder merkwürdigen Erlebnissen, und so
werden derartige Gestalten sehr leicht zu Typen allgemeiner
menschlicher Erscheinungen. Diese Gruppe von Vergleichen gedeiht naturgemäß hauptsächlich bei den höheren Schichten der
Gesellschaft, denn wie solche Bilder Zeugnisse für die geistigen

Erlebnisse eines Volkes sind, setzen sie zu ihrem Verständnis einen gewissen Umfang literarischer Bildung voraus.

Man muß Kenntnis geschichtlicher Dinge besitzen, um genau zu wissen, was ein **Pyrrhussieg** oder **Byzantinismus** sei, was die **Epikuräer**, was **sokratische Methode**, **platonische Liebe**, oder **hippokratisches Gesicht**; was es heißt: den **gordischen Knoten zerhauen**, den **Rubikon überschreiten**, **nicht nach Canossa gehen**, eine **Schmähung tiefer hängen**.

Für die Vergleiche, die auf dem Grunde bestimmter literarischer Darstellungen erwachsen, hat eine besondere Bedeutung die Luthersche Bibel gewonnen. Der Geschichtserzählung des Alten und Neuen Testaments entstammen Ausdrücke wie das **Adamskostüm**, das **Kainszeichen**, die **ägyptische Finsternis**, die **Fleischtöpfe Ägyptens**, die **Anbetung des goldenen Kalbs**, das **salomonische Urteil**; die Frage: **wie kommt Saul unter die Propheten?** der **ungläubige Thomas**, der **Tag von Damaskus**, den jemand erlebt, und die seltsam entstellte Wendung: **von Pontius zu Pilatus schicken**. Ein ganzes Prophetenbuch wird in der **Jeremiade** zusammengefaßt; den **Koloß auf tönernen Füßen** hat Daniel geschildert. Die **Hiobspost** erinnert an all das Unglück, das dem frommen Dulder widerfahren (Hiob 1, 13 bis 19). An die Gleichnisreden Christi mahnt der **barmherzige Samariter**, die Zeitangabe **„noch in der elften Stunde"**.

Weiterhin haben dann bekannte Volksschriften ihre Helden vorbildlich werden lassen: daher **Eulenspiegeleien**, **Münchhausiaden**, **Robinsonaden**. Die „Schildbürger", eine Schrift aus dem 16. Jahrhundert, haben noch mehr als das getan; sie haben auch die Redensart erzeugt, mit der allzu große Vertraulichkeit abgewehrt wird: „haben wir etwa die Schweine miteinander gehütet?" Denn sie berichten, wie zum Schultheißen der Schweinehirt gewählt worden war; dem begegnete „ein anderer, welcher vor etlichen Jahren die Säue mit ihm hütete, unwissend, daß er der Schultheiß wäre, ihn deshalben als einen alten Sauhirten und guten Gesellen duzte"; dagegen verwahrt sich der neue Würdenträger und verlangt die höfische Form der Anrede. Für den

Nürnberger Trichter ist Philipp Harsdörfer verantwortlich,
ein Nürnberger Schriftsteller des 17. Jahrhunderts, mit einem
Werke, das er betitelt hat: „Poetischer Trichter, die Teutsche
Dicht- und Reimkunst in VI Stunden einzugießen." Haupt-
und Staatsaktion: so haben im 18. Jahrhundert die Schau-
spielertruppen ihre Schauer- und Trauerspiele pomphaft an-
gekündigt. Die Wertherstimmung, das mephistophe-
lische Lächeln verdanken wir Goethes Werther und Faust;
die Bekenntnisse einer schönen Seele seinem Wilhelm
Meister; einem berühmten modernen Kinderbuch den Struwwel-
peter, Hansguckindieluft, Suppenkaspar und Zappel-
philipp.

Komödie der Irrungen benennt sich ein Lustspiel von
Shakespeare; der letzte Mohikaner ist eine Gestalt aus Coopers
Lederstrumpferzählungen; der Ritter von der traurigen
Gestalt, der mit Windmühlen kämpft, entstammt Cervantes' Don Quixote. Homer schildert gelegentlich die unermeß-
liche Heiterkeit, die unter den Göttern ausbricht beim Anblick des
hinkenden Hephästos, der das Amt der Hebe verwaltet, daher das
homerische Gelächter. Eine donnernde Philippika ist die
Nachfolgerin der Reden, die Demosthenes gegen Philipp von
Makedonien gehalten hat. Was katilinarische Existenzen
sind, lehren uns Ciceros Reden gegen Catilina. Harmloser sind die
Bassermannschen Gestalten, die ein Redner der Neuzeit,
der Badener Bassermann, in der Paulskirche gezeichnet hat.

. Dem Volksmärchen entstammt Aschenputtel oder Aschen-
brödel, Hans im Glück, das Tischleindeckdich, das
Schlaraffenland mit seinen gebratenen Tauben. Von den
Schwaben weiß der Volksmund zu erzählen, daß sie erst mit
vierzig Jahren gescheit werden, weshalb mit dieser Zeit der Mensch
in sein Schwabenalter eintritt. Nach deutschem Volksglauben
läuft am Gertrudentag eine Maus am Rocken hinauf, beißt
den Faden ab und macht so dem Spinnen ein Ende. Was kein
Ende hat, kann als unabänderlich betrachtet werden; von
solchen Dingen sagt man daher: „da beißt keine Maus einen
Faden ab". Eine Gestalt der äsopischen Fabel ist der Esel
n der Löwenhaut; ebendaher der Löwenanteil, der An-

teil, den der Löwe von der Beute beansprucht und erhält; wer sich nicht in die Höhle des Löwen wagt, folgt dem Vorbild des klugen Fuchses: der alte Löwe stellt sich krank und hat sich in eine Höhle zurückgezogen; aber der Fuchs meint: ich käme wohl hinein, wenn ich nicht so viel Spuren sähe, die hineinführen, keine, die herauskommt. Wer kein „Wässerchen getrübt hat“, gleicht dem Lamm der Fabel in seinem Handel mit dem Wolfe. „Wer soll der Katze die Schellen anhängen“, so fragten die Mäuse, als sie beschlossen hatten, die Katze müsse eine Schelle tragen, um stets ihr Nahen zu verraten.

Die antike Anschauungswelt liefert den Ariadnefaden, die Argusaugen, den Augiasstall, das Medusenhaupt, den Erisapfel, die Achillesferse, das Danaergeschenk, die Stentorstimme, das Faß der Danaiden, die Sisyphusarbeit und die Tantalusqualen, das Damoklesschwert, das an einem Haare hängt, den panischen Schrecken, die junonische Gestalt, den Januskopf. Die christliche Legende endlich erzählt von sieben christlichen Jünglingen, die sich im Jahr 251 in eine Höhle bei Ephesus verbergen, einschlafen und erst 446 wieder erwachen. So werden die sieben Schläfer, die Siebenschläfer, zum Namen aller Langschläfer, und es wird sogar die logisch ganz unsinnige Einzahl der Siebenschläfer gebildet.

Mittels solcher Metapher werden dann auch Eigennamen zu Wörtern mit appellativer Bedeutung, Namen von Orten, von Personen, von Dingen, die durch bestimmte Eigenschaften wie Schicksale sich hervortun. Von biblischer Herkunft ist das Paradies, Eden, Babel, Goliath, Hiob, Nimrod; aus Shakespeare stammt der Othello und Falstaff, aus Cervantes Don Quixote, Sancho Pansa, Dulcinea, Rosinante; aus Mozarts Oper der Don Juan; aus der Antike der Adonis, die Ägide, der Cerberus, die Circe, der Koloß, das Labyrinth, der Mäzen, das Mausoleum, der Pegasus, die Megäre, der Nestor, die Sirene, die Xanthippe.

Aber nicht nur bei der Übertragung von Eigennamen, sondern auch bei anderen Vergleichen, namentlich solchen, die aus älterer Zeit stammen, kann es leicht geschehen, daß es zu ihrem Verständnis besonderer Kenntnisse bedarf. Und zwar liegt das nicht bloß an den äußeren sprachlichen Veränderungen, die etwa die etymologischen Beziehungen eines Wortes verdunkeln, sondern auch daran, daß alte Sitten und Anschauungen vielfach längst untergegangen sind.

So sprechen wir davon. daß wir einen Span wider jemand haben: der Span war vor alters Zeichen der gerichtlichen Ladung. Um die Bezeichnung Angebinde zu verstehen, muß man wissen, daß das Geburtsgeschenk wirklich dem Kinde an Hals oder Arm gebunden wurde. Bei dem Ausdruck einen Korb geben muß der Sitte gedacht werden, daß das Mädchen den Korb, in dem der Liebende zu ihrem Fenster aufgezogen werden wollte, von der Höhe herabfallen ließ oder den Boden zum Durchbrechen einrichtete. Der Ausdruck Sündenregister erklärt sich aus der mittelalterlichen Anschauung, daß der Teufel alle Sünden des Menschen verzeichne und nach dessen Tod ein Register vorzeige. Der ungeleckte Bär erinnert an die alte naturgeschichtliche Vorstellung, daß der Bär sein Junges durch Lecken vervollkommne.

Bei den bis jetzt aufgeführten Metaphern ist die Eigenschaft, in welcher die Übereinstimmung beruht, zwar nicht immer der hervorstechendste Zug der betreffenden Anschauung, aber doch ein für sie nicht unwesentlicher, ein solcher, der ihr in jeder oder den meisten Erscheinungsformen anhaftet. Es kann aber auch geschehen, daß nur gelegentlich, nur in bestimmten Erscheinungsformen eines Dings die Ähnlichkeit mit einem andern zutage tritt. Auch in solchen Fällen aber vollzieht die Sprache noch Vertauschungen. Mit gewissen Verwandtschaftsbezeichnungen kann sich die Vorstellung einer gewissen Eigenschaft verbinden — sie muß es nicht —, und so können diese Bezeichnungen auch jene Eigenschaften veranschaulichen. So wird Mütterchen zum Ausdruck für alte Frauen, mein Sohn, mein Kind zum Ausdruck der Liebkosung: man spricht von einem komischen Onkel; eine schwatzhafte Frau wird in süddeutscher Mundart als Schwätzfrabase (d. h. Frau Base) bezeichnet und basen geradezu für schwatzen gebraucht, und der Basler verwendet Tochter im Sinne von Mädchen, obwohl es genug verschwiegene Basen und verheiratete Töchter gibt.

Wer langweilig ist, wird höflich als still, als ruhig bezeichnet, der Törichte als einfach, als einfältig, der Kleine als zierlich; denn der Ruhige kann langweilig sein, die Einfachheit die Folge der Torheit. So hat denn auch unser Wort klein ursprünglich so viel wie fein, zierlich bedeutet, was noch im Worte Kleinod nachklingt, und albern entsteht aus alwaere der älteren Sprache, d. h. ganz wahrhaftig, ganz aufrichtig. Das Wort voraussichtlich deckt sich gelegentlich mit wahrscheinlich, nämlich dann, wenn dies auf Zukünftiges sich bezieht; so kommt es, daß voraussichtlich auch auf Vergangenes im gleichen Sinne angewandt wird: „er ist voraussichtlich gestern angekommen". In der gleichen Weise ist auch eine Erscheinung beim Zeitwort zu erklären: das wird so sein heißt so viel als: das ist vermutlich so, und zieht nach sich ein anderes: das wird so gewesen sein. Das Kleine wird im Kinde Gegenstand der Zärtlichkeit, der Liebkosung; so dient dann auch die Verkleinerungssilbe -chen zum Ausdruck der Neigung, der Vertraulichkeit: Onkelchen, Tantchen, Alterchen, Liebchen, Goldchen.

Auch auf diesem Wege können Eigennamen wieder zu Eigenschaftswörtern werden, wie sie selbst aus solchen hervorgegangen sind. Hans, Grete, Peter, Stoffel, Töffel (die beiden letzteren aus Christophel) sind Bezeichnungen der Dummheit; man spricht von Prahlhans und Schmalhans; Metze ist eine Abkürzung für Mathilde; Rüpel — von Ruprecht — bezeichnet einen groben Menschen; der Berliner spricht von Quasselfritze, Quasselliese und Quasselpeter, um Schwätzer zu bezeichnen; einen guten, dummen Kerl nennt der Basler einen Baschi (= Sebastian); ein Johann ist soviel als ein Hausknecht, ein Louis die Bezeichnung eines Zuhälters; den Zigarrenhändler nennt der Berliner Zigarrenfritze. Leahnl (= Leonhardt) bedeutet im Niederösterreichischen ungefähr dasselbe, was unser Kerl. Es gibt Dinge, die uns böhmisch und spanisch oder altfränkisch erscheinen. Das Sezieren wurde zu Jena im 17. Jahrhundert nach dem Professor Rolfink rolfinken genannt. Verschnittene, verkünstelte Gärten wurden im Anfang des

18. Jahrhunderts als lenotrisch bezeichnet, nach dem französischen Architekten Lenôtre.

Zur Erweckung einer Vorstellung ist es aber keinesweg notwendig, stets das Gesamtbild derselben zu zeichnen; schon die Vorführung eines Teils oder eines Gegenstandes, der in irgendwelcher Beziehung zu ihr steht, kann unter Umständen genügen. Bei dem einzelnen Myrtenblümlein mag die Greisin des Brautkranzes gedenken, in den es eingeflochten war; die ganze Feier der Hochzeit, die Tischreden, die Abschiedsworte der Eltern treten aufs neue vor ihr geistiges Auge. So können auch sprachliche Ausdrücke miteinander vertauscht werden, wenn die stellvertretende Anschauung zu der zu ersetzenden im Verhältnis des Teils zum Ganzen steht, oder irgendwelche räumliche, zeitliche, ursächliche Beziehung zu ihr besitzt. Auch hier, wie bei der Vertauschung von ähnlichen Begriffen, ist die Festigkeit des Zusammenhangs nicht immer die gleiche: bei der einen Anschauung kann sich die Erinnerung an eine andere jedesmal und mit Notwendigkeit aufdrängen, oder die Verbindung kann eine gelegentliche und zufällige sein.

Wenn es bei Schiller heißt: „er zählt die Häupter seiner Lieben“, so sind nicht bloß die Köpfe der Angehörigen, sondern diese selbst gemeint; das gastliche Dach, die gastliche Schwelle gelten für das gastliche Haus selber. Dickkopf, Gelbschnabel, Langfinger bezeichnen Wesen, welche sich des Besitzes dieser Dinge erfreuen. Kutte und Schürze können gleichbedeutend sein mit Mönch und Frauenzimmer, Gurgel mit Trunkenbold; der Student spricht von Hausbesen, Zimmerbesen und meint dabei das Mädchen vom Hause, das Zimmermädchen. Die Haube ist das alte Abzeichen der verheirateten Frau; daher unter die Haube bringen soviel wie verheiraten. Bei einer Örtlichkeit denkt man an die Personen, die sich dort aufhalten, vgl. Abgeordnetenhaus, Kammer. Wenn die Zeitungen von dem reden, was in der Wilhelmstraße beschlossen wird, so denken sie an die Minister, die in der Berliner Straße dieses Namens ihre Arbeitsräume besitzen. Frauenzimmer ist ursprünglich nur das Frauengemach und bedeutet noch im 18. Jahrhundert eine Mehrheit von Personen weiblichen Geschlechts; der Bursche ist ebenso entstanden aus die Burse = lat. bursa, der Ort, wo die Studenten zusammen wohnten. Wildfang bedeutet ursprünglich das Wildgehege (vgl. Rauchfang), dann das darin eingefangene Tier und schließlich den Wildling in Menschengestalt.

Es genügt sogar schon die bloße Nachbarschaft oder Annäherung zweier Anschauungen, um ihre Vertauschung zu ermöglichen. Namentlich im Süden des Sprachgebiets wird Fuß auch für das Bein gesetzt, das Wort Mittag auch für den Nachmittag gebraucht; hierher gehört es wohl auch, wenn eine bestimmte Zahl zur ungefähren Angabe dient: „das hab ich dir schon 57mal gesagt"; ein paar bedeutet ursprünglich eine Summe von zwei Größen.

Anschauungen von Dingen und Personen und von Vorgängen, von Zuständen, die mit jenen in Verbindung stehen, bedingen sich gegenseitig. Herz ist soviel als Mut; man rühmt das scharfe Auge, die kräftige Hand eines Menschen, um zu sagen, daß er gut sehe und kräftig zuschlage. Verstärkung, Wache ist jetzt nicht nur die Handlung des Verstärkens und Wachens, sondern bezeichnet auch die zur Verstärkung geschickten Menschen, die Wache haltenden Soldaten; Gefängnis ist in der ältern Sprache nur soviel als Gefangenschaft. Herrschaft, Kameradschaft werden geradezu für Herr und Kamerad gesetzt; das ältere Neuhochdeutsche kennt Gesellschaft im Sinne von Geselle. Der junge Leichtsinn, der kleine Übermut bezeichnen den Leichtsinnigen, Übermütigen; die Anrede du Greuel, du Unart gilt dem greulichen, dem unartigen Menschen.

„Schon mancher Rausch ist seitdem auf den Bergen gewachsen", sagt Hebel in Schatzkästlein und denkt dabei natürlich an die Reben, die den Wein erzeugen, welcher den Rausch zur Folge haben kann. „Mir geht ein Seifensieder auf", sagt scherzhaft der Berliner, indem er sich des Umstands erinnert, daß dieser Handwerker auch Lichter verfertigt. Lauschen heißt anfänglich verborgen sein; verwegen stammt von mhd. sich verwegen; es hängt mit wägen zusammen und bezeichnet einen, der seine Kräfte falsch gewogen hat und infolgedessen übergroße Kühnheit zeigt. Erschrecken ist eigentlich aufspringen, vgl.

Heuschrecke, das im Heu springende Insekt; es wird also nur die Wirkung eines Seelenvorgangs geschildert, nicht dieser selbst; in Harnisch geraten, also die Waffen anlegen, das war in früheren Zeiten die Folge der zornigen Erregung; sengen stellt ursprünglich den Einfluß dar, welchen die Erhitzung auf das Wasser hatte: es heißt ursprünglich singen machen und verhält sich zu singen, wie sprengen zu springen. Elend bedeutet in der ältern Sprache: im fremden Lande, der Heimat fern. Sittliche Mängel werden als Folge geistiger Schwäche aufgefaßt: so ist schlecht ursprünglich soviel als schlicht; vgl. schlecht und recht, schlechthin und schlechtweg.

Es ist also ein sehr reiches, fast verwirrendes Bild, das sich uns bei Betrachtung der Bedeutungsentwicklung darbietet; und all diese Möglichkeiten laufen nicht bloß nebeneinander her, sondern sie kreuzen sich unablässig: ein und dasselbe Wort kann im Laufe der Zeit oder auch gleichzeitig die verschiedenartigsten Bedeutungen in sich vereinigen; es ist sogar möglich, daß bei einem einmaligen Aussprechen eines Wortes mehrere Vertauschungen zusammentreffen. Das Wort Kopf bedeutet ursprünglich eine Trinkschale; man kennt noch jetzt in manchen Gegenden den Ausdruck Tassenkopf. Kopf in der heute uns geläufigen Bedeutung — gleich Haupt — beruht auf einer zweifachen Übertragung: zuerst wird die Hirnschale wegen der Ähnlichkeit der Gestalt als Kopf bezeichnet und dann der Teil auch für das ganze Haupt verwendet; ebenso entspricht französisch la tête dem lateinischen testa Scherbe. Zahlreich sind die Metaphern, die dann von Kopf im Sinn von Haupt wieder ausgehen: Kehlkopf, Krautkopf, Mohnkopf; Balkenkopf, Bergkopf, Brükkenkopf, Nagelkopf, Säulenkopf, Kopf der Noten, Kopf eines Bogens Papier. Der Kopf wird genannt als Vertreter des ganzen Menschen; eine Herde, ein Heer besteht aus soundso viel Köpfen; „so viel Köpfe, so viel Sinne“. Und Kopf wird für die Geisteseigenschaften gesetzt, als deren Sitz man sich diesen Körperteil vorstellt: die Dinge wollen uns nicht aus dem Kopfe; wir wollen „unsern Kopf durchsetzen“; jemand hat einen eigenen, einen harten, einen guten Kopf; ja, mit Setzung der Gattung für die Art kann sogar für den letzteren Ausdruck einfach gesagt werden: „er hat Kopf". Wird gleichzeitig die Örtlichkeit für das, was sich dort befindet, und der Teil für das Ganze gesetzt, so entstehen Ausdrücke wie Hohlkopf, Querkopf, Schwachkopf, und wenn geradezu ein Kopf für einen begabten Menschen gesagt wird, so vereinigen sich darin drei verschiedene Arten von Übertragung.

Es kann also ein und dasselbe Wort gleichzeitig eine ganze Reihe von Begriffen in sich vereinigen. Aber auch das Umgekehrte wird möglich: da ein bestimmter Begriff benannt werden kann bald mit Vertauschung von Gesamtvorstellung und Teilvorstellung oder von Ursache und Wirkung, bald mit Bildern, die aus den verschiedensten Anschauungskreisen genommen werden, so muß sich ein Nebeneinander von Lautbildern mit gleicher Bedeutung entwickeln; es bilden sich sogenannte Synonyme. Die Zahl der Synonyme, welche für verschiedene Anschauungen bestehen, ist außerordentlich verschieden. Je einfacher eine Erscheinung ist, je geringer die Abweichungen sind, unter denen sie jedesmal auftritt, je weniger sie die Aufmerksamkeit in Anspruch nimmt, desto geringer ist die Zahl der Synonyme: Wörter, wie Luft, Wasser haben kaum solche aufzuweisen; je mannigfaltiger die Formen der Erscheinung, je mehr sie etwa den Humor, den Witz herausfordert, desto reicher ist die Auswahl an Bezeichnungen. Besonders häufig sind die Ausdrücke für schlagen, für verliebt sein, für betrügen; aber weitaus das größte Aufgebot stellen in bezeichnender Weise die Wörter, welche trinken und betrunken sein bedeuten: aus den verschiedenen deutschen Mundarten ließen sich ihrer wohl einige Hunderte zusammenbringen.

Innerhalb des Kreises von Synonymen, die für einen Begriff bestehen, können die Abstufungen in der Anwendung sehr mannigfaltig sein; sie sind verschieden nach der Bildung des Redenden, nach seiner Stimmung, nach der Gelegenheit; es kann bei Verwendung unter völlig gleichen Umständen noch ein leichter Unterschied in der Schattierung der Bedeutung bestehen; oder endlich, die Wörter können in Bedeutung und Verwendung völlig sich decken. Dieser letztere Zustand dauert aber in der Sprache niemals lange an; von zwei wirklich gleichbedeutenden Wörtern muß eines sehr bald dem Untergang verfallen.

III. Die Gewinnung von neuem Sprachstoff.

Neue Wörter können der Sprache zugeführt werden unter Verwertung des bereits vorhandenen Sprachstoffs. Es können einzelne zur Verfügung stehende Wörter zu einer höheren Einheit zusammengefaßt werden. Durch diese „Zusammensetzung" wird angedeutet, daß die beiden Einzelanschauungen sich in der Gesamtanschauung irgendwie vereinigen. Die Art der Vereinigung kann eine doppelte sein. Entweder sind die zusammengefaßten Anschauungen einander völlig gleichberechtigt; sie nehmen innerhalb der Gesamtheit genau dieselbe Stellung ein, und die Gesamtanschauung ist den Einzelanschauungen gleichartig. Es findet hier also nichts statt als eine Addition zweier Faktoren; die beiden Wörter könnten geradeso gut getrennt für sich stehen, etwa durch und verbunden sein. Diese älteste und einfachste Art der Zusammensetzung ist in der geschichtlichen Zeit der deutschen Sprache sehr selten geworden. Im ältesten Germanischen konnte man noch etwa sagen sunufader (= Sohnvater) in der Bedeutung von Sohn und Vater; jetzt liegen solche Verbindungen nur bei den Zahlwörtern dreizehn bis neunzehn vor, wenn nicht ursprünglich ein und zwischen den beiden Zahlen stand.

Oder aber die beiden Anschauungen sind von ungleicher Bedeutung für das Ganze: neben einer wesentlichen steht eine unwesentliche, sie bestimmende; die wesentliche Anschauung enthält die Gattung, der das Ganze angehört, das zweite die Unterart. Und zwar ist die sprachliche Anordnung die, daß der weniger wichtige, der bestimmende Teil im Gesamtwort vorausgeht, der wichtigere an die zweite Stelle tritt. Gartenbaum ist ein Baum, der im Garten steht. Hier ist nun die Aufgabe des Hörenden nicht mehr so einfach wie bei der vorigen Art der Zusammensetzung: dort ergab die Zusammenfügung zweier gleichartiger Vorstellungen ganz von selbst die gewünschte Einheit; hier muß erst gesucht werden, wo die beiden Begriffssphären sich schneiden, welche Beziehung zwischen ihnen herrscht: zwischen einem Gartenbaum und einem Baumgarten besteht ein sehr erheblicher Unterschied; anders ist die Beziehung der beiden Teile in Goldmensch als in Goldgräber, in Königstiger als in Königssohn, Königsmörder, in Feuerwasser als in Feuertaufe, Feuerschein. Genauer werden wir diese Erscheinungen im besonderen Teil dieses Buches zu betrachten haben.

Das Gefühl der Einheit konnte aber mit der Zeit noch größer werden. Solange neben der Zusammensetzung die beiden Teile derselben auch ein selbständiges Dasein führen, ist immer noch die Empfindung lebendig, daß es sich um eine Zusammenfügung handelt. Nun kann aber der Fall eintreten, daß jenes Sonderleben der einzelnen Bestandteile aufhört. Trifft dieses Schicksal das erste Wort, so entstehen die Zusammensetzungen mit sogenannten Präfixen, mit Vorsilben wie un-, be-, ent-, ge-, ver-. Aber strenggenommen ist es unrichtig, hier noch von Zusammensetzung zu reden: wir addieren nicht un- plus orthographisch zu unorthographisch oder er- und kapern zu erkapern; sondern weil neben schön ein unschön, neben hold ein unhold oder neben jagen ein erjagen, neben streben ein erstreben überliefert ist, deshalb kann sich dem orthographisch ein unorthographisch, dem kapern ein erkapern zur Seite stellen.

Hört der zweite Teil der Zusammensetzung auf, als selbständiges Wort fortzuleben, so entsteht das, was man als Ableitung zu bezeichnen pflegt. Die Adjektiva auf -lich, die wahrscheinlich in vorgeschichtlicher Zeit Hauptwörter gewesen sind, enthalten als zweites Glied das alte Substantiv lich der Leib, das noch in Leiche und Leichnam vorliegt; also feindlich, freundlich wäre ursprünglich Feindesleib, Freundesleib gewesen. Wenn nun solche der Selbständigkeit entbehrenden Ableitungssilben noch immer zur Bildung neuer Wörter benutzt werden, so ist auch hier nicht mehr von eigentlicher Zusammenfügung die Rede, sondern die Neubildung geschieht nach einem vorhandenen Musterverhältnis; nach Feind — feindlich, Land — ländlich u. dgl. wird etwa gebildet Manchester — manchesterlich. Zwischen jenen Zusammensetzungen mit Vorsilben und den Ableitungen besteht somit kein grundsätzlicher Unterschied; in beiden vereinen sich, äußerlich betrachtet, fertige Wörter mit Teilen eines solchen.

Aber auch das ist nicht einmal notwendig für die Bildung neuer Wörter, daß bereits fertig vorhandene in dieselben eintreten; auch ein einzelner Teil eines Wortes kann schon als Ausgangspunkt für neue Schöpfungen dienen. Wenn zwei Wörter auch nur in einem oder in einzelnen Lauten übereinstimmen, so genügt das schon, um bei dem Aussprechen des einen das andere ins Bewußtsein zu rufen. Eines der merkwürdigsten Beispiele dafür gewährt eine Eigentümlichkeit der Studentensprache: die Bezeichnungen für beliebige Gegenstände werden häufig so gebildet, daß bloß die Anfangsbuchstaben des in der gewöhnlichen Sprache geltenden Wortes mit der Silbe eo verbunden werden; also etwa Beo das Bier, Leo der Leim, Reo der Rausch. An uns selbst können wir die Erfahrung machen, daß wir leicht Wörter mit gleichem Anlaut wählen, wenn wir eine Eigenschaft mit mehreren sinnverwandten Ausdrücken bezeichnen: ein langweiliger, lederner Kerl, ein liederlicher, lumpiger, lotteriger Mensch. Gewiß liegt hierin der Grund für die Entstehung des Stabreims in der altgermanischen Dichtung: ihr Stil brachte es mit sich, daß vielfach sinnverwandte Ausdrücke zur Verwendung kamen, und unter diesen schienen sich diejenigen am nächsten zu stehen, die durch gleiche Anlaute zusammengehalten wurden (s. oben S. 130).

So hat denn ein Wort wie trippeln seinen Anlaut von traben, trappen, treten genommen; der Rest des Wortes ist etwa gebildet nach einem ältern zippeln (vgl. Zipperlein), das ähnliche Bedeutung hatte; zupfen erinnert in seinem Anlaut an ziehen, weiterhin an rupfen; klirren, schwirren stehen etwa unter dem Einfluß von girren, knarren unter dem von schnarren; Randal ist nach Skandal gebildet.

Es ist aber nicht notwendig, daß für jeden einzelnen Laut der neuen Wörter nachgewiesen werden könne, er sei schon früher einmal in einem Worte von ähnlicher Bedeutung verwendet worden. Denn ein Hauptquell sprachlichen Werdens fließt heute noch wie vor Jahrtausenden: zu allen Zeiten kann Urzeugung von Worten stattfinden in Nachahmung von Naturlauten; freilich wird es im einzelnen Fall sehr schwierig sein, festzustellen, ob schon vorhandene Bestandteile verwertet wurden, oder ob ganz freie Neuschöpfung stattgefunden hat.

Das einfachste ist, daß bei solcher Urzeugung die unmittelbare Nachbildung des Naturlauts durch einen Ausruf erstrebt wird: ritsch, klatsch, bums, hoiotohoh! Weiter entstehen dann Zeitwörter, die das Zustandekommen solcher Lauterscheinungen bezeichnen, wie klatschen, knacken, murmeln, platschen, plumpsen, sausen, zwitschern. Und endlich wird den Dingen selber der Laut, den sie erzeugen, geradeswegs als Name beigelegt. Die Hauptstätte solcher Bildungen ist die Kindersprache, die etwa die Lokomotive als Huhu, die Ziege als Meckmeck, das Huhn als Pipi bezeichnet.

Aber auch in unserer eigenen Sprache leben Wörter, denen solcher Ursprung zukommt: hierher gehören insbesondere die Vogelnamen in großer Anzahl, nicht etwa bloß der Kuckuck und die Krähe, sondern auch der Fink, der Kiebitz, der Kolkrabe, der Pirol, das Rebhuhn, der Star, der Stieglitz (trotz des slawischen Aussehens), der Uhu u. a. Und sogar der Mensch wird unter Umständen nach seinem Gesang benannt: man berichtet von einem Offizier, der sein Mißfallen durch den Ausruf o, ö! zu bekunden pflegte und daher „der o, ö!" genannt wurde, oder von einem Berliner Lehrer, der beständig schnaubte und so den Namen „der Fufe" sich erwarb.

Eine völlig getreue Nachbildung der Naturstimme ist natürlich nicht möglich; die Sprache wählt aus unter den gehörten Lauten, sie stilisiert das Naturgebilde. Vor allem aber wird die Sprache häufig genötigt, von dem umfangreichen Naturlaut nur einen Teil nachzubilden: das Schnauben des Dampfrosses, der Klang der Glocken, der Sang der Vögel oder das Brummen, das Heulen größerer Tiere setzt sich ohne bestimmten Abschluß fort, und so wird nur der eine Grundbestandteil nachgebildet: der Fink, die Muh, oder — und das ist sehr beliebt — es wird der Grundlaut in Wiederholung vorgeführt: Klingkling, bumbum, patschpatsch, der Wauwau, der Kuckuck; nur ganz selten wird über die Zweizahl hinausgegangen. Bei dieser sprachlichen Wiederholung sucht man — natürlich wiederum mit Stilisierung — unter Umständen auch der Tatsache gerecht zu werden, daß in der Natur die wiederholten Laute nicht stets einander völlig gleichen: so entsteht klipp — klapp, piff — paff; so bildet

Ticktack das Geräusch des Pendels nach, denn der Pendel muß
mit ungleicher Stärke ausschlagen, und Bimbam ahmt den Ton
der Glocke nach, deren Wände nicht überall gleich stark sind:
treten mehrere Glocken von verschiedener Tonhöhe zusammen,
so entsteht bim — bam — bum.

Völlig freie Wortbildung, ohne Anlehnung an den Naturlaut,
wird in geschichtlichen Zeiten kaum beobachtet. Mit Unrecht
hat man das Wort Gas hierher gerechnet. Es begegnet zuerst im
17. Jahrhundert bei dem Brüsseler Alchimisten van Helmont,
und dieser behauptet, daß er es selbst erfunden habe. Aber es
ist nichts anderes als eine Umbildung des Wortes chaos, das
van Helmont bei Paracelsus vorgelegen hat*).

Ob in Zeiten, die sich unserer Beobachtung entziehen, eine
derartige ganz willkürliche Sprachschöpfung in größerem Umfang
stattgefunden hat, läßt sich schwer entscheiden. Jedenfalls darf
nicht daran gedacht werden, daß bei solcher Urzeugung — soweit
nicht Lautnachahmung ins Spiel kommt — irgendein innerer
Zusammenhang zwischen gewissen Lauten und gewissen Vorstellungen bestanden habe. Wenn wir heute im Hinblick auf
Wörter wie spitz, Witz, ritzen, Gipfel, Wipfel, Zipfel
geneigt sind, dem Laut i den Charakter des Spitzen, Scharfen
beizulegen, so ist das kein ursprüngliches Sprachempfinden,
sondern die Sache liegt umgekehrt; weil i gerade in jenen Wörtern
zufällig vorkommt, hat sich bei uns jenes lautsymbolische Gefühl
entwickelt.

Aber auch ohne daß freie Neubildung eintritt, können der
Schriftsprache Bestandteile zugeführt werden, die mit den bereits
vorhandenen sich in keiner Weise berühren: nämlich durch Ent-

---

*) In früheren Auflagen dieses Buches habe ich hierher vermu-
tungsweise das Wort Od gerechnet, mit dem der Naturforscher Karl
von Reichenbach eine angeblich von ihm entdeckte neue Naturkraft
bezeichnet hat. Aber wie ich nunmehr sehe, ist von Reichenbach doch
von einem vorhandenen Worte ausgegangen, nämlich von dem Namen
des Gottes Odin, den er mit lateinisch vadere in Verbindung bringt
und in dem er den Begriff des Alldurchdringenden findet, siehe Karl
von Reichenbach, odisch-magnetische Briefe, Stuttgart u. Tübingen
1852, Seite 198.

lehnung aus anderen Sprachkreisen. Teilweise geschieht das durch Aufnahme von Wörtern aus den Mundarten: Wieland, Lessing, Goethe haben mit Bewußtsein manche mundartliche Wörter in ihre Rede eingeführt; vor allem aber flechten jene Erzähler der Gegenwart, die ihre beste Kraft aus dem Leben der Heimat schöpfen, in reichem Maße mundartlichen Wortschatz in die hochdeutsche Rede: Hansjakob tischt Rindfleisch auf mit Meerrettig und Rahnen, Lauff spricht vom Flatterschnee, bei Frenßen heißt es: „Fiet nickte und plierte mit den Augen", oder: „seine Verhältnisse waren vertesselt wie Mädchenhaar".

Teilweise geschieht es auch durch Wiedererweckung längst abgestorbener Wörter. Besonders die Romantik und das Erwachen der germanistischen Forschung sind hier von Einfluß gewesen; die Rittergeschichten vom Ende des 18. Jahrhunderts, der geschichtliche Roman unserer Tage seit Scheffel und Freytag haben das Ihrige dazu beigetragen. Wörter wie Fehde, Gau, Ger, Hain, Halle, Hort, Kämpe, Minne sind auf diese Weise wieder lebendiges Besitztum unserer Sprache geworden. Am kecksten ist Richard Wagner zu Werke gegangen; seine Sprache hat durch die Einführung von Wörtern wie freislich, Friedel, glau, neidlich, Nicker an Klarheit nicht gewonnen.

Der stärkste Zuwachs aber ist uns zuteil geworden durch Berührung mit fremden, undeutschen Sprachen. Dieser Quelle der Bereicherung müssen wir jedoch später eine besondere Betrachtung widmen.

D. Die Verbreitung der Sprachveränderungen.

I. Ihre Verbreitung über die verschiedenen Teile des Sprachschatzes.

Von den lautlichen Veränderungen des Sprachschatzes haben wir festgestellt, daß sie völlig durchgreifend sind (s. oben S. 120); d. h. so oft in solchen Wörtern ein bestimmter Laut unter den gleichen Bedingungen auftritt, erfährt er die nämliche Veränderung. Anderseits hat sich gezeigt, daß die der Wirkung der Analogie entspringenden Veränderungen sich innerhalb gewisser Grenzen bewegen: es gibt isolierte Formen, die sich ihrer Wirkung entziehen (s. S. 126).

Ähnliches . können wir nun auch beim Wandel der Bedeutungen beobachten. Es kann geschehen, daß ein Wort diese Veränderung nicht in jeder einzelnen seiner Verwendungen erfährt. Namentlich haben sich in Zusammensetzungen und Ableitungen alte Bedeutungen erhalten, die dem selbständigen einfachen Wort verloren gegangen sind. Brief hat in älteren Zeiten soviel als Urkunde bedeutet: Reste davon erscheinen in Adelsbrief, Frachtbrief, Kaufbrief, verbriefen. In Feuersbrunst ist die alte sinnliche Bedeutung von Brunst = Brand noch erhalten, während Brunst für sich allein eingeschränktern Sinn hat. Ding bedeutete ursprünglich „gerichtliche Verhandlung"; so erklärt es sich, daß daneben noch heute die Ableitung bedingen und die Zusammensetzung dingfest besteht. Fahren konnte früher auch gesagt werden von einer Bewegung, die zu Fuß geschah: das hat sich noch bewahrt in Wallfahrt. Die ältere Bedeutung von klein (=fein, zierlich) liegt vor im Hauptwort Kleinod, mit dem sich dann freilich weiterhin der Begriff des Kostbaren. verbunden hat. Leib entsprach früher auch unserem Leben; so ist denn Leibrente eine Rente auf Lebenszeit, Leibzucht der Lebensunterhalt. Leiche hieß ursprünglich nur soviel wie Körper, daher die Bezeichnung Leichdorn (= Hühnerauge): Dorn im Körper.

Während Knecht heute stets den Diener jemandes bezeichnet, hat es früher auch den Mann überhaupt, insbesondere den Kriegsmann bedeutet; das lebt noch fort im Worte Landsknecht. Hiobspost erinnert daran, daß Post früher einmal soviel als Nachricht besagte. Noch im 18. Jahrhundert war Witz soviel . als Verstand, daher Mutterwitz, gewitzigt.

Auch in der. zweigliedrigen stehenden Formel oder anderen sprichwörtlichen Wendungen leben alte Bedeutungen fort: Dach und Fach enthält ein altes Fach im Sinne von Fachwerk, Hülle und Fülle setzt die alten Wörter Fülle (= Nahrung) und Hülle (= Kleidung) fort; in Feierabend bieten ist bieten soviel wie gebieten; eitel Gold heißt eigentlich lauteres, reines Gold, wie Eitelfritz den bedeutete, der bloß Fritz hieß, während andere Fritze noch besondere Beinamen besaßen; Glück hatte in der älteren Sprache auch die Bedeutung von Zufall, daher auf gut

Glück und Glücksspiel. Mittel war auch gleichbedeutend mit Mitte, also sich ins Mittel legen soviel wie sich in die Mitte (zwischen die Streitenden) legen; übrig konnte früher auch soviel wie überflüssig, überschüssig bedeuten; das ist noch erhalten in der Wendung: ein übriges tun.

Wenn völlig neue Wörter geschaffen wurden, so konnte es sich ereignen, daß sie nur in einzelnen Formen ins Leben traten, nur für ganz bestimmte Zwecke gezeugt wurden. So haben die Wörter Schick und Schnippchen nur ganz selten eine andere Anwendung gefunden als in den Redensarten Schick haben und ein Schnippchen schlagen. Das Wort Krach im Sinne von krächzen ist nur für die Reimformel mit Ach und Krach geschaffen, als Ableitung von krächzen, wie eben zu ächzen jenes Ach bestand. Die Formeln brach liegen, blink und blank, klipp und klar, null und nichtig weisen in ihren ersten Gliedern Beiwörter auf, die nur in diesen Formeln bestehen, und nur für die Verbindung mit frei ist frank aus dem Französischen übertragen worden (aus der Verbindung franc et libre). Das Reimwort raten hat sein Gegenstück taten hervorgerufen; nur in der Wendung sich nicht lumpen lassen hat man vom Lump ein Zeitwort gebildet mit der Bedeutung „als Lump behandeln“. Zu den Dativen (auf) Freierfüßen, (von) Kindesbeinen hat ein Nominativ, Genitiv oder Akkusativ niemals bestanden.

Mit Vorliebe bedient sich die gedrungene Rede des Sprüchworts solcher Neubildungen: Ehestand — Wehestand, Nachfreude ist besser als Vorfreude, der Habich ist besser als der Hättich. Nicht minder häufig hat sich der umgekehrte Vorgang vollzogen, daß beim Absterben eines Wortes sich Reste von ihm gewissermaßen in Versteinerungen, d. h. eingeschlossen in stehende Redensarten oder in Zusammensetzungen erhalten haben. So gibt es Hauptwörter, die nur noch in einzelnen Kasus fortdauern; man vergleiche: Akt nehmen von etwas, in Saus und Braus, mit Fug, mit Fug und Recht, zur Genüge, einem Genüge tun, ein Hehl aus etwas machen, in die Irre gehen, sich aus der Klemme ziehen, eine Lache aufschlagen, zur Schau tragen. In wind und weh („dem Kanzler wird's wind und weh“, Scheffel) steckt ein altes

Substantiv winne mit der Bedeutung Schmerz, in sintemal (aus
sint, d. h. seit dem Mal) das alte Hauptwort Mal die Zeit,
das auch in damals, ehemals enthalten ist, sowie in einmal,
zweimal (vgl. englisch one time, two times). Ausgestorbene
Zeitwörter leben noch weiter in einigen Infinitiven: einem etwas
anhaben, sein Bewenden haben, einfließen lassen, oder im
Partizip: aufgedunsen (zu einem alten Zeitwort dinsen, ziehen,
ausdehnen), verlegen (zu einem älteren sich verligen), vertrackt (zu dem hauptsächlich niederdeutschen trecken ziehen),
verwegen (vom mittelhochdeutschen sich verwegen, siehe
S. 150). Ein älteres Beiwort ist noch bewahrt in schadlos
halten, in der Aufforderung: nur gemach!

Manche alte Bezeichnung verdankt ihr Fortleben der Verwendung im Bilde; eine Nachricht verbreitet sich wie ein Lauffeuer, jemand paßt auf wie ein Heftelmacher oder dient
Witzeleien zum Stichblatt. Und zahlreiche andere sind auf-
behalten in den Bestandteilen von Zusammensetzungen: so steckt
in Augenlid ein altes Wort lid mit der Bedeutung Deckel,
wie in Bräutigam das altdeutsche gomo der Mensch (= lat.
homo), in Schönheit, Krankheit, Wahrheit ein altes heit
die Gestalt; in Kebsweib, Lindwurm, Windspiel liegen
erste Glieder vor, die ursprünglich für sich allein dasselbe be-
sagten, was heute die Zusammensetzungen ausdrücken. Das
Wort Vormund hat mit dem Mund, dem Behältnis der Zähne,
nichts zu tun, sondern es bewahrt ein altes Wort Mund mit
der Bedeutung Gewalt, das weiterhin auch noch in mund-
tot, in Mündel und mündig erhalten ist.

Endlich sind auch ältere Weisen der Satzfügung, die dem
lebendigen Gebrauch verloren gingen, in einzelnen erstarrten
Wendungen erhalten. Unsere Sprache gebraucht Hauptwörter
von abstrakter Bedeutung im allgemeinen nur in der Einzahl,
während die ältere Sprache diese Beschränkung nicht kennt; die
frühere Sitte dauert fort in zugunsten, vonnöten, zuschan-
den machen oder werden, sich zuschulden kommen lassen.
Wenn wir heute ein Beiwort mit einem Hauptwort verbinden, so
wird es diesem vorausgestellt, und es erhält eine Endung: das
liebe Kind oder ein liebes Kind. Diese Endung konnte aber

ehedem auch fehlen; daher noch heute: bei einem lieb Kind sein; ein gut Teil; Halbpart machen; „wer da? Gutfreund"; ein „Wildschwein" lautete im Mittelhochdeutschen: ein wilt swin. Umgekehrt: wenn wir das Beiwort aus besonderen Gründen dem Hauptwort nachstellen, muß es ohne Endung auftreten: „der Ritter voll von Mut". Es heißt aber: ein Korb voller Kirschen, und hier ist voller keineswegs, wie es den Anschein hat, ein Genitiv, sondern die Form des Nominativs, ausgestattet mit dessen Endung, und Kirschen trat als Ergänzung im Genitiv hinzu.

Unsere heutige Sprache besitzt seltsame Genitive in den Redensarten: viel Aufhebens, viel Federlesens, viel Wesens machen; sie erklären sich aus dem Umstand, daß viel ursprünglich ein Hauptwort gewesen ist, zu dem die Bestimmung im Genitiv hinzutreten mußte. Das gleiche gilt von dem Worte nicht, das ursprünglich besagte: nicht ein Ding; wenn wir also in der Wendung „hier ist meines Bleibens nicht" das Subjekt vermissen, so haben wir vergessen, daß von Hause aus dem Hauptwort nicht diese Rolle zukam. Wenn wir in verächtlicher Rede die Ausdrücke gebrauchen: das Dings, das Zeugs, so sind auch hier alte Genitive versteckt: was Dinges, was Zeuges bedeutete: was des Dings, was des Zeugs = was von dem Ding, dem Zeug. Schließlich birgt die Redensart jemanden Lügen strafen einen alten Genitiv, der die Veranlassung ausdrückte: einen wegen Lügen strafen, d. h. tadeln, und in lichterloh brennen steckt ein Genitiv der Art und Weise; eigentlich: mit lichter Lohe brennen.

II. Ihre Verbreitung bei den einzelnen Sprechenden desselben Sprachkreises.

Die Triebkräfte, durch welche die Wandlungen der Sprache herbeigeführt werden, wirken nicht bei allen Sprechenden mit gleicher Stärke. Das gilt weniger für die Veränderungen, die vorzugsweise im Gebiete des Unbewußten wurzeln, also für die Umgestaltung der Laute und Formen, als für den Wandel der Bedeutungen, die Wortzusammenstellung und ganz besonders für die Neuschöpfung von Wörtern, denn hier spielt die bewußte Wahl eine weit größere Rolle.

Es gibt Gruppen von Menschen, die sich in der Erzeugung neuer Gebilde vor anderen hervortun, so die Kinder, weil sie den Reichtum des Vorhandenen nicht kennen, die Tagesschreiber, weil sie keine Zeit haben, sich darauf zu besinnen, die Dichter, weil er ihnen nicht genügt. Aber die große Masse der Redenden entfaltet wenig sprachbildende Tätigkeit (s. oben S. 100); sie sind froh, wenn sie das übernehmen können, was bereits fertig zu Gebote steht. Daher die Vorliebe für Sprichwörter und sprichwörtliche Redensarten, daher die große Zähigkeit, mit der sich namentlich die letzteren oft durch Jahrhunderte hindurch erhalten.

Schon im 12. Jahrhundert heißt es: „man sol den mantel keren, als das weter gat", und im 14. Jahrhundert wußte man bereits: „wer sich unter die Kleie mischet, den essen die swin", oder: „wen die Katz aus kumt, so reichsent (herrschen) die mais"; „so man den Wolf nennet, so er zu drenget" (so kommt er herbei). Den Vergleich mit dem Kinderspiel, zur Bezeichnung einer leicht auszuführenden Sache, kennt schon die Dichtung vom König Rother, die der ersten Hälfte des 12. Jahrhunderts angehört. „Das Heft in der Hand behalten" begegnet schon im Anfang des 15. Jahrhunderts, „er lügt, daß sich die Balken biegen", schon bei Nikolaus Manuel im Beginn des 16. Jahrhunderts und mit geringer Abweichung schon ein Jahrhundert vorher (im Gedichte von des Teufels Netz): „der ander lügt, das sich der boden under in bügt". Über die Schnur hauen ist bei Hans Rosenblüt im 15. Jahrhundert belegt und, nach zuverlässigen Anzeichen zu schließen, auch früher schon im Gebrauch gewesen. Selbst so modern klingende Redensarten, wie einem zeigen, was eine Harke ist, er ist nicht von schlechten Eltern, der Name liegt mir auf der Zunge, lassen sich bis ins 17. Jahrhundert hinauf verfolgen.

Aus der gleichen Quelle wie die Vorliebe für das Sprichwort stammt die Neigung für Zitate, für geflügelte Worte und Schlagworte, die in neuerer Zeit sich so mächtig ausbreitet (siehe oben S. 101).

Wenn aber irgendwo und irgendwann neue Gebilde gebräuchlich werden, so ist es j wohl möglich, daß das Bedürfnis danach auf verschiedenen Punkten sich geltend macht und die Art ihrer

Bildung sehr nahe liegt, demnach von Verschiedenen die gleiche
Urzeugung vorgenommen wird. Weit wahrscheinlicher aber ist
es, daß die Neuschöpfung von einem einzigen Punkt ausgeht und
von da aus sich das Gebiet erobert, dank dem Nachahmungstrieb
der anderen. So läßt sich denn oft genug feststellen, wer der erste
Urheber eines Wortes, einer Formel gewesen ist oder als erster
ein Wort der Mundart oder der älteren Sprache unserer Schriftsprache einverleibt hat.

Kein derartiger Einfluß ist stärker gewesen als der der
Lutherischen Bibel. Dorther stammen nicht nur einzelne Wörter
wie Bubenstück, Fallstrick, Gotteslästerung, Läster-
maul, Schulgezänke oder einzelne Wortverbindungen wie: das
auserwählte Volk, dienstbare Geister, der Mann Gottes,
im Schweiße seines Angesichts, von Angesicht zu Angesicht, Fleisch von meinem Fleisch, Zeichen und Wun-
der, sondern auch zahlreiche Vergleiche, z. B. ein Dorn im
Auge, auf die Goldwage legen, ein Kind des Todes,
welches Geistes Kinder, seinen Mut kühlen, auf Sand ·
bauen, ein Stein des Anstoßes, und ausführlichere Redensarten wie: Buße tun in Sack und Asche, das eine tun und
das andere nicht lassen, ein gewaltiger Jäger vor dem
Herrn, bis hierher und nicht weiter, auf den Händen
tragen, aus seinem Herzen keine Mördergrube machen,
das bessere Teil erwählen.

Im 17. Jahrhundert waren es hauptsächlich die Kreise der
Sprachreiniger, die schöpferisch gewirkt haben. Philipp von Zesen
verdanken wir so wichtige Wörter wie Augenblick, Feldherr,
Gesichtskreis, selbständig, Verfasser, Vertrag, Voll-
macht, letzter Wille. In seinen Bahnen bewegt sich im 18. Jahrhundert Joachim Heinrich Campe; von ihm stammen z. B. die
Ausdrücke altertümlich, Beweggrund, Eigenname, Flug-
schrift, geeignet, Öffentlichkeit, Umwälzung, verwirk-
lichen, Zartgefühl; Jahn hat turnen, Volkstum und volkstümlich geschaffen. Von anderen Männern des 18. Jahrhunderts
ist Goethe u. a. der Schöpfer von Kleinleben, Wahlverwandt-
schaft, Weltliteratur, von Dichtung und Wahrheit, dem
roten Faden, den Lehr- und Wanderjahren; Claudius von

Freund Hein; Lessing von empfindsam und weinerlich; Schiller von Gedankenfreiheit; Klinger von Sturm und Drang; Tieck von Waldeinsamkeit; Jean Paul von Flegeljahre, von Krähwinkel; der Jurist Klein von Tatbestand.

Völkerschlacht hat der preußische Oberst von Düffling in einem Generalstabsbericht vom 19. Oktober 1813 zum erstenmal gebraucht.

Von den Schlagwörtern unserer Zeit ist Zeitungsdeutsch durch Schopenhauer in Umlauf gebracht worden, der Übermensch, den freilich schon Herder und Goethe kannten, und „jenseits von Gut und Böse" durch Nietzsche, die Tücke des Objekts durch Friedrich Vischer. Arbeiterbataillone ist von Lasalle geprägt, Cäsarenwahnsinn von Gustav Freytag, Lebenshaltung von Friedrich Alb. Lange. Auch die Redner der Paulskirche und späterer Zeit haben sich sprachschöpferisch betätigt; der Tropfen demokratischen Öls stammt von Uhland, der kühne Griff von Heinrich von Gagern; von Treitschke der Brustton der Überzeugung, von Bismarck der ehrliche Makler, von Eugen Richter das Angstprodukt.

III. Ihre Verbreitung durch Raum und Zeit.

Im allgemeinen also zeigt der einzelne wenig Neigung zu bewußter Neuerung in sprachlichen Dingen; er ist gern bereit, das zu übernehmen, was ihm andere entgegenbringen. So wird dem sprachlichen Auseinandergehn der Verkehrsgenossen wirksam entgegengearbeitet. Aber auch bei den mehr unbewußten Wandlungen in den Lauten, in der Art der Analogiewirkungen, in Bedeutung und Satzfügung zeigt sich ein ähnlicher Vorgang. Denn jede Abweichung der Rede von der Rede der weiteren Beteiligten beeinträchtigt bis zu einem gewissen Grade das Verständnis. Dazu kommt, wie wir sahen (S. 121), der Umstand, daß die Sprache des lernenden Kindes stets ein Durchschnitt ist aus der Sprache seiner nächsten Angehörigen. Wenn also auch Vater und Mutter nicht der engsten Nachbarschaft entstammen, so wird doch der sprachliche Abstand in der Rede der Kinder wieder ausgeglichen.

Soweit also die Menschen derart einander nahe wohnen, daß sie miteinander verkehren müssen und sich leicht Familienbande zwischen ihnen knüpfen, bleibt auch ihre Sprache sich ungemein ähnlich. Sowie aber der Verkehrszwang nachläßt oder ganz aufhört und eheliche Verbindungen sich nicht mehr leicht einstellen, fällt auch der Zwang zur einheitlichen Entwicklung weg. Man hat beobachtet, daß in derselben Gegend zwischen der Sprache der Protestanten und Katholiken Unterschiede bestehen. Insbesondere aber ergeben sich auf diese Weise Abweichungen im Raume. Schon Nachbardörfer stimmen nicht völlig überein; wenn drei Ortschaften auf einer geraden Linie liegen, wird der sprachliche Unterschied zwischen der mittleren und den beiden äußeren geringer sein als der zwischen den beiden äußeren. Schließlich bilden sich auf diese Weise Unterschiede zwischen ganzen Gebieten heraus; es entstehen Mundarten, ja verschiedene Sprachen.

Die Ursachen, die zur Aufhebung des Verkehrzwangs, mithin zur Bildung von sprachlichen Grenzen geführt haben, sind zum Teil noch heute unmittelbar wahrzunehmen in den Schranken, die die Natur selber dem Verkehr entgegenstellt, zumal in den Kämmen steiler, wilder Gebirge. Eine weit geringere Rolle als diese spielen bedeutende Wasserläufe: so besitzen Donau und Rhein für die Gliederung unserer Mundarten keine wesentliche Bedeutung, wohl aber der Lech und die Oder.

Manche natürliche Markscheide mag im Laufe der Zeiten geschwunden sein, wie ausgedehnte Wälder oder Sümpfe. Manche andere aber hat erst der Mensch errichtet: vielfältig laufen die sprachlichen Grenzen zusammen mit alten politischen Grenzen, den Grenzen von Stämmen und Herzogtümern oder den Umfassungslinien von geistlichen Sprengeln oder von weltlichen Verwaltungsbezirken.

Nicht selten geschah es natürlich, daß ein Gebiet im Laufe der Zeiten seinen Herrn wechselte, einmal oder mehrmals und daher bald dahin, bald dorthin sich anlehnte, verschiedenen sprachlichen Einflüssen ausgesetzt war. Das konnte dann Sprachmischungen ergeben und Durchbrechungen des Gesetzes von der Einheit der Lautentwicklung (s. oben S. 120).

Neuerdings hat man nachgewiesen, daß Mundarten von

Städten, z. B. von Bingen, in bemerkenswertem Gegensatz stehen zur Mundart der umliegenden Dörfer. Und zwar so: wo die Stadtmundart abweicht, steht sie auf Seite der Schriftsprache, hat deren Lautgestalt angenommen oder sich ihr wenigstens angenähert. Für altes **ei** sprechen Worms, Mainz, Bingen ê: St ôn, brêt, wêsz, während es auf dem Lande St ân, brât, wâsz heißt; das **ei** der vornehmen Sprache war zu schwierig, aber ê liegt auf dem Wege dahin. Wo jedoch dem mundartlichen Wort keine Schriftform zu Seite geht, bleibt auch in der Stadt die ursprüngliche Gestalt als „Restwort" erhalten; so kommt es auch hier zu Mischungen, zu Ausnahmen von dem Lautgesetz.

In jenen Beziehungen zwischen Sprachgrenzen und den Grenzen staatlicher oder kirchlicher Bezirke liegt ein wertvolles Hilfsmittel zu zeitlichen Bestimmungen. Nicht selten wird es der geschichtlichen Betrachtung gelingen, festzustellen, wann eine politische Scheidelinie begründet worden ist, oder wann sie ihre Bedeutung verloren hat. Fällt nun eine sprachliche Grenze mit einer politischen zusammen, so kann sie nicht entstanden sein, ehe die Linie politische Geltung bekam, und ebensowenig, nachdem sie in Vergessenheit geraten war.

Natürlich treten zu derartigen Erwägungen auch unmittelbare Beobachtungen der sprachlichen Quellen und sprachgeschichtliche Erwägungen verschiedener Art hinzu. Aus alledem lernen wir, daß das Zeitmaß der sprachlichen Entwicklung ein recht bedächtiges ist. Die Sprache der siebenbürgischen Sachsen, die im 13., 14. Jahrhundert ihre Heimat am mittleren Rhein, etwa in der Moselgegend, verlassen haben, verrät gerade durch die große Übereinstimmung der Sprache ihre Herkunft. Hessische Ansiedlungen, die am Ende des 18. Jahrhunderts in Südrußland begründet worden sind, zeigen noch heute ungetrübt die Eigenheiten der Vogelsberger Mundart.

Nicht ganz selten kann man heute Unterschiede zwischen der Sprache des älteren und des jüngeren Geschlechts wahrnehmen. In vielen Fällen wird diese Erscheinung so aufzufassen sein, daß das Ältere Spiegelbild der noch ungetrübten Mundart ist, während bei der Jugend Schule und Soldatenzeit den Gestaltungen der Schriftsprache Eingang verschafft haben.

Dritter Abschnitt.

Die Einwirkung fremder Sprachen auf das Deutsche.

In der Sprache eines Volkes spiegelt sich nicht nur die tief-innerliche Entwicklung seines Geistes, sondern auch ein gutes Teil von seinem Kulturleben, von seiner äußeren Geschichte. An der Hand der Sprache läßt sich vor allen Dingen verfolgen, in welche Berührungen es mit anderen Völkern gekommen, welchen Einfluß es selbst ausgeübt, welche Einwirkungen es von außen erlitten hat. Denn es gibt wohl kaum eine Sprache, die nicht fremde Bestandteile in sich aufgenommen hätte. Und wie es dem deutschen Volke weniger als anderen vergönnt gewesen ist, sich lediglich aus sich heraus frei nach seiner Eigenart zu entwickeln, so hat auch die deutsche Sprache in besonders hohem Maß den Einfluß fremder Sprachen erfahren müssen.

Die Berührung zweier Sprachen findet nicht immer und überall auf die gleiche Weise statt. Sie kann herbeigeführt werden durch unmittelbaren persönlichen Verkehr ihrer Vertreter, sei es, daß zwei Völker grenznachbarlich beieinander wohnen, sei es, daß die Angehörigen eines Stamms sich auf dem Gebiet eines andern angesiedelt haben oder gelegentlich in Kriegsfahrten das fremde Gebiet überziehen.

In diesen Fällen ist die Aneignung der fremden Sprache unvollkommen, bruchstückhaft; sie geschieht nicht mit bewußter Absicht, sondern mehr zufällig oder im Drange des Bedürfnisses. So beschränkt sich denn hier der Einfluß der fremden Sprache auf die Mitteilung von einzelnen Wörtern, und zwar werden solche fast nur dann entlehnt, wenn auch die Anschauungen, denen sie gelten, bisher fremd gewesen sind. Die so aus der Fremde eingeführten Wörter gehören in weit überwiegender Masse der Klasse der Hauptwörter an, nur in geringer dem Gebiet der Zeitwörter oder Beiwörter. Denn es tritt natürlich viel häufiger der Fall ein, daß ein Volk bei einem andern neue Dinge, neue Begriffe vorfindet, als das es dort neue Eigenschaften der Dinge, neue Arten von Tätigkeiten, von Zuständen kennen lernt.

Die Berührung muß aber nicht notwendig von Person zu Person, durch die Vermittelung des Ohrs stattfinden; sie kann auch rein geistig sein, herbeigeführt durch die Hilfe des Auges, des Lesens. Während daher bei der zuerst besprochenen Art von Berührung nur eine beschränkte Anzahl von Völkern ihren Einfluß geltend machen kann, ist hier wenigstens in der Theorie die Zahl der möglichen Einwirkungen ganz unbeschränkt. Zugleich kann hier weit stärker eingewirkt werden. Denn hier findet eine bewußte, absichtliche Aneignung, eine vollständigere Beherrschung der fremden Sprache statt.

So geschieht es denn leicht, daß nicht nur solche fremden Bestandteile in die heimische Sprache übergehen, die sie wirklich bereichern, sondern auch solche, die entbehrlich oder gänzlich überflüssig sind. Es bleibt nicht bei der Herübernahme einzelner Hauptwörter; auch Zeit- und Eigenschaftswörter wandern ein. Ja sogar die Wortbildung entlehnt ein oder das andere Hilfsmittel aus der Fremde; es wird also schon das innere Leben der Sprache berührt. Noch mehr geschieht das, wenn zwar der sprachliche Stoff rein aus dem Born der heimischen Sprache geschöpft ist, aber trotzdem die fremde Sprache einen maßgebenden Einfluß geübt hat; sei es, daß ein Wort geschaffen wird, in engerer oder freierer Nachahmung, um einen fremden Begriff zu ersetzen, sei es, daß ein bereits vorhandenes, heimisches Wort unter der Einwirkung eines fremden seine Bedeutung verändert, oder endlich, daß deutsche Wörter nach dem Muster ausländischer Satzverbindungen zusammengefügt werden.

Die Gegensätze in der Aufnahme fremden Einflusses, die wir hier gezeichnet haben, sind zugleich gesellschaftliche und zeitliche Gegensätze. Die Aufnahme im persönlichen Verkehr ist mehr volkstümlich; sie hängt nicht ab von Wissen und Können des einzelnen. Die zweite Art der Entlehnung ist wesentlich beschränkt auf die Kreise der Gebildeten, und erst die Nachahmungssucht führt diese Entlehnungen in tiefere Schichten des Volkes. So ist naturgemäß die Entlehnung, die auf dem Zusammenwohnen beruht, die frühere; die Entlehnung, die mit bewußter Erlernung der fremden Sprache zusammenhängt, kann erst auf einer höheren Stufe der Kultur zustande kommen.

Die deutsche Sprache hat fremde Bestandteile in sich aufgenommen von der frühesten Zeit an, wo sie in den Gesichtskreis unserer Forschung eintritt. Freilich, je weiter wir in der Zeit hinaufgehen, desto geringer wird die Sicherheit, mit der wir einzelne Entlehnungen nachweisen können, besonders deshalb, weil oft nicht mehr entschieden werden kann, wer der Gebende, wer der Nehmende gewesen ist.

Unsere ältesten Lehnwörter sind unter den Bezeichnungen für Metalle und für Kulturpflanzen zu suchen. Nun vermögen wir zwar von Wörtern wie Silber und Hanf mit ziemlicher Bestimmtheit zu sagen, daß sie nicht ursprüngliche Bestandteile der germanischen Sprache gewesen sind, aber welche Völker es nun waren, die uns die Ausdrücke vermittelt haben, darüber sind wir kaum imstande, auch nur Vermutungen zu wagen. Jedenfalls liegt die Zeit der Entlehnung weit hinter der Spaltung des Germanischen in einzelne Zweige zurück. Später, aber ebenfalls noch in die urgermanische Zeit, fallen die Beziehungen der Germanen zu Finnen und Kelten. Daß die Germanen sich in vorgeschichtlicher Zeit mit den Finnen berührt haben, beweisen die nicht unbeträchtlichen germanischen Bestandteile in den finnischen Sprachen. Und zwar haben diese Entlehnungen aus dem Germanischen teilweise eine Gestalt, die sich nicht aus den überlieferten Formen unserer Sprache erklärt, sondern auf ältere, bloß zu erschließende Formen zurückgeht. Belege für die umgekehrte Erscheinung dagegen, für finnischen Einfluß auf das Germanische, lassen sich kaum beibringen.

Weit inniger und andauernder waren die Beziehungen, welche zwischen Germanen und Kelten bestanden; es war ja geradezu altkeltischer Boden, auf dem die südlichen und westlichen Stämme der Deutschen sich angesiedelt haben. Dieser alte keltische Hintergrund blickt besonders in Eigennamen durch, in Namen von Flüssen, Bergen und Ortschaften: Namen wie Rhein, Main und Donau, Vogesen, Mainz und Worms sind keltisches Sprachgut. Das Wort welsch, aus althochdeutsch walhisch, dessen Stamm auch in Walnuß (= welsche Nuß) enthalten ist, erinnert an den keltischen Stamm der Volcae, die den Germanen eng benachbart waren. Einer der merkwürdigsten Belege für keltischen

Einfluß in unserem Sprachschatz ist das Wort reich. Dieses bedeutet ursprünglich nicht wie heute mit Glücksgütern gesegnet, sondern mächtig; eine Spur dieser Bedeutung liegt ja noch im Substantiv das Reich vor. Das Wort ist verwandt mit lateinisch rex, kann aber aus lautlichen Gründen nur aus dem Keltischen in das Deutsche eingedrungen sein (vgl. keltische Namen wie Dumnorix, Vercingetorix).

Ebenfalls noch in vorgeschichtlicher Zeit beginnt der Einfluß des Lateinischen; seine Anfänge lassen sich zurückverfolgen bis gegen den Anfang unserer Zeitrechnung; sein Ende ist noch heute nicht gekommen. Freilich ist er zu verschiedenen Zeiten sehr verschieden gewesen, und es läßt sich auch nicht immer deutlich erkennen, wieweit wir es mit wirklich lateinischem Sprachgut zu tun haben, und wieweit etwa romanische Wortformen zugrunde liegen. Die frühesten Entlehnungen sind rein volkstümlicher Art; sie sind zum Teil eine Folge des alten Verkehrs, der zwischen Germanien und Italien gepflegt wurde. Wohl noch wichtiger war der Umstand, daß im Süden und Westen des Gebiets Germanen und Römer oder römisch gewordene Kelten unmittelbar benachbart waren oder geradezu durcheinander wohnten. Die römische Besiedlung ist hier von ungemeiner Stärke gewesen. Wäre der Einbruch der Alemannen in das heutige Süddeutschland ein, zwei Jahrhunderte später erfolgt, wer weiß, ob sie nicht auch im römischen Wesen aufgegangen wären wie Burgunden und Westfranken! Besonders wichtig sind wohl die Beziehungen nach Westen gewesen; man hat es wahrscheinlich gemacht, daß die lateinischen Lehnwörter zu einem großen Teil aus dem gallischen Latein stammen.

Durch die Vermittelung der Römer haben die Germanen eine Anzahl von Naturerzeugnissen kennen gelernt: von Tieren den Elefanten (ahd. helfant), den Pfau und den fabelhaften Drachen, von Pflanzen Birne, Feige, Kirsche, Kohl, Kürbis, Lilie. Mandel, Maulbeere (lat. morus), Pfeffer, Pflaume (lat. prunus), Rettich (lat. radix die Wurzel), Rose, Senf usw. — auch die allgemeinen Bezeichnungen Pflanze und Frucht stammen aus dem Lateinischen —, aus dem Mineralreich den Marmor.

Die höhere römische Kultur hat hauptsächlich auf drei Gebieten das germanische Leben beeinflußt. Erstens, und besonders stark, in der Baukunst, daher sehr zahlreiche Entlehnungen: Kalk, Pflaster und Straße, Platz, Mauer und Pfosten, Pforte, Kerker und Keller, Turm und Pfalz (lat. palatium), tünchen, Ziegel und Schindel. Das deutsche Weiler geht auf ein vulgärlateinisches villare oder villarium, von villa abgeleitet, zurück. Zweitens haben die Germanen Weinbau und Gartenbau durch die Römer kennen gelernt: daher die Wörter Wein und Most, Winzer; Kelter, keltern (= lat. calcitrare, mit Füßen treten); pfropfen (vgl. lat. propago); impfen (vgl. putare, beschneiden). Drittens hat die Kunst der Speisebereitung und was dazu gehört durch die Berührung mit den Römern Fortschritte gemacht: kochen ist lateinisch coquere, Speise = vulgär-lat. spêsa = lat. expensa; ferner stammen aus dem Lateinischen die Benennungen von Butter (echt deutsch Schmer oder Anke), Essig (acetum), Öl, Semmel; Weiher als Behälter für lebendige Fische ist das lateinische vivarium.

Auch für mancherlei Gerätschaften sind die lateinischen Bezeichnungen ins Deutsche aufgenommen worden: Anker und Kette, Becher, Kopf (altd. = Becher, aus cuppa), ein Pfiff Wein (lat. pipa die Röhre) und Schüssel, Kiste und Sack, Tisch (lat. griech. discus; das echt germanische Wort ist biud: worauf etwas dargeboten wird). Auffallend gering an Zahl sind die Entlehnungen auf dem Gebiete von Schmuck und Kleidung; es gehören hierher die Wörter Krone, Purpur, Spiegel (lat. speculum). Dem Kreise des politischen Lebens gehört nur das Wort Kaiser (lat. Caesar) an. Daß in bezug auf Kampf und Krieg die Germanen nicht das Bedürfnis empfanden, bei den Römern eine Anleihe zu erheben, ist begreiflich: es sind hier fast nur die Worte Kampf (campus) und Pfeil (pilum) zu nennen. Dagegen für den friedlichen Verkehr, für Handel und Wandel haben die Deutschen wieder bei den Römern gelernt: lateinisch sind Markt (mercatus) Münze (moneta), Meile (milia, tausend), Pfund, Uhr (hora) und Zoll (telonium).

Die Fertigkeit des Schreibens ist von Rom her bei den Germanen gefördert worden; Beweis das Wort schreiben, selbst aus

lat. scribere (echt germanisch wäre writan, ritzen), Brief
(lat. breve), Siegel (sigillum). Kunst und Wissenschaft des
römischen Volkes haben begreiflicherweise bei jener frühsten,
volkstümlichen Berührung nur geringen Einfluß auf unsere Vorfahren üben können; nur das überlegene ärztliche Können ihrer
Nachbarn hat schon früh auf die Germanen Eindruck gemacht;
daher die Wörter Arzt (archiater), Büchse, Pflaster.

Es bedurfte einer gewaltigeren Macht, als es die weltliche
Kultur des Römerreiches war, um auf das Geistesleben der Germanen Einfluß zu gewinnen: diese erstand im Christentum. Von
drei Seiten her ist den Germanen der neue Glaube gepredigt
worden: die östlichen Stämme verdanken ihn der griechischen
Kirche; irische und römische Glaubensboten haben den westlichen Stämmen und dem innern Deutschland das Evangelium
gebracht. Das irische Christentum scheint keinerlei Einfluß auf
die deutsche Sprache gewonnen zu haben. Mit Byzanz waren
hauptsächlich die Goten in Berührung getreten, und diese sind
frühe untergegangen; aber sie haben den übrigen deutschen
Völkern eines der wichtigsten Wörter vermittelt, das Wort Kirche
(= κυριακόν). Auch Pfaffe, Pfingsten (= πεντηκοστή, die
fünfzigste), Pfinztag (πέμπτος der fünfte), das bayrische Wort
für Donnerstag, Teufel dürfte durch die Goten zu uns aus dem
Griechischen gekommen sein. Was später der griechischen Sprache
entnommen wird, stammt nicht mehr aus unmittelbarer Berührung.

Am stärksten war natürlich der Einfluß des römischen
Kirchentums; mit den Belegen für diesen kommen wir zur geschichtlichen Zeit der deutschen Sprache: wir betreten das Gebiet
des Althochdeutschen. Lateinisch sind die meisten Bezeichnungen
für kirchliche Baulichkeiten und Gerätschaften: Klause, Kirche,
Münster, Schule; Kanzel, Kreuz, Oblate, Orgel; für kirchliche Ämter und Würden: Abt, Küster, Mesner (= mittellateinisch mansionarius, von mansio), Mönch, Nonne,
Priester (= presbyter), Probst (= propositus), Sigrist
(sacristanus); für kirchliche Gebräuche und Verrichtungen:
Feier, Mette (matutina), Vesper; Messe und Segen (si-
gnum), Almosen (griech. lat. eleemosyne) und Spende

(zu lat. expendere), ahd. dezemo (der Zehnte); opfern (vulgär-
lat. obfero für offero, unter dem Einfluß von obtuli, oblatum
entstanden) und predigen (praedicare); auch für einzelne
Vorstellungen der christlichen Religion: Engel, Marter, Pein
(poena), Plage, verdammen. Ob Wörter wie ahd. bimunigôn
ermahnen (monere), tîlôn vertilgen (delere) diesen mit dem
Christentum gekommenen Wörtern anzureihen sind, oder ob
sie der älteren römischen Schicht angehören, ist nicht mit Sicherheit zu entscheiden. Jedenfalls sind sie dadurch bemerkenswert, daß sie Begriffen gelten, die nicht dem Römer eigentümlich
sind.

Neben diesen volkstümlich gewordenen und volkstümlich
gebliebenen Entlehnungen der althochdeutschen Zeit geht schon
in dieser Zeit eine Reihe von gelehrten Fremdwörtern einher,
die nur in der Literatur, in den Übersetzungen aus dem Lateinischen ihr Dasein fristen.

Eine ganz neue Macht tritt in der mittelhochdeutschen Zeit
in unseren Gesichtskreis ein. Die Kreuzzüge reißen die Deutschen
aus ihrer Vereinzelung hinein in den großen Strom des europäischen
Lebens; es kommt vor allen Dingen zur engeren Berührung mit
unsern welschen Nachbarn; die überlegene Kultur, der Glanz und
die Verfeinerung des französischen Lebens wirken blendend auf
den deutschen Geist. So tritt französische Sprache und französische
Literatur für die Gebildeten des Volks in den Mittelpunkt ihrer
geistigen Bestrebungen. Die mittelhochdeutsche Lyrik erhält neuen
kräftigen Anstoß durch französische Vorbilder; unsere höfischen
epischen Dichtungen sind im ganzen nur mehr oder weniger freie
Umarbeitungen von Erzählungen französischer Meister. Ein Mann
wie Gottfried von Straßburg geht so weit, daß er ganze französische
Verse in sein deutsches Werk einmischt.

So beginnt denn mit dem letzten Drittel des 12. Jahrhunderts
ein breiter Strom französischer Wörter über die deutsche Sprache
hereinzubrechen. Turnier und Jagd, Spiel und Tanz, Musik und
Poetik entlehnen ihre Benennungen von dem Nachbarn; mit einer
Fülle von Gegenständen des Luxus ziehen auch die fremden Benennungen ein und manch andere Bezeichnung für Dinge des
feinen höfischen Anstands. Sehr viele von diesen Wörtern haben

nur ein kurzes Leben in der Sprache geführt; sie sind wieder untergegangen mit dem Verfall der ritterlichen Sitte. Andere sind bis auf den heutigen Tag lebendig geblieben, wie Abenteuer (mhd. aventiure aus frz. aventure), Banner, blond, fehlen (faillir), Fei, fein, Komtur (= commandeur), Manier, Palast, Plan (im Sinne von Ebene), Preis, turnieren.

Wie tief der lateinische und der französische Einfluß uns in Fleisch und Blut übergegangen sind, zeigt der Umstand, daß schon in jenen frühen Zeiten sogar einzelne Hilfsmittel der Wortbildung aus den beiden Sprachen entnommen wurden. Von Lehnwörtern aus wie althochdeutsch kamerari (camerarius), mesnari (mansionarius), munizzari (monetarius), murari (murarius) hat sich im Deutschen die höchst fruchtbare Bildungssilbe althochdeutsch -ari, mittelhochdeutsch -aere, neuhochdeutsch -er entwickelt, der wir später in der Lehre von der Wortbildung eine ausführliche Betrachtung widmen. Nach französischen Lehnwörtern wie partie, vilanie bildet schon der Mittelhochdeutsche die Wörter jegerie, rouberie, vischerie = neuhochdeutsch Fischerei, Jägerei, Räuberei; die Endung -ieren in halbieren, schattieren, stolzieren entstammt französischen Infinitiven auf -ier, die in mittelhochdeutscher Zeit so ausgesprochen wurden, daß der Ton auf dem i lag; endlich -lei in mancherlei, vielerlei ist das französische Wort loi, das früher lei lautete und auch die Bedeutung von Art und Weise besaß. Gelegentlich kann die fremde Endung auch dadurch hereindringen, daß ein deutsches Wort latinisiert wird und in der fremden Gestalt wieder zurückwandert. So wird das deutsche Wart zu wardinus, woher dann Münzwardein.

Neben dem französischen Einfluß hat der lateinische in der mittelhochdeutschen Zeit fortgedauert, ohne jedoch den französischen an Stärke zu erreichen. Je näher wir aber der Renaissance, den Tagen des Humanismus kommen, um so mehr tritt auch das Lateinische wieder in den Vordergrund. Mit der zweiten Hälfte des 15. Jahrhunderts beginnt eine lebhafte Übersetzungstätigkeit; im 16. Jahrhundert schreiben und sprechen die Gebildeten mit Vorliebe die Sprache des alten Rom; die heimische Sprache wird verachtet, und wir stehen in einer Zeit, wo der Kaiser des Heiligen

Römischen Reichs nur mit seinem Pferde Deutsch reden mochte. Jener Einfluß des Humanismus reicht bis in unsere Tage; noch immer suchen die Gelehrten, namentlich die Philologen, die heimische Sprache mit lateinischem Sprachgut zu bereichern, und auch das Griechische tritt durch sie aufs neue in Beziehung zur deutschen Sprache.

Unter diesen Entlehnungen aus den klassischen Sprachen sei besonders eine Gruppe hervorgehoben, die vor anderen auffällig zeigt, wie wir unsere Anschauungen mit denen des Altertums verschmolzen haben: die Übertragung antiker politischer Vorstellungen auf unser eigenes Leben. Man denke an Demokratie, Aristokratie, Monarchie, Konsul, Diktatur, Tyrann, Areopag, Forum, Senat, Patrizier, Plebejer, Proletarier, Heloten, Quaestor, Zensor, Latifundien, Privilegien.

Im 17. und 18. Jahrhundert wird das Lateinische als Modesprache wieder verdrängt durch das Französische, nicht zum mindesten durch das Verschulden des Humanismus, der die Deutschen an die Verachtung der eigenen Sprache gewöhnt hatte.

Manches aus Frankreich stammende Wort lebt heute nur noch in der Mundart, nachdem es von der Schriftsprache aufgegeben worden, oder ist überhaupt auf die Mundart beschränkt geblieben. Das gilt insbesondere für die westlichen Gegenden Deutschlands, für Elsaß und Pfalz, wo es von sonst nicht verbreiteten französischen Wörtern geradezu wimmelt, z. B. pfälzisch Bambusche (Zechgelage), französisch bamboche; Bubeller (Schmetterling), französisch papillon; Bulwersman (Wirrwarr), französisch bouleversement; Defoo (Versäumnisurteil), französisch défaut; Griffche, Hussche, französisch greffier, huissier; Konskri (der Stellungspflichtige), französisch conscrit; Lardrett (Zapfenstreich), französisch la retraite; Mullafär (ein Mensch, der sich alle möglichen Geschäfte macht), französisch un homme de mille affaires.

Auch in dieser spätern Zeit hat die Fremde mancherlei an Bildungssilben hergegeben, die besonders in der Studentensprache eine Rolle spielen, aber auch in den Mundarten auftreten. Die griechische Adverbialendung -ικῶς steckt in burschikos; lateinische Endung zeigt der Inhaftat, Pfiffikus, Luftikus,

Schwachmatikus, der Lumpazius, die Schwulität, das
Sammelsurium, der Buckelorum samt schweizerischem
Eselorum, Stoffelorum, das Plauderment und Plapper-
ment, der Paukant und Konkneipant, die Fressalien, das
thüringische Stumpax (dummer Mensch), Kerles, Lumpes,
Wackes, hervorgegangen aus den Latinisierungen Kerlus,
Lumpus, Wackus. Dem Französischen sind wir verpflichtet für
Bildungen wie Kneipier, Wichsier, Pumpier, pechös und
schauderös, knappemang (z. B. in Reuters Stromtid), Stellage
und das niederdeutsche Kledasche (Kleidung).

Neben die Masse des französischen Sprachmaterials, die im
17. und 18. Jahrhundert hereinflutet, tritt, wenn auch in viel
geringerem Umfang, die Entlehnung aus dem Italienischen, die
sich besonders in Bezeichnungen für musikalische Dinge und in
Ausdrücken des Handels bemerkbar macht. Auch hier zeigt sich
in südlichen Mundarten rein volkstümliche Entlehnung. So spielen
bei der Wiener Köchin Broccoli (Rosenkohl), Scorzoneren
(Schwarzwurzeln), Ribisel (Johannisbeeren) eine Rolle. Aus dem
italienischen fazzoletto stammt das schweizerische Fazenetli
für Taschentuch, aus italienisch saltaro der tiroler Saltner,
der Flurschütz, insbesondere der Weinbergshüter. Im Petto
haben verwendet ital. petto die Brust.

Im 19. Jahrhundert endlich erwächst uns eine recht beträcht-
liche Einwanderung fremder Wörter aus dem Englischen, von
Ausdrücken aus dem Gebiet des politischen und gesellschaftlichen
Lebens, vor allen Dingen aber des Sports.

Einzelne Beiträge zu unserm Sprachschatz haben während
der neuhochdeutschen Periode auch unsere östlichen Nachbarn,
die Slawen, geliefert; hierher gehören Ausdrücke wie Dolch,
Droschke, Grenze, Knute, Kutsche, Peitsche, Petschaft,
pomadig, Schöps, Zobel. Auch in den Mundarten, namentlich
in denen des östlichen Deutschlands, findet sich noch manches
slawische Sprachgut, so, ziemlich weit verbreitet, Robott für
Fronarbeit, Pawelatsch, Gestell, in Schlesien und Österreich
Kren, Meerrettig, im Schlesischen Kretscham, Schenke, im
Nordthüringischen das Wort dowre, ein slawischer Ausdruck
für gut (verwandt mit unserem Wort tapfer). Aus Ungarn

kommt **Hurrah** und **Tolpatsch**. Was die übrigen Nachbarvölker wie Holländer, Dänen, Schweden, beigesteuert haben, ist von verschwindender Bedeutung. Doch zeigt sich im nördlichen Schleswig ein nicht unbeträchtlicher Einfluß des Dänischen im Wortschatz wie in der Satzfügung. Ganz neuerdings hat uns die östlichste Ferne das **Harikiri** und den **Kotau** gespendet. **Bumerang** stammt aus einem australischen Wort **woomera** der Wurfstock.

Allen den bis jetzt erwähnten Völkern, die während der alt-, mittel- und neuhochdeutschen Zeit auf die deutsche Sprache Einfluß gewonnen hatten, steht ein einzelnes in besonderer Eigentümlichkeit gegenüber. Romanen und Engländer, Griechen und Slawen sind für uns ein Fremdes; ihr Einfluß kommt, deutlich erkennbar, von außen. Anders ist es bei dem Volke, dessen Angehörige mitten unter uns zerstreut leben und wieder in ganz unmittelbarer Weise mit ihrer Sprache auf die unsrige einwirken: das sind die Juden. Zwar die semitischen Wörter, die aus dieser Quelle in die Schriftsprache eingeflossen sind, sind nicht sehr zahlreich; es gehören hierher die Wörter **Gauner**, **Jubeljahr**, **Kümmelblättchen** (das hebräische Zeichen für 3 ist der Buchstabe **g**, gesprochen Gimel), **Mammon**, **Schacher**, **schächten**, **schäkern**. Aber um so zahlreicher sind die jüdischen Bestandteile in den Mundarten und der Umgangssprache, z. B.: **acheln** oder **achilen** essen, **beduch** oder **beducht** niedergedrückt, **ganfen** stehlen, **Kanuf** ein Scheltwort, **kapores** kaput, **koscher**, **Makkes** Schläge, **mauscheln**, **meschugge** verrückt, **Moos** Geld, **pleite**, **Rebbich** Gewinn, **Schlamassel**, **Schmu** Gewinn, **schmusen** erzählen, sich anschmeicheln, **schofel**, **Schote** (**Schaute**), **Zores** Streit.

Mit unserer Aufzählung ist nun zwar die Zahl der Völker so ziemlich erschöpft, welche unmittelbar dem deutschen Sprachschatz fremde Bestandteile zugeführt haben, aber keineswegs die Zahl der Sprachen selbst, denen solche entnommen sind. Denn jene Nachbarvölker haben uns nicht bloß heimisches Sprachgut mitgeteilt, sondern auch anderes, das sie selbst aus der Fremde erhalten haben. So haben uns die romanischen Sprachen eine beträchtliche Zahl von arabischen Wörtern übermittelt, wie **Admiral, Alchimie, Algebra, Alkohol, Almanach, Diwan,**

Douane, Havarie, kalfatern. und Bezeichnungen für neue Pflanzen, für neue Stoffe sind aus allen möglichen Sprachen fremder Erdteile bei uns eingewandert.

Auch haben Sprachen, mit denen wir in unmittelbarer Berührung gestanden haben, daneben durch Vermittelung anderer ihre Wirkung ausgeübt: Griechisches und Keltisches ist durch das Lateinische, manches Romanische erst durch das Englische zu uns gebracht worden. Die merkwürdigste Erscheinung ist aber die, daß wir aus dem Romanischen vielfach solche Wörter überkommen haben, die aus dem Germanischen selbst in jene Sprachen übergegangen waren, und nicht selten liegt sogar der Fall vor, daß wir das echt deutsche Wort und eine durch die fremde Sprache hindurchgegangene Form desselben nebeneinander besitzen: so ist Balkon = Balken, Fauteuil = Feldstuhl (durch Volksetymologie aus Faltstuhl Stuhl zum Zusammenfalten), Gage = = Wette, Garde = Warte, Liste = Leiste, Rang = Ring; Biwak ist entstanden aus altdeutschem biwaht (zu wachen), equipieren hängt mit Schiff, garnieren mit warnen (ursprünglich = bereiten, ausrüsten), Loge mit Laube zusammen.

Versteckter als in den bis jetzt erwähnten Fällen ist der fremde Einfluß, wenn nicht die fremden Laute selbst ins Deutsche herübergenommen sind, sondern in rein deutschen Wörtern sich fremder Sprachgeist wirksam zeigt. Zu verschiedenen Zeiten sind deutsche Wörter nach dem Muster von ausländischen gebildet worden, teils aus reinem Zweckmäßigkeitsbestreben, um die Wörter verständlich zu machen, teils, in jüngerer Zeit, aus bewußtem Gegensatz gegen das Eindringen vom Fremdwörtern. Bald besteht die Nachahmung in getreuer Übersetzung des fremden Wortes, bald sucht sie mehr seinen Geist wiederzugeben.

In althochdeutscher Zeit bildete man nach lateinischem humanitas ein deutsches gomaheit (gomo der Mensch), nach lateinischem misericors ein deutsches armherzi, mit dem das gleichbedeutende barmherzig zusammenhängt; missa die Messe gab man durch santa wieder (eig. die gesendete), propheta durch forasago der Vorhersager; bibliotheca ruft ein deutsches buohfaz hervor; heriro und jungiro, aus denen unser Herr und Jünger geworden, ist Wiedergabe von lateinisch senior und junior, die Herr und Diener bedeuteten (vgl. franz. seigneur). Dem lateinischen apostolus entspricht zwelfboto, d. h. man hat zunächst den Plural apostoli mit zwelfboton, die zwölf Boten, übertragen und zu der daraus entstandenen Zusammensetzung zwelfboton die Einzahl zwelfboto geschaffen, gerade wie der Siebenschläfer aus der Mehrzahl die sieben Schläfer hervorgegangen ist. In den althochdeutschen Übersetzerschulen hat man zur Wiedergabe der lateinischen Partikeln autem, ergo, igitur, itaque, profecto, vero sich der Wörter wahrlich und gewiß bedient, die freilich in dieser Art von Verwendung niemals volkstümlich geworden sind. Für emanatio, objectum, subjectum hat sich die deutsche Mystik die Ausdrücke ûzfluz, gegenwurf oder widerwurf, understôz geschaffen.

In neuerer Zeit ist eingefleischt gebildet nach lateinischem incarnatus, hingegossen nach effusus, Pflegling nach alumnus; Volksherrschaft, Freistaat entstammen der Anregung durch Demokratie, Republik; Drahtbericht, erkenntlich, Zerrbild, Zwischenfall geben Telegramm, französisch reconnaissant, Karikatur, französisch incident wieder; gegenzeichnen übersetzt contrasignieren; Arbeitsteilung beruht auf englischem division of labour, Schöpfung auf englischem creation.

Manche deutsche Wörter sind zwar nicht erst neu geschaffen worden unter fremdem Einfluß, aber sie haben durch ihn neue, ihnen ursprünglich fernliegende Bedeutungen angenommen, vielleicht auch die echte deutsche dabei ganz verloren. Hierher gehört wohl taufen, das ursprünglich bloß untertauchen bedeutete. Wenn im 16. Jahrhundert das Wort bürgerlich auch die Bedeutung von höflich, anständig hat, so schwebt dabei das Wort civiliter oder civilement vor dem Geiste des Sprechenden; zerstreut hat seine heutige Bedeutung zu Lessings Zeit erhalten, um das Französische distrait wiederzugeben; einem den Hof machen ist eine Übersetzung von faire la cour, Rechnung tragen von tenir compte, von langer Hand von de longue main, sich auf dem laufenden erhalten von être au courant; der Kampf ums Dasein ist Darwins struggle for life; antworten, von modernen Gelehrten im Sinne von **entsprechen** gebraucht, zeigt den Einfluß von lateinisch **respondere**.

Für die Nachahmung fremder Satzfügungen mit deutschem Sprachstoff kommt bei der hochdeutschen Sprache fast nur das Lateinische und, in weit geringerem Maß, das Französische in Betracht. Von Satzfügungen, die dem Lateinischen eigentümlich sind, ist mit besonderer Vorliebe der sogenannte Akkusativ und Infinitiv nachgebildet worden, in bescheidenerem Maße bei den althochdeutschen Übersetzern, wenig in der mittelhochdeutschen Zeit, sehr häufig seit der zweiten Hälfte des 15. Jahrhunderts, und zwar keineswegs bloß in Übersetzungen. So heißt es z. B. im Teuerdank: „nym zu dir den Gesellen dein, den du weist verschwiegen zu sein", oder: „der Held antwortet: ich red on spot, mich gewesen sein in großer Not". Und diese Weise geht noch tief hinein in das 18. Jahrhundert; noch Lessing wendet sie gelegentlich an: „die Theaterstücke, die er so vollkommen nach dem Geschmacke seines Parterres zu sein urteilte". In der heutigen Sprache aber ist die Konstruktion völlig verschwunden: **ich sehe ihn kommen** ist ursprüngliche, echt deutsche Weise. Aber doch schimmert das Bestreben, die fremde Fügung wiederzugeben, noch in Ausdrucksweisen durch wie: „dein Bruder, von dem ich urteile, daß er sehr reich ist".

Eine sehr bequeme Fügung ist die lateinische des sogenannten Ablativus absolutus. Das Germanische hat ursprünglich Ähnliches besessen, aber früh verloren, und so finden wir während der ganzen hochdeutschen Periode Versuche, sie nachzubilden. Die althochdeutschen Übersetzer wenden sie häufig an. Im Neuhochdeutschen tritt dem Lateinischen noch das Vorbild des Französischen zur Seite.

Auf doppelte Weise hat man versucht, die fremde Fügung zu erreichen: einerseits mit einer Art von absolutem Akkusativ: „dieses Geschäft berichtigt, eilen alle Statthalter nach ihren Provinzen" (Schiller); „das geschehen, hänge die Entscheidung von dem Könige ab" (Dahlmann); anderseits durch Verwendung der Präposition **nach**, was meist sehr häßlich klingt; „nach aufgehobenem Kloster" (Goethe); „nach genommenem Abschiede von seinem Freunde" (Schiller); „nach dem abgeschüttelten Joch der

Römer" (J. Grimm): lauter Fügungen, die wenig nachahmenswert sind.

Lateinischem Sprachgebrauch entstammt ferner die relative Geltung des Pronomens welcher. In mhd. Zeit ist dies Fürwort lediglich fragend verwendet; erst seit den siebziger Jahren des 15. Jahrhunderts erscheint es auch relativ und zwar neben dem Hauptwort, z. B.: „ich schick üch disz büchlin. Welches büchlin üwer genad von mir ufnemen wöll". Im Lateinischem nämlich ist vor dem Hauptwort kein Unterschied zwischen fragendem qui und bezüglichem qui, und so hat man auch im Deutschen das Fragepronomen relativ verwendet. Lateinisch ist aber überhaupt die relativische Anknüpfung von Sätzen, die nicht eine nebensächliche Bestimmung des Vorhergehenden bringen, sondern eine neue Tatsache enthalten: „der Redner schloß mit einem Hoch auf seine Majestät, welchem der Gesang der Nationalhymne folgte, worauf dann eine große Anzahl patriotischer Toaste sich anschloß".

Überhaupt ist der ganze Charakter unseres Satzbaus durch die lateinische Sprache in ungünstiger Weise beeinflußt worden; die große Vorliebe des Neuhochdeutschen für Einschachtelung von Sätzen, für verwickelte Satzfügungen stammt aus dieser Quelle, und zwar ist es neben dem Gelehrtendeutsch der Kanzleistil, der hier den Vermittler gespielt hat. Mancherlei einzelne Eigentümlichkeiten des Lateinischen sind zu verschiedenen Zeiten nachgebildet worden, ohne festen Grund und Boden zu gewinnen, vielleicht nie in weiterem Umfang als zu der Zeit, wo im 18. Jahrhundert die Sprache der Wissenschaft deutsch zu werden begann.

Daß das Französische auf syntaktischem Gebiet weniger starken Einfluß geübt hat als das Lateinische, ist leicht begreiflich, denn es steht in seiner Eigenart dem Deutschen viel näher als beide Sprachen dem Lateinischen und hatte daher nur wenig zu bieten, was als Förderung hätte erscheinen können. Französischer Einwirkung verdanken wir die Hervorhebung eines Begriffs durch die Umschreibung mit sein: „von hier aus ist es, daß man den weitesten Blick über Paris hat". Zweifelhaft kann es sein, ob Nachahmung des Lateinischen oder des Französischen vorliegt in der Angabe einer Eigenschaft mit sein von —: „Friedrich V. war von einem freien und aufgeweckten Geiste, vieler Herzensgüte, einer königlichen Freigebigkeit." Im Südwesten des deutschen Sprachgebiets kann man oft genug hören: „es macht schön Wetter" = il fait beau temps. Englischen Einfluß verrät es, wenn neuerdings gesagt wird in 1900 für im Jahre 1900. Bei den Deutschen Österreichs finden sich nicht selten Ausdrucksweisen, die der Nachbarschaft des slawischen Sprachgebiets entstammen. Auch die eigene ältere Sprache ist gelegentlich wie eine fremde störend in das Neuhochdeutsche eingedrungen. Doch beschränkt sich diese Erscheinung auf wenige hervorragende Germanisten, unter denen besonders Jakob Grimm zu nennen ist.

All diese Berührungen mit fremden Sprachen haben für unsere Zeit das Ergebnis herbeigeführt, daß eine förmliche Überflutung der deutschen Sprache durch fremde Bestandteile eingetreten ist. Das Heysesche Fremdwörterbuch umfaßt in seiner 17. Auflage nicht weniger als 907 Seiten des größten Oktavformats. Demgegenüber hat das Deutsche Wörterbuch von M. Heyne nur rund 2000 Seiten aufzuweisen.

Es gibt kein Gebiet des Lebens, das sich von dieser Ausländerei ferne gehalten hätte; am schlimmsten ist es vielleicht um die Sprache der höhern Kochkunst, der Heilkunde, des Kriegswesens bestellt. Kein Stand, kein Geschlecht ist unbeteiligt an der Sprachmischung. Aber doch ist der Gebrauch nicht überall ganz gleichmäßig. Es bildet sich sogar ein leichter Unterschied zwischen der Sprache des Mannes und der Frau heraus, freilich nur im Kreise der Gebildeten; die Anwendung griechischer und lateinischer Wörter eignet überwiegend dem männlichen Geschlecht; dem weiblichen Geschlecht liegt das Französische und Englische näher.

Auch die gesellschaftlichen Schichten verhalten sich verschieden zu den Fremdwörtern, im besondern zu den aus dem Französischen und Englischen entlehnten: die „oberen Zehntausend", die Kreise des Hofes, sie gebrauchen in der deutschen Rede eine Menge von französischen und englischen Wörtern, deren jeder andere leicht enträt, wie z. B. Antichambre, menagieren, soignieren, Luncheon, Fife o'clock-Tee, Sweater. Anderseits lebt im Munde der Ungebildeten und Halbgebildeten oder in der nachlässigen Rede der Gebildeten eine große Zahl von welschen Bestandteilen, die der wirklich gebildeten Rede fremd oder anstößig sind, Wörter wie Budél (Flasche), Gilet, karessieren, Plaisir, kaput.

Die Ursachen, aus denen die so häufige Verwendung fremder Wörter entspringt, sind teilweise dieselben, die wir im vorletzten Abschnitt für die Bildung neuer Wörter überhaupt kennen gelernt haben. Die Sprache schafft unablässig Neues, weil das Vorhandene aus verschiedenen Gründen dem Bedürfnis nicht genügt. So ist es nur begreiflich, daß mit neuen Gegenständen, Erfindungen, Begriffen, die uns aus der Fremde zukommen, wir auch die fremde Bezeichnung übernehmen.

Und auch da, wo die Dinge, die Vorstellungen unsere eigene Schöpfung sind, greifen wir gern nach dem fremden Wort, denn es ist bequemer, das bereits fertige Fremde sich anzueignen als aus eigener Kraft ein Neues zu schaffen. Ja wir wenden oft das deutsche Wort und das gleichbedeutende Fremdwort nebeneinander an, weil wir so ein billiges Mittel zur Herstellung stilistischen Wechsels erhalten. Zudem sind die Fremdwörter ein trefflicher Deckmantel der Gedankenarmut und des unklaren Denkens; der Hörer ist vielleicht gutmütig genug zu glauben, daß seine eigene Unkenntnis Schuld trage, wenn die fremde Verbrämung ihm rätselhaft erscheinen will. Und auch in formaler Hinsicht ertragen Fremdwörter eine weit größere Willkür der Behandlung als einheimische; wenige Menschen nehmen Anstoß an Zwitterbildungen aus lateinischen und griechischen Bestandteilen, an den widersinnigsten Verstümmelungen fremden Sprachguts.

Zu der geistigen Trägheit gesellt sich die Eitelkeit. Der Halbgebildete will sich durch den Gebrauch fremder Wörter den Schein höheren Wissens geben, der Vornehme sich durch sprachliche Schranken abschließen von dem großen Haufen.

Man sieht, die Ursache der Fremdwörtersucht liegt in zwar unerfreulichen, aber allgemein verbreiteten und unausrottbaren Eigenschaften der menschlichen Seele.

Trotzdem sind wir nicht verpflichtet, die Wirkungen dieser Eigenschaften ohne Kampf über uns ergehen zu lassen, und zwar aus Gründen, die wir schon bei anderer Gelegenheit (s. S. 83) haben geltend machen müssen. Der häufige Gebrauch der Fremdwörter gefährdet in verhängnisvoller Weise den Zweck der Rede, die Mitteilung. Wie sehr durch das Fremdwort der Verkehr der verschiedenen Schichten erschwert wird, wie häufig bei Ungebildeten und Halbgebildeten die Vertauschung ähnlich lautender Fremdlinge stattfindet, ist bekannt genug und hat oft den Gegenstand humoristischer Darstellung abgegeben.

Auch der Gebildete, selbst der Gelehrte steht nicht selten einem fremden Wort ratlos gegenüber und ist genötigt, zum Fremdwörterbuch zu greifen, auf die Gefahr hin, daß ihn auch dieses im Stiche läßt. Als die Festung Przemysl von den Russen aufgefordert wurde, sich zu übergeben, da lehnte der tapfere Verteidiger es ab, eine meritorische Antwort zu geben: die wenigsten Deutschen haben gewußt, daß das soviel sei als eine auf die Sache eingehende Antwort. Aber mögen auch fremde Wörter im Kreise der guten Gesellschaft durchaus geläufig sein; sie können doch im großen und ganzen niemals die Schärfe und Bestimmtheit der Bedeutung erlangen, wie sie echt deutschen Wörtern zukommt. Denn sie entbehren des festen Haltes in der Sprache, des Zusammenhangs mit etymologisch verwandten, allgemein bekannten Wörtern, deren Bedeutung für das Sprachbewußtsein keinem Zweifel unterliegt (s. oben S. 103). Dieser Mangel an Stützen für das Gedächtnis macht sich auch darin fühlbar, daß die Fremdwörter in der lebendigen Rede viel stärkeren Entstellungen ausgesetzt sind als die deutschen, ganz abgesehen von der unvermeidlichen Unsicherheit in der Schreibung.

Selbst der Sprachgebrauch der Gebildeten ist nirgends so sehr dem Zweifel, der Schwankung unterworfen als bei den Fremdwörtern: soll man betonen Barómeter oder Barométer? spricht man Aristokratie mit t nach deutscher, oder mit s nach französischer Weise? heißt es der Zölibat oder das Zölibat? soll der Plural von Thema lauten Themas, Themen, Themata oder Thematen? Ja, der Gebrauch fremder Wörter kann sogar die Verständigung mit dem Volke, dem wir sie entlehnt haben, erschweren. Denn nicht selten besitzen z. B. unsere dem Französischen entnommenen Wörter andere Bedeutung, als sie ihnen in ihrer Heimat zukommt, und wir können bei ihrem Gebrauch in der fremden Sprache unter Umständen recht ärgerliche Verstöße begehen. Unser Eisenbahncoupé heißt auf französisch compartiment, das Rouleau heißt le store; ein Feinschmecker heißt gourmet, nicht gourmand, was Vielesser bedeutet; Lavoir ist nicht eine Waschschüssel, sondern ein Waschplatz; französisch brigadier ist heute soviel wie Korporal, nicht der Befehlshaber einer Brigade. Und solche Fälle sind unendlich viel zahlreicher als diejenigen, in denen das Fremdwort die Verständigung mit der Fremde erleichtert.

Freilich nicht bei allen Fremdwörtern ergeben sich solche Schwierigkeiten des Verständnisses und der Handhabung. Viele Entlehnungen sind dermaßen eingebürgert, haben so vollständig deutsche Art und Weise angenommen, daß das naive Sprachbewußtsein ihnen nicht anders als den echt deutschen Wörtern gegenübersteht, also etwa Wörter wie Arzt, Fenster, Kaiser Pfalz. Aber bei den meisten ist dies nicht der Fall, sie enthalten Laute, die dem deutschen Organ zuwider sind, oder die Art ihres Tonfalls bringt sie in Gegensatz zu der deutschen Gewohnheit; mit anderen Worten, es ergibt sich ein stilistischer Gegensatz zwischen den fremden Bestandteilen und den heimischen Wörtern; so ist denn auch vom Standpunkt der Ästhetik die Fremdwörtersucht etwas höchst Verwerfliches.

Vor allem aber empört sich unser vaterländisches Bewußtsein, daß wir fort und fort mit fremden Flittern uns aufzuputzen suchen; die deutsche Sprache ist nicht so arm, daß sie gezwungen wäre, bei anderen Völkern betteln zu gehen und von ihnen sich verspotten zu lassen.

Die Schwierigkeit, die Sprache von fremden Bestandteilen frei zu halten, ist gar nicht so groß, als es auf den ersten Blick erscheinen mag. Natürlich darf man nicht verlangen, daß ein bestimmtes Fremdwort an jeder einzelnen Stelle seines Auftretens durch ein und dasselbe deutsche Wort ersetzt werde. Wer uns fragt, wie wir dieses oder jenes fremde Wort durch ein deutsches wiedergeben wollen, der kann nur die Antwort erhalten: „sage mir erst, in welchem Zusammenhang das Wort stehen soll." Je nachdem die Auskunft ausfällt, wird unser weiterer Bescheid sich sehr verschieden gestalten können.

In unendlich vielen Fällen besitzen wir ja schon heute gute deutsche Wörter neben gleichbedeutenden fremden, und hier gibt es für den Gebrauch der ausländischen gar keine Entschuldigung. Wo es an deutschen fehlt, können neue geschaffen werden: wir sind ja sonst gegen die Bildung von neuen Wörtern nachsichtig genug, und wenn manches Ersatzwort wenig glücklich gebildet ist, so gilt das gleiche von vielen hundert Wörtern, die deutsche Schriftsteller neu einzuführen versucht haben, auch ohne die Absicht, Fremdwörter zu verdrängen. Freilich kommt man bei Neubildungen mit bloßem Übersetzen des Fremden nicht aus; das zeigt sich am deutlichsten da, wo wir gleichbedeutende Wörter aus verschiedenen Sprachen oder dasselbe Wort zu verschiedenen Zeiten aufgenommen haben und doch für uns die Bedeutungen weit auseinander gehen: Theismus würde bei buchstäblicher Übersetzung die gleiche Wiedergabe verlangen wie Deismus, Spital wie Hotel (beides = lateinisch hospitale), Quadrat wie Karree.

Auch sonst kann das Bestreben der Sprachreinigung fehlgreifen: es wäre verwerflich, die Wörter wieder verbannen zu wollen, deren fremden Ursprung nur die wissenschaftliche Forschung nachweisen kann, also etwa jene ältesten Lehnwörter aus dem Lateinischen, die schon seit den ersten Jahrhunderten unserer Zeitrechnung bei uns eingebürgert sind. Selbst bei den erst neuerdings aufgenommenen wird stets ein Rest bleiben, der als unentbehrlich erscheint. Freilich ist das Urteil über diese Unentbehrlichkeit kein unbedingtes, es kann von heute auf morgen durch eine glückliche Neubildung widerlegt werden, und es kommt lediglich auf die Gewöhnung an. Im Jahre 1805 behauptet noch eine Zeitung: „Kein Wort ersetzt die Benennung Madame und Demoiselle, und jeder Vorschlag zu ihrer Ausscheidung grenzt an das Unmögliche."

Wieviel bei ernstem Wollen erreicht werden kann, zeigt am besten ein Blick auf das, was schon erreicht worden ist. Der Kampf, der seit dem Beginn unseres neuhochdeutschen Sprachabschnitts von vaterländischen Männern gegen die Fremdwörtersucht geführt worden ist, von Satirikern, Gelehrten, Sprachgesellschaften, er ist nicht vergeblich geblieben. Am umfassendsten ist in älterer Zeit die Tätigkeit von Joachim Heinrich Campe gewesen; er ist vielfach angegriffen, vielfach verspottet worden, aber trotz zahlreicher Schwächen hat er sehr verdienstlich gewirkt.

Es läßt sich nachweisen, daß er von entschiedenem Einfluß auf Goethe, Schiller, Jean Paul gewesen ist, und eine Anzahl der besten deutschen Wörter, die wir heute gebrauchen, ist von ihm erst als Ersatz für fremde geschaffen worden (so sich eignen für qualifizieren, Kerbtier für Insekt, Gefallsucht für Koketterie, Fallbeil für Guillotine, Zerrbild für Karikatur; siehe auch oben S. 180). Später hat uns Robert Schumann gezeigt, daß die Musik ganz gut bestehen kann, ohne beim Italienischen ein allegro, grazioso, moderato, poco più mosso, vivace zu borgen. In der Gegenwart hat die Begründung des neuen Deutschen Reichs, die außerordentliche Steigerung des vaterländischen Gefühls der Bewegung gegen das Fremdwort einen mächtigen Aufschwung gegeben.

Große Verdienste hat sich der erste Generalpostmeister des Deutschen Reiches mit seinen Verordnungen von 1874 und 1875 erworben. Aber im Mittelpunkt der Bewegung steht seit einer Reihe von Jahren der Allgemeine Deutsche Sprachverein, der 1885 von Hermann Riegel begründet worden ist. Durch umsichtiges, tatkräftiges, aber jeder Übertreibung abholdes Auftreten hat er nach und nach die meisten seiner Gegner entwaffnet und weite Kreise unter seine Fahnen versammelt. Die neuen Gesetzbücher zeichnen sich aus durch große Reinheit der Sprache; hohe Behörden weisen die ihnen untergebenen Dienstellen darauf hin, daß fremde Wörter zu vermeiden seien; sogar aus der Sprache des Heeres sind überflüssige Eindringlinge zumal in der allerneuesten Zeit in erheblichem Maß entfernt worden.

Am wenigsten hat an diesem Fortschritt wohl die Sprache der Heilkunde teilgenommen; sie kann aber einen Milderungsgrund anführen: der Arzt ist nicht selten in die Lage versetzt, am Bette des Kranken über dessen Zustand zu sprechen, ohne daß er von ihm verstanden werde. Auch die wissenschaftliche Botanik und Zoologie kann der fremden Bezeichnungen kaum entraten, nicht weil es an deutschen Ausdrücken fehlte, sondern gerade umgekehrt, weil eine Überfülle an solchen besteht und zudem in verschiedenen Gegenden mit dem gleichen Wort ganz verschiedene Dinge bezeichnet werden (s. oben S. 100). Dagegen hat man neuerdings ganz vortreffliche Vorschläge gemacht, die für die Ungelehrten, für die Zwecke der Schule die fremden Pflanzennamen durch deutsche ersetzen wollen.

Es erübrigt uns noch zu fragen, welches das Schicksal des einzelnen Fremdworts bei und nach der Entlehnung gewesen sei. Zwei entgegengesetzte Standpunkte sind denkbar und auch zur Anwendung gekommen: entweder fügt sich das fremde Wort in jeder Beziehung der deutschen Weise, oder man bemüht sich soviel als möglich die ursprüngliche Gestalt des Wortes festzuhalten.

Zwischen beiden Standpunkten gibt es mehrfache Übergänge; ein und dasselbe Wort kann bald die eine, bald die andere Behandlungsweise erfahren. Der erste Standpunkt, der der völligen Ausgleichung, ist im allgemeinen zeitlich der frühere, während später die Rücksicht auf die fremde Sprache das Übergewicht erhält. Was in der althochdeutschen Periode an Fremdwörtern ins Deutsche übergegangen ist, hat durchaus die Gestalt von einheimischen Wörtern angenommen: die Fremdlinge sind kaum als solche zu erkennen; ihre Beseitigung ist weder erforderlich noch möglich. Von dem Zuwachs der mittelhochdeutschen Zeit hat nur noch weniges sich anzugleichen vermocht, und heute bleibt die fremde Gestalt fast unverändert.

Dieser Unterschied ist nicht darin begründet, daß in der neuern Zeit die Lebenskraft, die Aneignungsfähigkeit der Sprache geringer geworden wäre, sondern er fällt zusammen mit dem Unterschied zwischen volkstümlicher, naiver Entlehnung einerseits und gelehrter, literarischer auf der andern Seite. Das Wort, das der Gebildete heutzutage der fremden Sprache entnimmt, begegnet ihm immer wieder als Wort einer fremden Sprache im Zusammenhang des fremden Satzes, und so wird stets aufs neue die fremde Gestalt hergestellt, wenn das Wort von ihr abzuweichen beginnt. Wo aber das fremde Wort in den lebendigen Gebrauch des Volkes übergegangen ist, da findet auch heute noch so gut eine Angleichung statt, wie vor fünfzehnhundert Jahren.

Der stärkste Gegensatz zwischen den deutschen und so vielen aus dem Griechischen, Lateinischen, Französischen herübergenommenen Wörtern besteht in bezug auf die Betonung. Das Germanische betont in der Regel die erste Silbe des Wortes; das Griechische und Lateinische betonen bald diese, bald jene Silbe; beim Französischen liegt im ganzen der Ton auf der Endsilbe. In althochdeutscher Zeit wird einfach die heimische Betonung auch auf die entlehnten Wörter übertragen, auch hier die erste Silbe betont: nur so war es möglich, daß z. B. aus dem lateinischen monastérium, monéta, palátium deutsches Münster, Münze, Pfalz hervorging. In mittelhochdeutscher Zeit begegnet deutsche und fremde Betonung nebeneinander; französisch la bannière erschien als bánier und als baníer: daraus entstammt die neuhochdeutsche Doppelung von Banner und Panier. Heute wird im allgemeinen der fremde Tonfall festgehalten, so daß wir sogar Wörter mit wechselnder Tonstelle besitzen: Proféssor — Professóren, Átlas — Atlánten.

Bei der Beurteilung des einzelnen Falls muß aber wohl beachtet werden, daß wir die Wörter nicht immer unmittelbar aus der Sprache überkommen haben, der sie ursprünglich angehörten. Wir betonen Menelàus, Themístokles, Ö'dipus nach lateinischer Weise, nicht Menélaus, Ödípus, Themistoklés, wie es nach griechischem Vorbild lauten müßte. Bei Wörtern, wie Katholik, Musik hat die französische Betonung den Ausschlag gegeben. Nicht selten sind die Fälle, wo ein Wort bald nach lateinischer, bald nach französischer Art betont wird: Phänómen — Phänomén, Arithmétik — Arithmetík, Metaphýsik — Metaphysík. Wir sagen Antipathíe, Politík, bilden aber davon die Ableitungen: antipáthisch, polítisch. Bei einem Nebeneinander wie dem von Státue — Statúe, Phýsik — Physík könnte man zweifelhaft sein, ob die Betonung der ersten Silbe lateinischem Vorbild entstammt oder einfach auf Durchführung des deutschen Tonfalls beruht.

Denn das letztere findet auch in der Gegenwart immerhin noch statt. Wir betonen Kárneval, Leútnant, Ózean, Schárlatan. Wir schwanken zwischen Ádjektiv und Adjektív, Ínfinitiv und Infinitív, Kávallerie und Kavalleríe; man

hört Büreau, Diner, Souper und Büreaú, Dinér, Soupér.
und zwar begegnet die Betonung der Endsilbe überwiegend bei
Norddeutschen, die der Stammsilben überwiegend bei Süddeutschen: der Schweizer geht sogar so weit, Coúsine. Hôtel,
Párterre zu sprechen.

Der Unterschied zwischen Nord und Süd beruht zum Teil
darauf, daß im allgemeinen der Norddeutsche mehr Wert auf
richtiges Sprechen legt als der Süddeutsche und so auch den fremden Akzent genauer beizubehalten strebt. Das heißt so, wie er
nach seiner subjektiven Auffassung besteht; denn tatsächlich
vermag die scharfe Betonung der Endsilbe, wie sie der Norddeutsche liebt, so wenig oder noch weniger als die süddeutsche
Weise der Eigenart des französischen Tons gerecht zu werden.
Dazu kommt für den Süddeutschen noch etwas anderes. Er hat
in seinen unbetonten Vorsilben die Vokale ausgeworfen, spricht
also b'halte, g'lese, wo der Norddeutsche behalten, gelesen,
sagt. Es muß also für den Süddeutschen noch in viel höherem
Maß die Empfindung sich herausbilden, daß der ersten Silbe des
Worts der höchste Ton zukomme.

Eine ähnliche Schwierigkeit wie bei der Betonung macht sich
bei der Wiedergabe der einzelnen Laute geltend. Im allgemeinen
werden die fremden Wörter mit denselben Lauten vom Deutschen
hervorgebracht, mit denen sie sein Ohr treffen. Oder auch — das
ist freilich seltener — mit den Lauten, welche den fremden von
der Aussprache abweichenden Schriftzeichen entsprechen, wie bei
Leutnant, Meute und Toast, das ja sehr häufig mit deutlich
getrenntem o — a ausgesprochen wird; wenn bei Blessur ein u
gesprochen wird (= franz. blessure). so ist dafür wohl das Vorbild von lateinischen Bildungen wie Fraktur, Struktur verantwortlich.

Aber häufig genug liegt die Sache so, daß das Deutsche einen
mit dem fremden Laut übereinstimmenden gar nicht besitzt, daß
die fremde Aussprache nur mit Mühe oder gar nicht nachzuahmen
ist. In diesem Fall tritt an die Stelle des fremden Lautes der ihm
zunächst stehende des Deutschen — bei der volkstümlichen Entlehnung ohne Ausnahme; nur unsere Gebildeten mühen sich in
ängstlicher Pedanterie, sich des fremden Lautes zu bemächtigen

Zu einer gewissen Zeit des Althochdeutschen **gab** es keinen Laut, der einem lateinischen langen e genau entsprochen hätte, und so erscheint bei den Entlehnungen ein langes î: lateinisch feria wird althochdeutsch fîra (= Feier), creta wird crîda (= Kreide). Ebenso erscheint lat. ô als û: Maulbeere aus althochdeutsch mûrbere, lat. môrus, Uhr aus lat. hora.

Gleiches geschieht noch heutzutage. So wird das französische stumme e durch unser e wiedergegeben, obwohl der Klang ein ziemlich verschiedener ist, vgl. Gruppe, Rhone, Bagage, Gage. Der französische Nasallaut spiegelt sich oft genug durch einfaches deutsches **n, ng** oder **m** wieder: Mansarde, Rang, Tambur. Besondere Schwierigkeit machen die sogenannten mouillierten Laute des Französischen: gn wird einfach zu nj, vgl. Campagne, Champagner. Das mouillierte l erscheint als reines l: bouteille, fauteuil werden im Munde des Süddeutschen zu Budél, Fótöhl; oder als lch im Munde des Norddeutschen: Butélch, Fotölch; oder endlich als il: Detail, Email könnten vom Süddeutschen im Reim auf Heil und Teil verwendet werden.

Trotz solcher Abweichungen aber ist doch in den meisten Fällen zu erkennen, welcher Laut der fremden Sprache, welche Entwicklungsstufe des fremden Wortes bei der Entlehnung vorgelegen hat, und so gewährt uns die Vergleichung der Laute oftmals ein Mittel, um ungefähr die Zeit zu bestimmen, in welcher ein Wort aufgenommen worden ist. Das lateinische c vor e und i ist etwa bis zum 7. Jahrhundert unserer Zeitrechnung wie k ausgesprochen worden, erst danach wie unser z: so sind die deutschen Wörter wie Keller (cellarium), Kerbel (caerefolium), Kirsche (cerasus), Kiste (cista) früher entlehnt als etwa Kreuz und Zins (census). Wörter wie Panier, Rappier müssen früher aus dem Französischen zu uns gekommen sein als Barriere, Lisiere, denn der Aussprache -ière ist im Französischen eine andere vorhergegangen, die -iere betonte.

In ihrer Biegungsweise schlossen sich die entlehnten Wörter im allgemeinen den deutschen Wörtern an, mit deren Endungen und Bildungssilben die ihrigen am meisten übereinstimmten, und traten gleichzeitig in das Geschlecht derselben

über. So sind die lateinischen Wörter auf -arium der Klasse
der althochdeutschen Maskulina auf -ari angereiht worden:
kellari — Keller (cellarium), wîari — Weiher (vivarium)
geben genau das Vorbild von lêrari — Lehrer, scribari —
Schreiber wieder. Französisch le groupe, le rôle und all die
Hauptwörter auf -age sind im Deutschen weiblich geworden
nach dem Muster von Bitte, Gabe usw. Es ist daher lächerlich,
wenn viele Lehrer sich bemühen, der Rhone zu sprechen.

Aber nicht nur formale, sondern auch geistige Beziehungen
zwischen dem neu aufgenommenen Wort und dem bereits vorhandenen Sprachstoff haben öfters den Ausschlag gegeben: nämlich
dann, wenn deutsche Wörter bestanden, die mit dem fremden
bedeutungsgleich oder bedeutungsverwandt waren. So hat Kada-
ver sein männliches Geschlecht wegen Leichnam, Mauer, das
seinige nach Wand, Nummer nach Zahl, Libell nach Buch,
Pferd (mittellateinisch paraveredus) nach Roß, Puder nach
Staub. In Wien heißt es allgemein die Tramway wegen die
Pferdebahn. Freilich, nicht immer bot sich eine einzige bestimmte Art des Anschlusses von vornherein dar; dann ist oft
Schwanken eingetreten, und es hält schwer, eine feste Regel
zu erkennen. So ist das französische Hauptwort, das den Artikel
le besitzt, im Deutschen bald männlich, bald sächlich. In mittel-
hochdeutscher Zeit sind die Belege für die männliche Wiedergabe
häufiger als jetzt, vgl. die älteren Lehnwörter wie Harnisch,
Palast, Preis einerseits, anderseits moderne wie Bankett,
Bataillon, Bouquet, Dejeuner, Diner, Filet, Fort, Gilet,
Journal, Palais, Regiment, Service.

In einzelnen Wörtern haben wir noch jetzt zweierlei Geschlecht
nebeneinander: der Chor — das Chor, der Moment — das
Moment, der Parfüm — das Parfüm. Wenn neben das
Konsulat, das Patriarchat auch der Konsulat, der Patriarchat gehört wird, so sind die letzteren Formen wieder das Ergebnis gelehrter Pedanterie; die naive Sprache hat alle Wörter
auf -at bis in die neueste Zeit als Neutra behandelt, weil eine große
Zahl von ihnen im Lateinischen dieses Geschlecht besaß, in dem
gleichen Bestreben nach Ausgleichung, das sie dem heimischen
Sprachstoff gegenüber zur Geltung bringt.

Wenn einmal die fremden Wörter in den lebendigen Besitz des Deutschen übergegangen sind, so sind sie den gleichen Geschicken unterworfen, wie die heimischen Wörter. Ihre Laute verändern sich gerades° wie diese, und wir erhalten so wieder ein neues Hilfsmittel der Zeitbestimmung. Dem lateinischen parochus, planta, porta entspricht Pfarrer, Pflanze, Pforte; die entlehnten Wörter haben also die zweite Lautverschiebung mitgemacht, müssen somit vor dieser aufgenommen sein. Dagegen Pech, Pein (poena), Pilgrim (peregrinus) sind erst eingedrungen, nachdem jene zweite Lautverschiebung bereits vollzogen war.

Und wie bei deutschen Wörtern, so zeigt sich auch bei entlehnten das Bestreben, solche Wörter dem Sprachbewußtsein, dem Zusammenhang mit dem übrigen Sprachmaterial näher zu bringen, dem sie durch das Fehlen etymologischer Beziehungen entrückt sind. Das geschieht durch verdeutlichende Zusammensetzung, wie in Bibelbuch, Damhirsch, Grenzmark, Maulesel, wo, rein logisch betrachtet, beide Teile der Zusammensetzung nahezu das gleiche aussagen. Schuster lautet in älterer Sprache schuochsûtaere, obgleich sûtaere dem lateinischen sutor entstammt und dieses schon selber soviel wie Schuhmacher bedeutet. Anderseits durch volksetymologische Umgestaltung: so entsteht Armbrust aus arcubalista, Odermennig aus agrimonia, Goldcreme aus cold cream.

Es versteht sich danach von selbst, daß auch die Bedeutungen der Lehnwörter so gut der Veränderung unterliegen, wie die der deutschen: dichten bedeutet jetzt etwas ganz anderes als das lateinische dictare, Pein als poena, Pfütze als puteus.

———————

BESONDERER TEIL.

___

Erster Abschnitt.

Die Schrift.

Seit etwa zweihundert Jahren erörtern Gelehrte und Ungelehrte die Frage, ob wir die deutsche Rede mit der sogenannten lateinischen Schrift, der Antiqua, der Rundschrift, oder mit der sogenannten deutschen Schrift, der Fraktur, der Eckenschrift, wiedergeben sollen. Daß eine Alleinherrschaft der Eckenschrift unmöglich ist, liegt auf der Hand. Das Erlernen fremder Sprachen, der Verkehr mit dem Ausland sind ohne Vertrautheit mit der Rundschrift undenkbar. Das Nebeneinander aber beider Schriftgattungen ist eine große Belastung für den Unterricht der Schule, wie für den Kasten des Setzers und den Beutel des Buchdruckers. Hier würde es also einen großen Gewinn bedeuten, wenn wir uns entschließen wollten, die Eckenschrift ganz aufzugeben. Der Schule würde damit noch eine weitere Erleichterung geschaffen werden, denn bei der Antiqua stehen sich Druckschrift und Schreibschrift viel näher als bei der Fraktur.

Bei der Prüfung, ob die eine oder die andere Schrift leichter und schneller zu lesen, zu schreiben sei, sind die meisten Menschen nicht unbefangen, weil sie durch ihre Gewöhnung stark beeinflußt werden. Aber man kann rein sachlich ausrechnen an der Zahl der Striche, der Absetzungen, der sogenannten Druckpunkte, die für den einzelnen Buchstaben notwendig sind, daß die Antiqua sich rascher schreiben läßt als die Fraktur. Wer die Lesbarkeit untersucht, wird vor allem darauf sehen müssen, daß er Schriften von wirklich gleicher Größe vergleicht, denn die von den Schriftgießern gleich benannten Schriftgattungen sind tatsächlich nicht gleich groß. Man hat nun festgestellt, daß Druckproben auf größere Entfernungen erkennbar bleiben, wenn sie Antiquabuchstaben aufweisen, als wenn sie Fraktur enthalten.

Ob die Rundschrift schöner ist als die Fraktur, das ist eine Erwägung, die in das Gebiet des Geschmacks fällt, sich also der Beweisführung entzieht. Aber es ist doch sehr bemerkenswert, daß die Zeitschriften, die in dem Dienst der bildenden Kunst stehen, so ziemlich alle sich der Antiqua bedienen.

Wer solchen Tatsachen gegenüber darauf hinweist, daß in der „deutschen" Schrift ein Stück nationaler Eigenart liege, das wir nicht gegen Fremdes vertauschen dürften, der verrät wenig geschichtlichen Sinn. Wie wir seit langem wissen, ist die Gotik kein Erzeugnis des germanischen Geistes. Aber ebensowenig hat die „gotische", die deutsche Schrift, ihren Ursprung in Deutschland oder mit dessen Eigenart irgend etwas zu tun. Im späten Mittelalter hat das ganze westliche Europa lateinische wie volkssprachliche Aufzeichnungen in der gleichen, angeblich deutschen Schrift hergestellt.

Aber, könnte man vielleicht sagen, dadurch, daß die anderen Völker zur Rundschrift zurückgekehrt sind, ist die Eckenschrift eine nationale Eigentümlichkeit der Deutschen geworden. Das ist ungefähr ebenso richtig, als wenn jemand hätte sagen wollen: das Ausland hat Flotten geschaffen und Kolonien gegründet, wir Deutsche nicht; es ist frevelhaft, nach Flotte und Kolonien zu trachten, denn wir zerstören damit etwas, was für deutsche Eigenart kennzeichnend geworden ist. Tatsächlich ist es ein geschichtlicher Zufall, daß wir in unserer Schrift die Entwicklung der romanischen Völker nicht mitgemacht haben; die Rückkehr zur Rundschrift erfolgte unter dem Einfluß der Renaissance, und dieser traf bei den Romanen ungefähr zusammen mit der Einführung des Buchdrucks, während bei uns der Buchdruck schon völlig eingebürgert war, als das wiederbelebte klassische Altertum seine Macht entfaltete.

Zweiter Abschnitt.
Die Rechtschreibung.

Die schriftliche Bezeichnung irgendeiner Sprache würde dann vollkommen sein, wenn sie so viele Schriftzeichen besäße, als die Sprache Laute aufzuweisen hat, und jedem einzelnen Laut stets

ein und dasselbe Zeichen zukäme. Von solchem Ideal der Laut-
gebung ist unsere Sprache noch ziemlich entfernt. Einerseits
haben wir für denselben Laut verschiedene Bezeichnungen: sie
waren lautet genau wie die wahren; voll hat den gleichen Anlaut wie das davon abgeleitete füllen, vor wie das verwandte
für. Anderseits muß das gleiche Zeichen mehrere verschiedene
Laute vertreten. Anders ist der Laut **ch** zu sprechen in **Bach**,
Loch, **erlaucht**, als in **Bäche**, **Löcher**, **erleuchtet**, **Milch**,
mancher, **Lerche**: nach **a, o, u** wird er mehr hinten in der Kehle
gebildet, nach **e, i, ö, ü** und nach Konsonanten weiter vorn am
Gaumen; an Stelle eines tatsächlich gesprochenen **k** erscheint das
Zeichen **ch** vor einem **s** z. B. in **Dachs, Luchs, sechs, Wachs**.

Das Zeichen **ch** ist zugleich ein Beispiel dafür, daß zur Bezeichnung eines einfachen Lautes die Vereinigung von zwei Buchstaben nötig sein kann. Das Gleiche ist der Fall bei **ie** als der Darstellung eines langen **i**, bei dem Zeichen **ng** in **lang, Gang**; bei
dem Zeichen **sch** sind sogar drei Vertreter für einen einzigen Laut
aufgeboten. Auch das Umgekehrte begegnet: die einfachen Buchstaben **z** und **x** veranschaulichen die Doppellaute **t + s, k + s**.
Man sieht also, es muß zwischen Laut und Buchstabe bei der
Betrachtung einer Sprache sorgfältig unterschieden werden.

Die Ursachen dieser Mängel unserer Bezeichnung liegen zum
großen Teil in der Art, wie überhaupt unsere schriftliche Wiedergabe zustande kommt. Jeder einzelne lernt seine Rechtschreibung
von einem andern, dieser wieder von einem andern, und so kann es
kommen, daß der Mensch so schreibt, wie vor mehreren Geschlechtern geschrieben worden ist. Inzwischen hat aber vielleicht
die Aussprache sich verändert, ohne daß diese Änderung dem
Schreibenden zum Bewußtsein kommt: damit ist der Widerspruch zwischen Laut und Zeichen gegeben. Besonders verhängnisvoll hat die Erfindung des Buchdrucks gewirkt; durch seine Einführung wurde unsere Rechtschreibung im wesentlichen so festgestellt, wie sie bis auf den heutigen Tag geblieben ist. Und seit
dem 15. Jahrhundert hat sich gar mancherlei in den lautlichen
Verhältnissen unserer Sprache geändert.

So schreiben wir den Doppellaut **ei**, obwohl wir tatsächlich **ai**
(oder noch genauer **a-e**) sprechen; in **lieb, Dieb** wurde früher

das e wirklich gehört. Wir sprechen jetzt schteif, schpitz, aber schreiben noch wie zu der Zeit, als im Anfang tatsächlich ein s vernommen wurde. Die Wörter Stahl, Bühl haben in altdeutscher Zeit gelautet: stahel, bühel, mit deutlich erklingendem h. Als dieses verstummte, verschmolzen die beiden Silben zu einer langen; das h aber wurde in der Schrift gewohnheitsmäßig weitergeschleppt und machte so den Eindruck, als ob es die Aufgabe habe, die Länge des Vokals anzudeuten.

Es ist nicht an dem, daß wir in Ratte, Vetter, Himmel, Sitte, Donner oder irgend einem andern Worte wirklich eine doppelten Konsonanten sprächen; man bilde die Laute r, kurz a, einfaches t, e, und sehe, ob etwas anderes herauskommt, als unsere gewöhnliche Aussprache von Ratte. Mit der Doppelschreibung hat es folgende Bewandtnis. Im Mittelhochdeutschen gab es wirkliche Doppelkonsonanten oder eigentlich lang gesprochene Konsonanten, wie sie noch heute im Italienischen zu hören sind. Beim Übergang vom Mittelhochdeutschen zum Neuhochdeutschen wurden fast alle kurzen Vokale, die vor einfachen Konsonanten standen, gedehnt; die Vokale vor Doppelkonsonanz bewahrten ihre Kürze. Die Doppelkonsonanz wurde dann vereinfacht in der Aussprache, blieb aber in der Schrift bestehen, und so entwickelte sich das Gefühl, als ob kurzer Vokal und Doppelkonsonanz in der Schrift zusammengehörten, und man setzte die zweifache Konsonanz auch da, wo sie niemals früher gesprochen worden, wenn aus irgendeinem Grunde der kurze Vokal auch vor ursprünglich einfacher Konsonanz bewahrt worden war: mittelhochdeutsch hĭmel und dŏner wird also jetzt Himmel und Donner geschrieben, weil älteres stimme und sonne jetzt Stĭme, Sŏne gesprochen wird.

Mehrfach ist versucht worden, den Mängeln unserer Schreibung abzuhelfen. Etwa um die Mitte des 19. Jahrhunderts ist in den Kreisen der Sprachgelehrten die Anschauung aufgetreten, es sei unsere heutige Schreibung nach dem älteren Sprachstand zu regeln, also etwa ergetzen, zwelf, lieben, aber siben und ligen zu schreiben, weil die entsprechenden mittelhochdeutschen Formen diese Gestalt besaßen. Dieser angeblich geschichtliche Standpunkt hat zu einem sehr ungeschichtlichen Verfahren geführt; er hat sich nicht auf die Regelung der Zeichengebung beschränkt, sondern geradezu die Lautgestalt der Wörter gewaltsam umgestaltet, im übrigen aber da, wo bereits glücklich eine Regel waltete, die scheinbare Regellosigkeit eingeführt.

In den schärfsten Gegensatz zu dieser Richtung trat die sogenannte phonetische Schule, die streng den Grundsatz durchführen wollte: jedem Laut ein Zeichen, jedem Zeichen ein Laut, die ihre Vertretung unter anderm gefunden hat in dem „allgemeinen ferein für fereinfahte rehtšreibung".

Im Jahre 1876 trat in Berlin eine orthographische Konferenz zusammen, an der Angehörige der verschiedensten Richtungen beteiligt waren; sie ist jedoch nicht zu einem abschließenden und bindenden Ergebnis gelangt. So kam es, daß die Regierungen sich entschlossen, von sich aus orthographische Anweisungen zu geben; es entstand im Jahre 1880 die sogenannte Puttkamersche Rechtschreibung, der schon ein Jahr vorher ein bayrisches Regelbüchlein vorangegangen war. Den beiden, die sich sehr nahe stehen, schlossen sich dann bald die übrigen deutschen Staaten sowie die Schweiz im wesentlichen an. Bei einer Feststellung im Jahre 1899 hat sich ergeben, daß von den in Deutschland erscheinenden Büchern dieses Jahres fünf Sechstel und von den Zeitschriften beinahe drei Fünftel in der Schreibung des Jahres 1880 gedruckt worden sind, die zugleich die Schreibung der Schulen war. Wenn die Einigung keine vollständige wurde, so kam es hauptsächlich daher, daß Fürst Bismarck der Puttkamerschen Regelung entgegentrat und den Verwaltungsbehörden die Anwendung der neuen Vorschriften verbot, getreu seinem Grundsatz: quieta non movere.

Im Jahre 1901 haben dann abermals Beratungen stattgefunden zwischen den Vertretungen der deutschen Bundesstaaten und Österreichs, deren Ergebnis zu Ende des Jahres 1902 vom Bundesrat zum Beschluß erhoben wurde und in einem amtlichen Wörterverzeichnis Ausdruck fand. Auch hier sind mancherlei Wünsche, die größere Einfachheit forderten, noch unerfüllt geblieben. Aber man darf nicht vergessen: jede minder gute Rechtschreibung, die allgemein anerkannt wird, ist vorzuziehen der besten aller möglichen Rechtsschreibungen, solange diese nicht die Einheit zu bringen vermag.

Die Abweichungen, die unsere neuhochdeutsche Schreibung gegenüber der rein·phonetischen aufweist, sind nicht ohne Bedeutung für die Sprache selbst: die Schreibung wirkt in den Kreisen der Gebildeten vielfach zurück auf die Aussprache. Manche unterscheiden zwischen den Stammvokalen von Wörtern wie stet und bestätigen, leer, schwer und erklären, gefährlich, und doch liegt überall ein und derselbe mittelhochdeutsche Laut æ zugrunde. Die Deutschen in Esthland sprechen die Haide, Kaiser, Maid mit einem Diphthong, dessen erster Teil ein **a**, dagegen der Heide, keiner, Meineid mit **e** als Beginn des Doppellautes: im Mittelhochdeutschen hatten alle diese Wörter den Stammvokal **ei**, und in den heutigen Mundarten ist die Gestaltung des **ei** in allen diesen Wörtern die gleiche.

Dritter Abschnitt.

Die Wortbetonung.

Die in einem Worte zusammengefügten Silben können sich mit Rücksicht auf die Betonung in doppelter Weise unterscheiden. Einmal kann die Tönhöhe, in der die Lautgruppen erzeugt werden, verschieden sein. Der zweite Unterschied, der in der Betonung von Lautgruppen sich geltend macht, wird durch den Wechsel der Tonstärke hervorgebracht; lediglich an diese pflegen wir zu denken, wenn wir davon sprechen, daß die oder jene Silbe den Akzent habe. Trotzdem redet man auch hier von Hochton, von höchstbetonten Silben, gebraucht also Ausdrücke, die nur mit der Erhebung, nicht mit der Verstärkung der Stimme etwas zu tun haben, und zwar deshalb, weil beim Deutschen mit der Stärke des Tons auch seine Höhe im allgemeinen ab- oder zunimmt. Eine Ausnahme von diesem Satz machen die alemannischen Mundarten, wo die stark betonte Hauptsilbe einen tiefern Ton hat als die schwachbetonte Nebensilbe.

Während das Indogermanische — und noch in geschichtlicher Zeit das Griechische und Lateinische — den stärksten Ton auf verschiedene Silben des Wortes treten lassen kann, verleiht das Deutsche stets ein und derselben Silbe den stärksten Ton, mag die Zahl und Art der nachfolgenden Silben sein, welche

sie wolle, vgl. éin, éinig, Einigkeit, Einigkeitsbestre-
bungen.

Diese feste Tonsilbe ist beim einfachen, nicht zusammengesetzten Worte die Stammsilbe, also die erste Silbe des Wortes.
Nur scheinbare Ausnahmen sind es, wenn betont wird Jägerei,
Büberei usw., hantieren, stolzieren; denn die Bildungssilben -ei und -ieren sind französischen Ursprungs (s. o. S. 175)
und zeigen daher die französische Weise der Betonung. Sogar
deutsche Wörter können die fremde Betonung erhalten, wenn sie
fremdartiges Aussehen haben; es gibt Leute, die Heliánd sprechen.
Und wir betonen Kleinódien, das aus einer lateinischen Form
clenódium stammt. Daß aber selbst bei fremden Wörtern das
Streben dahin geht, nach deutscher Art den Ton auf die Anfangs-
silbe zu legen, haben wir schon früher gesehen (S. 190).

Bei den zusammengesetzten Wörtern liegt die Sache nicht
ganz so einfach. Von großer Bedeutung ist hier das logische Verhältnis, in dem der erste Teil der Zusammensetzung zum
zweiten steht. In der überwiegenden Zahl der Beispiele handelt
es sich darum, daß durch das erste Glied das zweite eine wesentliche
Bestimmung erfährt. Wird in solchem Fall das erste Glied
durch ein Hauptwort, Beiwort oder Zeitwort, kurz durch ein
volles Begriffswort gebildet, so steht wie bei dem nicht zusammengesetzten Wort der Ton auf der ersten Silbe: Mónd-
schein, Grünspecht, Trétrad.

Das Gleiche gilt, wenn Adverbia, Präpositionen und andere
Partikeln mit Hauptwort oder Beiwort sich verbinden; also
Wiedertäufer, A'ntwort, Ü'berfluß, vórlaut, Míssetat.
Tritt dagegen Zusammensetzung von Partikel und Zeitwort ein, so
kann dies auf doppelte Weise geschehen: die Zusammenfügung
kann untrennbar sein, dann ist die Stammsilbe des Zeitworts,
nicht die Partikel betont; ist die Verbindung trennbar, so kommt
der Akzent auf die Partikel zu stehen. So heißt es also stets be-
léhren, entnéhmen, erfáhren, mißfállen, verráten, zer-
réißen, aber: béistehen, fórtfallen, wéggehen. Eine Reihe
von Partikeln kann sowohl trennbare als untrennbare Zusammensetzung eingehen: dúrchbrechen — durchbréchen, hinter-
halten — hintertreíben, übersetzen — übersétzen, úm-

gehen — umgéhen, únterstellen — unterstéllen, wíder-
bellen, wíderhallen — widerfáhren, widerráten.

Diese Gesetze über die Betonung in der Partikelkomposition
erfahren mehrfach scheinbare Durchkreuzung. Wörter wie Bescheid, Eroberung, Verleger machen den Eindruck einer
Zusammensetzung von Partikel und Hauptwort, sollten also nach
unsern Regeln (s. vorige Seite) den Ton auf der Vorsilbe haben.
Allein es gibt überhaupt kein Wort Scheid, Oberung, Leger:
jene Wörter sind nicht Substantivkomposita, sondern Ableitungen von bescheiden, erobern, verlegen, zeigen also mit
vollem Recht die Betonung der Verbalzusammensetzungen. Umgekehrt steht antworten, urkunden, urteilen nicht im Widerspruch mit den Regeln über die Betonung der Verbalzusammen-
setzung, denn diese Wörter sind von den Substantiven Antwort, Urkunde, Urteil abgeleitet.

Sehr oft aber liegt eine solche wesentliche Bestimmung, die
einem zweiten Gliede durch ein erstes zuteil würde, nicht vor.
Dann ist entweder das zweite Glied das hochbetonte, oder es
schwankt die Betonung zwischen dem ersten und dem zweiten Glied.
Das Verhältnis zwischen beiden Teilen der Zusammensetzung kann
hier derart sein, daß das erste Glied eine bloß graduelle Bestimmung des zweiten gibt. So bei der Vorsilbe ge-: zwischen
leiten — geleiten, streng — gestreng, Wasser — Ge-
wässer besteht ein sehr unerheblicher Unterschied der Bedeutung;
bei der Vorsilbe voll-: vollénden, vollfúhren; bei der Vorsilbe all-: allgútig, allmächtig; bei Zusammensetzungen, bei
denen das erste steigernde Glied nahezu dasselbe wie das zweite
besagt: großmächtig, kleinwínzig, mittendrínn. Ferner besitzt das Deutsche eine erhebliche Anzahl von Wörtern, welche
als erste Glieder von Zusammensetzungen sowohl wesentliche
Bestimmungen enthalten können, als auch bloß steigernd auftreten; es kann also innerhalb desselben Wortes, je nach der
Betonung, die Bedeutung verschieden sein. Man vergleiche
steinreich — steinréich, blútarm — blutárm, bómben-
fest — bombenfést. Freilich ist hier auch bei der bloß
steigernden Zusammensetzung die Betonung des ersten Gliedes
möglich.

Neben diesen Grundsätzen der Betonung, die dem Wert-
verhältnis der verschiedenen Lautgruppen entnommen sind, besteht aber eine rein äußerliche Art der Betonung, ein Streben nach
bequemer Verteilung des Silbengewichtes. Das geschieht namentlich bei Zusammensetzungen oder abgeleiteten Wörtern, die ursprünglich so aussehen: ×́ ×̀ × und bei denen es dem Sprachgefühl
gar nicht zum Bewußtsein kommt, daß ein zweites Glied durch
ein erstes nähere Bestimmung erfährt. Das muß eintreffen, wenn
die Lautgruppe, die als zweites Glied sich darstellt, außerhalb der
Verbindung kein selbständiges Dasein besitzt. Man betont not-
wéndig, neben nótwendig, weil ein wendig nicht besteht. So
heißt es ferner: abscheúlich, absónderlich, dreifáltig,
barmhérzig, leíbhaftig und leibháftig, wíllkommen und
willkómmen, wáhrscheinlich und wahrschéinlich. Sehr
häufig ist diese Verschiebung bei Ortsnamen wie Rheinfélden,
Schaffhaúsen, Marienwérder.

Besonders lehrreich ist die Behandlung der mit un zusammengesetzten Eigenschaftswörter. Hier steht der Ton auf der Vorsilbe, wenn der zweite Teil auch als selbständiges Adjektiv sich
findet, sonst überwiegend auf dem zweiten Teil: es heißt schön —
únschön, freundlich — únfreundlich, fruchtbar — ún-
fruchtbar; aber unbeschreiblich (neben únbeschreiblich),
unerméßlich, unságlich, unzáhlig, denn ein beschreib-
lich, ermeßlich usw. gibt es nicht.

So begreift sich dann auch die Betonung von Forelle,
Holunder und lebendig. Diese Wörter waren im Mittelhochdeutschen auf der ersten Silbe betont und waren einfache abgeleitete Wörter. Da es aber im Neuhochdeutschen weiter keine
Belege für die Ableitung -endig, -under und -elle gab, so ver-
fuhr man auch hier nach dem Grundsatz der bequemern Gewichtsverteilung. Daneben steht jedoch die Form Holler, die nur aus
hólunder entstanden sein kann. Die Verschiebung tritt aber
auch da ein, wo die logische Betonung guten Sinn hätte: es
heißt Oberlándesgericht, Sauerkléesalz (aus Sauerklee
und Salz zusammengesetzt); der Norddeutsche spricht vielfach
Bürgerméister.

Für die Zusammensetzungen ist noch die Frage von Wichtigkeit, welche Silbe eines Wortes den auf den Hochton folgenden nächst niederern Ton, den sogenannten Tiefton ($\grave{x}$) trägt. Im allgemeinen gilt der Satz, daß dieser höchste Nebenton auf der höchstbetonten Silbe des Gliedes steht, das nicht den Hochton enthält. Und zwar pflegt diese höchstbetonte Silbe diejenige zu sein, welche den Hochton trüge, falls das Wort selbständig wäre; also Sómmeràrbeit, hínterlìstig, U'neìnigkeit. Neben dieser regelmäßigen Betonung kann aber eine abweichende sich Bahn brechen, wenn zweierlei Umstände zusammentreffen: wenn das erste Glied der Zusammensetzung einsilbig ist, und wenn im zweiten Glied auf die erste höchstbetonte Silbe unmittelbar eine Silbe mit schwerem Nebenton folgt. Dann macht sich auch hier das Streben nach bequemerer Gewichtsverteilung geltend, das Streben, einen regelmäßigen Wechsel von stärker und schwächer betonten Silben eintreten zu lassen. So kann betont werden únabsìchtlich, únvorsìchtig, obwohl es ábsichtlich, vórsichtig heißt, A'mtsmißbraùch, Vóranzeìge, Vórurteìl, Náchtarbeìt, únstatthàft, únfruchtbàr, A'nmerkùng, wie denn in Bürgers Lenore Fürsehùng auf Verzweifelùng gereimt wird.

Schließlich aber können alle diese Gesetze über den Haufen geworfen werden, wenn ein Wort mit einer gewissen Erregung, einem besonderen Nachdruck ausgesprochen wird. ˙Wenigstens im Westen des Sprachgebiets kann etwa betont werden: „wie viel Stück sind es? hundert? — Höchsténs."

Vierter Abschnitt.

Die Lautlehre. ˙

Die Kenntnis der Betonungsgesetze ist nicht nur um ihrer selbst willen wichtig, sondern auch deshalb, weil die Betonungsverhältnisse großen Einfluß auf die lautliche Gestalt der Wörter haben. Die Veränderungen, welche in stark betonten Silben vor sich gehen, können ganz andere sein, als die in schwach betonten eintreten. Wenn wir uns daher jetzt zu den die Vokale betreffenden lautlichen Erscheinungen wenden, müssen wir die Betrachtung der hochbetonten Silben möglichst von derjenigen der unbetonten sondern.

Auf dem Gebiet der hochbetonten Vokale liegen, wie teilweise schon oben S. 20 angedeutet, jene wichtigen Veränderungen, durch die der Unterschied zwischen dem Altdeutschen und der neuhochdeutschen Schriftsprache bedingt wird. Vor allem ist hier zu erwähnen das Schicksal der mittelhochdeutschen langen Vokale î, û, iu (geschrieben iu): sie erscheinen neuhochdeutsch als die Diphthonge ei, au, eu. Dieser Lautwandel, der schon im 12. Jahrhundert begegnet, hat nach und nach das ganze Gebiet des Bayrisch-Österreichischen und des Mitteldeutschen — mit Ausnahme des Thüringischen und der nördlichsten fränkischen Gebiete — und vom Oberdeutschen dessen fränkische und schwäbische Teile erobert, während der größere Teil des Alemannischen ebenso wie das Niederdeutsche den alten Stand der Dinge bewahrt hat. So entspricht denn dem Neuhochdeutschen mein, dein, sein ein alemannisches und niederdeutsches mîn, dîn, sîn. Mittelhochdeutsch hûs = neuhochdeutsch Haus, mûs = Maus, hiute = heute. In nicht hochbetonten Silben hat sich teilweise der alte, nicht diphthongierte Vokal erhalten, wahrscheinlich deshalb, weil er vor dem Eintritt der Diphthongierung verkürzt worden: neben reich steht Friedrich, Heinrich, Gänserich, neben Leiche, Leichnam die Ableitungen auf -lich: freundlich usw. (s. oben S. 154).

Durch Entlehnung aus dem Altdeutschen oder aus Niederdeutsch und Alemannisch sind dem Neuhochdeutschen manche alte, nicht diphthongierte Laute wieder einverleibt worden. Neben Schweiz besteht Schwyz, neben Neid und Neidhart der Name des fränkischen Geschichtsschreibers Nithart, neben Auerochse der Ur, neben raunen die Runen, Bruno neben braun, der Hüne neben Heune; die Uhr = nd. ûr (aus lat. hôra, s. oben S. 192), Linnen neben Lein.

Die drei eben dargestellten Erscheinungen des Lautwandels zeigen eine einheitliche Richtung; in allen drei Fällen handelt es sich um eine Annäherung an den Vokal a: wir sprechen ja meist auch nicht eigentlich mein, heute, sondern main, haute. Die gleiche Bewegung ist auch bei drei schon im Altdeutschen bestehenden Diphthongen eingetreten; das mittelhochdeutsche ei wandelt sich gleichfalls in ai: mittelhochdeutsch keiser = neuhochdeutsch Kaiser; mittelhochdeutsches **ou** ging über in **au**: mittelhochdeutsch **boum** = neuhochdeutsch **Baum**, und mittelhochdeutsch **öu** in **äu**, gesprochen **aü**: mittelhochdeutsch **böume** = neuhochdeutsch ·**Bäume**.

In dem neuhochdeutschen **ei**, gesprochen und auch gelegentlich geschrieben **ai**, in **aü**, geschrieben **eu** und **äu**, und in **au** sind somit zwei Laute des Mittelhochdeutschen aufgegangen: **ei** = mittelhochdeutsch **î** und **ei**, **eu** = mittelhochdeutsch **iu** und **öu**, **au** = mittelhochdeutsch **û** und **ou**. Aber in der Aussprache ist der Zusammenfall doch nicht überall vollständig. Die Mitteldeutschen und Niederdeutschen allerdings, die hochdeutsch reden, machen keinen Unterschied mehr; aber die Aussprache der Süddeutschen weist meist entweder eine verschiedene Färbung der beiden Lautklassen auf, oder sie geben den Bestandteilen der Diphthonge abweichende Dauer: dann wird in Weide (Baum) = mittelhochdeutsch **wîde**, Weise (manière) = mittelhochdeutsch **wîse** kurz **a + i** gesprochen, in Waide, Waise (mittelhochdeutsch **weide**, **weise**) **â + i**; es heißt die Täube = mittelhochdeutsch **tûbe**, aber der taube = mittelhochdeutsch der **toube**; reuen sprich **räüen** = mittelhochdeutsch **riuwen**, aber streuen sprich **sträüen** = mittelhochdeutsch **ströuwen**.

Der Diphthongierung aller langer Vokale ist entgegengesetzt die Vereinfachung alter Diphthonge. Es handelt sich hier um die mittelhochdeutschen Laute **ie, uo, üe**. Sie werden neuhochdeutsch zu **î, û, ü**: mittelhochdeutsch er **lief** = lief, mittelhochdeutsch **guot** = gut, mittelhochdeutsch **grüezen** = grüßen. Diese Monophthongierung ist zuerst auf mitteldeutschem Gebiet eingetreten, und zwar teilweise schon am Schluß der mittelhochdeutschen Zeit.

Das oberdeutsche Fränkische hat sich diesem Wandel zum großen Teil angeschlossen. Das Bayrische und das Alemannische hat die alten Diphthonge noch heute bewahrt; nur hat da und dort der zweite Teil der Diphthonge eine leichte Veränderung erfahren: Bube, Blut, Gut, Hut heißt alemannisch Bueb, Bluet, guet, Huet, während sich im Bayrischen in manchen Gegenden ein **a** einmischt: Buab, guat usw., wie es dann auch liab, griazn (grüßen) heißt. Daraus, daß die meisten langen **i** des Neuhochdeutschen aus ie entstanden sind, erklärt sich auch die Schreibung ie für jedes i, auch wenn es andern Ursprungs sein sollte (s. S. 197/198).

Ein solcher anderweitiger Ursprung der vokalischen Längen des Neuhochdeutschen liegt in zahlreichen Fällen vor. Wir können die Wahrnehmung machen, daß in einem und demselben Wort der Stammvokal bald kurz, bald lang ausgesprochen wird, sei es, daß bestimmte Formen den kurzen, bestimmte andere den langen Vokal aufweisen, sei es, daß bei ein und derselben Form die Aussprache schwankt. Es heißt stets wir nehmen, ihr nehmt, aber er nĭmmt, du nĭmmst, nĭmm (das Doppel-m unserer Schreibung ist nur ein Zeichen des kurzen Vokals (s. S. 198); es heißt gēben, wir gēben, aber du gĭbst, er gĭbt, gĭb oder giebst, giebt, gieb; es wird stets gesprochen des Glāses, des Tāges, des Wēges, aber im Nominativ und Akkusativ sagt der Süddeutsche Glās, Tāg, Wēg, dagegen viele Norddeutsche Glăs, Tăg, Wĕg; es heißt Herzŏg und Herzōg, jĕnseits und jēnseits. Wie ist dieses Schwanken zu erklären?

Überall, wo für ein und dieselbe grammatische Aufgabe Doppelformen vorliegen, ist zu vermuten, daß eine davon die lautgesetzliche Entwicklung darstelle, die andere durch Analogiebildung entstanden sei (s. S. 123/124). So auch hier; das ursprüngliche Verhältnis, die lautgesetzliche Gestaltung der Dinge weist die Aussprache des Norddeutschen auf: das Glăs, des Glāses. Dieses Paradigma geht zurück auf mittelhochdeutsch glăs, glăses, und es gilt das Gesetz, daß kurzer Vokal des Mittelhochdeutschen im Neuhochdeutschen dann gedehnt erscheint, wenn er in offener Silbe steht, d. h. wenn darauf ein einfacher Konsonant und auf diesen wieder ein Vokal folgt. Ist dies nicht der Fall, steht also der Stammvokal in geschlossener Silbe, so bleibt die alte Kürze erhalten. Auch dieser Lautwandel der Dehnung hat auf mitteldeutschem Gebiet und schon in mittelhochdeutscher Zeit seinen Anfang genommen.

Wo trotz unseres Gesetzes in der geschlossenen Silbe ein gedehnter Vokal erscheint, verdankt er sein Dasein einer Übertragung aus solchen Formen, bei denen die Stammsilbe offen war; also das Glās wegen des Glāses, er gāb (= mittelhochdeutsch găp) wegen wir gāben. Es heißt der Wēg wegen des Wēges; aber daneben steht das adverbiale wĕg, das nichts anderes ist, als der Akkusativ dieses Hauptwortes: es hat die lautgesetzliche Kürze bewahrt, weil man seine Zusammengehörigkeit mit dem Hauptwort nicht mehr fühlte (s. S. 126).

Freilich, nicht in allen Fällen wird der Vokal gedehnt, wenn er in offener Silbe steht. Folgt nämlich auf den einfachen Konsonanten, der sich an den Stammvokal anschließt, noch ein e + l, e + n, e + r, so ist beides möglich: Bleiben des kurzen Vokals und Dehnung desselben. Es erscheint Mākel neben Măkel, gesŏtten = mittelhochdeutsch gesŏten, neben gebŏten = mittelhochdeutsch gebŏten, wīder neben wieder, beides = mittelhochdeutsch wīder, Vāter neben dialektischem Vătter und neben dem davon abgeleiteten Vĕtter.

Die gleichen Lautgruppen, die hier unter Umständen eine Kürze bewahrt haben, waren auch imstande, alte Länge zu verkürzen: so steht neben nie ein nimmer aus niemer (= nie mêr); daß Fütter, Mütter aus Fūter, Mūter hervorgegangen sei, beweisen die alemannischen und bayrischen Formen Fueter, Mueter. Daß ebenso Blatter und Jammer auf blâter und jâmer zurückgehen, dafür zeugen die weitverbreiteten mundartlichen Formen Blōter und Jōmer. In sehr vielen Mundarten nämlich entspricht der Vokal ô nicht nur einem ô der älteren Sprache, sondern er kann auch aus lang a sich entwickelt haben. Die hochdeutsche Schriftsprache selbst hat eine Anzahl von Wörtern aus solchen Mundarten entlehnt, die â in ô wandelten: neben Atem steht Odem, neben Wahn Argwohn, neben Magsamen Mohn; Mond ist aus mittelhochdeutsch mâne, Woge aus mittelhochdeutsch wâc entstanden.

Weiter hinauf in der Geschichte unserer Sprache als alle diese Veränderungen führt uns die Erscheinung des sogenannten Umlauts. Von Kraft wird der Plural Kräfte gebildet; wir unterscheiden ich mochte und ich möchte; es heißt das Haus, aber die Häuser, Traum, aber träumt, fuhr, aber führe. Mit anderen Worten: neben den dunklen Vokalen a, o, u finden sich in denselben Wortstämmen die helleren Färbungen ä, ö, ü, und zwar lehrt die Sprachgeschichte, daß die dunkleren Vokale hier das Ursprüngliche sind.

Über die Entstehung der helleren Färbung können uns schon die Verhältnisse des Neuhochdeutschen einen Fingerzeig geben: wenn wir Kraft — kräftig, Bauer — bäurisch, Rom — römisch, Tor — töricht, Rohr — Röhricht. kosten — köstlich, Ruhm — rühmlich, Graf — Gräfin vergleichen, so zeigt sich, daß hier stets dem helleren Vokal ein i nachfolgt. Und dieses i hat denn auch in der Tat — und zwar schon in althochdeutscher Zeit — die Veranlassung zu jener helleren Färbung gegeben. Auch in den zuerst gegebenen Beispielen des Umlauts: die Endsilben dieser Wörter haben alle ursprünglich ein i enthalten; ihre frühesten althochdeutschen Formen lauteten: Kräfte = krafti, möchte = mohti, Häuser = hûsir, träumt = troumit, führe = fuori. Wir können also sagen: Umlaut ist die Veränderung eines Vokals unter dem Einfluß eines nachfolgenden i.

Bisweilen könnte es scheinen, als ob ein einmal vorhandener Umlaut wieder verloren gegangen, eine Art von Rückumlaut eingetreten sei: so in den Präteriten brannte, rannte, nannte, sandte zu brennen usw., so in schon und fast, die ursprünglich nichts anderes als die Adverbia von schön und fest sind (s. oben S. 126). Allein es scheint nur so. Wir haben uns in unserer grammatischen Betrachtung daran gewöhnt, bei zusammengehörigen Formen die einen als die ursprünglichen, die anderen als die abgeleiteten aufzufassen; so gilt uns beim Zeitwort das Präsens, beim Nomen die Einzahl als die Grundform, das Beiwort als Ausgangspunkt des Adverbiums. Diese Anschauung entspricht aber, wie so oft, auch hier nicht den geschichtlichen Tatsachen; brannte, schon, fast gewähren den ursprünglichen, unumgelauteten Vokal; dagegen ist brennen aus brannian, fest aus fasti, schön aus sconi entstanden.

Der aus a entstandene e-Laut hat im Neuhochdeutschen doppelte Schreibung: ä oder e; ebenso der Umlaut von au: äu oder eu. Und zwar wird das Zeichen ä gewählt, wenn das Sprachgefühl einen Zusammenhang mit Formen empfindet, die den Vokal a enthalten, also Band — Bänder, Wahl — wählen,

Haus — Häuser, Traum — träumen, dagegen e, wenn dies nicht der Fall ist: streng = althochdeutsch strangi, leugnen, mittelhochdeutsch löugnen = althochdeutsch louginon. Sogar bei einer und derselben Wurzel kann jener Zusammenhang in der einen Ableitung gefühlt werden, in der andern nicht. Zu fahre gehört die Fährte, der Fährmann, aber auch der Ferge und fertig, zu Schlacht der Schlächter, aber auch Geschlecht, das ursprünglich auch nur soviel als Schlag bedeutet (zur Bedeutungsentwicklung vgl. Menschenschlag!).

Dem Umlaut scheinbar entgegengesetzt und doch grundsätzlich mit ihm übereinstimmend ist die Erscheinung der sogenannten Brechung. Sehr häufig liegen in demselben Stamm e und i nebeneinander: gebären neben gebiert, Erde neben irden, Herde neben Hirte. Auch hier ist die Gestaltung des Endvokals maßgebend gewesen; diese Wörter lauteten im Althochdeutschen: gaberan — gabirit, erda — irdîn, herta — hirti. Überall ist e der ursprüngliche Laut des Stammvokals — (ge)bären entspricht lateinisch fero, griechisch $\varphi\acute{\varepsilon}\varrho\omega$ —, und dies e blieb erhalten, wenn die Endung ein a aufwies; es wurde zu i, wenn ein i der Endung nachfolgte; also wieder eine Umgestaltung des Stammvokals unter dem Einfluß der Endsilbe. So können wir mit Sicherheit folgenden Schluß machen: wenn neben Gebirge ein Berg, neben Gefilde ein Feld liegt, so muß im Auslaut der Wörter Berg und Feld früher einmal ein a vorhanden gewesen sein. Dieser Wandel von e vor i zu i hat in gemeingermanischer Zeit stattgefunden. Früher war man der irrigen Ansicht, i sei der ursprüngliche Laut, und sagte deshalb, i sei vor a zu e gebrochen worden.

Dieses „gebrochene‟, ursprünglichem indogermanischem e entsprechende e ist wohl zu unterscheiden von dem durch Umlaut später aus a hervorgegangenen. Viele Mundarten unterscheiden noch jetzt beide in der Aussprache, so das Schwäbische und das Alemannische: das gebrochene e wird breiter, mehr nach a hin gesprochen, das umgelautete mehr spitz, mehr dem i angenähert: mer gäbe (Brechung; daneben i in er gibt), aber mer hebe (= heben, Umlaut; daneben a in erhaben).

Die Auffassung über die verändernde Wirkung von a, die bei

dem Wechsel von e und i sich als falsch erweist, ist zutreffend bei dem Nebeneinander von u und o beziehungsweise ü und o (altes u wurde ja in althochdeutscher Zeit durch nachfolgendes i zu ü umgelautet). Die Doppelungen wir wurden — geworden, ich würfe — geworfen, für — vor gehen zurück auf althochdeutsches wurtun — wortan, wurfi — gaworfan, fora — furi: das ursprüngliche u blieb bewahrt vor i und u der Endsilbe, — vor i wandelte es sich dann später zu ü —; es wurde aber durch folgendes a zu o gebrochen, eine Erscheinung, die gleichfalls noch in germanische Zeit fällt.

Gehindert wurde die Brechung, wenn auf das u eine Verbindung von Nasal und Konsonant folgte: es heißt also gefunden, gesungen, obwohl die althochdeutsche Form funtan, gasungan lautet. Das u ist aber nicht nur gebrochen worden, wenn es für sich allein stand, sondern auch wenn es mit i zum Diphthongen iu verbunden war. Im älteren Neuhochdeutschen wird noch flektiert du fleugst, er fleugt — ihr flieget; dem entspricht mittelhochdeutsch fliugest, fliuget — flieget und althochdeutsch fliugist, fliugit — fliogat: es verhält sich iu: io wie u: o. Auch in diesem Wechsel von u — o, iu — io (ie) haben wir ein Mittel an der Hand, um Schlüsse auf die ehemalige Gestalt von Endsilben zu machen. Fülle neben voll weist auf ein älteres fulli, und in voll muß ein a am Ende verloren gegangen sein, ebenso in siech neben Seuche (= althochdeutsch siuhhi).

Nur scheinbar in das Gebiet der Brechung gehörig ist die Eigentümlichkeit mitteldeutscher Mundarten, daß sie in gewissen Fällen u zu o, ü zu ö wandeln, ohne daß von der Wirkung eines nachfolgenden a die Rede sein könnte. So heißt es neuhochdeutsch Sommer = mittelhochdeutsch sumer, Sonne = mittelhochdeutsch sunne, König = mittelhochdeutsch künec, Mönch = = mittelhochdeutsch münch (vgl. München).

Die Erscheinungen des Umlauts und der Brechung tragen ihr gutes Teil dazu bei, das Bild des deutschen Vokalismus so wechselvoll zu gestalten. Zieht man beide ab, so gehören die meisten übrigen Verschiedenheiten der Stammvokale dem Gebiet des sogenannten Ablauts an: man erwäge das Nebeneinander von Grab — Grube (mittelhochdeutsch gruobe) — grübeln (althochdeutsch grübilon), Binde — Band — Bund, Sitz — Satzung, Brecher — Brachland — Bruch, Schneide — Schnitt, fließen — Floß — Fluß. Diese Art des Vokalwechsels ist gänzlich unabhängig von der Art der nachfolgenden Endungsvokale; sie war schon völlig ausgebildet in der grauen Vorzeit der indogermanischen Sprache, und auch das Lateinische, das Griechische nimmt teil an dieser Erscheinung, vgl. pello — pulsus, tollo — tuli, sēmen — sătus, ἄγω — ἦγον — τρέπω — τρόπος — λείπω — ἔλιπον — λοιπός, φεύγω — φυγή.

Die Ursache des ganzen Vorgangs ist in den indogermanischen Betonungsverhältnissen zu suchen; im allgemeinen haben sich in stärker betonten Silben vollere Vokale, unter schwächerer Betonung leichtere und kürzere Vokale entwickelt. Um Wiederholungen zu vermeiden, müssen wir die näheren Bestimmungen über die Gesetze des Ablauts auf denjenigen Abschnitt versparen, in dem der Ablaut seine wichtigste Rolle spielt, den Abschnitt von der Biegung des Zeitworts.

Vergleicht man deutsche Hauptwörter und Beiwörter mit den lautlich entsprechenden Wörtern des Lateinischen, also z. B. Halm — calamus, Wind — ventus, Fisch — piscis, Haut (mittelhochdeutsch hût) — cutis, Joch (gotisch juk) — jugum, Hals — collum (aus colsum), Horn — cornu, so fällt vor allem die Endungslosigkeit der deutschen Wörter auf. Das war nicht der ursprüngliche Zustand; aber nachdem das Germanische sich in seine einzelnen Sprachstämme gespalten hat, zeigt sich frühe, noch vor dem Auftreten literarischer Denkmäler, das Bestreben, den Lautkörper der unbetonten Endsilben zu schwächen. Nachdem vorher die auslautenden s und m abgefallen, werden auch die meisten hier erscheinenden Vokale unterdrückt.

Daß eine Abschwächung voller Endsilben den Übergang vom Althochdeutschen zum Mittelhochdeutschen bezeichne, haben wir bereits oben S. 20 gesehen. Und ähnliche Vorgänge treten wieder in der Entwicklung vom Mittelhochdeutschen zum Neuhochdeutschen zutage. Es heißt des Tages oder Tags, dem Tage oder Tag, Werkes — Werks, Werke — Werk, aber in der Regel des Landtags — dem Landtag, Handwerks — Handwerk, nicht Landtages, ebenso des Königs, dem König.

nicht Königes. Ferner: neben Friede liegt die Ableitung friedlich, neben Heide heidnisch; von nieder wird niedrig, von Himmel himmlisch gebildet, während es früher hieß: fridelich, heidenisch, niderig, himelisch. Auch unsere Partizipia des Präsens gehen auf eine vollere Form zurück: lebend ist mittelhochdeutsch lebende. Lehrer entstand aus mittelhochdeutsch lerære, Wirtin = mittelhochdeutsch wirtinne, Weisung = wîsunge, Herzog = herzoge, Häuslein = hiuselin, Jüngling = jungeline.

Die aufgeführten Wörter der älteren Sprache, die mehr als zwei Silben besitzen und heute das e regelmäßig oder überwiegend unterdrücken, sind so gebaut, daß auf eine hochbetonte Silbe entweder eine tieftonige und dann ein unbetontes e oder zuerst das e und dann der Tiefton folgt: ⏑ ⏑ e oder ⏑ e ⏑; die Regel würde also so lauten, daß ein e vor oder nach stärkerem Nebenton unterdrückt wird.

In bloß zweisilbigen Wörtern schwankt das Neuhochdeutsche zwischen Bewahrung und Tilgung des unbetonten e, was offenbar damit in Verbindung steht, daß auf diese Endsilben bald hochtonige, bald unbetonte Silben im Zusammenhang des Satzes folgten.

Sogar auf Nebensilben mit vollen Vokalen, mit ursprünglichem Tiefton, erstreckt sich unter Umständen eine solche lautliche Verstümmelung. Jungfer und Junker gehen zurück auf Jungfrau und Jungherr; Nachbar ist mittelhochdeutsch nâchgebûre, d. i. der in der Nähe mit mir zusammen Wohnende (die Grundbedeutung von bauen ist etwa sich aufhalten); Schultze = mittelhochdeutsch schultheize, also Doppelform zu Schultheiß. Der Name Lerse, der aus Goethes Götz bekannt ist, ist aus Lederhose entstanden. Zweitel, Drittel weist in der Ableitungssilbe -tel das Substantiv Teil auf, wie ja auch neben Urteil und Vorteil im älteren Neuhochdeutschen die Formen Urthel und Vorthel sich finden. Die Doppelung Urthel — Urteil, Vorthel — Vorteil beruht entweder darauf, daß im Zusammenhang des Satzes die Nebensilben einmal schwächer, einmal stärker betont sind; oder aber Urthel, Vorthel ist das eigentlich Lautgesetzliche, und die volleren Formen sind wieder

hergestellt nach Analogie des einfachen Substantivs Teil. Mann-
sen, Weibsen ist aus Mannesname, Weibesname entstanden.

Die Mundarten gehen in dieser Art von Schwächung noch viel
weiter, besonders die oberdeutschen: Arfel, Hampfel, Mumpfel
bei Hebel ist Armvoll, Handvoll, Mundvoll; Wingert ist
Weingarten; Rechnung, Zeitung sind alemannisch zu Rech-
nig, Zitig geworden; das Westfälische hat aus Backhaus,
Brauhaus die Wörter Backs, Brubs gemacht.

Die weitaus wichtigste Erscheinung auf dem Gebiete des
Konsonantismus sind die Tatsachen, die unter dem Begriff der
Lautverschiebung zusammengefaßt werden. Wir haben diese
schon früher besprechen müssen, weil mit ihnen die Gliederung
der deutschen Mundarten eng zusammenhängt. Abgesehen davon
sind die Veränderungen der Konsonanten weit weniger bedeutend,
als diejenigen, welche die Vokale betroffen haben. Noch in gemein-
germanische Zeit reicht das Gesetz zurück, daß vor t keine andere
Art von Konsonant stehen kann, als eine Spirans. So erklärt sich
das Nebeneinander von mögen — Macht, pflegen — Pflicht,
tragen — Tracht, geben — Gift (ursprünglich nur = die
Gabe, vgl. Mitgift), treiben — Trift. Wenn es trotzdem ich
klagte, sagte. lobte heißt, so liegt dies daran, daß hier zwischen
gt und bt ursprünglich ein Vokal stand (mittelhochdeutsch
klagete, sagete, lobete) und dieser erst ausfiel lange nach der
germanischen Zeit, in welcher jenes Gesetz wirksam gewesen war.

In der frühsten, nicht durch Denkmäler belegten Zeit des
Althochdeutschen gilt eine Regel, nach der w im Auslaut nicht
bestehen kann, sondern sich in u oder o wandelt. Es hieß also
z. B. melo (Mehl), Genitiv melwes. Der auslautende Vokal
wurde später zu e geschwächt, und dieses fiel unter Umständen
ganz ab, während inlautendes w nach l und r in b überging. So
haben wir jetzt nebeneinander Mehl, aber Milbe und Melberei
(bayrisch = Mehlhandlung); gar, aber gerben (ursprünglich =
bereit machen). Bisweilen ist das b des Inlauts auch in den Auslaut übertragen worden, und es entstehen Doppelformen: fahl
und falb, gelb neben mundartlichem gehl und neben vergilbt
(gelb geworden).

Im Mittelhochdeutschen begegnen noch mehr solcher Fälle, wo die Gestalt eines Konsonanten verschieden ist, je nachdem er im Auslaut oder im Inlaut steht. Das Neuhochdeutsche hat durch Analogiebildungen die meisten dieser Unterschiede wieder beseitigt, aber in einzelnen Erscheinungen zeigt sich doch die Nachwirkung jener Regeln. Erstens tritt im Mittelhochdeutschen jede inlautende Media auslautend als Tenuis auf: es heißt tac — tages, sanc — sanges, liet — liedes, lop — lobes. Neuhochdeutsch ist der inlautende Konsonant auch in den Auslaut übertragen: Tag, Lied, Lob. Was die Ausgleichung von ng und nk betrifft, so ist hier auf norddeutschem Gebiet teilweise das Alte bewahrt, wird noch heute Gesank — Gesanges, ich gink — wir gingen gesprochen. In ganz vereinzelten Fällen ist umgekehrt die Gestalt des Auslauts auch für den Inlaut maßgebend geworden. So heißt es neuhochdeutsch das Mark — des Markes statt des mittelhochdeutschen marc — marges; das ursprüngliche g liegt vor in ausmergeln. Der Wert — des Wertes gehört zusammen mit Würde und lautete mittelhochdeutsch wert — werdes. So geht auch Welt — Welten zurück auf mittelhochdeutsches werlt — werlde. Auf niederdeutschem Gebiet, wo inlautendes g als Spirant ausgesprochen wurde, wandelte es sich auslautend in ch: so erklärt es sich, daß wir neben Menge das Beiwort manch — mancher besitzen für älteres manech — maneger (= mittelhochdeutsch manec — maneger).

Zweitens entspricht im Mittelhochdeutschen inlautendes h einem auslautenden ch: sehen — ich sach, schuoch — schuohes. Auch hier ist neuhochdeutsch fast stets der Inlaut verallgemeinert worden: ich sah, der Schuh. Ganz rein aber ist der Wechsel noch erhalten bei neuhochdeutschem hoch — höher — am höchsten, teilweise bei nah, näher mit dem Superlativ nächst und dem Adverbium nach. Neben schmähen steht Schmach; unser rauh war mittelhochdeutsch rûch; dies steckt noch in unserm Rauchwerk als Bezeichnung für Pelzwerk (s. oben S. 126); der alte Nominativ schuoch (= neuhochdeutsch Schuh) ist erhalten in dem Eigennamen Schuchardt, aus mittelhochdeutsch schuochworhte, der Schuhwirker.

Im Mittelhochdeutschen wie im Neuhochdeutschen macht sich das Bestreben geltend, zwei unmittelbar aufeinander folgende Konsonanten mit dem gleichen Sprachorgan hervorzubringen, indem hierdurch die Lautbildung wesentlich erleichtert wird. Es werden also beide Laute einander teilweise oder völlig angeglichen. In der gewöhnlichen Rede wird vielfältig nicht **anbeißen** und **einbrechen**, sondern **ambeißen**, **eimbrechen** gesprochen; aber sehr oft in der gewählten Aussprache und fast stets in der Schreibung wird die Angleichung wieder aufgehoben durch Analogiebildung nach solchen Formen, wo die ursprünglichen Laute jener Vorsilben sich erhalten haben, z. B. in **anhalten, anlaufen, anstoßen, einatmen, einlegen, eintränken.**

Bewahrt ist die gesetzmäßige Angleichung in einigen Fällen, wo die etymologische Beziehung der Wortglieder nicht mehr zum Bewußtsein kommt. So steht **empfangen, empfinden** für **entfangen, entfinden; empfehlen** für **entfehlen**, vgl. **befehlen; Imbiß = Inbiß; Himbeere = Hindbeere**, (deren Stachellosigkeit sich der geweihlosen Hindin vergleicht); **Homburg = Hohenburg, Schaumburg = Schauenburg, Wimper = Windbraue**, die Braue, die sich wendet, bewegt. Völlige Gleichmachung liegt vor in **Eiland** für **Einland**, das Land, das für sich allein ist, in **Grummet = Grünmahd**, Gras, welches grün gemäht wird, **Hoffart = Hochfahrt**; in **Leopold, Leupold** steckt das gleiche erste Glied wie in **Leuthold; Leupold = Leutbold**, das ist leutekühn, volkskühn.

Der Angleichung gerade entgegengesetzt ist die Erscheinung, daß von zwei gleichen Lauten der eine ausweicht oder gänzlich verloren geht. Das trifft im Deutschen hauptsächlich die Laute **r, l, m, n. Maulbeere** entsteht aus althochdeutschem **mûrberi**, das seinerseits auf lateinisch **morus** zurückgeht. Neben **Marmor** steht in der Mundart **Marbel** als Bezeichnung für die Spielkugeln der Kinder; neben **fordern** und der **vorderste** zeigt noch das ältere Neuhochdeutsch die Formen **fodern** und **foderste**; der Name **Wilhelm** wird vielfach als **Wilhem** ausgesprochen (wie denn auch die niederländische und die englische Form des Namens **Willem** und **William** lauten). Nebeneinander stehen **Pfenning** und **Pfennig; König** ist aus **alt-**

hochdeutsch kuning hervorgegangen; Schweinefleisch ist aus Schweinenfleisch und dies aus mittelhochdeutsch swînin fleisch, d. h. schweinernes Fleisch, entstanden.

Angleichung und Ausweichung im Verein haben das Wort Tölpel gestattet. Es lautet in der ältern Sprache dörper und ist Ableitung von dorf (niederdeutsch dorp), wie französisch vilain auf lateinisch villanus. von villa, zurückgeht. Daraus ist zunächst Dörpel geworden; dann hat sich wieder r dem l angeglichen.

Zwei Einzelheiten, die schon im frühen Mittelhochdeutschen begegnen: r im Auslaut eines Wortes fiel im allgemeinen ab, vor Vokal des nächsten Wortes blieb es bestehen. Darum heißt es noch jetzt da, aber darin — darum, wo, aber worin — warum und steht ehe neben eher, hie neben hier. Die Lautgruppen ag und eg sind unter gewissen Bedingungen zu ei gewandelt worden. Daher erscheint noch heute in oberdeutschen Mundarten: mer seit, mer treit (man sagt, man trägt). Und im Neuhochdeutschen besteht nebeneinander Magd und Maid, Vogt und Voit (Eigenname), Hain und Hagen (Ortsname und Teil von solchen). Getreide ist das, was getragen wird, und verteidigen ist abgeleitet vom mittelhochdeutschen tagedinc, Gerichtsverhandlung. Reinhard, Reineke hat nichts mit dem Beiwort rein zu tun, sondern das erste Glied ist entstanden aus regin, einem altgermanischen Worte, das etwa Rat bedeutete.

Eine Entwicklung teils des Mittel- und teils des Neuhochdeutschen ist es, daß im Silbenauslaut die Konsonanten s und n vielfach ein d oder t aus sich entwickeln. Neben gelegen besteht gelegentlich, neben offen öffentlich; entzwei — entlang geht zurück auf enzwei — enlang = in zwei — in lang; jemand — niemand ist eigentlich je (ein) Mann, nie (ein) Mann; zusamt = zusament = zusammen; einst, mittelst und selbst stehen für älteres eines, mittels, selbes, sind also Genitive von ein, Mittel und selb; Papst = mittelhochdeutsch. babes; mundartlichem jez (= ieze, immer zu) entspricht hochdeutsches jetzt.

Eine Veränderung, die in mittelhochdeutscher Zeit ihren Anfang genommen hat auf mitteldeutschem und niederdeutschem

Gebiet und später sich auch auf oberdeutsches Gebiet ausgedehnt hat, ist das Verstummen eines h zwischen zwei Vokalen, die sodann verschmolzen sind: durch diesen Vorgang erklärt es sich, daß unsere neuhochdeutsche Schreibung das **h** als Dehnungszeichen verwendet (s. oben. S. 198).

Nur dem hochdeutschen, nicht dem niederdeutschen Gebiet gehört der Wandel eines älteren **rs zu rsch**: dem niederdeutschen Bars entspricht hochdeutsch Barsch; das italienische (lombardische) versa Kohl findet sich wieder in dem süddeutschen Wirsching = Wirsing.

Umgekehrt ist eine Eigenheit des Niederdeutschen die Angleichung von hs zu ss: bei Fritz Reuter ist nicht von Ochsen, sondern von Ossen die Rede; Voß = Fuchs, wassen = wachsen. Der Niederdeutsche muß also, wenn er hochdeutsch reden will, in vielen Fällen ein **chs** an die Stelle von s oder ss setzen, und er tut dies gelegentlich auch einmal an der falschen Stelle (vgl. S. 70): so ist aus dem Namen Wasmuth (was = scharf; vgl. wetzen) die Form Wachsmuth entstanden.

Einer Doppelentwicklung war die mittelhochdeutsche Lautgruppe tw ausgesetzt. Auf hochdeutschem Gebiet hat sie sich zu **zw** gewandelt, auf mitteldeutschem zu **kw (qu)**. Quer findet sich wieder in Zwerchfell und im oberdeutschen überzwerch = mittelhochdeutsch twerch; quängeln ist mit zwingen verwandt — mittelhochdeutsch twingen.

Fünfter Abschnitt.

Die Biegung des Neuhochdeutschen.

I. Das Hauptwort.

Im Neuhochdeutschen besteht eine große Mannigfaltigkeit in der Abwandlung des Hauptworts. Die Verschiedenheit ist besonders in der Art zu suchen, wie die Kasus der Einzahl gebildet werden, und wie die Mehrzahl sich zur Einzahl verhält. Die Kasus der Mehrzahl bieten nur geringe Abweichungen; entweder sind alle Kasus einander gleich: dies ist der Fall, wenn schon im Nominativ ein n, en die Endung bildet; Drachen, Ohren, Bauern, Wurzeln ist die Form des Nominativs, Genitivs, Dativs und Akkusativs.

Oder aber — und das geschieht in allen andern Fällen — die Form des Nominativs fällt zusammen mit der des Genitivs und Akkusativs, und nur der Dativ unterscheidet sich durch ein überschüssiges n: die Tage — den Tagen, die Wörter — den Wörtern. Nach der Bildung des Genitivs der Einzahl und der Bildung der Mehrzahl lassen sich im Neuhochdeutschen folgende Typen unterscheiden:

I. Im Genitiv der Einzahl steht -es oder -s:

a) Mehrzahl mit Zufügung einer Endung -e:
1. Tag — Tage.
2. Gast — Gäste.
3. Ding — Dinge.

b) Mehrzahl mit Zufügung der Endung -er:
Huhn — Hühner.

c) Mehrzahl mit Zufügung eines -n:
Ende — Enden.

d) Mehrzahl ohne Zufügung einer Endung:
1. Eber — Eber, Wagen — Wagen (od. Wägen).
2. Käse — Käse.
3. Gebirge — Gebirge.

II. Die Einzahl entbehrt jeder Biegung; dies gilt für sämtliche Feminina:

a) Mehrzahl auf -e:
Kraft — Kräfte.

b) Mehrzahl auf -n oder -en:
1. Klage — Klagen.
2. Saat — Saaten.

c) Mehrzahl ohne Endung:
Mutter — Mütter.

III. Alle Kasus der Einzahl und der Mehrzahl zeigen gegenüber dem Nominativ der Einzahl den Überschuß eines n oder en:

a) Bote — Boten.
b) Graf — Grafen.

Diese Paradigmen unterscheiden sich von denen des Mittelhochdeutschen in doppelter Hinsicht: teilweise ist der Reichtum des Neuhochdeutschen aus größerer Einfachheit des Mittelhochdeutschen hervorgegangen, und teilweise sind abweichende Typen der älteren Sprache heute in ein und demselben zusammengeflossen. Ein vollständig getreues Ebenbild der mittelhochdeutschen Rede gewähren nur die Typen I *a*, 1 und 2 (Tag, Gast), I *b* (Huhn), I *d*, 2 und 3 (Käse, Gebirge), II *a* (Kraft) und III *a* (Bote).

Die beiden Typen Tag — Tage und Gast — Gäste stimmen in bezug auf die Endungen im Mittelhochdeutschen und Neuhochdeutschen überein; daß im Neuhochdeutschen ein Unterschied zwischen ein- und mehrsilbigen Hauptwörtern stattfinde — Werkes, aber Handwerks, dem Tage, aber dem Landtag — ist bereits oben bemerkt worden (S. 212/13), wo wir ein neuhochdeutsches Lautgesetz als Ursache dieses Unterschieds erkannten. Erst wenn wir ins Althochdeutsche hinaufsteigen, treten in der Mehrzahl die beiden Paradigmen auseinander:

N. taga G. tago D. tagum A. taga
gesti gest(i)o gestim gesti

Damit erklärt sich denn sofort der Umlaut in der Mehrzahl des Typus Gast. In noch früherer Zeit, die zurückliegt hinter unseren literarischen Quellen, hat dieser Unterschied der Wortausgänge auch in der Einzahl bestanden: der Tag — den Tag war * tagos — * tagom, der Gast — den Gast war * gastis — * gastim (über den Abfall der Endungen vgl. oben S. 212), und diese beiden Paradigmen entsprechen dem Nebeneinander von lateinisch lupus — lupum, turris — turrim. Wir sprechen absichtlich von Wortausgängen, nicht von Endungen, denn eigentliche Kasusendung ist nur das s und das m. Was nach Wegnahme dieser Endungen übrig bleibt, ist der Stamm des Wortes, und da dieser hier auf die Vokale o (lupus war früher lupos, tagum früher tagom, taga im Akkusativ der Mehrzahl früher tagons) und i ausgeht oder ausging, so faßt man die Typen Tag — Tage und Gast — Gäste zusammen als vokalische Stämme, und bezeichnet Tag als o-Stamm, Gast als i-Stamm*).

---

*) Dieses o des Stammausgangs lag in seiner Aussprache im Germanischen dem a sehr nahe; vielleicht war es auch vor seinem Abfall in a übergegangen; so erklärt es sich, daß es bei der „Brechung" eine Rolle spielt (s. S. 210); Berg, Feld war einmal * bergos oder * bergas, * feldom oder * feldam.

Da in mittelhochdeutscher Zeit die Formen beider Typen bis auf den Stammvokal der Mehrzahl einander gleich geworden waren, so begreift es sich leicht, daß auch in bezug auf diesen Vermischungen der beiden Paradigmen eingetreten sind. Ganz selten ist der Fall, daß der mittelhochdeutsche Umlaut im Neuhochdeutschen aufgegeben wurde; so hieß es mittelhochdeutsch lehse, lühse statt die Lachse, Luchse. Vielmehr sind weitaus die meisten o-Stämme dem Muster von Gast — Gäste gefolgt. Hof — Höfe war mittelhochdeutsch hof — hove, althochdeutsch hof — hova; die alte Form ohne Umlaut steckt in Ortsnamen wie Adelshofen und Königshofen (eigentlich Dativ Plural: in den Höfen des Königs) und den besonders am Zürchersee so dicht gesäten Namen auf — kon: Pfäffikon, Sissikon, Zetzikon (zusammengezogen aus — ic-hoven). So erklären sich auch Doppelformen wie Schachte und Schächte, Drucke, aber Abdrücke und Eindrücke. Die Mundart geht im Umlaut oft noch weiter als die Schriftsprache: so begegnet alemannisch und südfränkisch die Ärm = hochdeutsch die Arme, und Däg = Tage.

Nichts als eine lautgesetzliche Umgestaltung des Typus Tag — Tage ist der Typus der Eber — die Eber (I d, 1). Alle mit Ableitungssilben gebildeten Wörter gehören der Klasse der o-Stämme an, und wie tac — tages — die tage, so hieß es im Mittelhochdeutschen: eber — eberes — die ebere, himel — himeles — die himele, wagen — wagenes — die wagene. Da aber hier die Schlußsilbe auf eine nicht hochtonige Silbe folgte, so mußte ihr Vokal im Neuhochdeutschen unterdrückt werden, in Übereinstimmung mit dem oben (S. 213) festgestellten Gesetz, sich also die Bildung Eber — Ebers — die Eber ergeben. Da nun Nominativ und Akkusativ der Mehrzahl gleich geworden mit denen des Singulars, so lag es hier besonders nahe, wieder eine Unterscheidung zu schaffen, indem man nach dem Muster der i-Stämme den Umlaut einführte, vgl. Hafen — Häfen, Hammer — Hämmer, Nagel — Nägel, Ofen — Öfen, Vater — Väter, Vogel — Vögel, an Stelle des mittelhochdeutschen havene, nagele usw. Auch hier wieder Doppelformen, das Neue neben dem Alten, aber nur bei Bildungen auf -en: die

Bogen — die Bögen, die Laden — die Läden, die Wagen — die Wägen.

Schon in der älteren Sprache nahe verwandt mit den männlichen o-Stämmen, dem Typus Tag — Tage, ist der Typus Ding — Dinge. Die einzige mittelhochdeutsche Abweichung zwischen beiden Paradigmen liegt vor im Nominativ und Akkusativ der Mehrzahl; der Form die tage steht gegenüber diu dinc ohne auslautendes e. Diesen Unterschied auszugleichen hat schon das Mitteldeutsche in mittelhochdeutscher Zeit begonnen, und im Neuhochdeutschen sind von diesem Vorgang nur bestimmte Substantive in ganz bestimmter Verwendung unberührt geblieben: in Verbindungen von Zahlwort und Stoffbezeichnung heißt es stets Lot, Maß, Pfund, Stück. Die Analogie dieser Ausdrucksweisen hat sogar dann weiter ins Maskulinum und Femininum hinüber gegriffen; man redet von so und so viel Fuß, Schuh, Zoll, Länge, von so und so viel Last, Ohm oder Saum Wein.

Die Neutra kennen noch eine zweite Art der Mehrzahlbildung, die Anhängung der Silbe -er; das ist unser Typus I b: mittelhochdeutsch huon — hüener. Dieser Typus ist in der älteren Sprache nicht so ausgebreitet wie heutzutage; viele Substantiva, bei denen er heute Regel ist, kennen ihn im Altdeutschen noch nicht oder haben wenigstens daneben die Form ohne -er. Das gilt z. B. für Haupt: Mehrzahl im Mittelhochdeutschen nur diu houbet; die alte, sonst durch die Analogiebildung verdrängte Form liegt wieder in Eigennamen vor wie Berghaupten, Roshaupten (alte Dative der Mehrzahl). Ebenso für Feld und Holz; Felder ist mittelhochdeutsch diu velt, Hölzer mhd. diu holz, vgl. Degerfelden, Rheinfelden und den Ortsnamen Holzen im südlichen Baden. Die Häuser ist mittelhochdeutsch diu hiuser und diu hus, vgl. die Dative der Mehrzahl in Rheinhausen, Schaffhausen, Sangershausen. Bei einzelnen Hauptwörtern besteht die Doppelbildung noch heute; aber auch hier zeigt sich deutlich, daß die Bildung mit -er bereits als das Gewöhnlichere empfunden wird; die Formen ohne -er haben mehrfach den Charakter des Altertümlichen und gehören der gewählteren Sprache an: man vergleiche Bände — Bänder, Dinge — Dinger, Lande — Länder, Worte — Wörter.

Auch einige Maskulina haben im Neuhochdeutschen die Endung -er angenommen, wie Geist — Geister, Leib — Leiber, Wald — Wälder (die alte Form in Unterwalden = unter den Wäldern). Die Mundarten bilden auch Hälser, Steiner.

Erschließt man die germanische Grundform der neutralen Biegung, so erhält man für Nominativ und Akkusativ der Einzahl die Bildung * thingom, * wordom, und das letztere entspricht lateinisch verbum aus älterem verbom (aus * verdhom). Die eigentliche Endung ist m, und so haben wir es auch hier wieder mit einem o-Stamm zu tun. Und wie neben verbum im Lateinischen Typen wie odium, exordium stehen, so gibt es auch im Deutschen Stämme, wo dem ursprünglich stammschließenden o noch ein i vorherging. Das ist der Typus: das Gebirge — die Gebirge (I d, 3); mittelhochdeutsch lautet er ebenso, althochdeutsch daz gabirgi — diu gabirgi, und vor Unterdrückung der Endvokale (s. S. 212) * gabirgiom — * gabirgiō. Es ist das also ein io-Stamm. Im Neuhochdeutschen gehören nur noch sehr wenige Wörter dieser Gattung an; es sind lauter Bildungen mit der Vorsilbe ge — (Gebilde, Gefilde. Gefüge. Gelände, Geschmeide, Gewölbe), bei deren Kollektivbedeutung es von geringerem Wert war, Einzahl und Mehrzahl zu unterscheiden. Nach deren Muster ist auch Gelage neben Gelag gebildet und Gestade für mittelhochdeutsch gestat. Schon das Fehlen des Umlauts beweist, daß hier nicht ursprünglich ein i im Wortende gestanden haben kann.

Zahlreiche Wörter des Typus Gebirge haben ihre Biegung gleichgemacht mit der von Ding; die beiden Paradigmen stimmten ja außer im Nominativ und Akkusativ der Einzahl völlig überein. Und zwar bestehen im älteren Neuhochdeutschen noch mehrfach die ursprünglichen Formen auf -e, ja sie werden noch jetzt gelegentlich in altertümlicher Rede angewandt; so besteht noch Glücke neben Glück, Gemüte neben Gemüt, Kreuze neben Kreuz, Stücke neben Stück; Gemüt bildet seine Mehrzahl jetzt nach dem Typus Hühner als Gemüter, und in der Mundart wird auch die Stücker gesagt. Dieses liegt aber nicht vor in der Redensart ein Stücker sechs im Sinne von „etwa sechs", sondern der Ausdruck ist entstanden aus

„ein Stück oder sechs" mit starker Verstümmelung des unbetonten Bindeworts.

Solche io-Stämme fanden sich auch beim Maskulinum; im Neuhochdeutschen ist von ihnen aber nur Käse — die Käse (I *d*, 2) bewahrt; alle übrigen sind in andere Biegungsweisen übergetreten.

Eine ganz andere Art von Stämmen als die bis jetzt betrachteten liegt vor in unserem Typus III a: der Bote — die Boten. Die mittelhochdeutsche Flexion ist genau der neuhochdeutschen gleich; die althochdeutsche lautete:

Sgl.	boto	botin	botin	botun
Pl.	botun	botôno	botun	botun

Und vor der Wirkung der Auslautgesetze würde es geheißen haben: Nominativ boto, Genitiv * botinis, Dativ * botini, Nominativ Plural * botones, Akkusativ Plural * botonas. Das entspricht ziemlich genau der lateinischen Flexion homo, hominis, homini usw.; zieht man die Endungen is, i usw. ab, so bleibt als Rest eine Lautgruppe, die auf **n** ausgeht; unser Typus III besteht somit aus konsonantischen Stämmen. Diese n-Stämme werden von den Grammatikern auch mit dem Namen der schwachen Flexion belegt; im Gegensatz hierzu gelten die vokalischen Stämme als starke. Im Neuhochdeutschen trat der Typus bote in eine doppelte Bildungsweise auseinander; unter Umständen ging nämlich das **e** des Nominativ Singular verloren. Es mußte wegfallen nach Tiefton (s. oben S. 213): mittelhochdeutsch schultheize, seinmetze, truhsaeze = Schultheiß, Steinmetz, Truchseß. Wörter, die als Titel verwendet wurden, standen häufig vor den Eigennamen und verloren vor diesen ihren Hochton; so mußte auch hier das auslautende e nach der tieftonigen Stammsilbe verloren gehen: Fürst, Graf, Herr = mittelhochdeutsch fürste, grâve, hêrre. So erhalten wir also den Typus III*b*.

Der Bestand an Hauptwörtern, die diesen Typus III vertreten, ist heute sehr viel geringer, als er im Altdeutschen gewesen ist. Der Untertypus III *b* (Graf—Grafen) stimmte im Nominativ Singular überein mit dem Typus Tag, Gast (I *a*, 1 und 2), und so ist denn die konsonantische Biegung hier mehrfach durch die

vokalische verdrängt worden. In manchen Fällen nur teilweise;
es heißt des Bauers und des Bauern — die Bauern; des Nach-
bars — des Nachbarn — die Nachbarn; des Märzes, dem März
neben altertümlichem des Märzen, im Märzen (die alte Form
auch in der Zusammensetzung Märzenbier, Märzenschnee,
Märzenstaub). In anderen Fällen ist der Übertritt vollständig:
Herzog — Herzogs — Herzöge, Mond — Mondes—die
Monde, Schwan — Schwans — Schwäne; die alten Genitive
vom Nominativ herzoge, mâne, swane liegen vor in Herzogen-
buchsee, Herzogensland, Mondenschein, Schwanenhals.

Mit einem Teil der zu Paradigma I *d*, 1 gehörigen Hauptwörter stimmt Typus III überein in allen Formen mit Ausnahme
von Nominativ und Genitiv der Einzahl; man vergleiche:

	N.	Gen.	Dat.	Akk.	
Sgl.	Wagen —	Wagens —	Wagen —	Wagen —	Plur. in allen Formen Wagen (oder Wägen)
Sgl.	Bote —	Boten —	Boten —	Boten —	Plur. in allen Formen Boten.

Die Folge war, daß in sehr vielen Fällen auch die beiden
noch verschiedenen Kasus gleich gemacht, d. h., äußerlich betrachtet, dem Nominativ auf -e ein n, dem Genitiv auf -en ein s
angehängt wurde; so gehören denn zahlreiche Wörter, die jetzt
den Typus I *d*, 1 bilden helfen, ursprünglich zum Typus III: der
Balken, Bogen, Braten, Brunnen, Daumen, Garten lauteten mittelhochdeutsch balke — des balken, boge — des
bogen, brâte, brunne, dûme, garte. Die alten Formen begegnen wiederum mehrfach in Zusammensetzungen: Wildbret
ist nichts anders als Wildbraten; das oberdeutsche Wingert =
mittelhochdeutsch wîngarte = Weingarten.

Bemerkenswert ist das Nebeneinander von Franken,
Lumpen, Tropfen und Franke, Lump, Tropf; die drei
Doppelungen sind aus mittelhochdeutschem Franke, lumpe,
tropfe hervorgegangen. Das Gemeinsame der drei ersten Formen
ist, daß sie Sachen bezeichnen; die drei letzteren sind Benennungen
lebender Wesen. Und diese Wahrnehmung läßt sich verallge-
meinern: in allen Fällen, wo jetzt der Nominativ auf -en ausgeht,
handelt es sich um Sachbezeichnungen; dagegen sind die Wörter,

welche die alte Nominativform ohne -n bewahrt haben, fast ausschließlich Ausdrücke für Personen und für Tiere: man vergleiche Affe, Ahne, Bote, Buhle, Bürge, Drache, Erbe, Fink, Falke, Ferge, Gatte, Genosse, Hase, Jude. Diese verschiedene Behandlungsweise bei lebenden Wesen und bei Sachen erklärt sich daraus, daß die ersteren viel häufiger als Subjekt und demnach im Nominativ der Einzahl erscheinen als die letzteren. Und je häufiger eine Form angewandt wird, desto leichter widersteht sie der Verdrängung durch eine Analogiebildung.

Gegenüber diesen Einbußen, welche der Typus III zugunsten von I *d*, 1 erlitten hat, sind auch mancherlei Bereicherungen zu verzeichnen. Manche Wörter des Typus I *a*, 1 und 2 haben neben ihrer ursprünglichen Mehrzahl auf -e auch Plurale nach dem Typus Graf — Grafen aufzuweisen: die Maste — die Masten, Sinne — Sinnen, Stiefel — Stiefeln; neben Männer, das nach Wort — Wörter gebildet, steht Mannen. Der Hirte gehörte ursprünglich zum Typus Käse I *d*, 2: althochdeutsch hirti. Manche Wörter der o- beziehungsweise io-Klasse haben sich nur vorübergehend dem Typus III angeschlossen, um dann mit balke, boge, brâte usw. zu dem Typus Eber beziehungsweise Wagen überzutreten. Rücken ist mittelhochdeutsch der rücke — des rückes — die rücke: das ist der Typus Käse; daraus wurde zunächst der Rücke — des Rücken, dann die heutige Form. Das Ursprüngliche ist bewahrt in Hundsrück, hinterrücks, zurück (archaisch zurücke). Ebenso ist Nutzen aus mittelhochdeutsch der nutz, des nutzes entsprossen; die alte Beugung zeigt Eigennutz, sich zunutze machen, zu Nutz und Frommen.

Die konsonantischen Stämme waren ursprünglich nicht auf das Maskulinum beschränkt; es gab auch neutrale und weibliche n-Stämme. Zu den ersteren gehörte im Mittelhochdeutschen das herze, das ôre, das ouge. Es hieß also:

daz ouge — des ougen — dem ougen — ouge — diu ougen — den ougen.

Dies Paradigma fiel teilweise zusammen mit dem von Gebirge (I *d*, 3), also z. B. mit Ende, Erbe, Hemde:

ende — endes — dem ende — ende — diu ende — den enden

Das Ergebnis war, daß die ganze Flexion gleichgemacht wurde und sich eine Bildung Auge — Auges — Augen, Ende — Endes — Enden ergab. Herz hat die alte Dativform beibehalten, aber seinen Genitiv nach dem Typus Wagen gebildet.

Endlich die konsonantischen Feminina. Unser Zunge flektierte mittelhochdeutsch so, daß in allen Kasus außer dem Nominativ Singular ein -en stand. Das althochdeutsche Paradigma war:

zunga	zungûn	zungûn	zungûn
zungûn	zungôno	zungôn	zungûn,

wo die eigentlichen Kasusendungen fast überall längst abgefallen sind und -ûn den Ausgang des Stammes darstellt. Daneben stand nun ein Paradigma des Feminins, das so aussah:

klaga	klagâ	klagu	klaga
klagâ	klagôno	klagôn	klagâ.

Hier ist, wie man sieht, der Stamm ein vokalischer; es entsprechen die Stämme von lateinisch mensa, griechisch $\chi\acute{\omega}\varrho\alpha$. Die beiden eben verzeichneten Paradigmen haben im Mittelhochdeutschen eine Reihe von übereinstimmenden Formen:

Sing.	zunge	zungen	zungen	zungen
	klage	klage	klage	klage
Plur.	zungen	zungen	zungen	zungen
	klage	klagen	klagen	klage.

Sie fallen daher später völlig zusammen, und es entsteht die heutige Flexion von Klage — Klagen, also unser Typus II *b*, 1. Daß in der Einzahl die Formen von klage beibehalten wurden, nicht die von zünge, ist leicht begreiflich, denn sie boten den Vorzug, daß hier ein Unterschied zwischen Genitiv und Dativ der Einzahl und den entsprechenden Formen der Mehrzahl bestand. Umgekehrt gab man die Form klage in der Mehrzahl zugunsten von zungen auf, weil klage auch Singularform des Nominativs und Akkusativs war. Überreste der konsonantischen weiblichen Flexion sind noch zahlreich vorhanden: vgl. unser lieben Frauen, „festgemauert in der Erden“, Erdenleben, Erdensohn, Gassenbube, Harfenton, Höllental, Mühlenbach, Sonnenlicht.

Dadurch, daß zwei ältere Typen in dem Typus Klage zusammenfielen, ist er schon an sich sehr reichhaltig geworden. Er hat aber auch noch von den verschiedensten Seiten Zugang erhalten. Einmal von solchen Typen, deren Nominativ ebenfalls auf e ausging. Das ist der Fall bei dem Typus Gebirge (I *d*, 3): es hieß früher daz grütze, daz rippe, daz wette; im Scheltwort hört man noch jetzt: das alte Ripp. als Bezeichnung eines bösen Weibes. Ferner bei den männlichen u-Stämmen, Typus Bote (III *a*): es hieß mittelhochdeutsch der grille, der imbe (= die Imme), der slange usw. Häufig hat das Oberdeutsche hier das männliche Geschlecht bewahrt, während die Schriftsprache mit den mittel- und niederdeutschen Mundarten die Analogiebildung nach dem Femininum gewählt hat: der Backen — die Backe, der Schneck — die Schnecke, der Trauben — die Traube, der Zacken -- die Zacke. In der Schriftsprache selbst steht neben der Schnupfen das aus dem Niederdeutschen aufgenommene die (Stern-) Schnuppe: man sagt ja, daß die Sterne sich schneuzen.

Auf e endet aber auch der Nominativ der Mehrzahl bei den vokalischen Maskulina: die Tage sieht genau aus wie die Klage; so hat man denn solche Plurale mit dem Singular des Feminins gleichgestellt und dazu einen neuen Plural auf -n gebildet: statt Schläfe heißt es mittelhochdeutsch der slâf, was ja auch jetzt noch in altertümlicher Rede gebraucht wird; die Socke = mittelhochdeutsch der soc, daher oberdeutsch der Socken; Tücke = mittelhochdeutsch der tuc; das Südfränkische sagt noch: „einem einen Tuck antun"; Woge = mittelhochdeutsch der wâc.

Neben den Übertritten, welche stattgefunden haben wegen der Übereinstimmung einer Form mit dem Nominativ des Singulars, stehen auch solche, bei denen der Zusammenfall der Pluralformen den Anlaß gegeben hat. Die Waffen stimmte genau zu die Klagen; so ist die Waffe = mittelhochdeutsch daz wâfen; „ein gute Wehr und Waffen" heißt es noch bei Luther, und auch in das Wappen, das aus dem Niederdeutschen stammt, liegt die ältere Gestalt vor.

Es erübrigen uns noch die Typen Kraft — Kräfte (II*a*) und Saat — Saaten (II *b*, 1). Nur der erstere ist ein ursprüng-

licher: die Flexion des Neuhochdeutschen begegnet genau in derselben Weise schon im Mittelhochdeutschen. Die Mehrzahl lautet
althochdeu'sch **krefti, krefto, kreftim, krefti.** Die Einzahl
weist im Mittelhochdeutschen Doppelformen auf für Genitiv und
Dativ: neben der **kraft** steht der **krefte**; im althochdeutschen
findet sich nur die Form **krefti.** Wie ist die mittelhochdeutsche Form der **kraft** zu erklären? Im Germanischen
gab es von Haus aus nicht nur konsonantische Stämme, die
auf **n** ausgingen, sondern auch solche mit verschiedenen anderen
Schlußkonsonanten. Einer der häufigst vorkommenden unter
diesen war das Wort **Nacht.** Seine althochdeutsche Flexion
lautete:

Singular: **naht, naht, naht, naht** (= lat. nox, noct-is, noct-i,
noct-em).

Plural: **naht, nahto, nahtun, naht.**

Nach dem Muster von **diu naht — der naht** bildete man nun
zu **diu kraft** auch einen Genitiv und Dativ der **kraft,** wie umgekehrt nach dem Vorbild von **diu kraft,** Plural **die krefte** auch
ein Plural die **Nächte** entstand; der **kraft** trug schließlich den
Sieg davon über der **krefte,** weil die letztere Form im Genitiv
keinen Unterschied gegenüber der Pluralform aufwies. Reste
der Formen auf **e** liegen vor in **Bräutigam** für **Bräutegam**
= der Mann der **Braut** (-gam ist ein altes Wort für Mann),
mittelhochdeutsch der **briute,** in **Bürgemeister,** der älteren
Form von **Bürgermeister,** == Meister der Burg, in **Mägde-
sprung** = Sprung der Magd. **Behende** ist mittelhochdeutsch
bi hende, bei der Hand; aber **Hand** selbst hat nicht ursprünglich den i-Stämmen zugehört — das beweisen die unumgelauteten
Formen des Dativs Pluralis in **zu Handen, von Handen
gehen, abhanden kommen, vorhanden** (= vor den Händen) —, sondern war von Hause aus ein u-Stamm. Daß **Nacht**
nicht alter i-Stamm, ist ebenfalls noch heute zu erkennen an der
isolierten Form **Weihnachten,** eigentlich = **ze den wihen
nahten,** in den heiligen Nächten.

Dieser Typus **Kraft** berührt sich nun auch mit dem Typus
Klage. Bei dem letzteren gab es Fälle, wo aus verschiedenen
Gründen das **e** im Singular abgefallen war; es ergab sich z. B.

die Bildung Frau — Frauen. Solche Singulare stimmten überein mit einem Singular wie Kraft, und so entstanden bei dem
letzteren Typus Plurale auf -en: Burgen = mittelhochdeutsch
die bürge, Fahrten = mittelhochdeutsch die verte, Taten =
die taete. Nun gab es also zu der einen Pluralbildung auf -en
zweierlei Singulare, einen mit e, einen ohne e. Die Folge war,
daß auch im Singular Vermischungen zwischen dem Typus
Kraft, Burg, und dem Typus Klage stattfanden. So lautete
Blüte mittelhochdeutsch bluot, Eiche — eich, Leiche —
leich, Stute — stuot usw.

Ganz vereinzelt steht der Typus IIc: Mutter — Mütter,
dem außerdem nur noch Tochter angehört. Es sind dies ursprünglich konsonantische Stämme; es waren also hier einmal dieselben Endungen vorhanden wie bei Bote. Wie dort, sind sie
auch hier lautgesetzlich verloren gegangen. Der Umlaut kam dem
Plural ursprünglich nicht zu: er ist eingedrungen nach dem Muster
von Acker — Äcker, Bruder — Brüder usw., wo er freilich
selbst erst durch Übertragung hergestellt ist (s. oben S. 221).

In verschiedenen Typen kommt noch eine ganz eigentümliche
Weise der Mehrzahlbildung zur Anwendung, die Anhängung
eines —s, namentlich in den niederdeutschen Mundarten, aber
auch im Schriftdeutschen. Es heißt also etwa: die Löpers (die
Läufer), die Jungs, die Diwans, die Kerls, die Tunnels,
die Sofas. Dieses Hilfsmittel der Wortbiegung stammt in
letzter Linie aus dem Französischen; den niederdeutschen Mundarten ist es durch das Niederländische vermittelt worden; in die
Schriftsprache kam es teils aus der Mundart, teils unmittelbar
aus dem Französischen. Allerdings besitzt ja das Altnieder-
deutsche Mehrzahlbildung auf -s: dagos die Tage, wulfos die
Wölfe. Aber diese Weise ist im älteren Mittelniederdeutschen
vollkommen ausgestorben und kann unmöglich der Ausgangspunkt für den heutigen Zustand sein.

Wir haben zahlreiche Fremdwörter aus solchen lateinischen
Wörtern entlehnt, die ihren Plural auf —ia bilden: sie erhalten
im Deutschen die Pluralendung -ien: Exequien, Praeludien,
Prinzipien, Realien, Saturnalien.

II. Das Fürwort.

Das Fürwort unterscheidet sich von dem Hauptwort nicht nur dadurch, daß die einzelnen Endungen anders gestaltet sind, sondern es bestehen auch allgemeinere Abweichungen zwischen beiden Wortgattungen.

Die indogermanische Ursprache kannte überall neben der Einzahl und der Mehrzahl noch eine besondere Form für die Zweizahl, den Dual. Beim Hauptwort ist dieser schon in der frühesten Zeit des Germanischen verloren gegangen, beim Fürwort dagegen bis in die Einzelsprache bewahrt. Wir beide heißt im Altsächsischen des Heliand wit, ihr beide git: diese Formen würden im Althochdeutschen etwa zu lauten haben wiz-iz; uns beiden, euch beiden ist altsächsisch unk, ink. Der Dual der zweiten Person ist bis auf den heutigen Tag bewahrt im Westfälischen, dann aber auch im Bayrischen, wo er sogar die alte Form der Mehrzahl verdrängt hat: für ihr heißt es im Bayrischen es, ös, für euch heißt es enk.

Zur Eigenart des persönlichen Fürworts gehört es, daß im Deutschen — wie im Griechischen und Lateinischen — in der Mehrzahl großenteils ganz andere Wortstämme zur Anwendung kommen als im Singular; mittelhochdeutsch mîn — mir — mich, aber wir — unser; dîn — dir — dich, aber ir — iuwer. Im Laufe der Entwicklung sind diese Unterschiede zum Teil verschwunden. Einmal ist der Wortausgang gleichgemacht: meiner — deiner ist gebildet durch Angleichung an unser — euer; die ursprünglichen Formen mein — dein werden ja in altertümelnder Rede noch häufig gebraucht (vgl. Vergißmeinnicht); seiner aus älterem sein ist dann nach dem Muster von meiner und deiner geschaffen. Weiter ist in den Mundarten wir durch mir — mer, ihr durch dir — der ersetzt worden. Der Wandel geschah im Anschluß an die Endung des Zeitworts: geben wir wurde durch Angleichung (S. 216) zu geben mir; und gebet ir, gebetir oder, wie wohl meist gesprochen wurde, gebedir konnte den Schein erwecken, als sei es durch Zusammenziehung aus gebet dir entstanden. Wenn die auf solche Weise gewonnenen Formen die alten ganz verdrängten, so war der Grund die Übereinstimmung ihres Anlautes mit dem der Einzahl: meiner — mir — mich, deiner — dir — dich.

Eine merkwürdige Erscheinung weist das Deutsche auf in der Tatsache, daß beim Fürwort die Grenzen zwischen Dativ und Akkusativ mehrfach verwischt erscheinen.

In den ältesten Zeiten des Niederdeutschen schon besteht für Dativ und Akkusativ der beiden ersten Personen in der Mehrzahl nur je eine Form: lateinisch nobis und nos = us, vobis und vos = iu. Der Dativ des Singulars lautet mi, thi (= hochdeutsch mir, dir: das in diesen Formen auslautende r ist aus s entstanden und dies s auf niederdeutschem Boden abgefallen), der Akkusativ müßte lauten mik, thik. Dieser Unterschied ist jedoch früh verloren gegangen; in den einen Mundarten des Niederdeutschen ist mi, di, in den andern mik, dik für beide Kasus gebraucht, indem nach dem Vorbild der Mehrzahl auch die Formen der Einzahl zusammengefallen sind. Aus der mangelnden Gewohnheit, in der Mundart beide Formen zu unterscheiden, erklärt es sich denn, daß der hochdeutsch redende Niederdeutsche, daß Papa Wrangel und Onkel Bräsig beständig mir und mich, dir und dich verwechseln, und auch Friedrich der Große hat geschrieben: „sie mögten mir zerreissen“. Die Sache greift aber auf niederdeutschem Gebiet noch weiter: nach dem Muster der ersten und zweiten Person tritt auch Zusammenfall bei der dritten Person ein, wird statt des Akkusativs ihn der Dativ ihm („em“) verwendet.

Der Zusammenfall in der Mehrzahl ist auch auf hochdeutschem Gebiet eingetreten. Während es im Mittelhochdeutschen zwar heißt Dativ uns, Akkusativ uns, aber Dativ iu, Akkusativ iuch, hat im Neuhochdeutschen der Akkusativ euch den alten Dativ gänzlich verdrängt. Auf diesem Zusammenfall beruht eine Eigentümlichkeit in der Rede der Halbgebildeten: daß sie nämlich bei der Anrede mit Sie, die ja der Mundart ferne liegt, in der Regel nicht imstande sind, zwischen Dativ und Akkusativ zu unterscheiden, daß sie etwa sagen: „ich habe Ihnen ja gar nicht erkannt“ oder aber: „man tol Se kann dat goa (gar) nich fehlen“. Auch unser sich ist ursprünglich nur Akkusativ wie mich und dich; die ältere Sprache wendete dafür den Dativ des nicht rückbezüglichen Fürworts an, vgl. bei Luther: „unser keiner lebt ihm selber, unser keiner stirbt ihm selber".

Überhaupt sind die Grenzen zwischen dem rückbezüglichen und dem nicht rückbezüglichen Fürwort der dritten Person nicht immer strenge festgehalten. Wir sagen gedenke sein, genieße sein, während die ältere Sprache zum Nominativ er und es (mittelhochdeutsch ez) auch einen Genitiv es aufweist; Spuren davon besitzen wir in Redensarten wie „ich bin es satt, es zufrieden", denn vom Verbum sein kann ja eigentlich kein Akkusativ abhängig gemacht werden.

Es bleiben noch einige einzelne bemerkenswerte Formen. Neben ihr besteht im Neuhochdeutschen die altertümliche Form ihro, die buchstäblich mit der althochdeutschen übereinstimmt. Daß dieser alten Form iro zwei neue entsprechen, hängt wohl mit Verschiedenheiten der Betonung zusammen, die in alter Zeit nebeneinander bestanden: iro mußte ir werden, iró behielt seinen Endvokal. Ebenso steht es mit dero neben der. Das Nebeneinander von ihr und ihro, der und dero hat dann weiterhin Anlaß gegeben, neben hinfür und anher die Formen hinfüro und anhero zu schaffen.

Bei dem Fürwort er, der, wer liegen mehrfach kürzere und längere Formen nebeneinander: dessen = des, deren = der, derer = der, denen = den; die kürzeren Formen sind die ursprünglichen, die im Mittelhochdeutschen allein bestehen, vgl. die isolierten Formen in deshalb, deswegen, „wes Brot ich eß, des Lied ich sing". Das besitzanzeigende Fürwort ihr ist ursprünglich eine Form des persönlichen Fürworts, nämlich der Genitiv Singular des Feminins beziehungsweise der Genitiv des Plurals für alle Geschlechter, also die Doppelform zu dem jüngeren ihrer (d'elle, d'eux, d'elles); ebenso geht ihnen auf mittelhochdeutsch in zurück. Die jüngeren Formen sind entstanden unter dem Einfluß der zweisilbigen Fürwörter wie dieser, jener, wohl auch unter dem der Beiwörter.

Das Pronomen der Gleichsetzung hat im Mittelhochdeutschen selp gelautet (daher ganz richtig die Schreibung selbständig), also der Genitiv selbes: min selbes = lateinisch mei ipsius, französisch de moi-même. Dieses selbes ist im

Laufe der Zeit erstarrt und hat die neuhochdeutsche Form selbst ergeben (s. oben S. 217), die nun für beliebige Kasus angewandt werden kann.

III. Das Beiwort.

Beim Beiwort unterscheiden wir flektierte Formen von Formen ohne jede Endung. Die letzteren, also z. B. gut, öde, stimmen in ihrer Bildung völlig mit den Nominativen und Akkusativen der vokalischen Substantivstämme überein, mit den Typen **Tag, Käse**: in beiden Fällen ist eine ursprünglich vorhandene Endung abgefallen, und deutsches **lang** z. B. entspricht genau lateinisch **longus**. Die flektierten Formen sind wieder doppelter Art. Die einen stehen nach dem bestimmten Artikel: der **gute**, des **guten**, dem **guten**, die **guten** und weisen konsonantischen Stamm auf. Die männliche Flexion stimmt hier vollkommen zu dem Substantivtypus **Bote — Boten**. Im Feminin und Neutrum haben Genitiv und Dativ noch die altdeutsche Gestalt der konsonantischen Flexion bewahrt, die beim Hauptwort verloren gegangen sind: die **gute** — der **guten** = mittelhochdeutsch die **zunge** — der **zungen**; das **gute** — des **guten** = mittelhochdeutsch **daz ouge** — des **ougen** (s. oben S. 226).

Bis hierher besteht also zwischen Beiwort und Hauptwort keine grundsätzliche Verschiedenheit: das ist auch der ursprüngliche Zustand in der indogermanischen Grundsprache, wie er im Griechischen und Lateinischen bewahrt ist. Nun kommen aber die Biegungsformen hinzu, welche verwendet werden, wenn nicht schon eine deutliche Kasusendung vorangeht: **guter Wein, gutem Weine, guter Weine** usw. Diese Art der Biegung ist entstanden durch unmittelbare Nachahmung der Bildungsweise, die den hinweisenden Fürwörtern eigentümlich ist. Man vergleiche die althochdeutschen Paradigmen:

	Nom.			Gen.	Dat.	
Sgl.	der	diu	daz	des	demu	deru
	guoter	guotiu	guotaz	guotes	guotemu	guoteru
Pl.	die	dio	diu	dero	den	
	guote	guote	guotiu	guotero	guoten	

		Akk.	
Sgl.	(den)	dia	daz
	(guotan)	guota	guotaz
Pl.	die	dio	diu
	guote	guoto	guotiu

Auch die wenigen Veränderungen, die — abgesehen von der Abschwächung aller unbetonten Vokale zu e — sich bei dem Beiwort seit der althochdeutschen Zeit vollzogen haben, gehen Hand in Hand mit denen des Fürworts. Der Nominativ der Einzahl des Feminins diu — guotiu, was lautgesetzlich zu neuhochdeutsch deu — guteu hätte werden müssen, ist verdrängt durch den Akkusativ die — gute, und ebenso ist die Pluralform des Neutrums diu — guotiu durch die entsprechende des Maskulins und Feminins die — gute ersetzt (s. oben S. 33).

Diese pronominale Biegung der Beiwörter ist von J. Grimm als starke bezeichnet worden; unter schwacher Flexion begreift er — wie bei dem Hauptwort — die konsonantische Bildungsweise.

IV. Das Zeitwort.

Man unterscheidet nach ihrer Bildungsweise zwei Klassen von Zeitwörtern: die eine bildet ihr Präteritum mit der Silbe -te, die andere ohne Zutreten einer solchen Silbe durch Veränderung des Stammvokals, durch Ablaut: also lehre — lehrte, aber gebe — gab. Die erste Klasse, die eines äußeren Hilfsmittels bedarf, um die Form der Vergangenheit zu bilden, ist von J. Grimm als die schwache bezeichnet worden, die zweite, die den gleichen Zweck durch innere Veränderungen erreicht, erhielt von ihm den Namen der starken. Im Mittelwort des Präteritums liegt bei beiden Klassen eine Bildungssilbe vor, bei den schwachen -t oder -et, bei den starken -en, also gelehrt, gefürchtet, aber gegeben.

Die schwache Bildung — der die große Mehrzahl der Zeitwörter angehört, — ist die einfachere. Hier zeigt sich im Stammvokal des Präsens nirgends ein Wechsel; der Vokal, der in einer Form auftritt, geht durch alle übrigen hindurch: eine scheinbare Ausnahme ist frage — frägst — frägt neben frage — fragst — fragt, und diese hängt mit einer Beeinflussung durch das starke Zeitwort zusammen, wie ja auch die Form frug neben fragte besteht. Im Präteritum liegt ein geringfügiger Unterschied der Bildungen darin, daß die einen Formen -te, die andern -ete aufweisen: lehrte, liebte, aber bildete, fürchtete; überhaupt steht -ete bei allen Stämmen, die auf einen t-Laut ausgehen. Auch im Mittelhochdeutschen liegt -te und -ete nebeneinander; das letztere mußte lautgesetzlich im Neuhochdeutschen auch zu -te sich wandeln (vgl. oben S. 213). Aber wenn man in bildte, fürcht-te den im Präsens deutlich vorliegenden Stamm bild-, fürcht- auch vor der mit t anfangenden Ableitungssilbe selbständig zu Gehör bringen wollte, so blieb kaum etwas anderes übrig als danach ein e zu sprechen.

Das Nebeneinander von -te und -ete im Mittelhochdeutschen ist andern Ursprungs. Statt der Einförmigkeit, die nun bei den schwachen Zeitwörtern herrscht, galt früher eine größere Mannigfaltigkeit: das Althochdeutsche unterschied drei Klassen schwacher Zeitwörter, je nachdem ob der Stammausgang -ô, -ê oder -i war; es bestanden einmal die Formen salbôn = salben, frâgên = fragen und * legian = legen, * lêrian = lehren (etwas Ähnliches ist das Nebeneinander von lat. amare, tacere, audire). Von salbôn und frâgên lautete das Präteritum salbôta — frâgêta, = mittelhochdeutsch salbete — frâgete. Bei den i-Stämmen muß ein Unterschied zwischen kurzsilbigen und langsilbigen Stämmen gemacht werden; bei den ersteren bleibt der Stammausgang im Präteritum bestehen: althochdeutsch legita = mittelhochdeutsch legete. Bei langen Stämmen dagegen wird, nach einem allgemeinen, hier nicht weiter auszuführenden Lautgesetz der älteren Sprache, das i im Präteritum ausgestoßen, während im Präsens der i-Laut noch längeren Bestand hat: also * lêrian — lêrta, mittelhochdeutsch lêrte.

Infolge dieses letzteren Unterschiedes kann sich bei den langsilbigen i-Stämmen eine Abweichung zwischen Präsens und Präteritum ergeben, die den andern Gruppen der Verba fremd bleibt. Enthält nämlich der Stamm der Verba ein a, o oder u, so muß im Präsens vor dem stammschließenden i im Laufe der Zeit der Umlaut eintreten, während im Präteritum der alte Vokal erhalten bleibt. Aus * branniaⁿ = branta wird brennen — branta = brennen — brante. Außer brennen besitzen wir noch kannte. nannte, rannte, sandte, wandte als Beispiele solches scheinbaren Rückumlauts (vgl. oben S. 209); ebenso heißt es gebrannt, gekannt usw., denn im Partizipium Präteriti vollzogen sich ziemlich die gleichen lautlichen Vorgänge wie im Präteritum selbst.

Im Mittelhochdeutschen war das Gebiet des Rückumlauts noch viel größer: es hieß auch decken — dacte, smecken — smacte, beswaeren (beschweren) — beswârte, loesen — lôste, hoeren — hôrte, büezen — buozte usw. Das Neuhochdeutsche hat hier überall den Vokal des Präteritums demjenigen des Präsens angeglichen; nur einzelne adjektivische Mittelwörter zeigen Spuren des alten Zustands; so sind die gedackten Pfeifen der Orgel soviel als gedeckte; getrost ist altes Partizipium zu trösten, vertrackt altes Partizipium zu vertrecken (s. oben S. 161); wohlbestallt ist eine Erinnerung an bestelle — bestalte — bestalt: das Neuhochdeutsche hat hier sogar zu der rückumgelauteten Form ein neues Präsens bestallen gebildet; ebenso ist aus einem sich erboesen — erbôste — erbôst das Verbum sich erbosen hervorgegangen. Nach dem Vorbild anderer rückumlautender Partizipia entstand gelahrt zu lehren; durchlaucht, erlaucht zu durchleuchten, erleuchten.

Bei den starken Zeitwörtern begegnet ein viel mannigfaltigerer Wechsel der Vokale als bei den schwachen Verben. Hier spielen Umlaut, Brechung und Ablaut eine Rolle. Bei den schwachen Verben schloß in allen Formen des Präsens der Stamm mit einem und demselben Vokal, es konnte daher von einem wechselnden Einfluß der Endungen auf den Stamm keine Rede sein. Beim starken Verbum folgten unmittelbar auf den Schlußkonsonanten der Stammsilbe die verschiedengestaltigen Kennzeichen der einzelnen Formen. Der Indikativ des Präsens, z. B. von tragen lautet im ältesten Althochdeutschen:

tragu — tragis — tragit — tragamês — tragat — tragant. Es mußte also mit Notwendigkeit später in der zweiten und dritten Person der Einzahl der Umlaut eintreten, und diesen Umlaut weisen noch heute alle unsere starken Verba auf mit Ausnahme von du haust — er haut, du saugst — er saugt und du

238

kommst — er kommt, neben weniger richtigem kömmst —
kömmt. Ein guter Teil der Mundarten ist in der Entfernung des
Umlauts nach dem Vorbild der nicht umgelauteten Formen noch
weitergegangen; es heißt da: trage — tragsch — tragt, laufe
— laufsch — lauft usw.

Der Unterschied der Endungen, der den Umlaut veranlaßt, ist
auch die Ursache der sogenannten Brechung beim Zeitwort (s. oben
S. 210). So besteht hier ein regelmäßiger Wechsel zwischen e und i;
i steht da, wo bei umlautfähigen Zeitwörtern der Umlaut seine
Stelle hat, e entspricht dem nichtumgelauteten Vokal. Es heißt:
wir geben, ihr gebt, sie geben; ferner steht e im ganzen Konjunktiv, im Infinitiv und im Partizip des Präsens; die zweite und
dritte Person Singular lautet: gibst, gibt, der Imperativ gib;
in der ersten Person Singular, wo das Hochdeutsche sagt: ich
gebe, haben oberdeutsche Dialekte ich gib, ich lis, ich nimm usw.,
und das ist auch der Stand im Mittelhochdeutschen und Althochdeutschen: althochdeutsch gibu, lisu, nimu; diese Formen stehen
für urgermanisches gebu, lesu, nemu, indem u der Endung die
gleiche Wirkung ausübte wie i.

Das Neuhochdeutsche hat seinerseits wieder unbewußt die
urgermanischen Verhältnisse hergestellt; es hat die erste Person
Singular mittelhochdeutsch ich gibe dem Plural geben angeglichen: der Wechsel von trage — trägst — trägt ist das
Vorbild geworden für den von gebe — gibst — gibt. Auch hier
hat wieder in oberdeutschen und in mitteldeutschen Mundarten
noch weitere Ausgleichung stattgefunden: du gebsch — er gebt,
du nemmsch — er nemmt.

Kein Wechsel zwischen e und i findet statt, wenn der Stamm
des Zeitworts ausgeht auf eine Verbindung von einem Nasal mit
Nasal oder einem andern Konsonanten; vor diesen Lautgruppen
ist schon in vorgeschichtlicher Zeit jedes e zu i gewandelt worden,
selbst wenn ein a nachfolgte. Es heißt also: ich beginne — wir
beginnen, ich finde — wir finden.

Völlig parallel dem Brechungswechsel von e und i geht im
Mittelhochdeutschen der von iu und ie (gleich dem von althochdeutsch iu und io, s. oben S. 211). Es heißt mittelhochdeutsch
ch fliuge — du fliugest — er fliuget, aber wir fliegen —

ir flieget — sie fliegent. Das Deutsch der Lutherischen Bibel bewahrt noch genug Reste ungebrochener Formen: fleugt, kreucht, leugt, zeucht usw.; „was da fleugt und kreucht“ heißt es im Liede bei Schiller, aber in der heutigen Schriftsprache haben die gebrochenen Formen durchaus den Sieg davongetragen: es heißt ich fliege, wie wir fliegen.

Die Bildung des Perfekts von starken Verben geschah ursprünglich durch zwei Hilfsmittel. Erstens wurde eine Reduplikationssilbe dem Stamme vorgesetzt, d. h. eine Silbe, gebildet aus dem Stammanlaut und dem Vokal e. Zweitens tritt der so genannte Ablaut ein (s. oben S. 212). Man vergleiche lateinisch pello — pepuli, griechisch $\tau\varrho\acute{\epsilon}\varphi\omega$ — $\tau\acute{\epsilon}\tau\varrho o\varphi a$. Die Fälle, wo diese beiden mit dem Präsensstamm vorgenommenen Änderungen im Germanischen noch deutlich zutage liegen, sind sehr selten. Schon im Gotischen ist die Reduplikationssilbe nur in den wenigsten Fällen rein bewahrt, und in der Mehrzahl dieser seltenen Fälle ist der Ablaut, meist aus lautgesetzlichen Gründen, verloren gegangen. Es heißt also zwar z. B. lêtan (lassen) — lelôt, aber haldan — hehald, haitan (heißen) — hehait, hlaupan — hehlaup.

Infolge verschiedener Umgestaltungen haben diese Perfektformen sich so gewandelt, daß sie alle im Mittelhochdeutschen den Diphthong ie = neuhochdeutsch î (geschrieben ie) enthalten, mag der Präsensvokal sein, welcher er wolle. Das Partizipium Präteriti, das beim starken Verbum im allgemeinen auch dem Ablaut unterworfen ist (vgl. lat. pello — pulsus, vello — vulsus, sero satus), weist bei diesen reduplizierenden Verben den gleichen Vokal wie das Präsens auf. So gehören denn im Neuhochdeutschen zu dieser Klasse von Verben:

1. halte — hielt — gehalten; ebenso gehn, fallen, fangen, hangen;

2. blase — blies — geblasen; ebenso braten, lassen, raten, schlafen;

3. rufe — rief — gerufen;

4. heiße — hieß — geheißen;

5. laufe — lief — gelaufen; ebenso hauen, stoßen.

Bei der weitaus größeren Zahl der starken Zeitwörter ist aber schon in der frühsten unserer Forschung zugänglichen Zeit des Germanischen eine selbständige Reduplikationssilbe nicht mehr vorhanden. Dafür tritt der Ablaut um so deutlicher hervor. Hier ist der Fall nicht häufig, daß wie bei den reduplizierenden Verben bloß zwei verschiedene Vokale im Stamm vorliegen; in der Regel sind es deren drei, und in diesem Fall besteht im Altdeutschen immer ein Unterschied zwischen dem Vokal in der Einzahl des Präteritums und demjenigen in der Mehrzahl dieser Zeitform. Der Wechsel der Vokale im Ablaut ist kein willkürlicher; es kann nicht jeder beliebige Vokal mit jedem beliebigen vertauscht werden, also z. B. nicht a in derselben Wurzel neben ei erscheinen; sondern neben bestimmten Vokalen können nur wieder ganz bestimmte andere im gleichen Stamm auftreten. Die Vokale, welche auf solche Weise miteinander im Ablautsverhältnis stehen, faßt man zusammen als Ablautsreihen.

Wir geben die Ablautsreihen des Zeitworts in ihrer mittelhochdeutschen Gestalt.

I. Klasse, mit dem Vokal **a** im Präsens:

Präs.	Prät. Sgl.	Prät. Pl.	Part. Prät.
trage	truoc	truogen	getragen

II. Klasse, mit dem Vokal **e** oder **i** im Präsens:

    a) die Stammsilbe schließt mit Doppelkonsonanz:

ich binde / wir binden	bant	bunden	gebunden
wirfe / wir werfen	warf	wurfen	geworfen

Über den Wechsel von **e** und **i** beziehungsweise **u** und **o**, s. oben S. 210 und 211. Diese Form des Ablauts ist im Neuhochdeutschen nirgends mehr rein erhalten: die Abweichung zwischen den verschiedenen Formen des Präteritums ist beseitigt. Und zwar hat entweder die Einzahl den Sieg davongetragen; das ist der weitaus häufigere Fall: fand — fanden, gelang — gelangen, half — halfen, sprang — sprangen war mittelhochdeutsch fant — funden, half — hulfen usw. Neben wir sangen ist die ältere Form durch den Einfluß des Reims im Sprichwort bewahrt: „wie die Alten sungen, so zwitschern die Jungen.“ Oder der Vokal der Mehrzahl ist durchgedrungen, freilich nicht in seiner mittelhochdeutschen Gestalt als u, sondern in mitteldeutscher Umformung als o (vgl. S. 211): ich glomm — wir glommen, schwoll — schwollen, schmolz — schmolzen war mittelhochdeutsch glamm — glummen, swal — swullen, smalz — smulzen. In einem einzelnen Fall bestehen im Neuhochdeutschen noch a und u nebeneinander: ich ward und ich wurde, wir wurden = mittelhochdeutsch wart — wurden. Die Form wurde erklärt sich durch eine teilweise Angleichung an die Formen des schwachen Präteritums.

b) dem Stammvokal folgt eine einfache Liquida oder Nasalis, oder es geht eine Verbindung von Verschlußlaut und Liquida voraus:

| ich nime wir nemen | nam | nâmen | genomen |
| ich spriche wir sprechen | sprach | sprâchen | gesprochen. |

Nach diesem Muster gehen schon in der älteren Sprache auch einzelne Zeitwörter, deren Stamm keine Liquida enthält: fechten — gefochten nach flehten — geflohten, stechen — gestochen nach brechen, sprechen — gebrochen, gesprochen. In der neuhochdeutschen Entwicklung ist wieder der Unterschied zwischen Einzahl und Mehrzahl des Präteritums ausgeglichen: mittelhochdeutsch ich sprăch — wir sprâchen = neuhochdeutsch sprâch — sprâchen. In einer Anzahl von Fällen ist sogar die Verschiedenheit zwischen Präteritum und Partizipum Präteriti geschwunden: neuhochdeutsch schere — schor — schoren — geschoren = mittelhochdeutsch schire — schar — schâren — geschoren; pflege — pflog — pflogen — gepflogen = mittelhochdeutsch (speziell mitteldeutsch) pflige — pflac — pflâgen — gepflogen.

Nach dem Vorbild von scheren hat sich im Neuhochdeutschen auch schwören gerichtet, nach dem von pflegen auch heben. Ursprünglich gehören beide Verba dem Typus tragen an: swere — swuor — geswaren, hebe — huop — gehaben.

Die auffallende Form des Präsens beruht darauf, daß es ursprünglich hieß * swariu, * habiu, also eine äußere Übereinstimmung
mit dem Präsens der i-Klasse der schwachen Verba stattfand
(s. oben S. 231). In dem Adjektiv erhaben liegt das alte Partizipium von erheben vor, das später durch die Analogiebildung
erhoben verdrängt wurde.

c) dem e (i) folgt ein einfacher Konsonant, der nicht Liquida
oder Nasenlaut ist, und es geht ihm keine Verbindung solcher
Laute mit andern Konsonanten voraus:

gibe — geben gap   gâben   gegeben.

Im Neuhochdeutschen ist găb — gâben zu gâb — gâben
geworden; das Niederdeutsche hat vielfach das alte Quantitäts-
verhältnis bewahrt: so schreibt Fritz Reuter gaww (gab), lagg,
satt (saß). Die Zeitwörter bewegen und weben bilden jetzt ihre
Formen nach dem Vorbild von pflegen, heben (Typus *b*),
während sie ursprünglich wie geben gingen:

bewige   bewac   bewâgen   bewegen
wibe   wap   wâben   geweben.

III. Klasse, im Präsens langes î:
schribe   schreip   schriben   geschriben.

Der Diphthong in der Einzahl des Präteritums **schreip** ist
neuhochdeutsch gänzlich verloren gegangen. An seine Stelle trat
der Vokal des Plurals Präteriti und des Partizips der Vergangenheit (**schrieb**). Zu dieser Klasse gehört heute auch das Verbum
scheiden; ursprünglich flektierte es wie die reduplizierenden
Verben; also mittelhochdeutsch scheide — schiet — ge-
scheiden. Von dieser älteren Weise gibt noch das Adjektiv **bescheiden** Kunde, das altes Partizipium zu sich **bescheiden**
ist, also demnach einen, der sich beschieden hat, bedeutet.

IV. Klasse, im Präsens iu mit ie wechselnd:

fliuge ⎫
fliegen ⎭   flouc   flugen   geflogen.

Die neuhochdeutsche Entwicklung dieser Reihe stimmt mit
der der vorhergehenden völlig überein; nur ist nicht das **u** des
Plurals Präteriti verallgemeinert worden, sondern wie oben bei

Typus II a die mitteldeutsche Gestaltung dieser Form mit dem Vokal o.

Zu der vorliegenden Klasse gehören auch saufen — soff, saugen — sog, bei denen die Präsensbildung schon in urgermanischer Zeit von der von fliuge abwich, während die übrigen Formen stets damit zusammenstimmten.

Hand in Hand mit den Veränderungen des Ablauts geht bei einer Anzahl von Zeitwörtern auch ein Wechsel der Konsonanten, der wie der Ablaut in letzter Linie auf einer Verschiedenheit der Betonung beruht. Wir haben früher (S. 14) gesehen, daß je nach der Stellung des Akzents einer indogermanischen Tenuis im Germanischen eine Spirans oder eine Media entsprechen kann: dem k ein h oder g, dem t ein th oder d. Nach Eintritt der zweiten, das Hochdeutsche kennzeichnenden Verschiebung mußte die letztere Gleichung lauten: t = d oder t. So hieß es denn im Mittelhochdeutschen: ziuhe — wir zugen — gezogen = nhd. ziehen — zog — gezogen, und snide — sniten — gesniten = nhd. schneide — schnitt — geschnitten.

Außerdem ist dieser Wechsel noch bewahrt im Neuhochdeutschen bei leiden und sieden. Mittelhochdeutsch hieß es auch noch slahe — sluogen — geslagen, aber dieser Wechsel ist neuhochdeutsch beseitigt worden, indem nach dem Vorbild von trage — tragen ein neues Präsens schlagen gebildet wurde. Das alte slahen liegt vor z. B. im bekannten Liede: „und käm alles Wetter gleich auf uns zu schlahn‟. Ebenso wurde mittelhochdeutsch noch gebildet ich gedihe (gedeihe) — wir gedigen — gedigen; der neuhochdeutschen Ausgleichung hat sich nur das adjektivische Partizipium gediegen entzogen. Die Mundart ist in der Ausgleichung teilweise noch weiter gegangen als die Schriftsprache: statt ziehen heißt es im Südfränkischen ziege.

Dem Wechsel von h — g, d — t entspricht der von s und r. Erhalten ist er neuhochdeutsch noch in erkiese — erkor — erkoren und war — waren — gewesen. Mittelhochdeutsch bestand er auch noch bei friuse — wir fruren — gefroren und verliuse — wir verluren — verloren; neben dem neuhochdeutschen frieren und verlieren liegt das ursprüngliche s in Friesel, in Verlust vor.

244

Auch beim schwachen Zeitwort finden sich einzelne Veränderungen der Konsonanten, die aber nichts mit dem eben dargestellten Wechsel zu tun haben. Es heißt bringen — brachte, denken — dachte nach dem oben (S. 214) aufgestellten Gesetz, daß das Germanische vor einem t nur einen spirantischen Laut duldet. Und vor dem Spiranten h fiel das n gesetzmäßig aus. Im Mittelhochdeutschen hieß es auch mich dünket — mich dûhte. Hier ist neuhochdeutsch mehrfache Ausgleichung eingetreten. Zuerst ging der Umlaut des Präsens in das Präteritum über: däuchte. Dann hat man zu dünken ein Präteritum dünkte, zu däuchte ein neues Präsens däucht oder sogar däuchtet geschaffen.

Bei einer Reihe von Zeitwörtern liegen heutzutage starke und schwache Formen nebeneinander; es heißt z. B. salze — salzte, aber gesalzen. Eine solche Mischung ist nicht ursprünglich; sie kann auf verschiedene Weise entstanden sein. Entweder sind alte starke Zeitwörter in die Analogie der schwachen hineingezogen worden. So bildete man noch im Mittelhochdeutschen: ich salze — sielz — gesalzen; ebenso statt spalte — spaltete — gespaltet und gespalten nur spalte — spielt — gespalten. Daß es mit falten ebenso gewesen, bezeugt das adjektivische Partizip gefalten, oder für schaben das Adjektiv abgeschaben.

Viel seltener als die Beeinflussung starker Zeitwörter durch die schwachen ist das Umgekehrte, daß ursprünglich schwache Verba stark geworden sind: fragte ist älter als frug, das nach trug, schlug gebildet wurde; ich steckte ursprünglicher als ich stak, das nach dem Muster von erschrak entstand. verwünscht älter als verwunschen („der verwunschene Prinz"), dingte — gedingt älter als dang — gedungen, die dem Einfluß von singen, springen ihr Dasein verdanken. Pries, wies sind an die Stelle von mittelhochdeutschem priste, wiste getreten. Die Mundart hat noch mancherlei Übertritte aus der schwachen Konjugation in die starke aufzuweisen: so heißt es von bedeuten, läuten in süddeutscher Mundart beditte, gelitte im Partizipium Präteriti nach dem Muster von schneide — geschnitten, in mitteldeutschen Gegenden ich kief für ich kaufte.

Oder drittens es bestanden in der älteren Sprache nebeneinander ein starkes und ein schwaches Zeitwort, die in ihrer Präsensform einander sehr nahe kamen und deshalb im Neuhochdeutschen zusammenfielen. Häufig war besonders der Fall, daß von einem und demselben Stamm ein starkes Zeitwort mit intransitiver und ein schwaches mit transitiver Bedeutung gebildet war. So gehen die Doppelungen erlöschen — erlosch und erlöschte — erloschen und erlöscht; erschrecken — erschrak und erschreckte — erschrocken und erschreckt; schwellen — schwoll und schwellte — geschwollen und geschwellt zurück auf die drei Paare mittelhochdeutscher Verba: erlische — erlasch — erloschen (ich werde zum Erlöschen gebracht) und erlesche — erlaschte — erleschet (ich bringe zum Erlöschen); erschricke — erschrac — erschrocken (ich gerate in Schrecken) und erschrecke — erschracte — erschrecket (ich setze in Schrecken); swille — swal — geswollen (ich werde geschwellt) und swelle — swalte — geswellet (ich bringe zum Schwellen). Die Plurale des Präsens ebenso wie der Konjunktiv und Infinitiv des Präsens enthalten mittelhochdeutsch überall den Vokal e, nur daß bei den starken Zeitwörtern dieses e, das mit i wechselt, ein gebrochenes, in den schwachen ein umgelautetes war, also immer noch ein Unterschied der Aussprache bestand.

Wenn im älteren Neuhochdeutschen neben ich lud sich noch die Form ladete findet, so sind hier zwei Zeitwörter vermischt worden, die ohne jede Verwandtschaft sind und ursprünglich lautliche Unterschiede aufweisen. Es hieß althochdeutsch hladan (aufladen) — hluod — gihladan, aber ladôn (einladen) — ladôta — giladôt.

Eine merkwürdige Vermischung von starker und schwacher Biegung liegt vor in: ich kann, ich darf, ich mag, ich muß, ich soll, ich weiß. Auf den ersten Blick fällt bei ihnen auf, daß sie nicht wie die andern Zeitwörter in der ersten und dritten Person der Einzahl des Präsens eine Endung aufweisen. Solche Endungslosigkeit begegnet sonst nur im Präteritum des starken Zeitworts, und hier liegt denn auch die Lösung des Rätsels: diese sechs von uns in der Bedeutung von Präsentien gebrauchten Formen sind ursprünglich Präterita gewesen: man nennt sie deshalb Präteritopräsentia. Diese Erscheinung, daß ein Zeitwort im Präsens verloren geht und nur das Perfekt mit präsentischer Bedeutung bestehen bleibt, kennt auch das Lateinische und Griechische, vgl. coepi, novi, odi; οἶδα. Dem griechischen οἶδα entspricht das deutsche weiz auch lautlich ganz genau.

Es hat hier der oben (S. 150) dargelegte Bedeutungswandel, die Vertauschung von Ursache und Folge stattgefunden; weiz hieß wohl ursprünglich ich habe gesehen und ließe ein Präsens ich wize erwarten, nach Anleitung unseres Typus III; weiß gewährt den einzigen neuhochdeutschen Rest der alten Präterialform dieser Ablautsreihe, denn meit, treip, schreip usw. sind ja durch Analogiebildungen ersetzt worden, s. oben S. 242. Ich muß, mittelhochdeutsch muoz gehört zum Typus tragen; es gab also vorzeiten ein Präsens * mazan; zu ich kann, darf, mag, soll (aus althochdeutschem skal) wären nach unseren Typen II *b* und II *c* alte Präsentia wie kinnan, derfan, megan, skelan zu erschließen. Nachdem bei den ursprünglichen Perfekten die Beziehung auf die Vergangenheit völlig vergessen worden war, bildete sich zur Bezeichnung des Präteritums neben ihnen ein neues Gebäude von Formen, die dem Präteritum der schwachen Zeitwörter entsprachen.

Die Plurale wir dürfen, können, mögen, müssen erscheinen auffallend wegen ihres Umlauts, denn sie sind die Fortsetzung der althochdeutschen Formen durfum, kunnum, mugum, môtum. Der Umlaut erklärt sich aus den Fällen, wo das Fürwort dem Zeitwort nachfolgte: durfum wir, denn auch selbständige Wörter konnten umlautend wirken. So ist auch Reuters wi wiren (wir waren) über mittelniederdeutsches wêren aus älterem wâren wi entstanden.

Sehr merkwürdig ist die Geschichte des Zeitworts ich will. Das war ursprünglich ein Konjunktiv Präsentis; es hieß gotisch wiljau, wilis, wili, entsprechend lateinischem velim, velis, velit. Diese Konjunktivform rückte in die Rolle des Indikativs ein, und es wurde dann, ähnlich wie bei den Präteritopräsentia, ein ganzes neues Paradigma dazu geschaffen.

Nicht nur zwei verschiedene Arten von Biegung, sondern zwei verschiedene Stämme sind gemischt bei den Zeitwörtern gehen und stehen. Schon das Präsens zeigt in der älteren Sprache Doppelformen: mittelhochdeutsch gên und gân, stên und stân; aus den Formen mit â erklärt sich niederdeutsch gahn, stahn und die heutigen oberdeutschen Formen goh und stoh. Das Präteritum von gehen ist gebildet, als ob das Präsens gangen lautete, vgl. fangen — fing; ein solches Präsens hat in der Tat ursprünglich bestanden und ist noch jetzt mundartlich in einzelnen Formen erhalten.

Von stên lautete im Mittelhochdeutschen das Präteritum ich stuont, zu einem ebenfalls noch jetzt mundartlich bewahrten standen, also nach dem Typus trage — truoc. Ich stund — wir stunden ist aber jetzt nur noch in altertümlicher Rede in Gebrauch. Zuerst wurde nach dem Vorbild des Typus bant — bunden (II a, S. 240) daraus ich stand — wir stunden, und als sich dann in diesem Typus der Ausgleich zwischen der Einzahl und der Mehrzahl des Präteritums vollzog, traf dieser Vorgang natürlich auch stand — stunden. Auf niederdeutschem Gebiet hat eine andere Analogiewirkung stattgefunden: nach stân — stunt bildete sich dort zu gân ein gung und zu fangen fung, wie die Formen noch jetzt bei Fritz Reuter lauten.

Etwas anders liegen die Verhältnisse bei tun — tat. Das Präteritum des althochdeutschen tuon lautete teta. Hier ist te Reduplikationssilbe und ta der eigentliche Stamm, dessen Form sich dadurch erklärt, daß er in unbetonter Silbe stand und hier einer Schwächung unterlag. Aus teta wurde mittelhochdeutsch tete, und dies ist die altertümliche Form tät, die im Volkslied und bei Uhland mehrfach begegnet. Zu jenem teta lautete der Plural: tâtun, eine schwer erklärbare Form, = neuhochdeutsch taten; zu diesem Plural ist im Neuhochdeutschen ein neuer Singular tat gebildet worden.

Nicht weniger als drei verschiedene Wurzeln sind in dem Paradigma des Zeitworts sein zusammengetreten; eine, die mit b anlautet, und die der lateinischen Wurzel in fui fore — futurum esse entspricht: in bin — bist; eine Wurzel es, die in lateinischem est — eram für esam steckt: in er ist, und eine verkürzte Form s dieser Wurzel in sind — sei, vgl. lateinisch sunt — sim; endlich eine Wurzel wes, die im Lateinischen keine Entsprechung besitzt; dazu gehört das Präteritum: mittelhochdeutsch ich was — wir wâren — gewesen (die alte Form ich was noch im Liede: „so dir geschenkt ein Knösplein was"), ferner der substantivische **Infinitiv** das Wesen und die alten Partizipien in abwesend, anwesend.

Solche Verknüpfung verschiedener Stämme zum selben Paradigma („Stammverkettung") ist eine uralte Erscheinung des Sprachlebens; sie hat sich namentlich bei besonders wichtigen und besonders häufigen Wörtern behauptet (vgl. ich — meiner — wir — unser; gut — besser, viel — mehr).

Schließlich ist noch ein Punkt in der Bildung des Partizipiums Präteriti zu besprechen. Wir sagen gezeugt — aber bezeugt, er ist alt geworden, aber er ist geschlagen worden: welche Bewandtnis hat es mit diesem ge-? Von Haus aus besitzt das Partizipium überhaupt kein Präfix: es heißt gotisch binda, ich binde, bundans, gebunden. Nun gab es in der alten Sprache eine große Anzahl von Zeitwörtern, deren Formen sowohl für sich allein, als in der Verbindung mit der Vorsilbe ge- auftreten konnten, wie wir noch jetzt neben bieten ein gebieten, neben brauchen ein gebrauchen, neben leiten ein geleiten besitzen. Und zwar war das ursprüngliche Verhältnis derart, daß die einfachen Formen einen Zustand bezeichneten (verba imperfectiva oder durativa), die Zusammensetzungen das Eintreten in den Zustand oder den Abschluß desselben; vgl. frieren und stehen mit gefrieren und gestehen (von der Milch), d. i. zum Frieren, zum Stehen kommen.

Naturgemäß erschien namentlich das Partizipium Präteriti gern in Begleitung der Vorsilbe, die mit der Zeit zum wesentlichen Bestandteil der genannten Form wurde. Freilich da, wo das Partizipium frühzeitig zum Adjektiv erstarrte, brauchte es das Schicksal der Verbalform nicht mitzuerleiden, konnte von der Vorsilbe frei bleiben: so steht von alter Zeit her das Beiwort trunken neben dem Partizip getrunken und rechtschaffen neben recht geschaffen.

Ist die Fähigkeit des Zeitworts, Zusammensetzungen mit gezu bilden, die Voraussetzung für die Partizipia mit ge-, so läge die Umkehr des Satzes nahe: wo jene Fähigkeit fehlt oder fehlte, da müssen auch die Partipizia des ge- entbehren. Dieser Erwartung entspricht in der Tat eine ganze große Klasse von Zeitwörtern. Diejenigen, die mit be-, ent-, ver-, zer-, überhaupt mit untrennbaren Vorsilben schon verbunden sind, haben zum größten Teil schon an sich perfektive Bedeutung, und sie gestatten keine weitere Verbindung mit ge-; es gibt kein geentstehen oder gevergehen; daher entbehren sie denn auch regelmäßig des ge-: es heißt entstanden, vergangen, zerrissen, unternommen, widersprochen usw. Ebenso gestatten die Zeitwörter werden, kommen, finden keine Zusammensetzung mit ge-: schon an sich bezeichnet ja werden den Eintritt in einen Zustand, kommen den Abschluß einer Bewegung, finden den Abschluß einer Tätigkeit. So steht noch heute worden neben geworden; noch bei Luther heißt es: „mein Freund, warum bist du kommen“, und im Götz: „bist von jeher zu kurz kommen“. Ebenso sagt Luther: „die weil dein Knecht Gnade funden hat“, und in der Wormser Gegend heißt es heut noch funne neben gefunden. Auch von lassen hat die ältere Sprache keine Zusammensetzung gelassen, also auch kein Partizip gelassen gebildet; so heißt es noch heute: „ich habe ihn kommen lassen“, wo uns lassen, das alte Partizipium Präteriti, eben wegen des Fehlens des ge-, wie ein Infinitiv vorkommt. Die Folge ist, daß wir nun auch bilden: ich habe ihn kommen sehen, kommen hören, obwohl sehen und hören niemals Partizipformen gewesen sind.

Auch solche Zeitwörter, die mit fremden Ableitungssilben versehen sind und den Ton nicht auf der Stammsilbe haben, entbehren der Vorsilbe ge- im Partizip: halbiert, stolziert, stipitzt. Es scheint das mit den Betonungsverhältnissen zusammenzuhängen: die große Menge der Formen wie entstanden, vergangen hat die Empfindung erzeugt, daß dann das ge- fehlen müsse, wenn der Tonsilbe noch eine unbetonte vorausgehe. So heißt es auch: er hat sich bequemt, er hat genehmigt, obgleich hier nicht Zusammensetzung eines Zeitworts mit be- und ge-, sondern Ableitung von bequemen und genehm vorliegt.

Die Wortbildung.

I. Allgemeines.

In einem früheren Abschnitt haben wir gesehen, daß neue Wörter auf zweifache Weise entstehen: sie können bereits vorhandenen Sprachstoff verwenden, und sie können aus dem Nichts, durch Urzeugung geschaffen werden. Der erste der beiden Fälle, die Wortbildung im engern Sinn, bedarf noch weiterer Erörterung.

Denken wir bei einem Wort die Silben hinweg, mit deren Hilfe seine Biegungsformen gebildet werden, so ergibt sich das, was man als den Stamm eines Wortes bezeichnet. So erhalten wir aus Leute den Stamm Leut, aus sterbe den Stamm sterb, aus gefahren den Stamm fahr. Zahlreiche Wörter entbehren jedoch einer besondern Endung, dann fällt der Begriff des Stammes mit dem fertigen Worte zusammen, z. B. in Krach, Schein, recht, halt!

In den bis jetzt genannten Beispielen, wie in zahlreichen andern, besteht der Stamm aus einer einzigen Silbe. Es gibt aber auch Wörter, bei denen nach Abzug einer Biegungsendung mehr als eine Silbe übrig bleibt, oder es geschieht, daß das endungslose Wort mehrsilbig ist; dann ist also auch der Stamm mehrsilbig. Solche Wörter sind z. B. Eltern, handeln, golden; Ratschlag, Mondscheibe, teilnehmen, Glasdach, Vormittag; Gestein, erleben.

Vergleichen wir nun die einzelnen Wörter des Sprachschatzes untereinander, so machen wir in sehr vielen Fällen die Wahrnehmung, daß der Stamm des einen Wortes in einem andern Worte wiederkehrt. So findet sich neben fallen der Fall, die Fälle, neben krachen der Krach, neben scheinen der Schein; neben handeln der Handel, neben donnern der Donner, neben ratschlagen der Ratschlag, neben handhaben die Handhabe. Die Wörter des gleichen Stamms unterscheiden sich nur dadurch, daß ihre Biegungssilben verschiedenen Klassen von Endungen angehören.

Man kann aber noch eine andere Beobachtung machen. Vergleicht man Stämme von verschiedenem Umfang, so zeigt sich, daß ein Teil eines bestimmten Stammes sich in andern Wörtern als Stamm desselben wiederfindet, oder, umgekehrt ausgedrückt, daß ein bestimmter Stamm einen Bestandteil eines umfangreicheren Stammes bildet. So steht neben heilig auf der einen Seite Heil und heilen, auf der andern Seite Heiligung, Heiligkeit, Heiligtum; neben gründlich steht Grund und Gründlichkeit, neben Gründer gründen, Gründung und Gründertum, neben Handel Hand und Handlung.

Verfolgt man nun solche Bildungen, deren Stämme ganz oder zum Teil miteinander übereinstimmen, in ihrer Entwicklung, ihrem geschichtlichen Auftreten, so ergibt sich, daß sie nicht alle das gleiche Alter besitzen. Wir erfahren z. B., daß Krach jünger ist als krachen, donnern jünger als Donner, Heiligkeit jünger als heilig, gründlich jünger als Grund. Die jüngeren Wörter sind geschaffen im Anschluß an die älteren; man sagt, sie seien von ihnen abgeleitet. Wofern die Stämme der Ableitungen mehr Silben aufweisen als die Stämme der Wörter, von denen sie ausgegangen, so bezeichnet man die überschießenden Silben als Ableitungssilben oder Suffixe. So sind in Heiligung, Heiligkeit, Heiligtum die drei Ableitungssilben -ung, -keit, -tum enthalten. Diese Silben können in zahlreichen andern Wörtern wiederkehren: man vergleiche Gründlichkeit, Ewigkeit, Langsamkeit; Gründung, Handlung, Reinigung; Gründertum, Altertum, Königtum.

So haben also die Wörter mit mehrsilbigem Stamm zweierlei Beziehungen aufzuweisen: die eine vermittelt durch die Ableitungssilbe, die andere durch den Teil, der ihr vorausgeht; so ist also gründlich einerseits mit allen Bildungen auf -lich in Beziehung gesetzt, anderseits mit allen Bildungen, die grund zum Stamme haben oder als Teil des Stammes enthalten. Zwischen diesen beiden Klassen und Bildungen besteht aber ein wichtiger Unterschied: grund kann für sich allein oder unter Hinzutritt von Biegungsendungen ein fertiges Wort bilden (der Grund, ich gründe), während dies bei -lich, -keit, -tum, -ung nicht möglich ist.

Die Sachlage kann sich aber auch anders gestalten: die mehrsilbigen Wortstämme können so beschaffen sein, daß sich ihre Bestandteile in mehreren Wörtern als deren Stämme wiederfinden: neben Mondscheibe besteht Mond und Scheibe, neben teilnehmen Teil und nehmen, neben Glasdach Glas und Dach, neben Vormittag vor, Mitte und Tag. Es erscheinen also in dem Wort mit mehrsilbigem Stamm mehrere einfache Wörter oder Stämme vereinigt, denn die Geschichte lehrt wiederum, daß die einzelnen Wörter früher da waren als die Wortsummen: solche Vereinigungen werden Zusammensetzungen genannt. Ganz gelegentlich kommt es allerdings auch vor, daß das Einzelwort das Spätere ist: Weiler ist erst in mittelhochdeutscher Zeit gebildet auf Grund der zahllosen südwestdeutschen Ortsnamen auf -weiler, Echse im 19. Jahrhundert rückgebildet aus Eidechse.

Unter den Wörtern mit mehrsilbigen Stämmen gibt es aber noch eine besondere Gruppe, als deren Vertreter wir vorhin Gestein, erleben aufgeführt haben. Diese Gruppe stimmt mit den Ableitungen darin überein, daß nur ein Teil des Stammes auch in selbständigem Dasein begegnet: -stein, -leben; sie weicht von ihnen ab in der Anordnung des Gliedes, das auch als einfacher Stamm auftritt: bei den Ableitungen steht es am Beginn des Wortes, in Gestein, erleben dagegen an zweiter Stelle. Das Gemeinsame beider Bildungsweisen ist so wesentlich, daß man auch eine gemeinsame Bezeichnung erwarten sollte. Der Sprachgebrauch hat jedoch anders entschieden; auch die durch Gestein vertretene Gruppe wird zu den Zusammensetzungen gerechnet, augenscheinlich deshalb, weil man hier noch viel deutlicher empfindet, daß ein selbständiges Wort in eine Verbindung mit weiteren Lauten eingetreten ist als bei den Ableitungen.

Welcher der so gekennzeichneten Bildungsweisen ein Wort angehört, ob wir es im einzelnen Fall mit Zusammensetzung oder Ableitung zu tun haben, bedarf unter Umständen einiger Überlegung. Zwar in Wörtern wie antworten, Betrübnis, Entsprechung, abgöttisch, großsprecherisch kann es keinem ernsthaftem Zweifel unterliegen, daß keine Zusammensetzung stattgefunden hat: es gibt kein worten, Trübnis, Sprechung, göttisch, sprecherisch. Jene Bildungen sind also vielmehr Ableitungen; die Wörter aber, von denen sie ausgehen, sind ihrerseits zusammengesetzt: Antwort, betrüben, entsprechen. Abgott, Großsprecher.

Es finden sich jedoch zahlreiche Bildungen, bei denen nach den äußeren Voraussetzungen eine doppelte Auffassung möglich wäre. Neben urteilen steht einerseits Urteil, so daß urteilen als dessen Ableitung angesehen werden könnte; anderseits gilt daneben das einfache Wort teilen, zu dem urteilen sich als Zusammensetzung stellen ließe. Das gleiche Verhältnis besteht zwischen ratschlagen und Ratschlag — schlagen, notzüchtigen und Notzucht — züchtigen. Vergleicht man bei diesen Gruppen von drei zusammengehörigen Wörtern die Bedeutung des ersten mit den beiden andern, so stellt sich heraus, daß die nähere Beziehung nicht zwischen den beiden Zeitwörtern besteht, sondern zwischen dem ersten Zeitwort und dem Hauptwort. Tatsächlich also ist das an erster Stelle genannte Zeitwort nicht eine Zusammensetzung, sondern eine Ableitung vom zusammengesetzten Hauptwort. In der gleichen Weise kommen wir zu dem Ergebnis, daß z. B. Allgemeinheit nicht zusammengesetzt ist aus all und Gemeinheit, sondern abgeleitet von allgemein, daß Vollzug nicht aus voll und Zug besteht, sondern eine Ableitung aus vollziehen; eigensinnig nicht aus eigen und sinnig, sondern Ableitung von Eigensinn, vorbildlich nicht aus vor und bildlich, sondern Ableitung von Vorbild.

Endlich gibt es Fälle, wo sich überhaupt keine objektive Entscheidung mehr finden läßt, wo ein Wort vom Sprachgefühl ebensogut als Zusammensetzung wie als Ableitung von einer solchen aufgefaßt werden kann; das ist der Fall bei manchen Bildungen mit miß: Wörter wie Mißbrauch, Mißdeutung können ebensowohl Verbindungen sein von miß und Brauch, miß und Deutung als Ableitungen von mißbrauchen, mißdeuten.

Aber noch andere Schwierigkeiten stellen sich der richtigen Erkenntnis entgegen. Es gibt Zusammensetzungen, deren heutige Gestalt von der ursprünglichen so stark abweicht, daß es dem Sprachbewußtsein nicht mehr gelingt, das Ganze in seine

Teile zu zerlegen. Daß in Jungfer, Viertel, Weibsen der
erste Bestandteil jung, vier, Weib steckt, ist ja ohne weiteres
klar; daß in Viertel die zweite Silbe aus Teil hervorgegangen,
läßt sich ebenfalls noch erraten, aber kaum mehr, daß Jungfer
in seinem Ausgang das Wort Frau enthält (mittelhochdeutsch
juncvrouwe), oder gar, daß Weibsen in älterer Sprache wibes
name gelautet hat, d. h. Weibesname, also der Name für die
Person selber gesetzt worden ist.

In anderen Fällen ist keiner der beiden Bestandteile mehr
herauszulösen. Man muß in die ältere Sprache zurückgehen, um
zu wissen, daß Adler = adelar, d. h. der edle Aar, Grummet
= gruonmât, d. h. das grün Gemähte, Junker = juncherre,
der junge Herr, Wimper = wintbrâ, die sich windende, auf und
ab bewegende Braue.

Seltener kommt das Umgekehrte vor, daß ein Wort heute
als Zusammensetzung empfunden wird, während es tatsächlich
nur eine Ableitung ist. Es liegt hier jene eigentümliche sprachliche Umdeutung vor, die wir als Volksetymologie kennen gelernt
haben (S. 127). In mühselig, trübselig glaubt man wohl das
einfache Wort selig zu erkennen; sie sind jedoch Ableitungen
von Mühsal und Trübsal, die selber nicht etwa mit Saal zusammengesetzt sind, sondern eine alte Ableitungssilbe -sal enthalten, die z. B. auch in Rätsel steckt. Leumund hat mit
Mund nichts zu tun, sondern ist Ableitung von einem alten
Worte hliuma das Gehör. In Hebamme empfinden wir Amme
als zweiten Bestandteil; das Wort hat jedoch in früherer Zeit
hevianna gelautet; das ist ein altes Mittelwort von heben,
bedeutet also die Hebende.

Aber nicht nur für unsere subjektive Erkenntnis sind bisweilen die Grenzen zwischen Zusammensetzung und Ableitung
schwer zu finden. Die Tatsachen selber können derart beschaffen
sein, daß sie es nicht gestatten, eine Bildung schlechthin der
einen oder der andern Gruppe zuzuweisen. Das geschieht, wenn
zu verschiedenen Zeiten die Umstände sich verschieden gestalten,
so daß die Zuteilung in verschiedener Weise erfolgen muß. Es
gibt zahlreiche Bildungen, die ursprünglich Zusammensetzungen
waren, deren einzelne Teile jedoch ihr Sonderdasein nicht für alle

Zeiten behaupten. So bestand z. B. in alter Zeit ein Wort heit mit der Bedeutung Beschaffenheit; dies wurde nun verwendet in Zusammensetzungen wie Bosheit, Schönheit (schlechte, schöne Beschaffenheit). Sobald jedoch heit als selbständiges Wort verloren ging, konnten Bosheit, Schönheit u. dgl. nur noch als Ableitungen empfunden werden. Ebenso sind die Bildungen auf -schaft und -tum, auf -bar und -haft zu beurteilen: auch schaft, tum, bar, haft haben ursprünglich als selbständige Wörter gelebt.

Die Verhältnisse können endlich so liegen, daß beim Zustandekommen eines bestimmten Wortes gleichzeitig Zusammensetzung und Ableitung stattzufinden scheint. So wird z. B. im Anschluß an die Wortgruppe das Neue Testament das Beiwort neu und das Hauptwort Testament zur Einheit zusammengefaßt und die Bildungssilbe -lich angefügt; es entsteht das Wort neutestamentlich. Oder es wird etwa von lange schlafen der Langschläfer gebildet. Nach den vier Waldstätten ist der Vierwaldstättersee benannt. Man mag die so entstandenen Wörter als Zusammenbildungen bezeichnen. In seinem Wesen wird man aber den Vorgang am besten dahin bestimmen, daß auch ein Fall der Ableitung vorliegt, Ableitung nicht von einem einzelnen Wort, sondern von einer Wortgruppe.

Alle diese verschiedenen Erscheinungen, Zusammensetzung, Ableitung, Zusammenbildung, bedürfen noch näherer Erörterung. Zunächst

II. Die Zusammensetzung.

Eine ganz lose Art der Zusammensetzung, eine bloße Zusammenrückung entsteht, wenn Wörter, die im Satze häufig nebeneinander stehen, zur Einheit zusammengefaßt werden, ohne daß bei der Vereinigung eine Veränderung eintritt, sei es in der Beziehung der Teile untereinander, sei es in ihrem Verhältnis zu den benachbarten Teilen der Rede. So tritt das Zeitwort mit seinen Bestimmungen zusammen: teilnehmen, gutheißen, fehlgehen, anerkennen, aufstehen, zurückbleiben. Oder das Hauptwort mit dem vorausgehenden Beiwort, dem Fürwort, dem Vorwort: größtenteils, gleichermaßen, meinesgleichen, insbesondere, zufolge; das Beiwort mit einer substantivischen Ergänzung: fußhoch, jahrelang; das Adverb mit andern adverbiellen Zusätzen: jahraus, jahrein; feldein, querfeldein; Zahlwörter in verschiedener Art der Verbindung: dreihundert, dreiunddreißig, dreihundertdreiunddreißig. Zumeist sind es zwei Glieder, die so verbunden werden; auch querfeldein zerfällt zunächst in quer und feldein; aber das Beispiel von dreihundertdreiunddreißig läßt erkennen, daß eine grundsätzliche Beschränkung in der Zahl der Glieder hier nicht besteht.

Wie wenig fest diese Verbindungen sind, zeigt in vielen Fällen das Schwanken unserer wie der ältern Rechtschreibung; ein wirkliches Hindernis, die Teile getrennt zu schreiben, besteht nirgends. Bei den Belegen aus der Gruppe der Zeitwörter kommt noch ein anderer Umstand kennzeichnend hinzu; die Zusammenrückung gilt nur da, wo nach den Gesetzen der deutschen Wortstellung das Zeitwort hinter seine nähern Bestimmungen tritt: wenn ich anerkenne, ich muß anerkennen, aber: ich erkenne an.

Aus solchen losen Zusammenrückungen wird eine feste Zusammensetzung, wenn die Worteinheit im Ganzen des Satzes eine andere Stellung einnimmt als die Wortgruppe, durch deren Zusammenfassung sie entstanden. Ein Infinitiv wie nehmen ist in der Rede gewöhnlich die Ergänzung eines andern Zeitworts, z. B. ich kann nehmen; das gleiche gilt von der Zusammenrückung auseinandernehmen. Wird aber der Infinitiv zum Hauptwort gewandelt, so entsteht eine unlösbare Zusammensetzung: das Auseinandernehmen der Uhr. Namentlich werden gern die von einer Person gesprochenen Worte zu Hauptwörtern umgeprägt: ein Helfgott, ein herzliches Prositneujahr; bisweilen in der Weise, daß die Anfangsworte dazu dienen müssen, das Ganze der Aussage zu vergegenwärtigen: das Vaterunser, ein Avemaria, das ABC, das Einmaleins.

Ja es geschieht geradezu, daß die Urheber einer Aussage das von ihnen gesprochene Wort als Namen erhalten: Heinrich Jasomirgott, Vergißmeinnicht; in Sachsen ist Dammich die Bezeichnung eines jungen übermütigen Burschen, nach dem

Fluche, den er im Munde führt: (Gott ver-) damm mich; in einer mitteldeutschen Stadt lebt ein reicher Mann, der gern die Redensart gebraucht: wir haben's ja, oder in seiner Mundart: mer hun's ja: danach wird er vom Volke der Merhunsja genannt. Aber auch der Ausruf, zu dem jemand Anlaß gibt, oder die Anrede, die er erfährt, kann namengebend wirken: daher der Gottseibeiuns, der Springinsfeld; im Hessischen werden die Hühner mit Kambibele bezeichnet, das heißt eigentlich: komm, Hühnchen.

Diesen beiden Abteilungen von Zusammensetzungen, die aus Gruppen von syntaktisch zusammengehörigen Wörtern hervorgegangen sind, steht nun eine unendlich viel größere Masse von solchen gegenüber, die wir bei unbefangener Betrachtung nicht mehr auf derartige Gruppen zurückzuführen vermögen. In Goldfisch sieht zwar das erste Glied aus wie der Nominativ oder Akkusativ von Gold, aber mit keinem dieser beiden Kasus läßt sich eine Beziehung zu Fisch herstellen. Ein Freudengeschrei ist kein Geschrei der Freuden und kein den Freuden gewidmetes Geschrei, sondern ein durch die Freude veranlaßtes, ein Meldereiter nicht ein „Ich melde-Reiter" oder ein „Melde! Reiter". In solchen Fällen bietet also das erste Glied eine Gestalt, in der wir von unserem Standpunkt aus nicht ein fertiges Wort der Sprache zu erkennen vermögen.

Das Verkennen dieses Tatbestandes hat einmal der Verwaltung eines deutschen Staates zu einem verlorenen Rechtsstreit verholfen. Ein Händler hatte eine telegraphische Bestellung gemacht, die mit dem „Zweiuhr-Zug" ausgeführt werden sollte. Bei der Bezahlung des Telegramms war das Wort Zweiuhr-Zug mit zwei Worten berechnet worden. Die nachprüfende Behörde war jedoch der Meinung, daß drei Wörter vorlägen, und verlangte, daß fünf Pfennige nachbezahlt würden. Vor Gericht hatte ein Sprachgelehrter ein Gutachten abzugeben; es stellte sich natürlich heraus, daß Zweiuhr-Zug ein einziges Wort sei; wer 5 Pfennige herauszuzahlen hatte, war der Staat, nicht der Händler.

Also nicht ein fertiges Wort, sondern ein Wortstamm ist in solchen Fällen als erstes Glied mit einem fertigen Wort im zweiten Glied zusammengetreten, und es ist eine Nachlässigkeit des Ausdrucks, deren wir uns freilich in dieser Darstellung auch schuldig machen, wenn man sagt, daß eine Zusammensetzung von zwei Wörtern vorliege. Allerdings, was heute als Stammzusammensetzung erscheint, ist zum Teil nichts anderes als alte Wortzusammensetzung, in früheren Zeiten durch Zusammenrückung syntaktisch verbundener Glieder entstanden. Herzogenhorn, Herzogenbusch stammen aus einer Zeit, wo der Genitiv von Herzog noch herzogen lautete und der Genitiv den Artikel entbehren konnte: Fleischeslust entspricht Verhältnissen, in denen die gleiche Artikellosigkeit für Fleisch möglich war und solche Genitive dem übergeordneten Substantiv vorausgehen durften. Ein Wildschwein war früher ein wilt swin, d. h. ein wildes Schwein; die biegungslose Form des Adjektivs, die heute nur noch dem nachgestellten Adjektiv zukommt (Röslein rot), war früher auch bei Vorstellung zulässig. Überschreiten entstand in einer — unsern Sprachquellen vorausliegenden — Zeit, als man noch sagen konnte: den Fluß über schreiten, er schreitet den Fluß über, wie man noch heute sagt: er schläft den Tag über.

In andern Fällen mag man in der Geschichte des Deutschen und des Germanischen beliebig weit hinaufsteigen, ohne daß es gelingt, die Zusammensetzung in eine syntaktische Gruppe aufzulösen. Diese besonders innige Art der Wortvereinigung pflegt man — mit nicht besonders glücklichem Ausdruck — als eigentliche Zusammensetzung zu bezeichnen; ihr stehen diejenigen, die sich auf Zusammenrückung von Wörtern noch zurückführen lassen, als uneigentliche gegenüber.

Eine sonderbare Mittelstellung zwischen eigentlicher und uneigentlicher Zusammensetzung nehmen Bildungen ein wie Handlungshaus, Krankheitsbild, Freundschaftsbund, Majestätsverbrechen, Liebeszauber, Mitternachtsstunde, Hochzeitslied. Das s solcher Wörter sieht aus wie das Zeichen des Genitivs; demnach sollte man die ersten Bestandteile als Genitive, das ganze Wort als uneigentliche Zusammensetzung auffassen. Aber das Genitiv-s gehört der männlichen und sächlichen Biegung an, während alle die genannten ersten

Glieder weiblich sind, also in dieser Form nicht selbständig vorkommen.

In Wirklichkeit sind die ältesten Vertreter dieser Gattung, die bis in das 15. Jahrhundert hinaufreichen, uneigentliche Zusammensetzungen gewesen; sie enthielten im ersten Glied richtige Genitive auf -es. Man hat ohne Grund den Ursprung dieser Bildungen aus dem Niederdeutschen hergeleitet; ihre Entstehung ist vielmehr ganz einfach dem Vorbild der zahlreichen Maskulina und Neutra zuzuschreiben, in denen s in der Fuge der Wortverbindung erscheint, insbesondere dem Umstand, daß die gleichen Wörter oder Wörter von völlig gleicher Art sowohl mit s als ohne s zusammentreten konnten: Ackermann — Ackersmann, Werkmann — Handwerksmann, Seeboden — Meeresboden. Jean Paul hat diesen s-Schnörkel mit den schärfsten Waffen des Spottes verfolgt: er hat ihn aber nicht einmal in seinen eigenen Werken völlig ausrotten können. Neuere Versuche, diesem s das Lebenslicht auszublasen, werden ebenso erfolglos bleiben und sind von Haus aus gänzlich unberechtigt gegenüber einer Erscheinung, die seit Jahrhunderten in der Sprache fest eingewurzelt ist, die auch unter Umständen ein recht vorteilhaftes Mittel ist, um die Wortfuge deutlich zu bezeichnen: man vergleiche Liebeseifer, Liebesempfinden, Liebesentzücken mit einem etwaigen Liebeeifer usw., Mitternachtstraum mit Mitternachttraum, Handlungsgehilfe mit einem hypothetischen Handlunggehilfe.

Wie wenig tief die Grenze zwischen eigentlichen und uneigentlichen Zusammensetzungen einschneidet, zeigt auch der schon oben erwähnte Umstand, daß dieselben Glieder oder gleichartige Glieder bald in der einen, bald in der andern Weise erscheinen. Aber in der scheinbar regellosen Masse lassen sich doch gewisse Grundsätze deutlich erkennen. Zunächst kann man die Wahrnehmung machen, daß Wortbildungen aus älterer Zeit weit häufiger die eigentliche Zusammensetzung aufweisen, während die uneigentliche sich leichter bei jüngeren Schöpfungen einstellt. Der Grund ist sehr einfach: die uneigentliche Zusammensetzung ist an sich im ganzen eine Errungenschaft neuerer Zeit, im wesentlichen erst des Neuhochdeutschen; Bildungen, die früherer Zeit angehören, zeigen also naturgemäß die ältere, „eigentliche" Weise der Zusammensetzung.

So heißt es denn zwar Amtmann, aber Amtsrichter, Himmelreich, aber Himmelsgewölbe, Heerzeichen, aber Heeressäule. Zeitliche Unterschiede spielen ferner eine Rolle, wenn wir die Fälle verschieden behandelt sehen, wo das erste Glied ein einfaches Wort und wo es selber schon zusammengesetzt ist: Gangtür — Eingangstür, Tagblatt — Sonntagsblatt, Werkmann — Handwerksmann, Nachtlied — Weihnachtslied. Die Bildungen, die im ersten Glied eine Zusammensetzung aufweisen, gehören selber erst der neuhochdeutschen Zeit an; sie finden unter den eigentlichen Zusammensetzungen der älteren Zeit kein Vorbild.

Weit mehr aber als von der Entstehungszeit hängt die Form einer Bildung ab von der Art und Weise, wie ihre Bestandteile außerhalb der Zusammensetzung auftreten. Kann dem zusammengesetzten Wort eine syntaktische Gruppe mit annähernd gleicher Bedeutung zur Seite gestellt werden, in der das erste Glied der Zusammensetzung als genitivische Bestimmung erscheint, so pflegt das erste Glied der Zusammensetzung das s anzunehmen; fehlt eine derartige Parallele, so kommt dem ersten Glied in der Regel die reine Stammform zu. Man vergleiche zum Beispiel Meeresboden, Meeresfläche, Meeresgrund, Meeresströmung mit Meerdistel, Meerenge, Meerfahrt, Meerfrau, Meergeusen, Meerkatze, Meerkuh, Meerschweinchen, Meerspinne; oder Tagesanbruch, Tagesangabe, Tagesgespräch, Tagesgrauen, Tagesheld, Tageskurs, Tageslicht, Tageslänge, Tagesliteratur, Tagesstunde mit Tagarbeit, Tagbau, Tagdienst, Taghemde, Tagfahrt, Taglohn, Tagschmetterling. So begreift es sich denn auch, daß die Stoffbezeichnungen, die den ersten Teil einer Zusammensetzung bilden, das s fast ausnahmslos entbehren, denn es läßt sich eine solche Zusammensetzung kaum einmal durch ein genitivisches Verhältnis wiedergeben. Es heißt also: Eisenblech, Goldstück, Lederriemen, Papierdrache, Sandgrube, Silbermünze, Tuchrock, Zeugschuh.

Manchmal ist daneben die genitivische Verbindung nur scheinbar nicht vorhanden, obwohl doch ihre Wirkung sichtbar ist: armsdick, fingerslang, engelsgut stammen von den Hauptwörtern Armsdicke, Fingerslänge, Engelsgüte, und neben diesen besteht die genitivische Formel. In einem besondern Fall ist zwar die genitivische Auflösung möglich, aber sie ist so beschaffen, daß sie der Bildung eines ersten Gliedes mit s keinen Vorschub leistet: neben Bürgertugenden, Künstlerleben, Lehrerstand, Handwerkerinnung, Wählerversammlung kann zwar die Tugenden des Bürgers, das Leben des Künstlers, der Stand des Lehrers gesagt werden, aber ebensowohl die Tugenden der Bürger, das Leben der Künstler, der Stand der Lehrer, und bei Handwerkerinnung, Wählerversammlung ist nur die Auflösung mit einem Genitiv der Mehrzahl möglich. Der Henker aber pflegt nicht in der Mehrzahl vorhanden zu sein, daher Henkersdienst, Henkersknecht, Henkersmahl.

Auch Rücksichten des Wohllauts, der Deutlichkeit spielen eine Rolle. Es heißt zwar Frühlings-, Sommers-, Winterszeit, aber Herbstzeit; von Hals und Haus, Hirsch und Tisch werden nur eigentliche Zusammensetzungen gebildet. Wenn auch die auf Vokal ausgehenden Wörter nicht in genitivischer Form erscheinen (Meeresufer, aber Seeufer), so liegt der Grund in der engen Verschmelzung, die hier zwischen der Genitivendung und dem Wortstamm stattfindet; Stamm und Endungen sind nicht mehr deutlich als solche zu erkennen (Seesufer!).

Während in den beiden ersten Klassen der Zusammensetzungen, in die ganze syntaktische Gruppen eintraten, die Zahl der Glieder keiner Beschränkung unterlag, treten bei den Wortvereinigungen, die wir augenblicklich besprechen, nur zwei Glieder jedesmal zusammen. Das gilt selbst für die umfangreichsten Wortungetüme; sie werden dadurch möglich, daß jedes Glied der Zusammensetzung wieder seinerseits eine Zusammensetzung sein kann. Dampfstraßenbahnaktiengesellschaft zerfällt zunächst in die zwei Glieder Dampfstraßenbahn und Aktiengesellschaft; Dampfstraßenbahn besteht aus Dampf und Straßenbahn, Straßenbahn wiederum aus Straßen und

Bahn; anderseits haben sich in dem zweiten Glied die Bestandteile Aktien und Gesellschaft zusammengefunden. Sogar die für unser Sprachgefühl so fremdartigen Wortbildungen der Chemiker gehorchen diesem Gesetz: ein so anmutiges Erzeugnis wie etwa die Dioxydiphenylmethandicarbonsäure enthält zunächst als erstes Glied die Silbengruppe Dioxy, die selber in Di und Oxy zerfällt; ihr steht als zweites Glied die Gesamtheit der übrigen Silben gegenüber. Diese entsteht aus der Vereinigung von Diphenylmethan einerseits und Dicarbonsäure anderseits. Diphenylmethan zerlegt sich wieder in Diphenyl und Methan, Diphenyl = di + phenyl. Dicarbonsäure endlich besteht aus Di und Carbonsäure, das letzte aus Carbon und Säure.

Daß ein Glied der Zusammensetzung selber wieder zweigliedrig ist, geschieht aber nicht nur dann, wenn es ein fertiges zusammengesetztes Wort enthält. Es kommt auch vor, daß Wörter nur für diesen besondern Zweck, nur um das erste Glied einer Zusammensetzung zu bilden, zusammengefaßt werden. In dieser Weise erscheinen namentlich Verbindungen von Beiwort und Hauptwort oder von Zahlwort und Hauptwort: Altweibergeschwätz, Liebfrauenmilch, Dummejungenstreich, Armeleutgeruch (Hopfen, der Väter zweie, 1, 51), Armesündermiene, Sauregurkenzeit; Zehnmarkstück, Tausendguldenkraut. Hierher gehört auch der Baumwollene-Strumpfwarenhändler und die Reitende-Artillerie-Kaserne, die also streng genommen gar nicht so töricht sind, wie sie gewöhnlich aufgefaßt werden.

Etwas anders geartet ist die Erscheinung, daß auch durch und verbundene Wörter ein Glied der Zusammensetzung bilden können, nicht nur das erste, sondern auch das zweite: Feuers- und Wassersnot, Liebeslust und -leid. Sie erklärt sich unmittelbar aus dem Nebeneinander dieser Wörter im Gefüge des Satzes: Königs- und Fürstenwort hat einmal geheißen: Königs und Fürsten Wort, wo Wort ebenso zu Königs wie zu Fürsten als regierender Bestandteil gehörte. Die äußere Vereinigung konnte nur Fürsten und Wort betreffen; es gewann dann den Anschein, als ob bei Königs ein zweites Glied Wort erspart wäre. Von solchen uneigentlichen Zusammensetzungen ist das Verfahren dann auch auf die eigentlichen übertragen worden: Tag- und Nachtgleiche, Gas- und Wasserwerk und schließlich sogar auf Ableitungen: gött- und menschlich. Diese Weise des ältern Neuhochdeutschen lebt heute nur noch im Anzeigenstil der Zeitungen: Lackier- und Anstreicher, Mo- und Immobilien; unser menschenmöglich geht auf älteres mensch- und möglich zurück.

Endlich ein letzter Gegensatz zwischen jenen Zusammenrückungen und den wirklichen Zusammensetzungen. Dort war das Verhältnis der einzelnen Glieder zueinander ohne weiteres gegeben; die syntaktischen Beziehungen, die vor der Zusammenfassung zwischen ihnen bestanden, dauern auch nach derselben weiter. Das gleiche ist zum Teil auch hier der Fall, nämlich bei der Gruppe der uneigentlichen Zusammensetzungen; Meeresgrund ist der Grund des Meeres, Glückskind ein Kind des Glücks, Ochsenzunge die Zunge eines Ochsen, ein Wildschwein ein wildes Schwein. Aber es gibt doch genug Bildungen mit s, in denen eine genitivische Beziehung nicht oder nicht mehr zu erkennen ist: man vergleiche Wörter wie Ackersmann, Handelsmann, Pilgersmann, Rittersmann, Wandersmann, Ausgleichsverhandlungen, Landtagsberichte. Und ein Dickkopf, ein Gelbschnabel ist auch nicht ohne weiteres ein dicker Kopf, ein gelber Schnabel.

In besonders weitgehendem Maße haben die uneigentlich zusammengesetzten Zeitwörter das ursprüngliche Bedeutungsverhältnis zurücktreten lassen. Die Hauptrolle unter ihnen spielen die Bildungen mit Vorsilben wie be-, er-, über-, ver-. Diese Vorsilben waren ursprünglich für sich bestehende Umstandswörter des Ortes; trat ein Zeitwort mit einem solchen zusammen, so wurde damit ausgesagt, daß die Handlung zu einem gewissen Gegenstand in einem bestimmten räumlichen Verhältnis stehe. So geht die Silbe er- auf ein älteres us- zurück, das die Bedeutung aus, heraus besaß: aus dem Grabe erstehen hieß also ursprünglich soviel wie aus dem Grabe heraus stehen. In zahlreichen Fällen aber ist das Bewußtsein von einem solchen räumlichen Verhältnis nicht nur verdunkelt, sondern diese Auffassung geradezu unmöglich geworden.

Nicht gerade häufig hat sich diese Entwicklung bei Bildungen mit solchen Vorsilben vollzogen, die noch heute in selbständiger Verwendung vorkommen, bei durch, über, unter. Aber doch läßt sich etwa durchtränken, durchhitzen nicht mehr in tränken, hitzen durch etwas hindurch auflösen, während etwa bei durchgraben, durchhauen, durchschießen, durchschreiten diese Art der Auflösung ohne weiteres gegeben ist. Ebenso hat ein Vergessen des ursprünglichen Verhältnisses stattgefunden bei überheizen, sich überessen, überanstrengen, überfüllen; unterrichten, untersuchen, unterweisen.

Umgekehrt bei den Vorsilben, die zu selbständigen Wörtern keine Beziehung mehr aufweisen; hier bedarf es vielfach erst besonderer Überlegung, wenn man von der alten räumlichen Beziehung ein Bild gewinnen will.

Die Vorsilbe er- hat, wie schon gesagt, ursprünglich die Bedeutung aus, heraus gehabt; so bedeutete auch jemand erkennen soviel wie unser jemand aus andern herauskennen, erwählen soviel wie auswählen. Eine solche Beziehung ist aber unmöglich bei Zeitwörtern, die die Gewinnung eines Ziels bedeuten: erfliegen, erlangen, ersteigen, erzielen, oder die den Beginn oder den Abschluß einer Tätigkeit bezeichnen: erbeben, erblicken, erwachen; erlöschen, erschlagen, ertrinken. Die Vorsilbe be- hat zwei verschiedene alte Wörtchen in sich vereinigt; eines mit der Bedeutung um: so war begreifen ursprünglich soviel als etwas umgreifen, umfassen; einen beweinen soviel als um einen weinen, etwas behauen soviel als um etwas herumhauen, benagen = um etwas herumnagen. Sodann ein zweites mit der Bedeutung an, auf: berühren soviel als an etwas rühren, bedecken soviel als auf etwas decken. Der Gedanke an ein derartiges räumliches Verhältnis liegt aber weit ab in Wörtern wie beleben, befördern, bestimmen, benutzen.

Bei den Bildungen mit ver- kommen als alte Grundbedeutungen hauptsächlich vor und fort in Betracht; verbinden hieß eine Binde vor etwas legen, versiegeln ein Siegel vor etwas anbringen; wer eine Sache verficht, stellt sich schützend vor sie hin. Vergießen, verweisen, verwerfen können wir noch heute durch fortgießen, fortweisen, fortwerfen ersetzen; es wird damit ein räumliches Verhältnis zwischen dem Objekt und der handelnden Person zum Ausdruck gebracht. Mit verbinden, versiegeln vereinigt sich aber zugleich die Vorstellung, daß irgend etwas mit der Binde, dem Siegel ausgestattet, versehen wird; so entstehen dann auch Bildungen wie versilbern, verzuckern, die nicht mehr bedeuten können: Silber, Zucker vor eine Sache bringen. Wenn ein Gegenstand von einem andern entfernt wird, so kann das gleichbedeutend sein mit seiner Beseitigung, seinem Verschwinden; so kann ver- die Bedeutung des Zuendegehens, des Abschlusses gewinnen: vergehen, versinken, verhungern, vernichten, verhärten. Ähnliche Entwicklung liegt ja auch bei der Vorsilbe er- zutage; erlöschen ist soviel als auslöschen; das Licht geht aus, weil etwas, das ausgeht, d. i. hinausgeht, unsern Augen entschwindet.

In ganz vereinzelten Fällen läßt sich die Vorsilbe ge- noch mit der Grundbedeutung zusammen in Beziehung setzen: etwas, das mir gefällt, ist ursprünglich etwas, was mit mir zusammenfällt, -kommt, mit mir sich vereinigen läßt; was mir geziemt, ist das, was sich mit mir zusammenfügt (ziemen ist verwandt mit griechisch δέμω bauen). Aus dieser Bedeutung des zusammen hat sich ganz unmittelbar die Fähigkeit dieser Vorsilbe entwickelt, das Eintreten eines Zustandes zu bezeichnen: neben frieren steht gefrieren, zum Frieren kommen, d. h. zusammenfrieren. Die Milch gesteht, kommt zum Stehen: ihre Teile treten zusammen.

Bei den eigentlichen Zusammensetzungen fehlt es an jeder äußeren Hindeutung auf das Verhältnis, das zwischen den beiden Gliedern besteht. In einer kleinen Anzahl von Fällen wird diesem Mangel dadurch abgeholfen, daß zwischen den Wörtern, die zusammentreten, schon außerhalb der Vereinigung Beziehungen logischer Art bestehen; diese werden denn auch in der Zusammensetzung empfunden. Es kann geschehen, daß die beiden Vorstellungen im Verhältnis von Art- und Gattungsbegriff stehen, wie in Elentier, Rindvieh, Eichbaum, Holunderstrauch, Kieselstein, Tonerde, Bibelbuch, Kutschwagen; „die

Reutterkerls" (= die Reiter) heißt es einmal bei Fischart in der Geschichtsklitterung. Dieses Verhältnis kann sogar ein wechselseitiges sein, wie in Schafbock, Rehkalb, Mutterschwein: ein Teil der Schafe sind Böcke, ein Teil der Rehe sind Kälber; und umgekehrt: ein Teil der Böcke sind Schafe, ein Teil der Kälber sind Rehe, denn es gibt auch Gemsböcke, Hirschböcke, Rehböcke, Ziegenböcke, Elefantenkälber, Hirschkälber, Stierkälber, Walroßkälber.

Wenn die beiden Glieder sinnesgleich sind, so besagt das zusammengesetzte Wort eben nichts anderes als jedes Glied für sich allein. In solchen Fällen war der Hergang gewöhnlich der, daß ein im Veralten, in der Verdunkelung begriffenes Wort wieder lebensfähig gemacht wurde durch das Hinzutreten eines völlig lebendigen und deutlichen Wortes. Das erste Glied von Lindwurm hatte ursprünglich für sich allein die Bedeutung Schlange; der erste Teil von Maulesel kann noch heute in altertümlicher Rede für sich allein verwandt werden. Daß Gegensätze zusammentreten, geschieht wohl nur bei Bezeichnungen von lebenden Wesen; es besagt dann die Zusammensetzung, daß ein Wesen die entgegengesetzten Eigenschaften in sich vereinigt: Dichter-Komponist, Gottmensch, Fürstbischof, Mannweib, Werwolf; der erste Teil des letzten Wortes tritt in älteren Denkmälern des Germanischen noch selbständig auf mit der Bedeutung Mann; er entspricht dem lateinischen vir (dasselbe Wort, das noch in Wergeld vorliegt).

Bei weitaus den meisten Zusammensetzungen ist jedoch weder eine äußere formale noch eine innere logische Hindeutung auf das Verhältnis zwischen beiden Gliedern vorhanden. Die Vorsetzung eines Wortstamms vor den andern besagt nur, daß das ganze Wort eine besondere Beschaffenheit der Größe darstellt, die durch das zweite Glied bezeichnet wird. Es gibt allerdings Ausnahmen: Unteroffiziere sind keine besondere Art von Offizieren, sondern die beiden Begriffe stehen gleichberechtigt nebeneinander; ebenso verhält es sich bei Gymnasien und Realgymnasien, Mitgliedern und Ehrenmitgliedern. Aber diese Fälle sind vereinzelt gegenüber der großen Masse derjenigen, die die Regel vertreten. Bei ihnen gestalten sich nun die Beziehungen der beiden Teile zur reichsten Mannigfaltigkeit. Wenn wir sie auflösen wollen, müssen wir bald diese, bald jene syntaktische Fügung eintreten lassen; nicht selten sind mehrere Arten der Auflösung möglich.

So können räumliche Beziehungen der verschiedensten Art angedeutet werden. Die Dachluke befindet sich im Dach, die Holztaube lebt im Holz, der Zimmerstutzen kommt im Zimmer zur Anwendung, der Armring ist am Arm, die Haustür am Haus befestigt; das Landvolk lebt auf dem Lande, die Bergpredigt wurde auf dem Berge gehalten, der Feldweg geht durchs Feld, die Himmelfahrt hat den Himmel zum Ziele, der Fenstersprung geschieht vom Fenster aus. Seeluft ist die Luft der See, die Luft an der See oder die von der See herkommt, Nußkern der Kern der Nuß, der Kern in der Nuß. Ebensowohl können zeitliche Beziehungen ausgedrückt werden: Abendessen, Nachtlied, Monatslohn. Das erste Glied ferner kann das Mittel bezeichnen, mit dem eine Handlung ausgeführt wird, den Körperteil, der dabei in Bewegung gesetzt wird: Hammerschlag, Schwerthieb, Faustkampf, Kopfnicken; die Eigenschaft, die sich betätigt: Kraftmensch, Denkvermögen; den Zweck, dem etwas gewidmet ist: Raubzug, Gesangsstunde, Kriegsschiff; den Stoff, aus dem etwas gemacht ist: Bleistift, Schneeball, Strohmann; die Person, die der Träger oder das Ziel einer Handlung ist: Lehrerdienst, Richtertätigkeit, Kinderzucht, Götteranbetung.

In allen diesen und zahllosen andern Fällen wird mit der Zusammensetzung einem sachlichen, wirklich vorhandenen Verhältnis zwischen beiden Teilen Ausdruck verliehen. Es kann aber auch der Fall eintreten, daß nur durch den Redenden — also den außerhalb der Dinge stehenden Betrachter — eine Beziehung hergestellt wird, indem dieser Ähnlichkeiten zwischen beiden Größen entdeckt: dann dient das erste Glied der Vergleichung wie in Feuergeist, kohlschwarz, zuckersüß.

Nach diesen Beispielen möchte man glauben, daß es vollständig dem Zufall oder der Willkür überlassen sei, ob die Zusammensetzung diese oder jene Beziehung zwischen zwei Wörtern herstellt. Das ist aber keineswegs der Fall. Jedes einzelne Ding besitzt sehr verschiedene Eigenschaften, durch die es für die übrige Erscheinungswelt bedeutsam werden kann. Aber diese Eigenschaften sind zumeist nicht gleich wichtig, treten nicht mit der gleichen Leichtigkeit in unser Bewußtsein ein. Suchen wir nun aber die Beziehungen auf, die zwischen zwei bestimmten Größen bestehen, sagen wir zwischen x und y, so ergibt sich, daß von den Sonderheiten von x nur sehr wenige für y in Betracht kommen können, von den verschiedenen Seiten, die y darbietet nur ganz vereinzelte für x wirksam werden. Es sind also höchstens ein paar Beziehungen, die zwischen beiden bestehen können, und von diesen wird in der Regel eine einzige v o r den andern sich dem Beschauer aufdrängen. So kommt dann die Sprache gar nicht in die Lage, in der Herstellung von Beziehungen mit Willkür zu verfahren; es lebt regelmäßig d a s Verhältnis zweier Wörter im Sprachbewußtsein, das in den Tatsachen selber am stärksten hervortritt.

Man würde erwarten dürfen, wenn in zwei Wortpaaren x und y, x^1 und y^1 die beiden ersten und die beiden letzten Bestandteile gleichartig sind (also x mit x^1, y mit y^1), daß dann auch in der Zusammensetzung von $x+y$ genau die gleichen Beziehungen zwischen beiden Gliedern bestehen, wie in derjenigen von x^1+y^1. Wo das nicht der Fall ist, da ist eben die Gleichartigkeit nur scheinbar, da wird sich stets irgendeine Verschiedenheit zwischen den einander entsprechenden Gliedern entdecken lassen. Und solche scheinbare Ausnahmen werden sehr häufig anzutreffen sein, da es recht schwer halten dürfte, zwei Dinge mit völlig gleichen Eigenschaften aufzuspüren.

Wir prüfen diese allgemeinen Sätze am Beispiel der Zusammensetzungen, in deren erstem Glied eine Metallbezeichnung erscheint, eines der Worte Gold, Silber, Kupfer, Blei. Diese Metalle erregen unsere Aufmerksamkeit durch die Art ihres Vorkommens, durch die Weise ihrer Gewinnung und Verarbeitung; es reizt vielfach ihr Glanz; sie sind Gegenstand des Handels, des Tauschverkehrs. Dabei treten aber bald die, bald jene Eigenschaften stärker hervor.

Wenn solche Metalle zusammen mit sinnlich wahrnehmbaren Dingen genannt werden, so ist der nächste Gedanke der, daß sie sinnlich wahrnehmbar in diesen Dingen vorhanden sind. Werden nun im zweiten Glied der Zusammensetzung Örtlichkeiten genannt, so ist damit die Stätte angegeben, wo das Metall sich findet; Gold-, Silber-, Kupfer-, Bleibergwerk oder -Mine, Goldfeld, Goldküste, Goldland, Goldregion. Bezeichnet der zweite Teil eine Gesteinart oder eine chemische Verbindung, so bildet das im ersten Glied bezeichnete Metall einen Bestandteil davon: Goldader, Silberader, Bleigang, Gold-, Silber-, Kupfer-, Bleierz, Gold-, Silber-, Kupfer-, Bleisalz-, -oxyd, Goldschwefel, Silbersalpeter, Kupfervitriol, -Bleischiefer, Bleizucker, Bleiglas. In Flüssigkeiten sind sie aufgelöst enthalten: Goldwasser, Bleiwasser, Goldtinktur, Kupfertinktur, Bleiessig.

Bezeichnet das zweite Glied einen Gegenstand, der von der Tätigkeit des Menschen erzeugt ist, so stellt das Metall regelmäßig den Stoff dar, wenigstens soweit es sich um massive Gegenstände handelt: Gold- und Silberwaren oder -Sachen, Gold- und Silberbarren, Gold-, Silber-, Kupfer-, Bleiplättchen, Gold-, -Silber-, -Kupferdraht, Silberstift, Bleistift, Bleikugel, Kupferdach, Bleidach, Gold-, Silber-, Kupfermünze. Aber einen Hammer macht man selten aus Kupfer — dazu ist das Metall zu weich —, eine Wage, ein Gewicht nicht aus Gold, denn das wäre Verschwendung. So bezeichnet denn bei Kupferhammer, Goldwage, Goldgewicht das erste Glied nicht den Stoff, aus dem das zweite angefertigt ist, sondern das Metall, für welches der Hammer, die Wage, das Gewicht zur Anwendung kommt.

Auch eine Fläche kann mit metallischem Stoff bedeckt werden: Gold-, Silberpapier, Gold- und Silberbuchstaben, Goldschnitt, Gold- und Silbergrund. Freilich Kupfer und Blei werden dabei kaum verwendet: so steht denn neben Golddruck und Silberdruck der ganz anders geartete Kupferdruck, bei dem die Kupferplatte zum Drucken verwendet wird.

Wenn das Erzeugnis der Menschenhand einen Hohlraum enthält, so ist es an sich ebensowohl möglich, daß die Wandung aus Metall hergestellt ist, als daß der Hohlraum die Aufgabe hat, zur Aufbewahrung des Metalls zu dienen. Je größer der

Raum, desto weniger ist an metallische Wände zu denken. Der Gedanke daran ist völlig ausgeschlossen in Wörtern wie Silberflotte, Goldgrube, Silberhütte, Silberkammer, Silberladen, Silberschiff, Silberschrank. Aber für Blei werden keine eigenen Räume hergestellt: die Bleikammern sind vielmehr Kammern, die mit Bleidächern versehen sind. Blei ist überhaupt für die Herstellung der Wandung wenig geeignet, daher Bleipfanne die Pfanne, in der das Blei geschmolzen wird. In Kesseln wird Kupfer weder aufbewahrt noch verarbeitet, in Kupferkessel ist also Kupfer die Stoffbezeichnung. Schalen sind gleichfalls nicht besonders dazu angetan, um gerade Gold, Silber, Kupfer aufzunehmen, wohl aber werden sie mit Vorliebe aus diesen Stoffen gebildet, vgl. Goldschale, Silberschale, Kupferschale. Dagegen beim Tiegel ist Stoff und Bestimmung gleich wichtig: bei Silbertiegel, Kupfertiegel kann die eine wie die andere Beziehung zwischen beiden Teilen empfunden werden. Ebenso ist der Silberkorb zweideutig, und die Kupferpfanne kann aus Kupfer bestehen oder zum Schmelzen des Kupfers bestimmt sein.

Daß das Metall als Stoff auftrete, ist unmöglich bei Gliedern der lebenden Welt, bei Tieren und Pflanzen, bei Teilen des menschlichen Körpers. Wohl aber weisen diese sehr häufig den Glanz des Metalls auf; der erste Teil der Zusammensetzung dient also der Vergleichung: Gold- und Silberfasan, Goldammer, Silbermöwe, Bleifalke, Goldfuchs, Goldkäfer, Silberaffe, Kupfernatter, Goldfisch, Silberforelle; Golddistel, Goldorange, Silberpappel, Silberweide; Kupfernase, Goldhaar. Aber der Finger hat seine eigene unmetallische Farbe: der Goldfinger kann daher nur zum Träger des goldenen Ringleins bestimmt sein.

Auch bei andern Naturerscheinungen dient das erste Glied als Gleichnis: im Silberbach und Silberquell, der Silberscheibe des Mondes.

Personen können natürlich gleichfalls nicht aus Metall gebildet sein; auch bieten sie selten durch ihr Aussehen Anlaß zu einem metallischen Vergleich, wie der Kupferindianer. Enthält die Personenbezeichnung die Vorstellung einer Tätigkeit, so ist das Metall der Gegenstand, auf den sie sich bezieht: Goldarbeiter, Silberarbeiter, Goldschmied, Kupferschmied. Das ist namentlich der Fall, wenn die Personenbezeichnung ein transitives Verbum neben sich hat: Goldgräber, Goldmacher, Goldsucher, Silberschläger, Bleigießer. Enthält das zweite Glied keinen solchen Hinweis auf das erste, so kann die tatsächliche Beziehung zwischen dem Metall und der Person nur eine sehr lose sein: Goldmann und Silbermann sind Parteigänger des Goldes und Silbers.

Der Goldonkel ist mit seinem Gelde nicht selten der Erbonkel. Er kann aber auch seinen Namen allein dem Umstand verdanken, daß er an Wert sich dem Golde vergleicht, ebenso wie es der Goldmann tun kann, und diese Bedeutung allein bleibt übrig für den Goldmenschen, das Goldmännchen, das Goldkind, das Goldtöchterchen, den Goldsohn.

Ein krankhafter Zustand des Körpers kann durch sein Aussehen an das Metall erinnern: Kupferausschlag, oder — und das ist häufiger — durch das Metall veranlaßt sein: Goldfieber (natürlich nur in übertragener Bedeutung), Kupfervergiftung, Bleikrankheit, Bleikolik, Bleivergiftung.

Ist das zweite Glied die Bezeichnung eines Vorgangs, neben der ein intransitives Zeitwort steht, so erscheint das Metall als der Träger des Vorgangs: Gold-, Silber-, Kupferblick. Wenn aber von des Glöckchens Silberglanz und Silberton, von des Mondes Silberglanz oder Silberstrahl, von der Silberstimme eines Mädchens geredet wird, also der Träger des Vorgangs durch den Genitiv unzweideutig schon bezeichnet ist, kann das Metall nur zur Vergleichung herangezogen sein. Steht neben der Vorgangsbezeichnung ein Zeitwort, das ein Objekt zu sich nimmt, so erscheint auch das Metall im ersten Gliede als der Gegenstand der Handlung: Gold- und Silberfund, Golddurst, Goldgier, Goldgewinnung, Goldprobe, Kupferstich, Bleiguß.

Rente endlich muß in einer bestimmten Münze bezahlt werden: also Silberrente; Goldagio ist das Aufgeld, das für Gold bezahlt wird. Gesetze und Fragen können nichts anderes tun als mit dem Metall sich beschäftigen: Silberbill, Silberfrage.

Es gibt freilich Fälle, wo Erwägungen, wie sie eben angestellt wurden, nicht zum Ziele führen, wo das tatsächliche Verhältnis zweier Größen in der Zusammensetzung nicht mehr maßgebend ist. In den bis jetzt erörterten Zusammensetzungen hat stets das erste Glied das zweite seiner Art nach bestimmt. Ihnen steht eine recht umfangreiche Klasse von Bildungen gegenüber, namentlich von zusammengesetzten Beiwörtern, in denen das erste Glied die Aufgabe hat, eine Bestimmung des zweiten Gliedes dem Grade nach herbeizuführen, den zweiten Begriff zu steigern. Sie sind allerdings zumeist aus der Gruppe der Artbestimmungen hervorgegangen, und zwar liegt ihr Ursprung bei den vergleichenden Zusammensetzungen. Wenn eine Eigenschaft dargestellt werden soll, so wird ein Bild nicht selten gewählt, um ihre besonders kräftige Entfaltung anschaulich zu machen: pechschwarz, viehdumm, schneeweiß. Daß derartige Bildungen vom Sprachgefühl schon etwas anders aufgefaßt werden, als die Masse der Artbestimmungen, zeigt eine Besonderheit ihrer Betonung. Während in allen unsern bisherigen Belegen das erste Glied den Hauptton trug, ist hier ein anderes Verfahren möglich, können beide Glieder einen gleich starken Ton erhalten: péchschwárz, schnéewéiß, víehdúmm, was bei den Wörten wie blauschwarz, silberweiß nicht möglich wäre.

Eine weitere Stufe der Entwicklung ist es nun, wenn derartige erste Glieder, die im bestimmten Fall sowohl vergleichend als steigernd sind, dann auch in der Weise angewandt werden, daß von einem Vergleich keine Rede mehr sein kann, nur noch die Steigerung übrig bleibt. Nach dem Vorbild von blutrot, das soviel wie sehr rot, entsteht blutarm, blutwenig; steinhart ist Ausgangspunkt für steinreich, himmelhoch, himmelweit für himmeltraurig, stockdürr, stocksteif für stockfinster, stockdumm. Auch bei uneigentlicher Zusammensetzung läßt sich diese Entwicklung nachweisen: hundsdürr, hundsgemein gibt Anlaß zu hundsmüde, hundselend, hundskalt, Riesengröße, Riesenstärke zu Riesenfleiß, Riesengeld. Auch mutterseelenallein ist so entstanden, auf Grund von älterem mutterallein und seelenallein; mutterallein eine Nachbildung von mutterbloz, mutternackt, nackt wie aus dem Mutterleib, seelenallein eine Bildung nach seelenfroh, seelenvergnügt, in der Seele sich freuend.

Einzelne der steigernden Zusammensetzungen sind allerdings auf ganz andere Weise entstanden. Nicht selten muß in volkstümlicher Rede ein kräftiger Fluch den Worten Nachdruck verleihen, ganz ausgesprochen oder zur Hälfte unterdrückt, und dieser ist dann gelegentlich mit dem folgenden Worte zusammengewachsen: so erklären sich die Bildungen wie **kreuzbrav, kreuzdumm, kreuzfidel**, wohl auch solche wie **Mordskerl, mordsdumm, Heidengeld, Heidenlärm.**

Nach dem bis jetzt Gesagten stellt die Zusammensetzung eine bestimmte Erscheinungsform des zweiten Gliedes dar, die nach Art oder Grad durch die im ersten Glied enthaltene Angabe näher gekennzeichnet wird. Aber nicht überall ist mit diesem Satz durchzukommen. **Gelbschnabel** ist kein gelber Schnabel, sondern ein Wesen, das einen gelben Schnabel besitzt, **Langfinger** jemand, der mit langen Fingern ausgestattet ist, **barfuß** jemand, der baren Fuß, bare, d. h. bloße Füße hat. In diesen „possessiven" Zusammensetzungen (oder **Bahuvrihi**, wie sie die Sprachvergleichung nennt) wird vielmehr ausgesagt, daß jemand das zweite Glied besitzt in der durch das erste Glied angedeuteten Gestalt und Beschaffenheit. Diese Art der Zusammensetzung geht in die frühesten Zeiten des Germanischen, ja des Indogermanischen zurück, und man kann sich wohl vorstellen, daß auch sie einmal durch Zusammenschiebung von selbständigen Wörtern entstanden sei, die im Satz unmittelbar verbunden waren. Ein Satz wie: „da saß der Kaiser Rotbart" mochte in grauen Vorzeiten einmal gelautet haben: **da saß [der] Kaiser, rot [sein] Bart.**

III. Ableitung.

Ableitungen können sich anschließen an einfache Wörter, an zusammengesetzte, an solche, die selber Ableitungen sind: **Freundschaft, Landsmannschaft, Ritterschaft; lieblich, gefährlich, ewiglich.** Der Vorgang, daß eine Ableitung einer andern zugrunde gelegt wird, kann sich sogar mehrmals wiederholen, namentlich derart, daß in die Entwicklungsreihe eine

Zusammensetzung oder Zusammenbildung eingeschaltet wird:
von vernehmen wird abgeleitet Vernunft, davon wieder
vernünfteln; von stellen kommt [An-]stalt, daher ver-
anstalten und weiterhin Veranstalter — Veranstalterin;
von sehen stammt Sicht, davon sichtig (in der ältern Sprache
soviel als sichtbar, noch heute in der Seemannsprache sich-
tiges Wetter), davon besichtigen und hiervon endlich Be-
sichtigung.

Ebenso können die verschiedensten Wortgattungen den Ausgangspunkt von Ableitungen bilden; nur die Interjektionen und
Konjunktionen verhalten sich spröde, wenngleich auch hier Ableitungen nicht ganz ausgeschlossen sind. Die Wege gehen hinüber und herüber. Zeitwörter werden von Hauptwörtern, Hauptwörter von Zeitwörtern abgeleitet, Hauptwörter von Beiwörtern,
diese von jenen. Bisweilen ist die Richtung, die die Bildung genommen hat, nur durch die geschichtliche Forschung zu erkennen;
nicht selten ist sie eine andere, als es die unbefangene Betrachtung zu lehren scheint. So z. B. ist nicht dauern von Dauer,
keltern von Kelter abgeleitet, sondern die Zeitwörter sind das
Ursprüngliche: sie entstammen den lateinischen Zeitwörtern
durare, calcitrare, die Hauptwörter aber sind erst auf deutschem Boden hinzugetreten. Aussätzig scheint eine Ableitung
von Aussatz zu sein; tatsächlich hat das Beiwort früher bestanden als das Hauptwort; es bezeichnete den, der draußen
saß, ausgeschieden aus der menschlichen Gemeinschaft. Da aber
zu dieser Ausschließung eine ganz bestimmte Krankheit Anlaß
gab, so wurde aussätzig geradezu als Bezeichnung dieser Art
von Siechen gebraucht und dann auch die Krankheit selber
Aussatz benannt. Ausland ist jünger als Ausländer, aus-
ländisch.

Die verschiedenen Wortgattungen können sogar für ein- und
dieselbe Bildungssilbe als Ausgangspunkt verwandt werden: so
werden Beiwörter auf -lich von Hauptwörtern, Beiwörtern, Zeitwörtern abgeleitet: glücklich, freundlich; kleinlich, gräu-
lich; sterblich, erheblich. Eine besonders vielseitige Anwendung finden die Verkleinerungssilben -chen und -lein, namentlich
im vertraulichen Verkehr, in der Anrede an Kinder: sie erscheinen

nicht nur bei Begriffen, die im räumlichen Sinne größer oder
kleiner sein können, vergleiche z. B. Kindchen, Brötchen,
Büchlein, sondern auch bei Wörtern mit abstrakter Bedeutung:
sich ein Räuschchen antrinken, sein Mütchen kühlen;
gib achtchen heißt es im Altenburgischen. Weiter sind Beiwörter mit den zugehörigen Umstandswörtern der Bildungssilbe
zugänglich: schönchen, sachtchen; schwig stilcken, heißt
es in einer alten niederdeutschen Bauernkomödie. Wasele denn,
wird in meiner Heimat das Kind gefragt: so'chen, so'le, sodele
sind kosende Formen von so; in Elsässer Mundarten können sogar
Formen des Zeitworts die Silbe le antreten lassen: ich habele,
ich willele, bischelsch müde? (bist du müde?)

Dieser Reichtum von Möglichkeiten ist aber nicht überall
von Anfang an vorhanden gewesen. Insbesondere sind die von
Zeitwörtern abgeleiteten Beiwörter eine Errungenschaft jüngerer
Zeiten, Bildungen wie erträglich, löslich, vergänglich, erkennbar, tragbar, zerlegbar, ergiebig, gehörig, nach-
lässig; ursprünglich haben alle diese Bildungssilben nur an
nominale Stämme, an Haupt- und Beiwörter, sich angeschlossen.

Um solche Veränderungen des Ausgangspunkts zu begreifen, müssen wir uns klar machen, wie überhaupt Ableitungen
entstehen. Wie kommt es, daß ein bestimmter Wortstamm mit
einer bestimmten Bildungssilbe zusammentreten kann, da doch
die Bildungssilben kein selbständiges Dasein führen? Jede Neuschöpfung eines abgeleiteten Wortes erfolgt nach einem bestimmten
Vorbild: nur einem bereits bestehenden Verhältnis zwischen
Stammwort und Ableitung kann ein neues Verhältnis nachgebildet werden. Wenn wir von einem beliebigen neuen Zeitwort
eine Bildung auf —ung schaffen, etwa von pasteurisieren
Pasteurisierung ableiten, so geschieht es, weil zahlreiche Zeitwörter Bildungen auf —ung neben sich haben; wer etwaige
Verehrer des früheren Reichskanzlers von Bülow als Bülowianer
bezeichnen wollte, der täte es, weil zu Kant die Kantianer,
zu Wagner die Wagnerianer, zu Bismarck die Bis-
marckianer gehören. Es ist also eine Art von mathema-
tischem Verfahren, das hier geübt wird:

Kant : Kantianer = Bülow : x.

Als Wert des x kommt bei der Lösung der Aufgabe eben Bülo-wianer heraus.

In jedem einzelnen Zeitpunkt nun gibt es zwei Arten von Ableitungen. Einmal solche, die ein ganz klares einfaches Verhältnis zu einem Stammwort aufweisen; es können also ihre Bildungssilben zu neuen Schöpfungen verwandt werden; man bezeichnet derartige Silben als „lebendige“, als „produktive“. Zu ihnen gehören in neuerer Zeit Silben wie -heit, -ung, -ig, -lich, -eln, -ieren, -isieren. Zeitwörter dagegen wie flackern, flattern, flimmern, glitzern, lodern, sickern, schlenkern, schlottern, stottern, stochern, zögern können trotz ihrer verhältnismäßig großen Zahl keinen Anlaß zu neuen Bildungen geben; ihre Bildungssilben sind nicht mehr „lebendig“, sind „unproduktiv“, denn ihre Stammwörter sind entweder nicht mehr vorhanden, oder sie liegen wenigstens so weit ab, daß die ungelehrte Betrachtung sie nicht aufzufinden vermag.

Wo ein Musterverhältnis vorhanden ist, kann es doch unter Umständen so beschaffen sein, daß es der Nachbildung freisteht, verschiedene Wege einzuschlagen; glaublich, käuflich, kläglich sind ausgegangen von Hauptwörtern: althochdeutsch giloubo der Glaube, kouf der Kauf, klaga die Klage. Daneben liegen aber auch die Zeitwörter althochdeutsch giloubon, koufôn, klagôn, und es konnte leicht geschehen, daß man jene Beiwörter zu diesen in Beziehung setzte, als Ableitungen dieser Zeitwörter betrachtete, namentlich in späterer Zeit, wo die Vokale der Endungen abgeschwächt waren, wo also klagelich in seinen Lauten ebenso nahe zu klagen wie zu Klage stand, was früher nicht der Fall gewesen war. War einmal diese Beziehung des Zeitworts zum Beiwort hergestellt, so konnte auch das neue Verhältnis vorbildlich werden, und es entstehen Wörter wie erträglich, löslich, vergänglich.

Eine Art der Bildung gibt es, bei der nicht nach der Weise jenes mathematischen Verfahrens vorgegangen wird, das sind die Kürzungen, die Wörter, die durch Wegwerfen des Wortausgangs aus Zusammensetzungen, seltener aus anderen Wörtern entstanden sind. Namentlich werden Bezeichnungen von Getränken so gebildet: Bock = Bockbier, Mosel = Moselwein, Selters

= Selterswasser, Korn = Kornbranntwein. Wenn in der Krankenstube gefragt wird: hast du dein Stahl genommen? so ist damit das Stahlpulver gemeint. Dezi entsteht aus Deziliter, Kilo aus Kilogramm, Dynamo aus Dynamomaschine; Heide kann aus Heidekorn, Heidekraut entstanden sein, Blei aus Bleistift, Lese aus Leschalle, Speise aus Speisekammer. In südwestdeutschen Gebieten wird der Kavallerist als Kawall bezeichnet. In der Pfalz heißt Ob ein Aufseher im Walde, aus Obmann. Der Oberkellner wird nicht selten als Herr Ober angeredet, und dieser bestellt an der Schenke ein Pils, d. h. ein Glas Pilsner. Vielleicht kann auch Bu, Bua, Bue für Bub in den oberdeutschen Mundarten in ähnlicher Weise beurteilt werden. Solche Kürzungen brauchen deshalb kein besonderes Vorbild, weil eben hier kein fremder Bestandteil zum Wortstamm hinzutritt.

Ein solches neues Teilchen des Wortes liegt schon da vor, wo bloß ein Übertritt in eine andere Biegungsweise geschieht, wenn z. B. von Bock bocken, von Bett betten, von schön die Schöne abgeleitet wird. Denn die Biegungssilben sind den Ableitungssilben nahe verwandt. In den meisten Fällen liegt allerdings die Verwendung von besonderen Bildungssilben offen zutage.

Von ihnen sind manche zu allen Zeiten unseres Sprachlebens in der gleichen Eigenschaft verwandt worden; man kann höchstens vermuten, daß die eine oder die andere von ihnen in Vorzeiten ein selbständiges Wort gewesen sei. Bei andern läßt sich diese Art der Entwicklung im Licht der Geschichte deutlich verfolgen, wie wir das für -lich, -tum usw. oben S. 154 bereits festgestellt haben. Manche Bildungssilben haben im Lauf ihres Daseins sich bereichert aus den Schlußbestandteilen der Wörter, denen sie angehängt werden. Die Silbe -ari (mhd. -aere, nhd. -er), die z. B. in Bürger, Fischer, Städter vorliegt, konnte auch an Stämme antreten, die selber schon auf -en, -el ausgingen: Hafen — Hafner, Wagen — Wagner, Vogel — Vogler, Fiedel — Fiedler. Daraus wurden die Ableitungssilben -ner und -ler entnommen und nun von Bild Bildner, von Glocke Glöckner geschaffen, von Tisch Tischler, von Zunft Zünftler. Mannheimer, Dossenheimer ergaben in süddeutscher Aussprache Mannemer, Dossemer; danach hat man in der Pfalz auch Stadtemer für Städter gebildet; ähnlich werden in Basel die Bewohner der Äschen(-Vorstadt) als Äschlemer bezeichnet.

Auch Biegungssilben können die Geltung von Bildungssilben erhalten: die süddeutschen Wörter wie Dings, Zeugs, Gemachs, Getus, die im Dativ ebenso lauten wie im Nominativ (z. B. mit dem Getus), entstammen alten Genitiven; man konnte in mittelhochdeutscher Zeit etwa sagen: waz dinges, waz geziuges, mit deutlich gefühltem Teilungsgenitiv. Diese Fügungen sind später erstarrt: dinges und geziuges werden als Nominative empfunden; dann mußte das s als Bildungssilbe aufgefaßt werden. Etwas anders liegt die Sache bei persönlichen Bezeichnungen auf -es wie Kerles, Lumpes, Wackes: sie entstammen allerdings auch einer Biegungsendung, nämlich der lateinischen Endung des Nominativs auf -us: Kerlus, Lumpus, Formen, wie sie uns durch die Studentensprache vermittelt worden sind. Daß fremde Bildungssilben ins Deutsche übergegangen sind, ist ja seit alten Zeiten nicht ganz selten geschehen; es sei hier nur an die Ableitungen auf -ieren (glasieren, halbieren, schattieren) und auf -ei (Fischerei, Jägerei, Arznei) erinnert, die schon durch die Betonung den fremden Ursprung erweisen (vgl. S. 175).

Endlich sind Bestandteile von Eigennamen oder Eigennamen selbst zu allgemeinen Bildungssilben geworden. Die Silbe -bold z. B., die in Personennamen wie Diebold, Gerbold, Seibold vorliegt, erscheint auch in Lügenbold, Trunkenbold, Witzbold. Die Silbe -rich, die in den Personennamen eine so große Rolle spielt (vgl. Dietrich, Friedrich, Heinrich, Weihrich), erscheint überhaupt als Bezeichnung lebender Wesen: Fähnrich, Wüterich. Enterich, Gänserich, Täuberich, sogar als Bezeichnung von Pflanzen: Knöterich, Wegerich, Zelerich (pfälz. = Sellerie). Die Silbe -ert, die aus den Namen auf -hart entstanden ist, hat z. B. im Thüringischen eine starke Schöpferkraft bewiesen: so heißt es für Gauner Jaunert; Blutzert und Knipert ist Bezeichnung für einen untersetzten Menschen; Kartoffelpuffer werden Buffert genannt, Plätzert ist ein Schlag auf die Hand, Kätzert ein Netz, das anderwärts als Kätscher bezeichnet wird. Von Ortsnamen auf -berg stammt der Drückeberger, der Schlauberger. Selbständige Namen sind zu Bildungssilben geworden in Krafthuber. Wühlhuber, Angstmeier. Biedermeier (s. auch S. 288).

Eine bestimmt umgrenzte Bedeutung pflegen die Ableitungssilben nicht zu besitzen. Bei oberflächlicher Betrachtung scheint hier ein ähnliches Schwanken, eine ähnliche Willkür zu bestehen, wie in den Beziehungen, die zwischen den beiden Gliedern einer Zusammensetzung gelten. Aber hier wie dort lassen sich die einzelnen Erscheinungen als Wirkungen ganz allgemeiner Gesetze wohl begreifen.

Als Beispiel möge eine Bildungssilbe dienen, die einen ganz besondern Reichtum von Verwendungen entfaltet hat. Der Ausgang -er in neuhochdeutschen Wörtern geht in manchen Fällen auf ein altes -ar zurück wie in Acker, Hammer, Wasser; diese Gruppe ist verhältnismäßig klein und schon seit Urzeiten außer stande, neue Bildungen hervorzubringen. In andern Fällen geht -er auf ein -ari der althochdeutschen Sprache zurück; die Zahl solcher Wörter ist ungemein groß. Dabei ist dieser Wortausgang nicht einmal ein ursprünglich deutscher, sondern er entstammt der ungemein fruchtbaren lateinischen Endung -arius. Von diesen Bildungen sind manche zugleich mit den Hauptwörtern, von denen sie abgeleitet waren. ins Deutsche übergegangen, z. B. camera — camerarius als kamara — kamerari, moneta — monetarius als munizza — munizzari, murus — murarius als mura — murari. Nach dem Vorbild dieser Gruppen wurden dann im Deutschen zahlreiche Neuschöpfungen möglich, die sogar zu neuen Nebenformen der Bildungssilbe führen: -ler, -ner, vgl. vorhin S. 277.

Diese Bildungen bezeichnen zunächst die Person, die gewohnheitsmäßig, im Beruf, im Amte, sich mit einem Gegenstand beschäftigt. Man kann nun sagen: wie die Beziehung zwischen der Person und dem betreffenden Gegenstand sich näher gestaltet, das hängt ab einmal von dessen Beschaffenheit. anderseits von der Bedeutung, die er für den Menschen besitzt. Besonders häufig werden Ableitungen geschaffen von Hauptwörtern, die Gegenstände der Gewerbtätigkeit wie des Handels sind, so daß also die

Person den **Erzeuger** und **Verkäufer** bezeichnet: wie **Büttner**, **Gürtler**, **Hafner**, **Köhler**, **Nadler**, **Sattler**, **Schreiner**, **Wagner.** Aber bei **Glocke** und **Pforte** kommt kaum die Erzeugung, noch weniger der Handel für uns in Betracht: so bezeichnen **Glöckner** und **Pförtner** vielmehr denjenigen, der über die richtige Funktion jener Gegenstände zu wachen hat. **Forst** und **Garten** stehen unter der Pflege des **Gärtners** und **Försters**, **Apotheke, Budike** und **Kram** in Verwaltung und Besitz des **Apothekers, Budikers, Krämers;** der **Fabrikler** ist in einer **Fabrik,** der **Eisenbahner** bei der **Eisenbahn** beschäftigt. Naturerzeugnisse, die sich nicht im Bereich des Menschen befinden, verlangen jemand, der sie aufsucht oder jagt: den **Krauter** und **Wurzer,** den **Vogler** und **Fischer.** Oder sie erfordern bloß jemand, der sie verkauft: den **Fleischer,** den **Obstler,** oder der sie wartet und hütet: den **Imker, Küher, Schäfer. Wer** Handwerk oder Kunst, Jagd oder Gesang übt, wird **Handwerker, Künstler, Jägdler. Sänger,** wer über die Schnur zu hauen pflegt, ein **alter Sünder** genannt. Aber **Sänger** kann auch schon sein, der nicht gewohnheitsmäßig mit dem Singen sich abgibt; wer auch nur einmal ein Lied vorträgt, ist der **Sänger** des Liedes. So ist denn auch **Täter** derjenige, der eine einzelne Tat vollführt, **Meineider** jemand, der einen Meineid geleistet hat.

Einen gewaltigen Aufschwung erfuhr unsere Bildungsweise dadurch, daß sie einen neuen Ausgangspunkt gewann. Manche Wörter hatten neben sich Zeitwörter vom gleichen Stamm, und so konnte sich eine Änderung des Sprachgefühls ergeben: **Fischer, Geiger, Maurer,** die eigentlich von **Fisch, Geige, Mauer** stammten, konnten als Ableitungen von **fischen, geigen, mauern** erscheinen (s. oben S. 276). So kam es, daß nun auch unmittelbar von Zeitwörtern solche Bildungen hergeleitet wurden, und dieser Typus griff immer weiter um sich. Auch hier werden wieder zahlreiche Berufsnamen gebildet. Das Grundwort kann ein Zeitwort sein, das überhaupt der Ergänzung unfähig ist: z. B. bei **Hausierer, Kindbetterin** (von älterem **kindbetten,** das Kindbett abhalten); **Reiter, Stutzer** (von **stutzen** in der älteren Bedeutung **prunken**). **Frömmler.** Anderseits gibt es Grundwörter, die in der Regel Ergänzungen zu sich nehmen;

diese bleiben bei der Ableitung unausgedrückt, weil sie als selbstverständlich oder als gleichgültig angesehen werden: vgl. Aufpasser, Bader (zu: jemand baden), Bildner, Freibeuter (von einem älteren Zeitwort beuten, das noch in erbeuten vorliegt), Häscher, Schlachter, Schaffner, Träger, Verwalter. Oder es werden die Objekte der Tätigkeit ausdrücklich genannt, als erste Glieder einer Zusammensetzung: Bildhauer, Buchdrucker, Haushälter, Totengräber, Vogelsteller; Lastträger, Gutsverwalter.

Neben den Berufsnamen stehen dann auch solche, die nur bezeichnen, daß eine Handlung gewohnheitsmäßig geübt wird und so zu einer stehenden Eigentümlichkeit sich gestaltet. Diese Bezeichnungen, soweit sie einfache Ableitungen sind, gewinnen zumeist eine tadelnde Bedeutung: Druckser, Fresser, Heuler, Klepper, Krittler, Säufer, Schwätzer. Trinker, während Grübler, Raucher, Zweifler von diesem Nebensinn frei sind. Aber auch hier können mit der Ableitung noch nähere Bestimmungen vereinigt werden: Frühaufsteher, Krippensetzer, Langschläfer, Schnelläufer, Teetrinker.

Dann gibt es eine Gruppe von Bildungen, in denen keineswegs eine regelmäßig wiederholte Handlung, sondern ihre einmalige Ausführung Bezeichnung findet. Diese umfangreiche Gruppe, die noch heute jeden Augenblick neue Bildungen erzeugen kann, ist erheblich jünger als diejenigen Wörter, die wiederholte Handlungen bezeichnen; es scheint, daß sie den Mundarten jederzeit fremd gewesen ist und ausschließlich in der Schriftsprache lebt. Ziemlich selten sind hier die Bildungen, deren Grundwörter keine Ergänzung zu sich nehmen: der Schläfer erwacht; er hat die Lacher auf seiner Seite; etwas häufiger der Fall, daß das Grundwort zwar eine Ergänzung zu sich nehmen kann, aber die Ableitung ohne die Ergänzung auftritt: vgl. z. B. Ankläger, Freier, Mörder, Nachahmer, Sprecher. Sehr häufig dagegen liegt die Sache so, daß das Grundwort regelmäßig von einer Ergänzung begleitet ist und diese Ergänzung auch bei der Ableitung festgehalten wird; das kann in der Weise geschehen, daß sie mit der Ableitung eine Einheit bildet: vgl. Befehlshaber, Erblasser, Hausbeschließer, Leuteschinder, Volksbeglücker oder so, daß die Ergänzung in der Nachbarschaft Ausdruck findet; sei es, daß ein Genitiv hinzutritt: der Leser des Buches, der Maler des Bildes, der Rächer seiner Ehre, der Veranstalter des Festes; sei es, daß die als Ergänzung dienende Größe bereits im vorhergehenden genannt ist: „Verloren ein Armband. Der Finder wird gebeten ...“

In einer dritten Gruppe bezeichnet die Ableitung denjenigen, der eine Handlung ausführt, ohne jede Rücksicht auf die Häufigkeit der Handlung. Diese Bildungen verlangen mit Notwendigkeit eine nähere Bestimmung: sie erhalten diese durch das Beiwort, und sie stehen selber dieser Wortgattung sehr nahe, denn sie werden nur zur Bestimmung anderer Hauptwörter oder zur Ergänzung von sein, werden u. dgl. verwandt. Jemand ist ein starker, mäßiger, schwacher Esser, Raucher, Trinker, ein guter, schlechter Bergsteiger, Fechter, Reiter, Schwimmer, Zeichner, ein gläubiger Leser, ein ausdauernder Renner, oder wie Graf Isolan ein böser Zahler.

Manche Wörter können in mehreren der im vorstehenden gekennzeichneten Bedeutungen verwendet werden: so kann Maler, Räuber, Träger den benennen, der ein bestimmtes Gewerbe ausübt; man kann aber auch vom Maler des Bildes, einem Räuber des Geldes, vom Träger eines Namens sprechen.

Von der Bezeichnung von Personen, die eine Tätigkeit ausüben, ist kein weiter Weg zu übereinstimmender Benennung von Sachen, die zu einer gewissen Tätigkeit in Beziehung stehen. Für eine dichterische Auffassung der Welt können die Dinge wie handelnde Personen erscheinen. So wird eine Zeitung, die Anzeigen bringt, zum Anzeiger, ein Gegenstand, der Licht verbreitet, zum Leuchter, ein Wein, der kratzt, zum Kretzer, eine Uhr, die weckt, zum Wecker, und so entsteht eine ganze Reihe von derartigen Bildungen: Brenner, Flieger (pfälzisch eine Art Jacke), Glimmer, Hänger (eine Art von Kinderkleid), Klicker, Klinker (Backstein, von klinken, helltönen), Kneller, Klunker (von klunkern, baumeln), Reiter (Dachreiter; eine Schnitte Brot mit einem Stückchen Käse oder Fleisch), Schwimmer, Ständer (ein stehendes Gefäß, Faß),

Mitlauter, Selbstlauter; Böller (von bolen. werfen), Behälter, Stecher, Zeiger, Eisbrecher, Korkzieher, Türschützer, Wassermesser.

Trat aber ein weniger poetisches Gemüt diesen Dingen gegenüber, so war es wesentlich nüchterner in seiner Auffassung: es sah in ihnen etwa bloß Gegenstände, die als Mittel zum Wecken, Stechen, Eisbrechen dienten. So wurden Bildungen möglich, in denen der Gegenstand von vornherein als Mittel zur Ausführung der Handlung gedacht ist: Fernsprecher, Drücker, Klopfer, Lutscher, Operngucker. Aufhänger, Dünger, Hauer, Heber, Merker (das Merkzeichen), Reiber, Schläger.

Aber auch solche Bezeichnungen des Mittels ertragen wieder eine Umdeutung. Der Schläger, mit dem geschlagen wird, ist auch das Objekt, das gegen den Feind geschlagen wird; der Gegenstand, mit dem ein anderer überzogen wird, ist zugleich das, was über ihn gezogen wird. Damit ist der Anlaß gegeben zu Bildungen passiven Charakters: Ableger, Afsetter (niederdeutsch: abgelegter Rock), Ansteker (Platte. die zur Verlängerung des Tisches an diesem angebracht wird, bei Fritz Reuter, Franzosentid, S. 255). Hinterlader — Mehrlader — Vorderlader, Knicker (Einschlagmesser; Sonnenschirm, der geknickt wird), Propfer — Stopfer (beides süddeutsch im Sinne von Flaschenkork), Senker. Schieber, Schlepper (Schleppnetz; großer Rechen, der geschleppt wird), Vorleger (Bettvorlage). Vorstecker, Überzieher, Wälzer (dickes Buch, das gewälzt wird).

Die Bezeichnungen von Gegenständen als Träger der Handlung können aber noch auf andere Weise umgedeutet werden. Ein Behälter ist zugleich der Ort, in welchem etwas aufbewahrt wird; der Läufer ist ein Teppich. der durch das Zimmer hin läuft, zugleich aber das Ding, auf dem gelaufen wird. So können die Bildungen auf -er auch den Ort bezeichnen, an dem die Handlung sich vollzieht, den Gegenstand, der von der Handlung berührt wird, ihr Ziel bildet: Driller (das Drillhäuschen), Hocker (der Sitz), Pranger (von prangen, pressen), Schlupfer (süddeutsch der Muff. in den hineingeschlüpft wird), Schmöker (das angerauchte Buch), Staucher (süddeutsch: Pulswärmer.

in den die Hände hineingestaucht werden), Trieler (süddeutsch: das den Kindern vorgebundene Tuch, auf das sie trielen, d. h. geifern oder Speiseteile fallen lassen), Zwinger.

Endlich kann die Handlung selbst durch Bildungen auf -er bezeichnet werden, allerdings nur in einem beschränkten Gebiet, nämlich auf süddeutschem Boden. Sie scheinen sich anzuschließen an die Bildungen passivischer Art: man tut einen Schrei, einen Tanz, also ist der Schrei, der Tanz das, was gemacht wird; es könnte also einen Schreier, einen Tanzer geben. Und verwandte Bildungen wenigstens sind es, die tatsächlich vorkommen.

Einerseits werden so die Hervorbringungen unartikulierter Laute bezeichnet: vergleiche Huster, Jodler, Juchzer, Lacher, Schnalzer, Seufzer, Triller. Dann werden namentlich Bewegungsvorgänge so ausgedrückt, insbesondere Tanzbewegungen: Hopser, Schleifer, Schuhplattler, Walzer; aber auch andere Bewegungen des Körpers und seiner Teile: einerseits solche, deren Wirkungskreis sich auf den Träger der Handlung selbst beschränkt, wie Knicker (Knicks), Knieschnapper, Rutscher, Schlenker, Schnackler (bayr.: das Zucken), Schnaufer, Ständer (einen Ständer oder Ständerling machen, zur Unterhaltung mit jemand stehen bleiben, heißt es in meiner Heimat Karlsruhe), Abstecher; anderseits solche, die auf ein Objekt einwirken: Drücker (einen Drücker aufsetzen), Fitzer (Schlag mit einer Gerte), Kretzer, Puffer, Schnitzer, Wischer; Vorgänge in der Natur: Schütter (ein plötzlicher Regenschauer), Sprützer (ein leichter Spritzregen).

Selten sind die Fälle, wo anderes als Bewegungserscheinungen so bezeichnet wird: Fehler, Nucker (ein kleines Schläfchen).

Gegenüber allen diesen Bildungen, in denen der Träger einer Tätigkeit bezeichnet wird, steht eine andere Gruppe von Ausdrücken, in denen weit losere Beziehungen bestehen zwischen der Person und der Vorstellung, von der die Personenbenennung abgeleitet wird, Beziehungen, die bloß in der äußeren Zusammengehörigkeit bestehen. Auch diese Gruppe reicht noch in die althochdeutsche Zeit hinauf und findet ihren Anhalt in einzelnen der aus dem Lateinischen stammenden Bildungen: scolari

(Schüler) aus lateinisch scolarius bezeichnet auch jemanden, der in der Schule sich aufhält; der Müller (molinari — molinarius) pflegt auch in der Mühle zu wohnen. So wird dann auch von burg schon frühe der Bürger abgeleitet, dann weiterhin der Städter und Dörfler (oder in der älteren niederdeutschen Form) der dörper. woraus unser heutiges Tölpel (s. oben S. 217), der Gebirgler, der Häusler und Kätner, der Köter, d. i. der Hund, der zu der Kote gehört, der Klausner, der Inländer und Ausländer, der Überrheiner, der Hinterwäldler; der Grenzer, Anwänder, Ausmärker.

Geradezu zahllose Bildungen entstehen insbesondere dadurch, daß von jeder Ortsbezeichnung, von vielen Ländernamen ein Wort auf -er geschaffen werden kann, um eine Person oder Sache zu benennen, die daher stammt: Bremer, Dresdener, Hamburger, Ägypter, Schweizer, Württemberger, Rüdesheimer, Landauer der Wagen aus Landau, Ländler der Tanz aus dem Landl, Heller die Münze von (Schwäbisch) Hall, Taler die aus Joachimstal.

Auch wer in einer Vereinigung sich aufhält, ihr Mitglied ist, kann sich eine Benennung schaffen, indem er einfach -er an den Namen des Bundes anhängt: Burschenschafter, Gesellschafter, Genossenschafter, Tugendbündler, Zünftler. Auch die Zugehörigkeit zu einer Familie kann mit -er bezeichnet werden: Lexer stammt von einem Vater, der Lex, d. i. Alexius oder Alexander hieß.

Aus dem Lateinischen ist ferner zugleich sagma — soum (Traglast) und sagmarius der Säumer, das Saumtier, der Träger der Last, ins Deutsche übergegangen. ebenso mittellateinisch provenda (für praebenda) — provendarius als Pfründe und Pfründner, der Inhaber der Pfründe. So können die Bildungen auf -er auch dazu gelangen, daß sie den Besitzer eines Gegenstandes anzeigen. Selten sind das einfache Wörter: aus älterer Zeit der Kreuzer, die mit einem Kreuz versehene Münze, ferner mittelhochdeutsch der buckelaere, ein Schild mit einer buckel, wochenaere, der die Woche, den Wochenverdienst hat (= lateinisch hebdomadarius); aus neuerer Zeit Milchner und Rogner. der mit Milch oder Rogen ausgestattete Hering.

Erheblich zahlreicher sind zusammengesetzte Bildungen, Erzeugnisse der neueren Zeit wie Achtender, Dreimaster, Einakter, Einhufer, Vierpfünder, Zweihänder, Dickhäuter. Bei ihrem Zustandekommen haben aber wohl auch unmittelbar bestimmte fremde Vorbilder eingewirkt; so ist Vierfüßler Wiedergabe von lateinisch quadrupes, Gegenfüßler Übersetzung von Antipode; Fünffüßler hat Campe für Pentameter gebildet.

Mit einer sonderbaren Verschiebung bedeutet Zweihänder nicht nur etwas, was zwei Hände hat, sondern auch was zweier Hände bedarf, ein Schwert, das mit zwei Händen geschwungen wird.

Eine eigentümliche Bewandtnis hat es mit den Ableitungen von Zahlwörtern, die eine ziemlich mannigfaltige Bedeutung aufweisen. Fünfer kann eine Gesamtheit von fünf Leuten bezeichnen; wir sprechen von einem Zwölferkollegium, von einer Fünfundzwanzigeradresse, schließlich auch von einem Viererzug, d. h. einem Gespann von vier Pferden, einem Vierer, d. h. einem Boot mit vier Rudern; Achter sind in Süddeutschland Kerzen, von denen acht auf ein Pfund gehen. Zehner, Hunderter bezeichnen aber auch die einheitliche Zahlengröße, die aus dem Zehnfachen, Hundertfachen der Einheit besteht; ähnlich liegt der Fall bei Münzen: Dreier, Sechser, Sechsbätzner, Hunderter (= Hundertmarkschein). Ein Fünfundsechziger ist ferner ein Mann von 65 Jahren, oder ein Wein vom Jahre 1865, dann ein Mann vom Regiment Nr. 65. Ein Fünfer ist die Ziffer 5 und bezeichnet auch die 5 Augen des Würfels. Ein Schoppen Zwölfer endlich war ein Wein, der 12 Kreuzer kostete, und ein Achter kann soviel besagen wie ein Achtender.

Diese ganze Gruppe, die erst der neueren Zeit angehört, hat mit den beiden anderen, die eine tätige Person oder die zu einer Erscheinung in Beziehung stehende Person bezeichnen, nichts zu tun. Sie hat vielmehr ihren Ausgang genommen von Übersetzungen lateinischer Wörter wie quinquevir, quinarius, quinquagenarius. Auch sonst sind noch einzelne Wörter unmittelbare Übersetzungen von lateinischen: Gegner von lateinisch adversarius (nicht von einem älteren gegenen, das noch in begegnen, entgegnen vorliegt, denn dieses hat nur die Bedeutung von entgegenkommen, nicht die des Gegensatzes). Söldner von lateinisch stipendiarius, mittelhochdeutsch heimlichaere von lateinisch secretarius.

Wie sehr die Endung -er eine beherrschende Stellung einnahm, wie eng im allgemeinen mit ihr die Bedeutung der tätigen, der mit einer Sache verknüpften Person sich verbunden hatte, sehen wir am besten daraus, daß sie auch an solche Wörter antritt, die schon an und für sich die genannten Vorstellungen verkörpern. So haben sich neben älterm Einsiedel, Feldscher, Vormund die Formen Einsiedler, Feldscherer, Vormünder entwickelt; bei Luther erscheint Fremdlinger neben Fremdling; im 17. Jahrhundert begegnet Hahnreier, dasselbe wie Hahnrei. Neben dem landschaftlichen Knorz (Knirps) gilt auch Knorzer. Es bestehen nebeneinander die Tiernamen Pinsch — Pinscher, Schnauz — Schnauzer, Goekel — Goekler. Das altdeutsche Wort urhab, Ursprung, Anfang, das schon in jener Zeit nicht selten persönliche Bedeutung (= Anfänger) besaß, wird umgebildet zu Urheber. Wo aus fremden Sprachen Personenbezeichnungen übernommen werden, geschieht es zumeist unter Verleihung des Ausgangs -er. Man denke an Lutheraner, Insulaner, Tertianer; Mathematicus, Physicus wird zu Mathematiker, Physiker; neben Hatschier und Kassier begegnet Hatschierer, Kassierer; italienisch mercatante ist zu Marketender, hebräisch Rabbi zu Rabbiner geworden.

Dieser Reichtum an Bedeutungen, die einer einzigen Bildungssilbe eignen können, ist unter Umständen dem leichten Verständnis nachteilig. Darin kann für die Sprache der Anlaß liegen, statt einer so weitherzigen Silbe eine andere mit schärfer umgrenzter Bedeutung zu wählen. Und ein solcher Ersatz des einen Hilfsmittels durch ein anderes kann geradezu sich als notwendig herausstellen, wenn das Verhältnis zwischen Stammwort und Ableitung undeutlich geworden ist (s. oben S. 276). Ein Beispiel dafür, in dem sogar eine ganze Reihe von Bildungsweisen im Laufe der Zeiten sich abgelöst hat, bieten eben die Bezeichnungen für den Träger einer Tätigkeit.

In der ältesten Zeit konnte ein solcher mit einem ganz einfachen Wort bezeichnet werden, so daß also wart soviel bedeutete wie der Wartende, der Aufseher; also turiwart der Torwart. Deutliche Beispiele dieser Art reichen nur vereinzelt in die geschichtliche Zeit hinein. Sie wurden dann ersetzt durch Bildungen nach dem Typus unserer heutigen schwachen Maskulina: boto der Bote, d. i. der Bietende, forasago der Vorhersagende, d. i. der Prophet, herzogo der Herzog, d. i. der Heerführer (ziehen ist verwandt mit lateinisch duco), den Heereszug Leitende; auch turiwarto stellt sich ein. Weiter folgt seit der althochdeutschen Zeit die große Masse der Bildungen auf -er, die wir vorhin besprochen haben und die noch heute lebendig sind, z. B. der Gebieter, der Wahrsager, der Korkzieher, der Wärter. Dann hat überhaupt die Ableitung nicht mehr genügen können, und man hat zu Zusammensetzungen gegriffen: neben Ackerer steht Ackersmann, neben Bettler Bettelmann, neben Handwerker Handwerksmann; das bereits veraltete Wartmann ist noch im Eigennamen enthalten. Die Wäscherin wird zur Waschfrau oder zum Waschweib, die Pflegerin zur Pflegeschwester, der Schreier zum Schreihals. Und auf einer alten Stufe werden sogar Bestandteile von Eigennamen oder die Eigennamen selbst so verwendet (s. oben S. 278): Trunkenbold, Drückeberger, Prahlhans, Wühlhuber, Hausmeier.

IV. Zusammenbildung.

Hier lassen sich zwei Gruppen unterscheiden. In der einen finden sich die Teile, die in der Ableitung zusammengefaßt erscheinen, in dem Ablauf der Rede bereits selbständig nebeneinander: die Ableitung geht aus von Wortgruppen, die durch syntaktische Beziehungen zusammengehalten werden. Sie schließt sich etwa an an Verbindungen, die das Zeitwort mit verschiedenen Arten von Ergänzungen eingeht. So werden von Anteil nehmen, Haare spalten, Hof halten die Wörter Anteilnahme, Haarspalter, Hofhaltung geschaffen. Die Ergänzung des Zeitworts durch Beiwörter wird Anlaß zu Bildungen wie Bekanntmachung, Freilassung, Kaltstellung. Schadloshaltung. Das Zusammentreten von Zeitwort und Umstandsbestimmung

ergibt die Ableitungen Frühaufsteher, Langschläfer, Leise-
treter; kurzlebig, langwierig; Inanspruchnahme, Außer-
betriebsetzung.

Ebenso entstehen neue Wörter durch Benutzung der Gruppen,
die das Hauptwort mit seinen Bestimmungen bildet. An die alte
Jungfer, die neuen Sprachen schließen sich altjüngferlich,
neusprachlich, Neusprachler an. Aus der Verbindung des
Fürworts oder Zahlworts mit dem Hauptwort erwachsen dies-
jährig, jenseitig, dreigliedrig, vielhufig. Vorwort mit Substantiv liegt den Wörtern außereuropäisch, überseeisch
zugrunde.

Während in diesen Beispielen die gesamte syntaktische Gruppe
in die Ableitung aufgenommen ist, gibt es auch Fälle, in denen
ein Teil derselben unterdrückt ist, in die nur die wichtigsten Bestandteile hinübergenommen sind. So wird von dem Ausdruck in
das Grab legen die Grablegung gebildet; an Eides Statt
ergibt eidesstattlich. Rechtsrheinisch beruht auf rechts
des Rheins, Hinterwäldler, Überrheiner, vormärzlich,
vorsündflutlich setzen hinter dem Walde, über dem
Rhein, vor dem März, vor der Sündflut voraus.

Dieser Gruppe, in der die Zusammenfassung der beiden Bestandteile durch das Vorhandensein von syntaktischen Gruppen
nahegelegt ist, steht eine zweite gegenüber, in denen die Bestandteile der Zusammenbildung vor ihrer Vereinigung keinerlei nähere
Beziehung haben. Derartige Wörter sind sehr zahlreich unter
den Zeitwörtern vertreten; sie werden abgeleitet von Hauptwörtern und Beiwörtern, unter Zutritt eines Vorworts, z. B. ab-
dachen, aussteinen, besolden, entziffern, beglaubigen,
benachteiligen, vereinnahmen, ermöglichen, entchrist-
lichen, verewigen.

Siebenter Abschnitt.

Die Satzfügung des Neuhochdeutschen.

I. Der Satz.

„Das Feuer brennt“, „der Mensch ist sterblich“, also die
Verbindung eines Subjekts mit einem Aussagewort, das ist nach

althergebrachter Lehre die einzig wahre Gestalt des Satzes. Eine solche Anschauung war nur möglich, solange man die lebendige gesprochene Rede kaum beachtete oder im besten Fall darin eine Entstellung aus der vornehmen, regelrechten Rede der Schrift erblickte. Allenthalben, auch in der Schriftsprache selbst, gibt es Satzgebilde, die von jener angeblichen zweigliedrigen Grundform abweichen. Jeder Ausruf — ach! ah! pst! heisa! holdrio! Feuer! Hilfe! gut gemacht! — jeder Imperativ und Vokativ — nimm! komm! Vater! lieber Gott! — stellt einen eingliedrigen Satz dar, und ebenso die Wörtchen der Erwiderung: ja und nein! oder die Befehle: dableiben! stillgestanden! die Bühnenanweisungen: „Heide, auf der einen Seite eine Höhe, auf der andern Wald", deren Stil — neuerdings immer mehr — auch in die Erzählung übergreift: „dort, bis wohin ich kam, schien es mir bereits tief genug: immerwährendes Brausen und Sausen, unheimliche Maschinenbewegung, unterirdisches Quellengeriesel und das Grubenlicht immer bleicher hineinfließend in die einsame Nacht" (Heine, Harzreise).

Diese eingliedrigen Sätze gehören teilweise zu den allerursprünglichsten Gebilden der Sprache; im Vergleich mit ihnen stellen die zweigliedrigen eine jüngere Entwicklungsstufe dar. Andere allerdings sind erst aus zweigliedrigen Sätzen hervorgegangen. Zumeist in der Weise, daß ein weniger wichtiges, weniger stark betontes Satzglied allmählich dem Verstummen anheimfiel: [das hast du] gut gemacht; [willst du] dableiben? [es wird] stillgestanden! Der Ausruf mein, der in mündlicher Rede nicht selten eine Äußerung einleitet (mein, was ich gesehen habe), ist aus „mein Gott" entstanden.

Aber es konnte ein Teil des Satzes auch deshalb erspart werden, weil er sich aus dem Vorhergehenden leicht ergänzen ließ. Unser nein ist aus ni ein entstanden und hat ursprünglich nicht eines bedeutet. Wer also etwa gefragt wurde: hast du die Hühner gesehen, oder: hast du Eier gegessen? und darauf das Wörtchen nein zur Antwort gab, der sagte damit: „ich habe nicht eines (nicht ein Huhn, nicht ein Ei) gesehen, gegessen.' Und Sätze von der Art jenes Heineschen, die bloß

Hauptwörter enthalten, sind vielfach aus solchen hervorgegangen, wo das Hauptwort noch mit einem vorausgehenden Zeitwort in Beziehung gesetzt werden konnte, z. B.: „ein Zug kam die Straße herauf. Zuerst zwei ehrenfeste Männer, voll edlen Selbstgefühls. Dann, von zwei lahmen Pferden gezogen, ein Leiterwagen, auf dem der Held des Tags saß. Hinterher die ganze waffenfähige Mannschaft des Fleckens, nicht ohne Stolz zu Frauen und Töchtern aufblickend" (Hebbel, Schnock).

II. Die Satzgruppe.

In der lebendigen Rede wie in der Schrift ist es das gewöhnliche, daß ein Satz nicht für sich allein ausgesprochen wird, und ebenso gewöhnlich ist es, daß die Sätze, die sich äußerlich folgen, auch in innerer Beziehung stehen, also eine Satzgruppe bilden. Eines besonderen Zeichens der Zusammengehörigkeit bedarf es nicht. Es genügt schon, wenn etwa die eine Tatsache sich als Folge der andern erweist: „alle sind da; wir wollen zu Tische gehn"; oder wenn der Gegensatz einzelner Wörter die ganzen Sätze in Gegensatz bringt: „gestern hat es wie mit Kübeln gegossen, heute ist alles trocken"; oder wenn der eine Umstand sich als Begleiterscheinung des andern ausweist; so konnte man im Althochdeutschen sagen: stuont weinota sie stand (und) weinte. Es gibt aber auch Wörter, die nicht nur im eigenen Satz eine Aufgabe erfüllen, sondern zugleich darüber hinausweisen, indem sie bloß Stellvertreter sind für bereits ausgesprochene Begriffe. Das gilt insbesondere von den Fürwörtern er und derselbe, oft genug auch von der, dieser, jener: „Gott schuf den Menschen ihm zum Bilde, zum Bilde Gottes schuf er ihn", wo er nicht nur Subjekt, ihn nicht nur Objekt im zweiten Satze ist, sondern beide zugleich die Verbindung mit dem ersten Satze herstellen.

Manche Wörter haben bloß die Bestimmung, die Sätze miteinander zu verknüpfen, das sind die sogenannten Konjunktionen, wie z. B.: und, aber, oder, denn. Umgekehrt kann die Verbindung auch dadurch hergestellt werden, daß in einem Satze weniger steht, als ihm an sich zukommt, daß ihm ein wesentlicher Teil fehlt, man also zu seinem Verständnis auf Ergänzung aus der Nachbarschaft angewiesen ist: „ihr seid den Kerls begegnet draußen, sind Bamberger“ (Götz von Berlichingen), wo dem zweiten Satz das Subjekt fehlt. Oder der erste Satz ist unvollständig: „er weiß, ich kann nicht ruhn“ (ebenda), wo der zweite Satz als das Objekt von ich weiß zu gelten hat.

Die innigste Art der Verknüpfung entsteht dadurch, daß ein Glied der Satzgruppe eine Gestalt aufweist, die ihm nicht zukommen könnte, wenn der Satz für sich allein stände, mit andern Worten, wenn die Gruppe aus Hauptsatz und Nebensatz gebildet wird. „Ich hörte, er sei krank gewesen“ und „ich hörte, daß er krank gewesen sei“ enthalten an zweiter Stelle einen solchen unselbständigen Satz; der Konjunktiv sei wäre unmöglich, wenn die zweiten Sätze allein stünden, und es dürfte das Zeitwort nicht am Ende des Satzes stehen, wie es im zweiten Beispiel geschieht.

Aber allerdings, was jetzt als eine solche unlösliche Einheit erscheint, ist nur eigenartige Umwandlung einer Gruppe der Vorzeit, die aus lauter selbständigen Sätzen gebildet war. Diese Umwandlung ist hauptsächlich dadurch geschehen, daß manche Erscheinung, die in jeder Art von Satz möglich war, später nur noch in den ergänzenden Gliedern der Satzgruppe fortlebt. So hat die Endstellung des Zeitworts, die heute ein so wichtiges Kennzeichen des Nebensatzes ist, früher auch im Hauptsatz eine Stätte gehabt.

Bei manchen Gruppen gelingt die Zurückführung auf die ehemalige Beiordnung schon ohne irgend welche Kenntnis früherer Zustände. Wenn das bekannte Volkslied singt: „wär’ ich ein wilder Falke, ich wollt’ mich schwingen auf!“ so entspricht der erste Satz einem Wunsche des Sängers, und die ursprüngliche Gestalt der Gruppe sah so aus: „wär’ ich [doch] ein wilder Falke! ich wollt’ mich schwingen auf!“ Und wenn es bei Schiller heißt: „willst du in meinem Himmel mit mir leben, so oft du kommst, er soll dir offen sein“, so geht das erste Glied auf einen Fragesatz zurück, den wir noch heute an dieser Stelle eintreten lassen könnten: „willst du in meinem Himmel mit mir leben? er soll dir offen sein“. Andere derartige Zurückführungen werden sich ergeben, wenn von den Wortklassen, insbesondere der Entstehung der Konjunktionen, die Rede sein wird.

Die letzten Beispiele haben gezeigt, wie wenig scharf die Scheidung zwischen Haupt- und Nebensatz ist. Das gilt aber nicht nur für die Begriffsbestimmung, sondern für die sprachlichen Tatsachen selber. Es geschieht sehr leicht, namentlich in der Mundart und der Umgangssprache, aber auch in der Schriftsprache, daß Sätze, die als Nebensätze begonnen sind, in ihrem weiteren Verlauf das Aussehen von selbständigen Sätzen annehmen. So heißt es bei Luther: „es waren viele Weiber da, die da Jesus waren nachgefolgt aus Galilea und hatten ihm gedient"; oder im bekannten Liede: „wer die Wahrheit kennet und saget sie nicht."

III. Wortgruppen.

Die Teile, aus denen der einzelne Satz besteht — falls er nicht bloß durch ein einziges Wort gebildet wird — sind zusammengehalten durch Bande von verschiedener Beschaffenheit. Man nehme das Wort des Tempelherrn in Lessings Nathan, „daß Weib und Mönch des Teufels beide Krallen sind". Hier leuchtet ohne weiteres ein, daß Weib und Mönch für sich eine Einheit bilden, daß des eng zu Teufels, beide zu Krallen gehört, daß weiterhin des Teufels beide Krallen ein Ganzes höherer Art ausmacht, während zwischen des Teufels einerseits und seinen zwei Nachbarn anderseits, nämlich Mönch und beide, keinerlei Beziehung besteht. Solche Zusammenstellungen von zusammengehörigen Wörtern bezeichnet man als Wortgruppen. Aber diese Wortgruppen sind nicht alle gleich gebildet. In der Gruppe Weib und Mönch sind beide Glieder völlig gleichberechtigt; jedes könnte für sich bestehen ohne die Anwesenheit des andern; man kann solche Gruppen als Erweiterungsgruppen bezeichnen. Dagegen dient des zur näheren Bestimmung von Teufels, und Krallen wird einerseits durch beide, anderseits durch des Teufels genauer gekennzeichnet; des könnte ohne sein Substantiv, der Genitiv ohne den Nominativ nicht bestehen; das eine Glied der Gruppe ist also dem andern untergeordnet: man kann diese Gruppen Bestimmungsgruppen nennen.

Die Zahl der Glieder, aus denen eine Erweiterungsgruppe bestehen kann, ist dem Grundsatz nach völlig unbeschränkt.

Schlägt man eine Zeitung mit amtlichen Mitteilungen auf und begegnet da etwa folgendem Satze: „die Leutnants Strebel, Cortolezis, Schrenk und Freiherr v. Pechmann des 1. Fuß-Art.-Regts., Runge, Ulrich, Dannemann, Zeitler, Hübner, Breitung, Hotz, Hatzfeld und Scheinhof des 2. Fuß-Art.-Regts., wurden vom Kommando zur Artillerie- und Ingenieurschule zu ihren Truppenteilen zurückbeordert", so könnten statt der 13 Namen ebensogut 30 oder auch 200 Namen angeführt sein.

Dagegen bei den Bestimmungsgruppen bewegt sich die Zahl der Glieder innerhalb bescheidener Grenzen. Das Gewöhnliche sind Gruppen von zwei und von drei Gliedern: der Herr, von Hause, Gottes Sohn, faule Fische, hilf mir, gut gemacht; gib mir Geld, schlag ihn tot, sucht ihn überall. Mit der Zahl der Wörter wächst nicht notwendig die Zahl der Glieder. So ist in der Furcht des Herrn nicht etwa eine fünfgliedrige Gruppe, sondern die zweigliedrige Gruppe „der Furcht" tritt mit dem Vorwort in wieder zu einer zweigliedrigen zusammen, und diese weitere Einheit — in der Furcht — wird ihrerseits durch die zweigliedrige Gruppe „des Herrn" näher bestimmt. Das Ganze bildet also ebensogut eine zweigliedrige Gruppe als wenn da stünde: Furcht Gottes. Ebenso besteht in jenem Worte des Tasso: „die wahre Liebe zeigt sich im Versagen zur rechten Zeit" das Prädikat nur aus drei Gliedern: [zeigt] [sich] [im Versagen zur rechten Zeit]. Viergliedrig ist das Prädikat in dem Satze aus Emilia Galotti: die Tochter [stürzte] [der Mutter] [ohnmächtig] [in die Arme]. Sind schon solche viergliedrige Gruppen nicht mehr häufig, so sind solche von mehr Gliedern noch seltener und kommen meist nur durch Häufung adverbialer Bestimmungen zustande.

Die Bildung der Erweiterungsgruppen geschieht mit sehr einfachen Mitteln. Die Glieder werden einfach nebeneinander gestellt: mit dem Pfeil, dem Bogen; Bittschriften, nichts als Bittschriften; dieser Kopf, dieses Antlitz, diese Stirne, diese Augen, diese Nase, dieser Mund, dieses Kinn, dieser Hals, diese Brust, dieser Wuchs, dieser ganze Bau (Emilia). Oder sie werden durch Konjunktionen verbunden: Herr und Meister; klein, aber mein; die Börse oder das Leben. Natürlich kann auch beides zugleich verwendet werden: Vater, Mutter und Kinder. Ebenso einfach ist das innere Verhältnis der zur Einheit zusammengefaßten Glieder. Es kann dasselbe Wort wiederholt werden: seid einig, einig; lang, lang ist's her; die Minuten, die langsam, langsam vorüber krochen (Hebbel); — fort und fort, nach und nach, über und über, so oder so. Oder die Glieder sind sinnverwandt: Saus und Braus, müd und matt, oder sie enthalten Gegensätze: auf und ab, jung und alt, Freud und Leid, oder — was das Häufigste — sie ergänzen sich zu einer höheren Einheit: Haupt und Glieder, Herr und Knecht.

Nicht selten aber findet die Zusammengehörigkeit noch ihren Ausdruck durch ein lautliches Sinnbild, indem die Glieder der Gruppe durch die Gleichheit des Anlauts oder durch den Reim gebunden sind: Küche und Keller, Mann und Maus, fix und fertig, null und nichtig, biegen oder brechen, zittern und zagen, Ach und Krach, Hülle und Fülle, schlecht und recht, toll und voll, schalten und walten, scheiden und meiden.

Eine große Zahl solcher zweigliedrigen Formen stammt schon aus alter Zeit; die lange Gewohnheit des Zusammenseins hat sie so fest zusammengekoppelt, daß sie heute oft genug nicht mehr wie eine Summe, sondern wie ein Unteilbares behandelt werden, indem nicht jedes einzelne Glied, sondern nur das zweite der Biegung unterliegt: des Grund und Bodens, seines Tun und Treibens, die groß und kleine Welt, das schwarz und weiße Band, sein ein und alles, all und jedes. Und wie Versteinerungen schließen sie Erscheinungen der Vergangenheit ein (s. S. 160); der Ausdruck: durch Feld und Wald zu schweifen zeigt einerseits das Hauptwort ohne das Geschlechtswort, wie es bei jedem Glied für sich allein nicht möglich wäre, und anderseits die Einzahl statt der Mehrzahl; außerhalb der Formel müßte es heißen: durch den Wald, durch die Felder zu schweifen.

Im übrigen aber ist die Beschaffenheit des einzelnen Worts für die Bildung der Erweiterungsgruppen völlig gleichgültig.

Ganz anders bei den Bestimmungsgruppen. Deren Gestaltung wird ihrem Wesen nach bedingt durch die Bedeutung der Wörter, die bei ihrer Bildung beteiligt sind. Die Bedeutung des einzelnen Wortes aber setzt sich zusammen aus drei Bestandteilen: derjenigen, die dem Wortstamm an sich zukommt; der Bedeutung, die das Wort als Angehöriger einer bestimmten Wortklasse besitzt; derjenigen, die der einzelnen Wortform, der gerade vorliegenden Biegungsform innewohnt.

IV. Die Rolle der Stammbedeutung in der Satzfügung.

Ein großer Teil der Wörter ist so beschaffen, daß sie, ganz für sich allein ausgesprochen, eine fertige Vorstellung erzeugen: Himmel — Erde — Licht, rund — heiter, ich, hier — oft — allmählich, schlafen — fallen — sterben — lügen. Wir können sie als vollständige Begriffe bezeichnen; sie spielen bei der Bindung der Satzglieder keine Rolle. Ihnen steht eine zweite große Gruppe von Wörtern gegenüber, die unvollständige Begriffe verkörpern, solche, die noch irgendeiner Ausfüllung oder Ergänzung bedürfen, die bei dem Hörer oder Leser die Spannung auf weitere Satzglieder erregen. Hierher gehören Hauptwörter wie: Vater — Freund — Teil — Empfänger — Verhöhnung; wir verlangen zu wissen, wer der Sohn ist, wer das zweite Glied im Freundespaar, welches das Ganze sei, was empfangen wird, wer wen verhöhnt. Ebenso bei Beiwörtern: beschaffen — ähnlich — bereit — geneigt, bei Adverbien: außerhalb — beisammen — entgegen, bei Zeitwörtern: finden — nehmen — suchen — verstehen — belügen.

Es gibt allerdings auch Wörter, die, je nach den Umständen, bald fertige Begriffe sind, bald nach Ergänzung verlangen. Sie finden sich in erheblicher Anzahl namentlich unter den Zeitwörtern. Man kann sagen: das Fleisch brät, die Suppe kocht, das Wasser siedet. Wenn aber gesagt wird, daß die Köchin brät, kocht oder siedet, so wird Auskunft erwartet über die Gegenstände, denen sie diese Tätigkeiten widmet. Das gleiche gilt von brechen — enden — halten (der Nagel hält, d. h. er steckt fest) — scheiden — treiben (das Boot treibt auf dem Wasser) — wenden usw.

Von den Hauptwörtern sind es namentlich die Verwandtschaftsbezeichnungen, die neben ihrer verknüpfenden Bedeutung nicht selten die Geltung von vollständigen Begriffen besitzen: ein frommer — ein lustiger Bruder, barmherzige Schwester, Betschwester, Buhlschwester, Kaffeeschwester, die höhere Tochter, Ladentochter (wie man in der Schweiz für Ladnerin sagt), weh dir, daß du ein Enkel bist (Faust), ein netter Onkel, Reserveonkel, Klatschbase. Ähnlich: ein lustiger Gesell, während sonst das ge- in Personenbezeichnungen das Zusammensein mit einem andern bezeichnet: Ganerbe (d. i. Ge-an-erbe), Gefährte, Gemahl, Genosse, Gespiele, Gespons.

Die unvollständigen Begriffe sind natürlich von der größten Bedeutung für das Satzgefüge. Denn in der Regel sind sie es, die geradezu zur Bildung von Wortgruppen zwingen. Aber sie können sich auch mit andern Teilen des Satzes in Verbindung setzen; wenn es heißt: „der Mann soll Vater und Mutter verlassen", so steckt die Ergänzung der beiden Verwandtschaftsbegriffe in Mann, dem Subjekt des Satzes.

Allerdings gibt es auch Fälle, wo die zum Verständnis erforderliche Ergänzung nicht ausdrücklich in Worte gekleidet wird. Das kann geschehen, weil die Ergänzung sich aus der Sachlage leicht ergibt: wer vom geneigten Leser spricht, meint zweifellos die Neigung gegenüber dem Schreibenden, und wer jemand mit lieber Sohn anredet, ist natürlich der Vater in eigener Person.

Oder die Ergänzung ist überhaupt selbstverständlich: die reißenden Tiere zerreißen Menschen und Tiere; wenn der Reiter absteigt oder aufsteigt, so steigt er ab vom Pferde, auf das Pferd; „Geben ist seliger als nehmen" läßt es nicht zweifelhaft, welches Objekt gemeint ist. Auf diese Weise erklärt sich auch das Fehlen von sich beim Infinitiv und Partizip von rückbezüglichen Zeitwörtern: da hilft kein Sträuben; das war ein Freuen, wenn der Vater wieder kam (Tell); ein aufopfernder Freund. Es kann aber auch ganz gleichgültig sein, welcher Art die Ergänzung ist; so werden hören und sehen, fühlen und schmecken zu den allgemeinen Bezeichnungen der sinnlichen Wahrnehmung; so heißt es: wer sucht, der findet.

V. Die Wortklassen.

Die ursprünglichsten Wortklassen bilden die Haupt- und Beiwörter, die Zahlwörter, die Fürwörter, die Zeitwörter; keine dieser vier Klassen läßt sich bei dem Stand unserer Kenntnisse auf eine andere zurückführen.

Hauptwörter und Beiwörter stehen sich sehr nahe; ursprünglich haben wohl die meisten der Hauptwörter nichts anderes ausgedrückt als eine einzelne, einem Gegenstand beigelegte Eigenschaft. So ist der Zahn von Haus aus nichts anderes als der Beißende, der Fürst soviel als der Erste, der Jünger = der Jüngere, der Greis = der Greise (d. h. der Graue), und zahlreich sind zu jeder Zeit Formen von Beiwörtern in der Geltung von Hauptwörtern: der Junge, die Alte, das Letzte. In andern Fällen ist das Beiwort durch Ersparung zum Hauptwort geworden: der Kalabreser, der Taler, s. oben S. 122.

Erheblich seltener ist der umgekehrte Fall, daß Hauptwörter sich zu Beiwörtern gewandelt haben. So ist fromm, das in der älteren Zeit soviel wie tüchtig bedeutete, aus einem althochdeutschen Wort fruma der Nutzen hervorgegangen, ernst aus dem Hauptwort der Ernst, etwa in den Wendungen es ist Ernst, es wird Ernst, wo das Hauptwort adjektivischer Verwendung nahe stand. Ebenso sind unsere Beiwörter feind, freund, not, schade, schuld aus den gleichlautenden Hauptwörtern entstanden; brach in der Redensart brach liegen entstammt dem Hauptwort die Brache. Daß auch viel altes Hauptwort ist, sehen wir noch heute daran, daß es bisweilen der Adjektivendung entbehrt: mit viel Behagen, und daß es gelegentlich den Genitiv zu sich nimmt: viel Volks; viel Aufhebens, viel Federlesens, viel Kopfzerbrechens, viel Wesens machen. Manche Beiwörter sind auch aus Adverbien oder adverbiellen Ausdrücken hervorgegangen: vorhanden entsteht aus vor Handen, d. h. vor den Händen, zufrieden aus zu Frieden, d. i. im Frieden; die Mundart spricht von einem zuenen Fenster, der Bayer insbesondere von einem zuwideren Kerl. Aus dem Adverbium lichterloh hat das 18. Jahrhundert ein Beiwort loh entwickelt, das insbesondere Schiller gern gebraucht: der lohe Ätherstrahl, der lohe Lichtfunke.

Daß Übertritte aus einer der andern Klassen in das Gebiet des Zeitworts stattfinden, ist nicht wahrzunehmen. Daß Endungsformen des Zeitworts zu Hauptwörtern sich wandeln, zeigt sich gelegentlich bei Fremdwörtern: das Debet, ein Affidavit, ein Compelle, das Referat, die oder das Exequatur (aus den lateinischen Konjunktiven referat und exequatur). Kaum als Übertritt kann man es bezeichnen, wenn Infinitive und Partizipia völlig zu Hauptwörtern oder Beiwörtern werden, an deren Wesen und Form sie von Anfang an Anteil haben: das Essen — das Trinken, anwesend — abwesend, gediegen (altes Partizip zu gedeihen) — trunken (altes Partizip zu trinken) — vergilbt (zu altem vergilwen, das von gelb abgeleitet war und gelb machen bedeutete).

Von den Fürwörtern sind einzelne aus andern Wortklassen genommen. Das Wörtchen man ist im Grunde das Hauptwort der Mann, nur ohne Geschlechtswort und die Einzahl im Sinne der Mehrzahl gebraucht (wie auch französisch on = man und homme = Mensch ein und dasselbe sind); jemand und niemand sind Zusammensetzungen der Adverbia je und nie mit Mann: jemals [ein] Mann, niemals [ein] Mann; ein gewisser und — wie der Österreicher sagt — ein sicherer zeigen die Beiwörter gewiß und sicher im Sinne von irgend einer.

Innerhalb der Fürwörter selbst sind nicht alle Arten gleich ursprünglich. Welcher, wer und was haben neben ihrer fragenden in der gewöhnlichen Rede auch unbestimmte Bedeutung: = etwelcher, etwas, wie auch dem griechischen τίς, dem lateinischen quis beide Bedeutungen zukommen, und zwar ist vielleicht die Verwendung in der Frage nicht das Uranfängliche: wenn wir zu jemand sagen: „du suchst etwas", so wollen wir ihm damit nahelegen, uns den Gegenstand seines Suchens mitzuteilen, es kann also geradezu der Sinn einer Frage darin liegen (s. die Anm.).

Von den bezüglichen Fürwörtern ist der, die, das ursprünglich hinweisend gewesen. Ein Satz wie: „es war der, der gepredigt hat", lautete althochdeutsch: iz was, der bredigota, und dies muß früher einmal geheißen haben: „es war der — er hat gepredigt", und noch früher, als das Fürwort er beim Zeitwort noch überflüssig war: „das war der — hat gepredigt" — iz was der — bredigota. Das Fürwort stand also hier ursprünglich am Ende des ersten, nicht am Anfang des zweiten Satzes. Als später beim Zeitwort das Subjekt besonders bezeichnet werden mußte, ergab sich die Auffassung, als ob der zum folgenden Verbum gehöre. Und ein Satz wie: „das ist der Mensch, der mich geschlagen hat", lautete vor Zeiten: „das ist der Mensch, der hat mich geschlagen". Hier gehörte also das Relativpronomen von vornherein dem Satz an, in dem wir es jetzt antreffen, und wir haben somit zweifachen Ausgangspunkt für das relative der anzunehmen. Jn welcher Weise das nhd. Relativ welcher aus den fragenden Fürwort welcher entstanden ist, ist oben S. 182 gezeigt worden.

Die Klasse der Adverbia, wie sie heute besteht, hat gegen früher starke Einbuße erlitten. Noch im Mittelhochdeutschen konnte zu den meisten Beiwörtern ein besonderes Adverb auf -e gebildet werden: z. B. hart — harte, hoch — hohe, tagelich — tageliche. Von diesem Verhältnis zeugt heute noch ein einzelner Rest: neben lang steht so lange, wie lange. Im übrigen ist der Unterschied verloren gegangen. Zum Teil nur infolge eines lautlichen Vorgangs; nach dem Gesetz, das oben S. 213 dargestellt ist, mußte das e von Adverbien, die — abgesehen von etwaigen Vorsilben — mehr als zwei Silben besaßen, verloren gehen; es mußte also tagelich und tageliche in der Form täglich zusammenfallen. Dieses Vorbild wirkte dann auch auf die Beiwörter, die nur eine Stammsilbe besaßen, so daß auch hier die eine Form in der Regel beseitigt wurde, und zwar fast überall die Form mit e; nur vereinzelt ergaben sich Doppelformen, indem sich neben gerad die Form gerade als gleichberechtigt stellte, neben gut ein Beiwort wohl („er ist wohl, er ist unwohl") trat; lange ist die Fortsetzung des alten Adverbs. Wie jene alten Formen auf e (althochdeutsch o) zu erklären sind, ist nicht mit Sicherheit zu sagen.

Zum größten Teil sind ja die Adverbia, soweit sich ihr Ursprung erkennen läßt, erstarrte Kasusformen, und zwar sind in ihnen häufig solche Bedeutungen der Kasus bewahrt, die beim

Nomen oder Pronomen selbst nicht mehr lebendig sind. So steckt ein Genitiv der Art und Weise in einst, das = mittelhochdeutsch eines, also Genitiv von ein: in flugs, eigentlich Fluges, im Fluge. Mittelst geht auf durch mittel oder über mittel zurück und hat das s (das dann weiter zu st wurde) aus der Wendung durch was mittels bezogen, wo also mittels Teilungsgenitiv war (das sonderbare vermittelst stammt aus niederdeutschem und niederfränkischem overmids).

Ein Dativ der Mehrzahl liegt vor in allenthalben = allen halben (aus: in allen halben), vom Hauptwort althochdeutsch halba die Seite; ebenso ist weiland ursprünglich wîlen, Dativ der Mehrzahl von wîle, Weile, Zeit. Akkusativisch endlich sind je und nie = althochdeutsch io und nio aus ni — io; io oder älter eo entspricht einem gotischen aiw. und dieses ist Akkusativ der Einzahl von aiws die Zeit (vgl. αἰών, lat. aevum). Unser nicht, althochdeutsch niowiht ist zusammengesetzt aus nio und dem Nominativ beziehungsweise Akkusativ von wiht das Ding. Ein Rest des substantivischen Charakters von niht liegt noch vor in der Redensart: „hier ist seines Bleibens nicht“, wo Bleibens alter Teil-Genitiv ist, und in der andern: „er hat nicht seines Gleichen“: seines Gleichen ist Genitiv von sein Gleicher, und das bedeutet einen, der ihm gleich ist.

In enger Verbindung mit den Adverbien stehn die Präpositionen. Noch jetzt erscheinen die meisten von ihnen auch als Adverbia: vgl. durch — hindurch — durchgegangen, um — darum — umgefallen, wider — dawider — widerreden. Und zwar lehrt die geschichtliche Betrachtung, daß hier überall die adverbiale Bedeutung die ursprüngliche ist. In früheren Zeiten der Sprache bedurfte man überhaupt keiner Präpositionen; die Kasus allein genügten, um die verschiedensten Beziehungen auszudrücken. Ein Übergangsstadium zwischen Adverbium und Präposition liegt vor in Ausdrücken wie den Tag über, die Nacht durch. Manche Präpositionen allerdings sind unmittelbar aus substantivischen Formen hervorgegangen: kraft, laut, wegen haben sich erst seit dem Mittelhochdeutschen gebildet aus den dativischen Verbindungen in Kraft, nach Laut, von — Wegen (Dativ Plural von der Weg).

mit Wegfall der Präposition. Trotz aller Welt war ursprünglich ein eingliedriger Satz: [ich biete] Trotz aller Welt, vgl. Trotz Tod, komm her, ich fürcht' dich nit. Ihrerseits wiederum haben Präpositionen in Verbindung mit bestimmten Kasusformen Adverbia bilden helfen: entlang, entzwei ist ursprünglich in lang, in zwei; neben ist in eben; überall ist soviel als über alles; sintemal geht zurück auf sint dem Mal = seit dem Mal, seit der Zeit.

Wie die Präpositionen, so sind auch die Konjunktionen eine Klasse von Wörtern, nach denen sich erst allmählich im Leben der Sprache ein Bedürfnis herausgestellt hat. Noch heute hat die gemeine Rede nur geringe Verwendung für solche Hilfsmittel; das Gleiche gilt für die poetische Rede und für die Rede der Erregung, der Leidenschaft, die, man möchte sagen durch eine Art von Atavismus, wieder einem frühern Naturzustand nahe kommen.

Die zur Beiordnung verwendeten Konjunktionen leiten sich aus Fürwörtern oder aus Adverbien her. Sie haben entweder die Aufgabe, auf einen folgenden Satz vorauszudeuten oder auf einen vorhergehenden zurückzuweisen. Manche Konjunktionen lassen sich für beide Zwecke verwenden, z. B. so, das ursprünglich Adverbium ist; wenn wir sagen: „so ist die Sache vor sich gegangen", so kann der Bericht selbst vorher gegeben sein oder auch nachfolgen. Gleichzeitig nach beiden Richtungen weisen die Partikeln, die etwas einräumen und damit zugleich einen Widerspruch, eine Einschränkung in Aussicht stellen. Es sind lauter Wörter, die ursprünglich der Versicherung, der Bekräftigung dienen: gewiß, allerdings, ja, wohl, freilich (vgl. ja freilich) und zwar (= mittelhochdeutsch ze wâre in Wahrheit).

Nur nach vorwärts zeigen entweder und weder. Entweder ist entstanden aus ein weder = eines von beiden: „er wollte entweder siegen oder sterben" ist eigentlich: er wollte eines von beiden: siegen oder sterben. Weder geht zurück auf ne — weder; „weder heiß noch kalt" bedeutet ursprünglich „keines von beiden: heiß noch kalt".

Rückwärts zeigende Adverbien sind z. B. aber und sondern. Aber bedeutet ursprünglich nochmals (vgl. aber und aber, abermals), es dient also dazu, die Wiederholung einer Handlung zu bezeichnen. Die Wiederholung kann aber darin bestehen, daß einfach etwas zweimal getan wird. Oder es wird ein unterbrochener Zustand wiederhergestellt: „der Punkt war im Besitze der Unsern; er ging verloren; er wurde abermals von den Unsern besetzt". Die Tatsache aber, die eine Unterbrechung anstrebt, muß zu ihr im Gegensatz stehen. Sondern hängt natürlich mit besonders zusammen und bedeutet ausgenommen. Ursprünglich wurde kein völlig reiner Gegensatz damit eingeleitet; nachdem die allgemeine Gültigkeit eines Urteils geleugnet worden, wird zugegeben, daß es in einem einzelnen Falle zutrifft: „nur das ist richtig" und „das aber ist richtig" sind ziemlich gleichbedeutende Sätze.

Aus den Hilfsmitteln der Beiordnung ist dann ein großer Teil der unterordnenden Konjunktionen hervorgegangen. Nicht zum Nebensatz, den sie jetzt einleitet, sondern zum Hauptsatz gehört ursprünglich die Konjunktion daß. „Ich weiß, daß er lebt" ist ursprünglich „ich weiß das: er lebt"; „ich wünsche, daß er komme" = „ich wünsche das: er komme". Im Nebensatz als rückweisendes Adverb stand von Anfang an die Konjunktion ehe, wenigstens soweit sie auf einen verneinten Hauptsatz folgt; „ich kehre nicht heim, ehe ich ihn finde" geht zurück auf „ich kehre nicht heim: ehe (= vorher) finde ich ihn". Anders liegt die Sache bei einem positiven Hauptsatz. In der älteren Sprache steht danach im Nebensatz der Konjunktiv; die Worte Christi an Petrus würden also lauten: du longenst mîn, ê danne der han kraeje. Das hätte in der Form der Beiordnung wohl so gelautet: „du verleugnest mich vorher, dann wird (oder dann mag) der Hahn krähen". Um die Umwandlung solcher selbständigen Sätze in Nebensätze begreifen zu können, muß man bedenken, daß die Wortstellung, die uns jetzt nur im Nebensatz geläufig ist, früher auch im Hauptsatz möglich war.

Bei einzelnen Konjunktionen ist es zum Verständnis der Entwicklung nicht genügend, vom zweigliedrigen Satz auszugehen: sie können sich nur bei mindestens drei selbständigen Sätzen ausgebildet haben. „Da Herodes sah, daß er betrogen war, ward er zornig" hätte in der Form der Beiordnung vor

Zeiten so gelautet: „da sah Herodes, daß er betrogen war; er ward zornig", und da am Anfang des ersten Satzes wies zurück auf das vorher Erzählte. Ebenso erklärt sich das kausale nun; „nun dem so ist, so wollen wir" war ursprünglich: „nun ist dem so; so wollen wir..", und dem nun mußte notwendig irgendein Satz vorausgegangen sein.

Andere Konjunktionen der Unterordnung haben niemals beigeordnete Sätze verbunden; überhaupt kommt ihnen an sich keine verbindende Kraft zu: sie haben nur durch Zufall diese Rolle erhalten, durch den Zufall, daß sie am Anfang eines Satzes standen, der später sich zu einem untergeordneten Satz entwickelte. Hierher gehört die Konjunktion ob, die in der älteren Sprache nicht nur Fragesätze einleitet, sondern auch wenn bedeutet. Beiden liegt ein und dieselbe Anschauung zugrunde: ob war einst wohl ein Adverb mit der Bedeutung vielleicht, etwa. „Wenn du Gott bist, so sage es uns" (= mittelhochdeutsch obe du got bist) ließe sich noch heute auch so ausdrücken: „vielleicht bist du Gott: so sage es uns", und wiederum liegt auf der Hand, daß dies ziemlich gleichbedeutend ist mit: „sage uns, ob du Gott bist". Dagegen in obgleich, obschon, obwohl geht ob nicht unmittelbar auf die Bedeutung des Adverbs zurück, sondern die einräumende Bedeutung ist erst aus der bedingenden hervorgegangen; der gleiche Wandel liegt ja in auch wenn, wenn auch, wenn gleich, wenn schon zutage.

Vereinzelt steht die Konjunktion geschweige daß: geschweige ist ursprünglich ein ganzer Satz, die erste Person Singular des veralteten Zeitworts geschweigen; ich schweige davon, daß.

Eine Anzahl von Konjunktionen geht auf umfangreichere Ausdrücke zurück, deren schwächste Bestandteile dann verloren gegangen sind. So ist weil aus ahd. dia wila so entstanden; sobald weist auf sobald als zurück und ist dann im Bayrischen weiter zu bal gekürzt: balst (= wenn du) mi net in Ruh laszt, kriagst a Watschen. Indem stammt aus indem daß, nachdem aus nachdem als oder nachdem daß.

Gelegentlich tritt der Fall ein, daß eine Konjunktion ihre satzverbindende Kraft wieder verliert und nur als Adverbium zur Verstärkung dient. So stand die dringende Form der Aufforderung — komm doch — ursprünglich im Gegensatz zu einer Weigerung, einem Hindernis. Wér denn, wás denn? war ursprünglich soviel als wer dann? d. h. es war die zweite Frage, die gestellt wurde, nachdem die erste eine verneinende Antwort erhalten hat: „wer war bei dir? dein Bruder? Nein. Wer dánn?" (s. die Anm. 1)

Die jüngste unter allen Wortgattungen bildet der Artikel. In indogermanischer Zeit hat er überhaupt noch nicht bestanden, und das Gotische kennt zwar den bestimmten, aber keinen unbestimmten Artikel; dieser tritt erst im Althochdeutschen auf. Der bestimmte Artikel ist entstanden aus dem satzverbindenden Pronomen der, die, das. Der Mann hieß ursprünglich soviel als jener Mann, nämlich der, von dem vorhin die Rede war oder nachher die Rede sein wird; erst nach und nach hat sich daraus der Brauch entwickelt, überhaupt etwas Bekanntes damit zu bezeichnen. Der unbestimmte Artikel geht zurück auf das Zahlwort ein oder richtiger gesagt fällt mit ihm zusammen, denn eine wesentliche Bedeutungsverschiedenheit besteht nicht. Nur eines ist mit der Zeit in den Artikel hineingelegt worden: man könnte ihn als das Gegenteil einer Konjunktion bezeichnen; er sagt, daß der betreffende Gegenstand mit dem Vorausgegangenen in keinerlei Verbindung steht.

Als letzte Wortklasse pflegen in den Grammatiken die Interjektionen aufgezählt zu werden. Ihrer Bedeutung nach sind diese aber nicht einzelne Wörter, sondern ganze Sätze. Au! sagt ungefähr soviel als „du tust mir weh", ah! soviel als „wie schön ist das". So sind denn die Interjektionen in ihrer Bedeutung auf eine Linie zu stellen mit den Fällen, wo wir aus ganzen Sätzen beim Sprechen nur einzelne Wörter herausnehmen, weil das übrige sich leicht ergänzen läßt, z. B. endlich! still! traun! (= mittelhochdeutsch in triuwen, in Treuen, in Wahrheit); siehe oben Seite 122.

Neben diesen zahlreichen Belegen für die Tatsache, daß ein Wort vollständig in eine andere Klasse übertritt, gibt es auch Fälle, wo ein Wort nur gelegentlich eine Rolle übernimmt, die sonst Vertretern einer andern Klasse zukommt: er ist ganz Auge, ganz Ohr; weg, du Traum. so gold du bist, heißt es im Goetheschen Liede: gold im Sinne einer Eigenschaftsbezeichnung. Oder die volkstümliche Rede sagt: das ist mir wurst, d. h. es hat für mich die Eigenschaften einer Wurst, bei der es gleichgültig ist. ob sie von der einen oder der andern Seite angeschnitten wird.

In älterer Rede kann das Adverbium so das relative Fürwort vertreten: die Erlösung, so durch Christum Jesum geschehen ist; eigentlich: die Erlösung, wie sie geschehen ist. In Gebieten Ober- und Mitteldeutschlands dient heute wo als Relativ: der, wo ich gesehen habe; schon älter: freu dich, feins Mägdlein, wo du bist, was zunächst den Sinn hatte: freue dich an der Stelle, wo du bist.

Höchst merkwürdig erscheint es, daß Interjektionen als Mittel der Erzählung verwandt werden können: „da dachte der Star: ich hab' jetzt schon so viel gelernt, daß ich in der Welt kann fortkommen. und husch zum Fenster hinaus" (Hebel); „da kam, plitsch platsch, plitsch platsch, etwas die Marmortreppe herauf" (Hausmärchen). In gleicher Weise wird aber auch das Mittelwort der Vergangenheit verwendet: „nun entkleidete sie sich hastig. und rasch ins Bett und die große Decke übers Ohr gezogen" (Tovote). Was diesem Partizip und jenen Ausrufen, die scheinbar so weit voneinander abliegen, sonst gemeinsam ist, das ist ihre Verwendung in der Aufforderung, und aus dieser ist zweifellos auch der Gebrauch in der Erzählung entstanden: die Erzählung wird zu einer kleinen dramatischen Szene, in der den Personen zugerufen wird, was sie tun sollen, während die Ausführung der Handlung nicht besonders zur Anschauung gebracht wird.

Die imperativische Geltung des Partizipiums der Vergangenheit erklärt noch eine andere auffallende Verwendung desselben. Wenn es im Sprichwort heißt: frisch gewagt ist halb gewonnen oder: jung gefreit hat niemand gereut, so ist jeder dieser Sätze aus zwei kleineren zusammengewachsen: frisch gewagt! ist halb gewonnen und: jung gefreit! hat niemand gereut. Natürlich läßt sich nicht bei jedem einzelnen Satz diese Zurückführung auf zwei Sätze vornehmen; mancher ist jüngere Nachbildung wie etwa: vorgetan und nachbedacht hat manchen in groß Leid gebracht.

Die Angehörigen der verschiedenen Wortklassen fügen sich ganz von selbst in bestimmte Wortgruppen ein oder verlangen Ergänzungen durch bestimmte andere Wörter. Die Adverbia treten zu Beiwörtern oder Zeitwörtern: sehr schön. lange leben, selten zu Hauptwörtern: der Mann da; die Beiwörter zu ihresgleichen: himmlisch schön, schön warm (wo früher Adverbia an erster Stelle gestanden hätten), oder zu Hauptwörtern oder zu Zeitwörtern: ein schönes Mädchen, das ist schön. Manche Beiwörter ergänzen fast nur das Hauptwort, z. B. die Ableitungen von Völkernamen: italienisch, spanisch, sächsisch. Es heißt ein hölzerner Stuhl, aber kaum: der Stuhl ist hölzern; ein ästhetischer Genuß, nicht: der Genuß ist ästhetisch; will man doch die Verbindung mit dem Zeitwort herstellen, so erweckt man wenigstens den Schein, als ob das Beiwort zu einem Hauptwort gehöre, indem man den unbestimmten Artikel hinzufügt: der Genuß ist ein ästhetischer. Umgekehrt sagt man wohl: die Speise ist gar, aber nicht eine gare Speise; der Mensch ist barfuß, aber nicht ein barfußer Mensch; auch jene aus Hauptwörtern entstandenen Beiwörter wie feind, freund (S. 298) können noch nicht mit dem Hauptwort verbunden werden.

Die mündliche Rede — und auch die gute geschriebene — vermeidet es nach Kräften, zu dem Hauptwort Beiwörter oder Mittelwörter treten zu lassen, die selber noch Ergänzungen bei sich haben; sie wird also nicht sagen: das ist ein in allen Sätteln gerechter Mensch, sondern: der Mensch ist in allen Sätteln gerecht.

Das Zeitwort verlangt zu seiner Ergänzung ein Subjekt; eine Ausnahme bildet die Form des Imperativs (komm! kommt!), dazu einige erstarrte Formeln: bitte, danke aus ich bitte, ich danke.

Das Hauptwort erscheint in der Regel vom Geschlechtswort begleitet. Da der unbestimmte Artikel ursprünglich Zahlwort ist, also ein Einzelnes aus einer Mehrzahl heraushebt, und der bestimmte Artikel ursprünglich der Hinweisung, also der Unterscheidung diente (s. oben S. 305), so sollte man glauben, der Artikel der einen oder der andern Art könne nur da stehen, wo es sich tatsächlich um mehrere Vertreter derselben Gattung handelt und es darauf ankommt, diese voneinander zu scheiden.

Ein solcher Zustand ist in den ältesten Zeiten unserer Sprache einmal vorhanden gewesen; heute ist er sehr stark verwischt. Es fehlt der Artikel bei Gott, dem Einzigartigen, ferner bei den Personennamen und einem Teil der Ländernamen (nicht bei den weiblichen: Schweiz, Mongolei, Türkei, bei denen ohne den Artikel die Kasus keine Unterscheidung zeigen würden). Nach dem Muster der Personennamen behandelt der Norddeutsche auch Vater, Mutter, Onkel, und so heißt es: Kaisers Geburtstag, Großherzogs Geburtstag. Die Sonne, der Mond, der Himmel, die Erde, die als einzigartig in der ältern Sprache artikellos waren, bewahren diese Möglichkeit heute nur noch in der formelhaften Verbindung: Sonne und Mond, Himmel und Erde. Das gleiche gilt von den alle Einzelwesen der Gattung umfassenden Pluralen: z. B. Menschen und Tiere (im Sinne von die Menschen und die Tiere), auch dann, wenn im Sinne des Plurals ein Singular steht: Stock und Stein, Mann und Maus. Nur im Pronomen man hat der Gesamtbegriff auch für sich allein die Artikellosigkeit bewahrt. Gleichfalls formelhaft sind Verbindungen wie bei Tag, bei Nacht, über See und haben deshalb den Artikel ferngehalten.

In anderen Fällen des fehlenden Artikels hat sich fremder Einfluß geltend gemacht. In der Aktensprache der Gerichte heißt es etwa: „Kläger bringt vor, Beklagter entgegnet." Das geht zurück auf die Amtssprache des 15. Jahrhunderts, wo mitten im deutschen Satz die lateinischen Fachausdrücke stehen wie accusatus, reus, commissarius, natürlich meist ohne Artikel, und das hat sich dann auch auf die deutsche Wiedergabe dieser Ausdrücke übertragen. Ein Gegenstück findet sich in der Sprache der Dichtung, namentlich der volkstümlichen. Hier wird von Jung Siegfried geredet; hier heißt es: „Röslein wehrte sich und stach"; „wie ist Natur so hold und gut." Das stammt nicht, wie man glauben möchte, aus dem deutschen Volkslied; es ist vielmehr

englisches Vorbild, das hier sich wirksam zeigt, und es ist Herder,
der dieser Weise Bahn gebrochen hat in seinen „Volksliedern",
unmittelbar veranlaßt durch zahlreiche Beispiele in Percys
Balladensammlung.

Eine Unterscheidung hat keinen Sinn, wenn es sich um die
Angabe des Stoffs handelt, aus dem etwas besteht oder mit dem
etwas gemacht wird: aus Eisen, mit Feuer, oder wenn das
Hauptwort als Prädikat erscheint: er wurde Soldat, wer
soll Meister sein? Wenn die Anrede des Artikels entbehrt:
Herr! Vater! so ist hier die Unterscheidung deshalb un-
nötig, weil schon die Art der Anrede, die Hinwendung zu
der betreffenden Person keinen Zweifel über das Ziel der Rede
läßt.

Im übrigen sind es noch mancherlei stehende Wendungen,
die nach altem Brauch des Artikels entbehren: z. B. von Hause,
von Stund an, bei Leibe nicht. Sonst ist es im ganzen heute
die Regel, daß jedes Substantiv mit dem Artikel erscheint: der
Teufel, der Tag, die Sterne, das Eisen, das Feuer, er
wird zum König gewählt. Weshalb auf mittel- und süddeutschem Boden auch die Personennamen mit dem Artikel
erscheinen, wird sich bei deren besonderer Betrachtung ergeben.

VI. Die Biegungsformen.

1. Das Hauptwort.

Einzahl und Mehrzahl.

Die Einzahl dient zum Ausdruck einer einheitlichen Vorstellung. Diese Vorstellung kann sich auf ein wirkliches Einzelwesen beziehen, dessen Teile in untrennbarem Zusammenhang
stehen: Mensch, Baum, Rad, Zimmer. Der Zusammenhang
der Teile kann aber auch ein rein äußerlicher, leicht lösbarer sein;
die Zusammenfassung geschieht durch das betrachtende Subjekt:
Wald, Gras, Volk, Schatz. Manche Wörter bezeichnen sowohl
die wirkliche natürliche als auch die subjektive Einheit. So kann
Busch das einzelne Gewächs wie die Masse der Sträucher
bezeichnen („im australischen Busch"), Kleid das einzelne

Kleidungsstück wie die gesamte Gewandung, Wort die einzelne Lautgruppe wie den ganzen Satz. Noch unbestimmter aber wird die Begrenzung des Singulars dadurch, daß überhaupt die Einzahl des Einzelwesens von alters her auch die Gesamtheit, die Gesamtmasse der gleichartigen Einzelerscheinungen bezeichnen konnte. Dieser Zustand lebt insbesondere fort in der mehrgliedrigen Formel: Stock und Stein, Kind und Kegel, in dem Nebeneinander von Eisen — ein Eisen, Glas — ein Glas, in Wendungen wie: heute gibt es Fisch. Sonst ist diese „generische" Verwendung der Einzahl nur noch mit dem bestimmten Artikel möglich: es irrt der Mensch, solang er strebt; die Woge nicht haftet am einsamen Strand.

Auf der andern Seite bezeichnet der Plural zwar in den meisten Fällen eine Mehrheit von Einzelwesen; öfters aber liegt doch die Sache so, daß die Vielheit sich zur Einheit zusammenschließt: die Bande, die Fesseln, die Brüste, die Worte, die Ängste, die Lüste.

So kommt es, daß das Schlagwort Einzahl – Mehrzahl sehr verschiedene Verhältnisse deckt. Das Gewöhnliche ist allerdings: hier das eine Einzelwesen, dort das räumliche Zusammenstellen mehrerer vor ihnen: das Haus — die Häuser, der Nagel — die Nägel, das Tier — die Tiere, das Gebirge — die Gebirge. Aber vielfältig stehen sich Singular und Plural sehr nahe; zumeist dadurch, daß der Singular selber eine zusammengesetzte Vorstellung verkörpert oder der Plural eine Einheit darstellt: das Band — die Bande, die Brust — die Brüste, die Lust — die Lüste, die Spur — die Spuren, das Wort — die Worte; es ist ziemlich gleichgültig, ob jemand einen Schatz oder Schätze sammelt, ob er etwas in großer Menge oder in großen Mengen verzehrt. Vereinzelt geschieht es auch, daß die Einzahl einen Sammelbegriff bezeichnet, die Mehrzahl die Mehrheit der Einzelwesen, die zur Einheit zusammentreten können: das Gras — die Gräser; mundartlich: das Vieh — die Viecher. Ganz neuerdings faßt man die Werke eines Künstlers als „sein Werk" zusammen; ein etwas anderes Bedeutungsverhältnis zeigt das Holz (= das Wäldchen) — die Hölzer.

In solchen Fällen hat eben in der älteren Sprache überall der Singular die Fähigkeit gehabt, auch das Einzelwesen zu bezeichnen.

Zahlreiche Hauptwörter bilden gar nicht beide mögliche Formen. Nur in der Einzahl erscheinen insbesondere solche Begriffe, die nicht in mehreren Stücken auftreten, also z. B. die Eigennamen: Goethe — Deutschland — Rhein — Zugspitze, Ausdrücke wie das Weltall, die Hölle, das Passah. Stoffbezeichnungen: Blut — Essig — Gold, Sammelbegriffe wie Vieh, Geröll, die meisten Abstrakta: Bewußtsein — Ebbe — Güte — Streit — Weile; nur die Sprache des Philosophen kennt Bewußtseine, wie sie unter Umständen auch von mehreren Ichen zu berichten weiß. Aber auch Bezeichnungen von solchen Gegenständen können der Mehrzahlbildung entbehren, die mehrfach auftreten, namentlich dann, wenn sie nicht leicht räumlich sich zusammenfinden, oder wenn sie Teile von im übrigen getrennten Ganzen bilden, also der äußere Anlaß zum Zusammenzählen fehlt: das Genick — das Kinn — der Nabel — das Rückgrat.

Der Einzahl entbehren namentlich solche Begriffe, deren Wesen eben in dem Zusammentreffen mehrerer Größen besteht: Eltern (von einem Elter spricht aber der Zoologe), Gebrüder, Geschwister, Gezeiten; Hosen (der Norddeutsche, der Bayer kennt auch einen Singular). Dann Bezeichnungen von Dingen, die, wenn auch nicht notwendig, so doch tatsächlich in der Regel in größerer Zahl auftreten: Frieseln — Masern — Pocken (immerhin ist die Einzahl hier möglich) — Röteln; Kaldaunen — Kutteln; Molken; Treber — Trester — Trümmer; Gold- und Silberwaren — Zuckersachen; Einkünfte — Gefälle — Kosten — Spesen — Sporteln — Unkosten; Akten — Briefschaften — Kurialien, dann anderseits solche, die schon selber einen einheitlichen Begriff bilden: Bauten, Gliedmaßen, Fasten, Ferien, Zeitläufte, Ränke; Ostern, Pfingsten, Weihnachten sehen zwar wie Plurale aus und sind nach ihrem Ursprung als solche aufzufassen, werden aber überwiegend als Singulare behandelt: Ostern, Pfingsten, Weihnachten kommt, ist schon da.

Kasusformen.

Die indogermanische Zeit besaß außer Nominativ, Genitiv, Dativ, Akkusativ und Vokativ noch einen Ablativ wie das Lateinische, einen Lokativ und einen Instrumentalis. Ablativ und Lokativ sind am frühesten untergegangen, schon in urgermanischer Zeit, und die übrig gebliebenen Kasus mußten deren frühere Aufgaben mit übernehmen. Der Instrumentalis ist zwar schon dem Gotischen fremd, aber in den älteren Stufen der westgermanischen Sprachen noch erhalten, freilich nur in der Einzahl und nur bei Maskulinum und Neutrum. Als auch dieser verloren ging, erfolgte eine neue Belastung der noch fortbestehenden Kasus. Der Akkusativ ist allerdings von aller Vermischung freigeblieben; dagegen ist der Dativ das große Sammelbecken, in dem Verwendungen der verschiedensten Art zusammengeflossen sind. Echter alter Dativ liegt vor z. B. in „einem etwas geben"; nach den Präpositionen aus, von vertritt der Dativ den alten Ablativ; auf, bei, in hatte vor alters den Lokativ nach sich; mit forderte den Instrumentalis. Der Vokativ ist in den frühesten Zeiten des Deutschen mit dem Nominativ zusammengefallen.

Neben der Bereicherung, welche auf solche Weise einzelne Kasus in ihrer Geltung erfahren, haben sie aber auch erhebliche Schwächungen erlitten. Die wichtigste betrifft Dativ und Akkusativ. Der Dativ oder die von ihm vertretenen Kasus und der Akkusativ waren in indogermanischer Zeit imstande, ohne weitere Hilfe verschiedene räumliche Beziehungen zu bezeichnen. Mit der Zeit hat man, als die Verwendungen der Kasus immer mannigfaltiger wurden, besondere Adverbia des Ortes zugesetzt, um die Beziehung wieder schärfer hervortreten zu lassen, und aus diesen Adverbien sind weiterhin die Präpositionen entstanden (s. oben S. 301). In der Zeit, wo wir zuerst Denkmälern der deutschen Sprache begegnen, ist dieser Vorgang schon fast abgeschlossen; fast nur der Instrumentalis kann eine Zeitlang noch der Präposition entraten. So heißt es im Heliand, der bekannten altsächsischen Dichtung aus dem ersten Drittel des 9. Jahrhunderts: frostu bifangan, vom Frost umfangen, thurstu endi hungru bithwungan, von Durst und Hunger bezwungen. Etwas Ähnliches vereinzelt beim Akkusativ; im Mittelhochdeutschen sagt man noch: er fuor walt unde berc, zog durch Wald und Berg.

Innerhalb der durch Denkmäler belegten Entwicklung der deutschen Sprache ist es hauptsächlich der Genitiv gewesen, der Einbußen erlitten hat. So ist uns der Genitiv der Art und Weise abhanden gekommen; einige Reste nur leben noch in adverbialen Ausdrücken (s. S. 301). Während Luther noch sagen konnte: „gebet dem Kaiser, was des Kaisers ist, und Gott, was Gottes ist", so muß es jetzt heißen: „was dem Kaiser, was Gott zukommt, gehört"; nur in Redensarten wie „sind Sie des Teufels" ist die alte Weise noch bewahrt. Ein anderer Rest einer freieren Verwendung liegt vor in der Redensart: sich Rats erholen; in der Poesie erscheint diese Konstruktion noch öfter: „es schenkte der Böhme des perlenden Weins". Es klingt uns jetzt altertümlich zu sagen sich eines erinnern statt sich an einen erinnern, oder nach ermangeln, erwähnen, genießen den Genitiv statt des Akkusativs zu setzen; wir sagen jetzt ein Glas Wasser, ein Stück Brot statt des mittelhochdeutschen ein glas wazzers, ein stücke brôtes.

In den beiden zuletzt erwähnten Fällen läßt sich für den Wandel der Satzfügung ein bestimmter äußerer Anlaß erkennen; er liegt in einer formalen Veränderung. Unser Pronomen es lautete mittelhochdeutsch ez, der Genitiv davon es, und es hieß ich bin es sat, es müede mit genitivischer Fügung. Ebenso enthält etwas Gutes, nichts Gutes ursprünglich einen Genitiv: mittelhochdeutsch etewaz guotes, niht schoenes, während Nominativ und Akkusativ guotez, schoenez lauteten. Im Ausgang der mittelhochdeutschen Zeit nun fielen die beiden Laute s und z in der Aussprache zusammen; jene Genitive sahen also genau so aus wie der zugehörige Akkusativ und Nominativ und wurden vom Sprachgefühl auch schließlich wie einer dieser Kasus aufgefaßt. Dazu kam, daß noch in einigen anderen Fällen der Genitiv sich im Neuhochdeutschen nicht mehr vom Nominativ und Akkusativ unterscheidet.

So wurde denn nach es genießen, wo man einen Akkusativ zu sehen glaubte, auch gebildet das Glück genießen. nach ich bin es satt auch ich bin das satt, nach es nicht

Wort haben wollen auch etwas nicht Wort haben wollen, nach etwas Gutes auch etwas Brot, ein Stück Brot. Die Zeitwörter haben den Genitiv freilich nicht überall in gleicher Weise aufgegeben. Während er aus der mündlichen Rede so gut wie vollkommen geschwunden ist, hat ihn die gehobene Rede fester gehalten; vgl. z. B. gebraucht der Zeit; wie ich eines Felsenriffs gewahre. Bei einem Worte wie entraten ist sogar der Genitiv das einzig Mögliche, und zwar deshalb, weil die lebendige Sprache dieses Zeitwort überhaupt nicht mehr kennt, es also auch die lebendige Entwicklung nicht hat an sich erfahren können.

Ganz vereinzelt ist bei diesem Zusammenfall von Genitiv einerseits und Nominativ—Akkusativ anderseits die dem Genitiv zukommende Form siegreich gewesen: als man die alten genitivischen Ergänzungen etwa von entbehren, vergessen, vermissen als akkusativisch aufzufassen begann, widerfuhr dieses Schicksal auch dem alten Genitiv nichtes (z. B. in nichtes entbehren = keine Sache entbehren), aus dem unser heutiges nichts hervorging.

Die deutschen Mundarten der Gegenwart haben kaum mehr eine Ahnung vom lebendigen Gebrauch des Genitivs. Nur einzelne kleine Gebiete im Süden haben das Erbe der Vergangenheit noch festgehalten, so Gemeinden im Wallis und die Dörfer am Monte Rosa, Graubünden, gewisse Gegenden in Vorarlberg, in Niederösterreich und die Sprachinsel Gottschee. Teilweise handelt es sich auch hier nur um die Einzahl von Personenbezeichnungen. Der Grund für dieses Festhalten liegt darin, daß in jenen Gegenden die Kasusendungen längere Zeit als anderwärts die ursprünglichen Endungen bewahrt haben, also die Kasus deutlicher geschieden waren (s. o. S. 20).

Weiter verbreitet sind manche erstarrte Reste des Genitivs, der wichtigste die scheinbaren Plurale wie Pfarrers oder 's Pfarrers, Müllers oder 's Müllers, die die Familie des Pfarrers, des Müllers bezeichnen. Ferner die scheinbaren Adjektive in Ausdrücken wie Basler Leckerli, Münchner Kindl, Wiener Würste. Wir haben es hier mit alten Genitiven des Plurals von Personenbezeichnungen zu tun: die ebengenannten Dinge sind eigentlich die Leckerli der Basler, das Kindl der Münchner, die Würste der Wiener. Diese Wortverbindungen gehen in ältere Zeit zurück, wo es noch möglich war, einen Genitiv ohne Artikel dem übergeordneten Hauptwort vorausgehen zu lassen. Dem hessischen und andern mitteldeutschen Mundarten eignen Redensarten wie ich hab' sen, ich hab' er (= frz. j'en ai), d. h. ich habe sein, ich habe ihrer. Das Zeugs, das Dings, das Gemachs, das Geläufs entstammt älteren Wendungen wie: waz ziuges (was des Zeugs), waz dinges usw. (s. oben S. 278). Ein alter Genitiv steckt auch in den mundartlichen Spielbezeichnungen: z. B. Fangches — Fangerles, Versteckens spielen. Zahlreiche Mundarten kennen die Wendung: das ist der Mühe wert; schweizerisch und elsässisch heißt es: was ist der Mär, d. h. was ist der Mär, der Geschichte (vgl. Märchen) = was gibt es Neues.

Als Ersatz des Genitivs haben wir vorhin schon die Form des Nominativs und Akkusativs kennen gelernt. Manchmal wird auch die Fügung von Grund aus umgestaltet: statt es reut mich dessen, mich jammert sein heißt es nunmehr: das reut mich, es tut mir leid. Von besonderer Bedeutung aber sind zwei andere Ersatzmittel. Es kann der Genitiv umschrieben werden durch von mit dem Dativ: statt die Hälfte dieses Apfels heißt es in der Mundart: die Hälfte von dem Apfel. Diese Umschreibung, deren Anfänge in die althochdeutsche Zeit zurückreichen, ging wahrscheinlich aus vom partitiven Genitiv: er izzet des brôtes und er izzet von dem brôte waren ziemlich gleichbedeutend; nachdem man sich in solchen Fällen an die Gleichwertigkeit beider Ausdrucksweisen gewöhnt hatte, trat die ablativische Wendung auch ein, wo von einem Ausgangspunkt einer Tätigkeit keine Rede mehr sein konnte.

Oder aber der Genitiv wird durch eine Art von possessivem Dativ ersetzt: meinem Vater sein Haus. Dieses ist ein echter alter Dativ; derselbe stand ursprünglich nicht bei dem Hauptwort, sondern bei dem Zeitwort. Statt „meines Vaters Haus hat er angezündet" konnte man auch sagen: „meinem Vater hat er sein Haus angezündet" oder mit anderer Wortstellung: „er hat meinem Vater sein Haus angezündet", wo der Dativ zum

folgenden Substantiv in enge Beziehung tritt, weil daneben die
Verbindung „meines Vaters Haus" dem Geiste vorschwebt. So
wird denn nach diesem Muster auch gesagt: „meinem Vater
sein Haus hat er angezündet", wo der Dativ sich nicht mehr in
Verbindung mit dem Verbum bringen läßt. In manchen Mundarten (Gottschee, Niederösterreich), namentlich aber in der
Sprache der Halbgebildeten, die bisweilen auch in schriftlichen
Denkmälern Eingang findet, ist ein Mischgebilde entstanden:
meines Vaters sein Haus, aus der Vermengung von „er hat
meines Vaters Haus angezündet" mit „er hat meinem Vater sein
Haus angezündet". In Gebieten des Wallis heißt der Genitiv
von wer wessi, von der dessi, d. h. wessen sein, dessen sein.

Auch der Dativ ist nicht unangetastet geblieben. In weiten
Gebieten des Niederdeutschen ist er völlig verloren und durch
die Form des Akkusativs ersetzt; auch auf bayrisch-österreichi-
schem Gebiet ist diese Entwicklung eingeleitet, so daß es etwa
heißt: bei die Leut; die arme Leut muß mer helfe; di
Kinder ho is gebn (den Kindern habe ich's gegeben). In
manchen Fällen ist auch der Dativ durch Umschreibungen ersetzt, wie es in den romanischen Sprachen durchgängig geschieht
(französisch à = lateinisch ad); das ist namentlich bei der Ergänzung des Zeitworts sagen der Fall; so heißt es bei Fritz
Reuter: an Lowise kann sei von ehren Fund nicks nich
seggen, oder in der Darmstädter Lokalkomödie der Datterich: sag's iwwer (über) die Mutter (sag's der Mutter).

2. Das Beiwort.

In der Verwendung der Einzahl und Mehrzahl und im Gebrauch der Kasus besteht kein Unterschied zwischen Hauptwort
und Beiwort. Aber in den Endungen des Beiworts kommen
noch Schattierungen der Bedeutung zum Ausdruck, die dem
Hauptwort fremd sind. Das Beiwort hat zweierlei Endungen,
die sogenannten starken und die schwachen (konsonantischen),
und daneben steht noch eine unflektierte Form, d. h. eigentlich
eine Form, die ihre Endung verloren hat (s. oben S. 234). Die
schwachen Endungen legen die Eigenschaft einer bestimmten
Größe bei, stehen also nach dem bestimmten Artikel und

verwandten Fürwörtern. Daß sie früher auch beim Vokativ standen, bezeugt heute noch die Wendung lieben Freunde neben liebe Freunde. Dagegen die starke Flexion bezeichnet Eigenschaften eines nicht näher bestimmten Wesens und wird mit dem unbestimmten Artikel und seinesgleichen verbunden; die unflektierte Form ist neutral, sie konnte beide Bedeutungen haben. Sie wird heute nur noch als Prädikat verwendet.

Dieser Stand der Dinge ist aber nicht immer der gleiche gewesen. Die unflektierte Form konnte auch attributiv verwendet werden; einmal dem Hauptwort nachgestellt, wie wir sie noch heute in altertümlicher Rede verwenden: Röslein rot; sodann aber auch zwischen Artikel und Substantiv: ein guot kint, daz wilt swîn. Daraus erklärt es sich, daß wir heute so viele Zusammensetzungen besitzen, deren erstes Glied ein Beiwort ist: Grünspecht, Rundkopf, Wildschwein. Andere Überbleibsel des älteren Brauches liegen vor in stehenden Wendungen wie: Gut Freund, lieb Kind bei jemand sein; ein gut Teil von etwas; gut Ding will Weile haben; unrecht Gut gedeiht nicht. In mitteldeutschen Mundarten ist für das Femininum und insbesonders das Neutrum die unflektierte Form geradezu Regel geworden: e schön Fra, e schön Kind.

In altdeutscher Zeit wurde die starke Form auch im Prädikat verwendet: daz glas ist vollez = das Glas ist voll, und im Attribut auch dann, wenn es dem Substantiv nachstand; ein Glas voll Wasser konnte im Mittelhochdeutschen auch heißen: ein glas vollez wazzers. Daraus erklärt sich die seltsame neuhochdeutsche Ausdrucksweise: eine Schüssel voller Kirschen; voller ist ursprünglich Nominativ der Einzahl des Maskulins; es hieß also ganz richtig etwa: ein tisch voller kirschen, plein de cerises. Als solche Nachstellung nicht mehr möglich war, faßte man in derartigen Verbindungen voller als Genitiv und wendet es jetzt nach Hauptwörtern aller Geschlechter, bei Singularen und Pluralen an. Ähnlich erging es den alten Nominativen halber und selber, die jetzt fast adverbial gebraucht werden. In süddeutschen Mundarten, insbesondere dem Bayrisch-Österreichischen, gibt es noch mehr solcher Ver-

steinerungen, z. B.: er hat's kalter gegessen, er hat's
geschenkter gekriegt.

3. Das Zeitwo.

Bei den Formen des Zeitworts ist am wichtigsten ihre zeitliche und ihre modale Bedeutung. Es wiederholt sich hier die
gleiche Erscheinung wie beim Nomen: Erweiterungen und Ver-
engerungen der Bedeutung gehen unablässig nebeneinander her.

Das Indogermanische besaß vier verschiedene Zeitformen:
ein Präsens, ein Futurum, eine erzählende Zeitform, ein Perfektum
(Perfectum praesens) zur Bezeichnung der abgeschlossenen Hand-
lung (vgl. z. B. griechisch $\tau \acute{\varepsilon} \vartheta \nu \eta \varkappa \varepsilon$ = er ist gestorben). Für diesen
ganzen Reichtum stehen dem Deutschen, soweit wir seine Sprach-
quellen verfolgen können, nur zwei einheitliche Formen zur Verfügung: das Präsens und ein Präteritum. Das Präsens vereinigt
in der frühesten deutschen Zeit in sich die Bedeutungen der
Gegenwart und des Futurums, dagegen konnte es nicht wie heutzutage in der Erzählung verwendet werden.

Schon in althochdeutscher Zeit aber machte sich indes das
Bedürfnis geltend, die Zukunft deutlich zu bezeichnen; man
bediente sich zu diesem Zwecke des Zeitworts sollen, das man
mit dem Infinitiv verband: ich seal (soll) lesan = ich werde
lesen. Man drückte also das Bevorstehen eines Ereignisses
dadurch aus, daß man erklärte, sein Eintreten werde verlangt;
es ist somit die Ursache gesetzt für die in der Regel daraus ent-
springende Folge (s. oben S. 150). Diese Ausdrucksweise leidet
aber an einer gewissen Undeutlichkeit: es ist nicht immer klar,
ob das zukünftige Eintreten einer Handlung oder die Verpflichtung
zu ihrer Ausführung bezeichnet werden soll. So tritt im Laufe
der mittelhochdeutschen Zeit eine andere Umschreibung auf, die
einigermaßen futurischen Charakter besitzt: werden mit dem
Partizip; er wirt sehende konnte so gut gesagt werden als
etwa: er wirt alt. Und daraus ist denn unsere heutige Ausdrucksweise entstanden. Sie hat sich zunächst wohl im Nebensatz
entwickelt: in daß er sehende wirt wuchs sehende wirt
inhaltlich zur Einheit zusammen; die Silbe -de war so gänzlich
überflüssig geworden und ging daher verloren

Nachdem durch diese Entwicklung einer neuen Form für die Zukunft das Präsens einigermaßen erleichtert worden, war es eher möglich, diesem seinerseits neue Aufgaben zu überweisen: seit dem Ausgang der mhd. Zeit dient es auch in der Erzählung zur lebendigen Veranschaulichung des Geschehenen.

Das deutsche Präteritum, das seiner Form nach zum Teil wenigstens (s. oben S. 239) dem indogermanischen Perfekt entspricht, führt in der ältesten Zeit einerseits dessen Aufgabe weiter, anderseits dient es der einfachen Erzählung. Seit der althochdeutschen Zeit aber beginnt es gerade die Bedeutung, die ihm von Uranfang zukam, einzubüßen: Verbindungen von sein oder haben mit dem Partizipium Präteriti erhalten die Aufgabe, das Perfektum Präsens wiederzugeben, die Abgeschlossenheit der Handlung zu bezeichnen.

Die Umschreibung mit sein ist ohne weiteres klar: ich bin gekommen ist soviel als ich bin ein gekommener. Diejenige mit haben ist nicht überall, wo sie sich heute findet, gleich ursprünglich. Sie konnte zuerst nur stehen bei Zeitwörtern, die eines Passivs fähig waren: „er hat ihn gefunden" bedeutete „er hat ihn, besitzt ihn als einen Gefundenen"; die Ursache eines solchen Besitzes ist gewöhnlich die vorausgegangene Handlung des Findens: so konnte er hât gefunden als ziemlich gleichwertig betrachtet werden mit er fand, und nach diesem Muster ließ sich denn auch neben er schlief ein er hat geschlafen bilden.

Diese Umschreibung mit haben tritt aber bei Zeitwörtern, die des Akkusativobjektes entbehren, bloß dann ein, wenn sie einen Zustand oder eine fortdauernde Handlung bezeichnen: ich habe geruht, ich habe gewacht, hat geblüht, hat geschwankt, hat gebaumelt, hat hin und her gependelt. Dagegen wird ausschließlich das Hilfszeitwort sein angewendet bei Zeitwörtern, die den Eintritt in einen Zustand, in eine Handlung, oder deren Abschluß bezeichnen: ist gekommen, geworden, erwacht, verblüht, entschwebt. Auch beim selben Zeitwort sind beide Arten der Umschreibung möglich, je nach der Bedeutung: er hat lange geritten — er ist aufs Land geritten; sie hat fast jeden Abend getanzt — er ist ins

Zimmer getanzt. Doch ist in solchen Fällen die Umschreibung mit haben dem Süddeutschen bereits ziemlich fremd geworden, und auch sonst ist die Verwendung von sein im Vordringen begriffen.

Die heutigen Mundarten haben die Geltung des Präteritums noch weiter eingeschränkt: weite Gebiete haben den Indikativ desselben auch als Form der einfachen Erzählung ganz oder teilweise eingebüßt und verwenden statt seiner die vorhin besprochenen Umschreibungen. Im Oberdeutschen haben sämtliche Zeitwörter diesen Verlust erlitten; in angrenzenden Strichen des Mitteldeutschen sind nur einige besonders häufige Formen wie war, wollte dem Verderben entgangen; etwas weiter nördlich schließt sich ein Gebiet an, in welchem die Umschreibung nur verlangt wird, wenn die einfache Form durch Abfall des auslautenden Vokals undeutlich geworden: also etwa frug, wusch, aber er hat gestellt, denn die Form er stellt(e) könnte auch Präsens sein; es heißt aber doch: er wusch den Tisch und stellt ihn hin, weil hier das vorausgegangene wusch die Bedeutung von stellt außer Zweifel setzt. Der eigentliche Norden hat das Präteritum im wesentlichen festgehalten. Der Beginn der Entwicklung, die zum teilweisen Untergang des Präteritums führt, fällt in die zweite Hälfte des 15. Jahrhunderts.

Ob die verschiedenen Zeitformen im Hauptsatz oder im Nebensatz stehen, bedingt keinen Unterschied in bezug auf ihre Anwendung. Anders liegt die Sache bei den Modi des Zeitworts, wenn man den heutigen Zustand der Dinge ins Auge faßt. Ursprünglich geht ja jede Unterordnung auf eine Beiordnung zurück, und so sollte man denken, daß zwischen dem Gebrauch der Modi im Hauptsatz und im Nebensatz nirgends ein Unterschied bestehen könne. Dem widersprechen die Tatsachen. Erstens ist im selbständigen Satz die eine oder die andere Gebrauchsweise verloren gegangen, die im Nebensatz noch fortlebt. Zweitens steht und stand im Nebensatz unter Umständen ein bestimmter Modus in Fällen, wo er im selbständigen Satze nie gestanden hätte: durch die Macht der Analogie entwickelte sich etwa ein Konjunktiv als Zeichen der formalen Abhängigkeit, wo die Bedeutung des Satzes an sich einen Indikativ verlangen würde.

Das Deutsche besitzt abgesehen von dem Imperativ und vom Infinitiv und Partizip, die Nomina sind, nur zwei Modi, Indikativ und Konjunktiv. Der letztere entspricht formal dem griechischen Optativ: er grabe ist gotisch grabai = griechisch γράφοι; er vereinigt aber in sich die Bedeutung des griechischen Konjunktivs und Optativs. Da nun der indogermanische Optativ selbst wieder doppelte Bedeutung, wünschende und vermutende, in sich faßt, so wäre von einer dreifachen Aufgabe des deutschen Konjunktivs zu reden. Aber die wünschende Bedeutung des Optativs steht an sich der auffordernden des Konjunktivs ziemlich nahe und läßt sich mit ihr gemeinsam betrachten, um so mehr, als innerhalb des Deutschen eine strenge Scheidung gar nicht durchzuführen ist; dem gegenüber steht in völlig klarer Unterscheidung nur die vermutende Bedeutung des Optativs.

Der Konjunktiv der Aufforderung und des Wunsches steht ebenso in Hauptsätzen: er gehe — gebe Gott — käme er doch, wie in Nebensätzen. Hier vor allen Dingen nach den Verben des Wünschens und Befehlens: ich wünsche, daß er gehe. Und zwar war hier der Konjunktiv ursprünglich durchaus notwendig. Jetzt steht häufig auch der Indikativ, besonders wenn der Satz präsentisch gehalten ist: ich wünsche, daß er geht, aber: er wünschte, daß er ginge. Es hat hier die Analogie von Fügungen eingewirkt, wie ich höre, sehe, weiß, daß er kommt. Daß der Satz ich wünsche, daß er gehe auf die Beiordnung ich wünsche das — er gehe zurückzuführen sei, hat sich uns schon bei Besprechung der Satzverbindung gezeigt (S. 303).

Ferner läßt sich auf einen auffordernden oder wünschenden Konjunktiv zurückführen der Konjunktiv in solchen Bedingungssätzen, die der Konjunktion entbehren (s. oben S. 292). Käme er, er wäre willkommen geht zurück auf einen Satz: käme er [doch]! er wäre willkommen. Daß mit den Bedingungssätzen wieder die einräumenden im engsten Zusammenhang stehen, hat ebenfalls schon die Betrachtung der Konjunktionen dargetan: „sei dem auch so, ich bleibe dabei" könnten wir noch jetzt auch so sprechen: sei dem auch so! ich bleibe dabei.

Eine merkwürdige Wahrnehmung drängt sich uns auf bei Betrachtung unserer Beispiele: der geringe Unterschied, der sich zwischen der Bedeutung des Konjunktivs des Präsens und des Konjunktivs der Vergangenheit geltend macht. Man sollte denken, der ersteren Form müsse eine deutliche Beziehung auf das Präsens, der zweiten eine solche auf die Vergangenheit zukommen. Aber es scheint, daß weder im Indogermanischen noch im Germanischen ein solcher zeitlicher Unterschied zwischen Konjunktiv beziehungsweise Optativ des Präsens und den entsprechenden Vergangenheitsformen bestanden hat.

Was den potentialen Optativ betrifft, so tritt die vermutende Bedeutung nur noch in einer Verwendung deutlich zutage, nämlich in der hypothetischen Aussage. Hier steht überhaupt nur der Konjunktiv des Präteritums, mit deutlicher Beziehung auf die Gegenwart, und zwar im Hauptsatz wie im Nebensatz: „ich könnte es tun", „ich weiß, daß er es tun könnte". Durch eine eigentümliche Übertragung steht dieser hypothetische Konjunktiv gelegentlich auch da, wo es sich um eine ganz bedingungslose Aussage handelt. Z. B. wenn wir an einem bestimmten Punkt angelangt sind, sagen wir wohl: „so weit wären wir". Der Gedanke ist etwa der: „da sind wir; es wäre schön, wenn wir schon weiter wären". Die Vorstellung des nachfolgenden Bedingungssatzes tritt ins Bewußtsein schon ein, während erst die Tatsache festgestellt wird, und verleiht dieser hypothetische Form.

Der potentiale Konjunktiv des Präsens besteht nur noch im Nebensatz fort, und zwar in der abhängigen Rede, d. h. im abhängigen Behauptungssatz und der abhängigen Frage. Er glaubt, daß es Zeit sei, er fragt, ob es Zeit sei gehen zurück auf er glaubt, es ist wohl Zeit, er fragt, ist es vielleicht Zeit; er sei könnte also in der ältesten Zeit des Deutschen auch im selbständigen Satze soviel als er ist wohl bedeuten.

Danach sollte man glauben, daß dieser Konjunktiv nur in solchen Sätzen — in diesen aber auch regelmäßig — sich fände, in denen es sich um vermutungsweise ausgedrückte Anschauungen handelt, während der Indikativ stehen müßte, um sichere Tatsachen auszudrücken. Das ist aber heute keineswegs der Fall. Es heißt ganz regelmäßig — wenn das Zeitwort des Hauptsatzes in der ersten Person des Präsens erscheint — ich glaube, es ist Zeit, ich hoffe, daß es noch Zeit ist; aber er hofft, daß es noch Zeit ist, oder Zeit sei; viel wichtiger ist der andere Unterschied, der durch die Zeitform des Hauptsatzes begründet wird: präsentischer Hauptsatz bevorzugt im Nebensatz den Indikativ oder läßt ihn als allein möglich erscheinen, während präteritaler Hauptsatz den Konjunktiv des Nebensatzes begünstigt: er glaubt, daß es Zeit ist oder daß es Zeit sei, er weiß, daß es Zeit ist, aber nur; er glaubte, daß es Zeit sei und lieber: er wußte, daß es Zeit sei als: er wußte, daß es Zeit war.

In diesem Konjunktiv der abhängigen Rede steht das Präsens im Wechsel mit dem Präteritum, ohne daß ein durchgehender Unterschied der Bedeutung bestände. Gelegentlich wird der Konjunktiv der Vergangenheit da bevorzugt, wo es sich um stark subjektiv gefärbte oder geradezu irrige Anschauungen handelt: „diesmal meinte ich, müßte ich etwas getroffen haben" (Immermann, Oberhof; tatsächlich hatte der Erzähler nichts getroffen). „sie hatte geträumt, daß ein guter Mensch käme" (Spielhagen, Selbstgerecht). Im allgemeinen aber richtet sich die Auswahl nach der Deutlichkeit der einzelnen Formen. Für die gute, gewählte Schriftsprache gilt das Gesetz, daß für die dritte Person der Einzahl regelmäßig der Konjunktiv des Präsens gewählt wird, da diese Form stets deutlich von der entsprechenden Form des Indikativs unterschieden ist; für den Plural dagegen wird — abgesehen von regelmäßigem seien — das Präteritum gewählt, da es hier, außer eben seien, keine vom Indikativ unterschiedenen Konjunktivformen des Präsens gibt. Also: ich glaubte, er habe gesucht, ich glaubte, sie seien fertig, aber: ich glaubte, wir, sie hätten geendet.

Für die erste Person der Einzahl wird wieder das Präsens gewählt, soweit es deutliche Formen des Konjunktivs gibt: er glaubte, daß ich sei, ich müsse, ich könne; wo keine solchen bestehen, schwankt der Gebrauch, ebenso wie bei der zweiten Person der Einzahl; es heißt also ebensowohl: er dachte, ich täusche ihn, wie: ich fürchtete, daß ich etwas versehen hätte, und Spielhagen schreibt: du sagst ihm, du habest gehört ... und daß du dir die Freiheit nähmest.

Dieser Zustand ist eine ganz eigenartige Schöpfung der neuhochdeutschen Schriftsprache; er ist weder den heutigen Mundarten noch der älteren Zeit unserer Sprache bekannt. Die Mundarten kennen keinerlei Unterscheidungen: die einen verwenden nur den Konjunktiv Präteriti in derartigen Nebensätzen, die andern nur den des Präsens. Und zwar ist das Gebiet des Präteritums das weitaus größere: ihm gehört das ganze nieder- und mitteldeutsche Sprachgebiet an, die fränkischen Mundarten des Oberdeutschen, das Bayrisch-Österreichische mit Ausnahme des Südwestens, der zusammen mit dem anstoßenden alemannischen Gebiet dem ausschließlichen Präsens huldigt.

Diese Tatsachen der Mundart ragen bisweilen auch in die Literatur hinein, nicht nur in diejenige, die Laute und Formen der Mundart aufweist, sondern auch in die schriftsprachliche. Alemannen wie Hauff, Keller, C. F. Meyer sagen gelegentlich: er glaubt, sie haben statt sie hätten u. dgl.; anderseits findet sich auf mitteldeutschem und niederdeutschem Gebiet oft genug: er sagt, er hätte u. dgl., bei Schriftstellern, die mit Bewußtsein ihre Sprache nach der des täglichen Lebens gestalten: bei den Verfassern von Dorfgeschichten, bei Märchenerzählern, bei den modernen Stürmern und Drängern.

Die Weise des Altdeutschen stimmt überein mit der sogenannten Consecutio temporum der lateinischen Sprache: bei präsentischer Fassung des Hauptsatzes steht im Nebensatz das Präsens, nach einem Präteritum muß wieder Präteritum erscheinen: er waenet, ez sî, aber er wânte, ez waere. Um diese Regel zu begreifen, muß man die Art ins Auge fassen, wie überhaupt die abhängige Rede entstanden ist. Unsere Oratio obliqua ist der einfachen volkstümlichen Rede ziemlich fremd. Diese erzählt die Worte eines andern meist so, als ob die in ihr niedergelegten Wahrnehmungen vom Erzähler selbst gemacht worden seien. Wenn etwa Paris in der Iliade erklärt: „ich will alle die Schätze zurückgeben, die ich aus Argos mitgebracht habe", so lautet die Botschaft, welche dies den Archäern anmeldet, folgendermaßen: „Priamos gebot, den Ausspruch des Paris euch zu verkünden; er will alles zurückgeben, was er mitgebracht hat aus Argos". Nehmen wir also einen Satz wie den: „er bringt Botschaft, der Kaiser sei tot"

(mittelhochdeutsch er bringet maere, daz der keiser tôt sî),
so mußte derselbe in einer früheren Zeit ungefähr so lauten: „er
bringt Botschaft; der Kaiser ist tot", und wenn das Ganze in
die Vergangenheit verlegt wird: „er brachte Botschaft; der Kaiser
war tot". War nun der Inhalt der Botschaft in vermutende
Form gekleidet, so trat statt des Indikativ Präsens der potentiale
Optativ ein, der ja früher auch im selbständigen Satze Geltung
hatte. Und nach dem Muster von bringet maere, er sî tôt
konnte der Konjunktiv dann auch in die präteritale Fassung
eindringen: aus er brâhte maere, er was tôt wird er brâhte
maere, er waere tôt.

Aus dieser Entstehung der abhängigen Rede erklärt sich
auch — nebenbei bemerkt — die eigentümliche Erscheinung,
daß darin die persönlichen Fürwörter der unabhängigen Rede
eine Verschiebung erleiden. Aus er wußte: „ich bin krank"
wird er wußte, er wäre krank, weil dieses ja zurückgeht auf er
wußte es, er war krank, wofür wir sogar sagen können: er
war krank; er wußte es.

Die altdeutsche Regel der Zeitfolge dauert bis ins 15. Jahrhundert. Ins Schwanken geriet sie durch das Auftreten des erzählenden Präsens. Nach dieser Form mußte, rein äußerlich betrachtet, das Präsens stehen; nach ihrer Bedeutung verlangt
sie das Präteritum. Und vom erzählenden Präsens ging dies
Schwanken auch auf das gewöhnliche Präsens über und vom
erzählenden Präsens auf das erzählende Präteritum.

Diesem Schwanken hat die Schriftsprache ein Ende gemacht,
indem sie im wesentlichen der deutlicheren, also zweckmäßigeren
Form den Vorzug gab. In der dritten Person der Einzahl hätte
ja er wäre sich ebenso deutlich vom Indikativ war abgehoben
als sei von ist, oder hätte von hatte wie habe von hat, aber
erstens gab es zahlreiche Zeitwörter — nämlich die große Masse
der schwachen Zeitwörter — wo im Präteritum ein derartiger
Unterschied nicht bestand, vgl. z. B. er glaubte, er liebte;
zweitens konnte er wäre, er hätte leicht zur Verwechslung mit
der bedingten Aussage Anlaß geben: er glaubte, er wäre gekommen ließe etwa noch eine Fortsetzung erwarten: wenn er
Zeit gehabt hätte. Einfacher sind die Mundarten verfahren,

Indem sie eine Reihe von Formen ganz ausgeschaltet haben. Wenn dabei die Alemannen, aber nicht Mittel- und Niederdeutsche dem Präsens den Vorzug geben konnten, so beruht das auf einer formalen Eigentümlichkeit ihrer Mundart: sie besaßen vielfach besondere Formen auch für den Konjunktiv des Plurals des Präsens, z. B.: Indikativ si hent (sie haben), aber Konjunktiv si heige, Indikativ tüend (tun) — Konjunktiv tüegid.

VII. Die Satzbetonung.

Auch die Abstufungen der Betonung, die zwischen den verschiedenen Teilen des Satzes bestehen, sind Ausdruck syntaktischer Verhältnisse und Hilfsmittel zu ihrer sinnlichen Wiedergabe.

Auch hier müssen wir, wie beim Wortton (s. oben S. 200), unterscheiden zwischen Tonhöhe und Tonstärke.

Der Wechsel in der Tonhöhe, in der musikalischen Betonung, wird von der größten Bedeutung für den ganzen Satz und den diesem innewohnenden Sinn.

Die verschiedenen Arten von Sätzen, nämlich Behauptungssatz, Fragesatz, Heischesatz, stimmen in der Satzmelodie keineswegs überein. Man kann im großen ganzen sagen: im einfachen Aussagesatz ist die Tonbewegung eine absteigende, in der Frage und der Aufforderung steigt die Melodie an. Die schlichte Mitteilung: er ist fortgegangen wäre in Noten etwa so darzustellen:

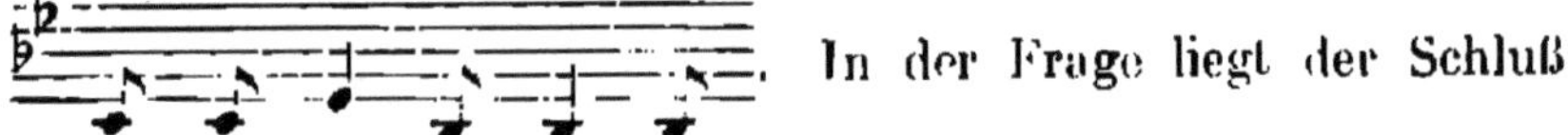 In der Frage liegt der Schluß des Satzes bedeutend höher über der Mittellage der Rede als in der Aufforderung. Er geht fort? wäre etwa darzustellen durch

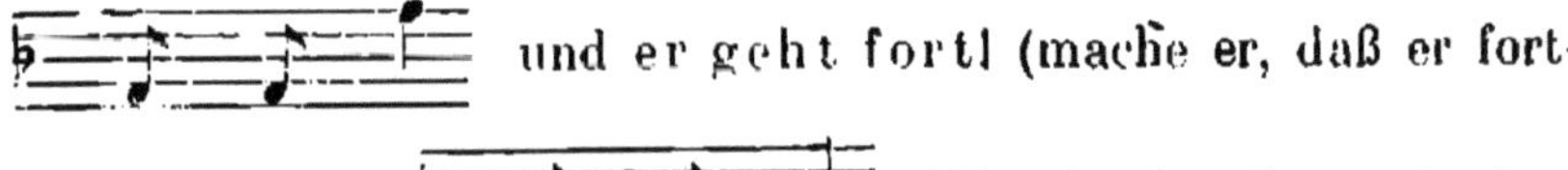 und er geht fort! (mache er, daß er fortkommt!) durch . Wo also im Satz mit dem letzten Wort nicht ein völliger Abschluß, ein Ruhepunkt erreicht ist, sondern auf etwas Folgendes hingewiesen wird, bewegt sich der Ton nach aufwärts. Damit stimmt es denn auch, daß in einem Satze, der aus mehreren Wortgruppen

bestcht. vor Beginn einer neuen Gruppe der Ton stets ansteigt, und daß auch der Nebensatz, der seinem Hauptsatz vorausgeht, gegen Schluß ansteigt oder in der Höhe bleibt.

Der Grund für diese Bewegungen der Satzmelodie ist wohl — nach der Meinung eines unserer hervorragendsten Psychologen — im allgemeinen Charakter der Töne zu suchen. Die Bewegungen in der Tiefe und nach der Tiefe haben etwas festes, Ruhiges, Bestimmtes: die hohen Töne dienen dem Ausdruck der Erregung und sind selbst erregend; sie sind weit mehr eingreifend und lockend als die tiefen. Auffallen könnte es bei dieser Erklärung, daß die größeren Intervalle sich zeigen bei der Frage, nicht bei der Aufforderung; man erwartet den stärkeren Anreiz bei der letzeren zu finden. Vielleicht hängt das mit dem Umstand zusammen, daß nicht bei der Frage, wohl aber beim Heischesatz die Gebärde zur Unterstützung der Tonbewegung hinzutreten kann.

Es gibt allerdings auch Aussagesätze, die gegen Ende ansteigen, und Frage- und Aufforderungssätze, bei denen der Ton am Schlusse sich senkt, je nach den Umständen, der Stimmung, der Absicht des Redenden. Wenn wir in Gesellschaft um Mitternacht aufbrechen wollen, so heißt es etwa:

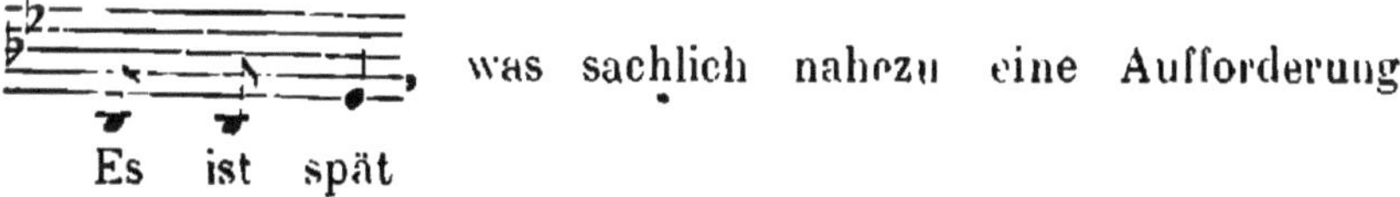

, was sachlich nahezu eine Aufforderung

bedeutet. Oder wir begegnen jemand auf der Straße und fragen mit der herkömmlichen Formel, ohne ernsthaft eine

Antwort zu verlangen:
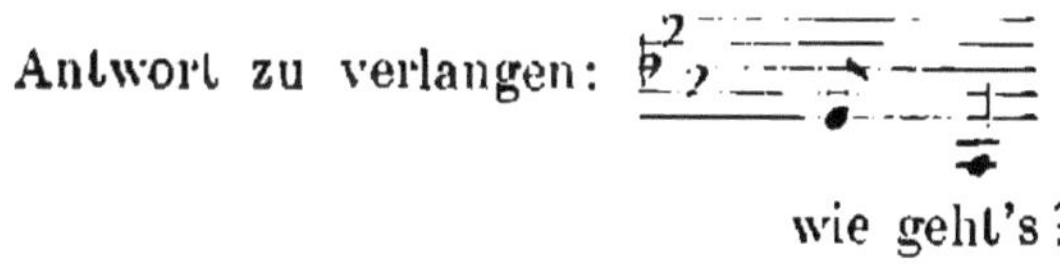

Bei der Abstufung der Tonstärke sind im Satz ebenso wie im einzelnen Wort verschiedene Rücksichten maßgebend. Die größte Rolle spielt auch hier die Bedeutsamkeit eines Redegliedes. Was am wichtigsten ist für die Anschauung und das Empfinden des Redenden, also es auch für den Angeredeten sein

soll, wird **am stärksten** betont, stärker als Unwichtiges; gleich Wichtiges erhält gleich starken Ton. Der Begriff, auf den der Redende den meisten Wert legt, ist zugleich derjenige, der in der Rede am wenigsten entbehrt werden kann, dessen Überhören oder Mißverstehen dem Hörer den meisten Schaden bringt. Wenn also der Redende einen solchen Begriff besonders kräftig betont, so nimmt er damit zugleich Rücksicht auf die Auffassungsfähigkeit des Hörers; ließe er es an diesem Entgegenkommen fehlen so würde er durch Irrtümer oder durch Fragen des Hörers, die natürlich sich um Unwichtiges, leicht Ergänzbares nicht kümmern, immer wieder **auf** die Hervorhebung derartiger Wörter hingeleitet werden.

Aus diesem Satz von der Betonung des Wichtigsten ergibt sich z. B. die Folgerung, daß ein Begriff, der dem Redner und Hörer bereits vor Augen schwebt, schwächer betont wird **als** einer, der neu ins Bewußtsein tritt. Wenn ich sage: es ist heute schönes Wetter, oder: es zieht hier, so ist das Heute und das Hier für den Redenden wie den Hörenden die unmittelbar vor Augen stehende Vorstellung, die deshalb keiner besondern Hervorhebung bedarf. Noch viel häufiger geschieht es, daß ein Wort nur einen früher ausgesprochenen Begriff wieder aufnimmt und deshalb unbetont bleibt. Es heißt also z. B. im Matthäusevangelium: sah er zween Brüder, Simon und Andreas, die warfen ihre Netze ins Meer, mit Betonung vom Netze; aber zwei Verse später: bald verließen sie ihre Netze, wo Netze schwächer betont ist als das Zeitwort. Oder in Hermann und Dorothea: selbst die Kräuter und Pflanzen miß ich ungern, wenn auch der Wert der Ware nicht groß ist; hier muß der Ware hinter der Wert zurücktreten, weil es bloß die Vorstellung von Kräuter und Pflanzen noch einmal zusammenfaßt. Oder endlich es sagt jemand: ich habe Husten, und die Antwort lautet: wo hast du dich wieder erkältet? hier erhält wo oder du oder sogar das Hilfszeitwort hast den stärksten Ton, nur damit dieser dem Wort erkältet entzogen werde; denn dieser Begriff ist zwar nicht ausgesprochen, er wird aber notwendig im Bewußtsein hervorgerufen durch die Nennung des Hustens, dessen gewöhnliche Ursache die Erkältung ist.

Aus der Abstufung in der Bedeutsamkeit ergibt sich ferner ganz von selbst die Betonung, die in einer Reihe von Wortgruppen herrscht. Neben dem Hauptwort ist der Artikel und überhaupt das Fürwort unbetont: der Hérr, mein Gótt, neben dem Zeitwort das Fürwort: er kómmt; kómmt er? neben dem Vollverbum, wie neben dem Beiwort das Hilfszeitwort: ich bin gekómmen, ich werde kómmen, ich will kómmen, ist beréit, wird stárk. Daß das Zeitwort überhaupt im allgemeinen weniger wichtig ist als seine Ergänzungen, zeigt schon der Umstand, daß es vielfach erspart werden kann: Kellner! eine Halbe! ein Almosen! einen Ganzen! zu Hilfe! fort! her zu mir! fertig! genug!

Ebenso sind in den meisten Fällen die Beiwörter schwächer betont als das zugehörige Hauptwort; denn die Zahl der Hauptwörter, die sich mit bestimmten Beiwörtern verbinden lassen, pflegt sehr groß zu sein, während die Zahl der Beiwörter, die ein einzelnes Hauptwort zu kennzeichnen vermögen, verhältnismäßig gering ist, also das Verstehen oder Erraten für den Hörer beim Beiwort geringere Schwierigkeiten bietet als beim Hauptwort. Demnach heißt es: lieber Fréund! guten Mórgen! der bayrische Wáld, die fränkische Sáale, der südliche Schwárzwald, ein alter Hút, ein junger Offízier, die menschliche Natur, ein bemooster Stéin, neuer Wéin, blaue Foréllen, einen ledernen Gürtel um seine Lenden.

Aber es gibt auch Fälle, wo beide Nomina gleichviel Neues enthalten; so heißt es bei Schiller: Natur in dieser Betrachtungsart ist nichts anders, als das fréiwillige Dásein der Dinge; oder: wir lieben in ihnen das rúhige Wirken aus sich selbst, das Dasein nach éigenen Gesétzen, die ínnere Notwéndigkeit, die éwige Éinheit mit sich selbst. Dann kommt es gerade beim Beiwort leicht vor, daß ihm durch die gemütliche Teilnahme des Sprechenden ein besonderer Ton verliehen wird: dieses éwige Einerlei! oder auf die Mitteilung des Kindes: ich habe meine neuen Hándschuhe verloren erfolgt die vorwurfsvolle Antwort: deine néuen Hándschuhe hast du verloren?

Wenn es von zwei Personen heißt: sie rédeten miteinander, mit schwacher Betonung des Adverbs, so bedeutet das bloß: es fand ein Gespräch zwischen beiden statt; das Wort miteinander könnte auch fehlen, denn sein Begriff steckt bereits im Reden; dagegen betonen wir: sie rédeten miteinánder und wollen sagen: sie sprachen beide zugleich. Es heißt: die Schlacht bei Platä̈ä, bei Léipzig, bei Sédan, denn es gibt zahllose Schlachtorte; aber mit gleicher Betonung: er trug ein Kléid aus Kamélhaaren, denn keiner der beiden Begriffe würde sich leicht ergänzen lassen, wenn er unverstanden bliebe.

Neben diesen Abwägungen des Tons, die ausgehen von der Bedeutsamkeit der Wörter für den Redenden wie den Hörer, gibt es Betonungen, die davon völlig unabhängig sind, ja jenen ersten Gesetzen geradezu ins Gesicht schlagen und für den Hörer völlig gleichgültig sind, dagegen dem Redenden eine bequemere Verteilung des Tones darbieten, überhaupt ein leichteres Sprechen ermöglichen; so heißt es frísch, frómm, fréi*), obwohl alle drei Wörter gleichwertig sind; ebenso: tráu, scháu, wém! Sónne, Mónd und Stérne; es heißt etwa: wie viele sind gefallen? Antwort: dreihúndert, aber: dréihundert und áchtzig.

Es gibt endlich eine dritte Betonungsneigung, die gleichfalls von dem Wert der Worte unabhängig ist und auch nicht der Bequemlichkeit des Redenden zu dienen scheint: das ist die Neigung, von zwei eng zusammengehörigen Begriffen dem zweiten den stärkeren Ton zu verleihen: komm, kómm; ei, éi, ja já, so, só; nach und nách, für und fúr; klipp — klápp; Müller und Schúltze, Land und Léute, groß und kléin, vom Fels zum Méer, Basler Léckerli; Gottes Wórt, aber das Wort Góttes. Da in solchen Verbindungen auch ein Ansteigen des musikalischen Tones wahrgenommen wird, so mag die Tonverstärkung damit irgendwie im Zusammenhang stehen und auch dazu bestimmt sein, erregend auf den Zuhörer zu wirken.

---

*) Wobei mit ˎ ein schwächerer Ton als mit ˊ angedeutet ist.

VIII. Wortstellung.

In der deutschen Sprache besteht schon seit früherer Zeit ein eigenartiger Unterschied zwischen der Wortstellung des Hauptsatzes und der des Nebensatzes: es gilt die Regel, daß im Hauptsatz das Zeitwort als zweites Glied des Satzes erscheint; das erste Glied kann gebildet werden ebensowohl durch das Subjekt des Zeitworts, wie durch irgendeine Bestimmung des Zeitworts: unrecht Gut gedeiht nicht; so spricht der Herr; auf den Bergen wohnt Freiheit, das räum' ich ein (Emilia). Eine Ausnahme bilden die Imperativsätze und die der pronominalen Einleitung entbehrenden Fragesätze; hier steht das Zeitwort an der Spitze des Satzes: komm, geh mit mir; willst, feiner Knabe, du mit mir gehn?

Auch im Nachsatz nach einem Nebensatz findet sich die Spitzenstellung des Zeitworts: wer Freunde sucht, ist sie zu finden wert (Lessing). und in dem in die Rede eingeschalteten oder ihr nachgetragenen Bericht: „hast du meine Frau nicht gesehen?" fragte Eduard. — „Geh zu ihr", sagte Eduard, „und sage ihr" (Wahlverwandtschaften). Man kann das aber kaum als eine Ausnahme von der Grundregel bezeichnen, denn hier bildet eben der Vordersatz oder die am Satzbeginn stehende Rede das erste Glied, dem das Zeitwort als zweites sich anschließt. Dagegen war in der ältern Zeit die Anfangsstellung des Zeitworts weit verbreitet, und die Nachklänge dieser Freiheit reichen bis auf unsere Zeit: spricht zu ihm der Herr; sah ein Knab ein Röslein stehn; kommt da ein Kerl auf mich zu. Wohl eher ein Rückfall in die alte Weise als eine Fortsetzung derselben ist es, wenn der kaufmännische Stil und der Stil der Kanzlei es lieben, dem Fügewort und gleich das Zeitwort folgen zu lassen: wir genehmigen Ihren Antrag vom ersten April, und haben Sie danach das Weitere zu veranlassen.

Für den Nebensatz dagegen ist es festes Gesetz, daß dem Zeitwort das Subjekt stets vorausgehen muß: die Mooshütte, die sie gebaut hat; die Kirche, über deren Turmspitze man fast hinwegsieht; wenn mich der Postbote nicht drängte (Wahlverwandtschaften). Und weiterhin ist es im allgemeinen Regel, daß dem Zeitwort auch noch seine Bestimmungen vorausgehen, sei ihre Zahl so groß, als sie wolle; es entsteht durch diese Schlußstellung des Zeitworts jene Schwierigkeit, die den Ausländer zur Verzweiflung bringt oder seinen Spott hervorruft; z. B. daß er durch Türe und Fenster die verschiedenen Bilder auf einen Blick übersehen konnte (Wahlverwandtschaften), mit allem Schönen, Großen und Guten, das durch die göttliche Vorsehung von den berühmtesten Männern im langen Laufe der Zeiten den Menschen bekannt worden ist (Johannes Müller).

Die Mundart allerdings hat sich gegenüber dieser Regel, die von manchem zu Unrecht gepriesen wird, ihre Freiheit gewahrt, und zwar in Übereinstimmung mit der älteren Sprache; wenigstens solche Bestimmungen des Zeitworts, die nicht unentbehrliche Ergänzungen desselben sind, können ihm unbedenklich nachfolgen: daß deine Schwester ins Haus gekommen is mit ihrem liebreichen Herzen un fröhlichen Temperament (Fritz Reuter); daß ich heem kumm uf Kaarlsruh in mein Bett (Max Barack). Wenn die Schriftsprache sich zu diesem Brauch der lebendigen Sprache in Widerspruch gesetzt hat, so ist es geschehen unter dem mächtigen Einfluß der lateinischen Sprache.

Aber nicht selten gelingt es doch auch der Sprache der Literatur, diesen Bann des Fremden zu brechen. So haben Goethe und namentlich Schiller in ihren Jugenddramen sich in der freieren echt deutschen Weise bewegt: wenn du ihnen erzähltest von mißvergnügten Ehen, verführten Mädchen, der rauhen Haut einer Dritten (Götz); wie die Kräfte wachsen in der Not; wo ihr so oft zusammensaßet in Träumen der Liebe (Räuber). Und die neuere Zeit, die überhaupt danach trachtet, sich der wirklich gesprochenen Rede anzunähern (s. oben S. 36), tut es auch in diesem Punkte sehr häufig; auch das vorliegende Büchlein bietet zahlreiche Beispiele für die freiere Stellung.

Was in der Prosa nur dem Nebensatz eignet, die Stellung des Zeitworts zugleich nach seinen Bestimmungen und nach dem

Subjekt des Satzes, das ist in poetischer Rede auch im Hauptsatz möglich: doch alles noch stumm bleibt wie zuvor; und Flut auf Flut sich ohn' Ende drängt (Taucher); und noch von allen Enden wird Vorrat zugeführt (Uhland). Damit hat die Dichtung zu Nutz und Frommen ihrer größern Beweglichkeit eine Freiheit festgehalten, die der lebendigen Sprache seit etwa einem Jahrtausend abhanden gekommen ist. In den Anfängen des Althochdeutschen war es allerdings auch der Prosa möglich zu sagen: die ehernen Pforten ich zerbreche, ich ihn empfange (Übersetzung des Isidor), ebenso in der ältesten Zeit des Englischen. Schon damals mag die Anwendung dieser Stellung befördert worden sein durch lateinischen Einfluß. denn das ganze uns bekannte Schrifttum jener Zeit, soweit es prosaisch ist, hat sich nach fremdem Muster gebildet. Machen wir doch später die gleiche Wahrnehmung: im 16. und 17. Jahrhundert wird massenhaft auch im Hauptsatz die lateinische Wortstellung nachgeahmt, werden Sätze gebaut wie die folgenden: der gut hungerig student an des goldschmids haus anklopfet; diese nu der könig und die königin gutwillig annamen.

Noch in zwei andern Punkten hat die Dichtung alte Freiheit festgehalten. In den Wortgruppen, die Hauptwort und Beiwort verbinden, wird dieses heute regelmäßig an die erste Stelle gesetzt: ein edler Mensch, das alte Haus, während umgekehrt der Genitiv dem von ihm bestimmten Wort stets nachfolgt: das Dach des Hauses, der Gipfel des Berges, es sei denn, daß es sich um den Genitiv einer Personenbezeichnung handelt: Gottes Wort, Vaters Geburtstag. Diese Regeln sind gleichfalls etwa seit einem Jahrtausend gültig. Dagegen in der Dichtung ist es noch immer möglich zu sagen: Röslein rot, Kindlein klein, der Erde Pracht, der Liebe holde Schranken. Daß die Vorstellung des Genitivs früher in allgemeinerem Brauch war, sehen wir heute noch daraus, daß wir Zusammensetzungen wie Fleischeslust, Mondenschein u. dgl. in großer Zahl besitzen.

Achter Abschnitt.

Die Eigennamen.

Vom Standpunkt der reinen Theorie bedürfte es keines besondern Abschnitts für die Behandlung der Eigennamen. Jeder Eigenname ist früher einmal ein gewöhnliches Nomen, Hauptwort oder Beiwort gewesen, unterliegt also denselben Gesetzen der Bildung und Veränderung wie dieses. Und der Übergang vom Nennwort zum Eigennamen ist nichts anderes als eine Einschränkung der Bedeutung, wie sie bei allem Wandel der Bedeutung sich findet (s. oben S. 134). Praktisch aber ergeben sich so viele Besonderheiten, die zum größten Teil in engem Zusammenhang mit dem Wesen der Eigennamen stehen, daß eine zusammenhängende Betrachtung sich doch empfiehlt.

I. Die Personennamen.

Unsere heutige Sitte, nach der jeder Mensch mindestens zwei Namen trägt, einen Vor- und einen Zunamen, ist verhältnismäßig jung. Der alte Germane besaß in der Regel nur einen einzigen Namen. Und dieser war von besonderer Beschaffenheit; er war ein aus zwei Gliedern zusammengesetztes Wort, eine Erscheinung, die auch dem Griechischen eigentümlich ist und sicherlich aus indogermanischer Zeit stammt. All die Eigenschaften, die man vom Mann verlangte, die die Frau schmücken sollten, wurden mit dem Namen dem Kind als Angebinde mitgegeben. So ist **Albert** oder **Albrecht** (= althochdeutsch **Adalberaht**) der Adelsglänzende, **Gerbert** der Speerglänzende, **Eckehart** der Schwertesharte (Ecke = Schneide, Schwert), **Friedrich** = der Friedensmächtige, **Gottschalk** = Gottesknecht (schalk = Knecht); **Notburga** ist die Burg, der Schutz in der Not, **Sigelinde** die Siegesschlange.

Man liebt es, sich an der Kraft und dem poetischen Klang solcher altdeutschen Namen zu begeistern. Aber es wäre ein großer Irrtum zu glauben, daß den alten Deutschen selbst diese Poesie überall oder auch nur in dem größeren Teil der Namen zum Bewußtsein gekommen wäre oder überhaupt hätte kommen können. Vielfach nämlich waren die Wörter, die Bestandteile der Eigennamen bildeten, in der lebendigen Sprache längst untergegangen; es ließ sich also keinerlei Bedeutung mehr mit ihnen verbinden. Was der erste Teil von Ingeborg, von Ingraban bedeute, wußten die alten Deutschen der geschichtlichen Zeit so wenig als wir. Daß in Anselm (= Anshelm), Ansgar ein Wort ans, Gott steckt (vgl. die Asen der nordischen Mythologie), oder daß in Werner, althochdeutsch Wernher, in Engelbert, Engelhart die alten Volksnamen der Warnen und Angeln nachklingen, war ihnen durchaus verborgen. Im ganzen freilich strebten die Alten danach, wenigstens eine gewisse Bedeutung mit ihren Namen zu verbinden. Denn solche, bei denen beide Bestandteile unverständlich geworden, sind selten; und ferner erscheinen verdunkelte Wörter weit seltener im zweiten Teil der Zusammensetzung als im ersten. Der zweite Teil ist aber, wie bei jeder Zusammensetzung, so auch hier der Hauptträger der Bedeutung.

Es ist auch möglich, daß die beiden Stämme, aus denen die Eigennamen zusammengesetzt sind, noch Glieder der lebendigen Sprache bildeten, daß aber doch das Verständnis der Namen gehemmt war, wenn nämlich im Kompositum Angleichungen, Vokalschwächungen und andere Veränderungen eintraten, die dem einfachen Wort fremd bleiben mußten. Althochdeutschen Namen wie Liupolt (= Leopold) und Liutold (= Leuthold) war es nicht mehr anzusehen, daß sie aus Liut-bald volkskühn und Liut-wald volkswaltend entstanden waren.

Ja sogar dann, wenn beide Bestandteile des Namens etymologisch völlig klar waren, konnte sich ein unverständliches Ganzes gestalten, unverständlich auch für unsere sprachliche Forschung: Wolfram = althochdeutsch Wolfraban würde Wolfrabe bedeuten; das ergibt schlechterdings keinen befriedigenden Sinn; in Hildegunde heißt der erste Teil Kampf und der zweite Teil wieder Kampf. Rutland (= Roland) wäre wörtlich Ruhmesland und Kunigund Geschlechtskampf; die beiden letztgenannten Namen bieten zwar nicht schon in sich einen logischen Unsinn; aber wie kann ein Mensch als Ruhmesland oder als Geschlechtskampf bezeichnet werden? Die Erklärung liegt zu einem Teil in dem eben besprochenen Umstand, daß häufig die einzelnen Glieder der Komposition unverständlich geworden waren. Dadurch mußte sich das Gefühl entwickeln, daß volle Bedeutsamkeit des Namens nicht notwendig sei, daß es genüge, wenn in neugebildeten Namen die Bestandteile der altüberlieferten irgendwie aufgenommen wurden.

Es kam aber etwas anderes noch hinzu. Es bestand vielfach die Sitte, daß die Namen der Kinder gebildet wurden, indem man den einen Teil vom Namen des Vaters, den andern von dem der Mutter nahm. So könnte also z. B. Hildegund die Tochter eines Hildebrand, d. i. eines Kampfschwertes, und einer Gundrun (= Gudrun), d. i. einer Kampfeszauberin, sein. Auch dieser Sitte liegt offenbar wieder die Anschauung zugrunde (s. oben S. 130, 155 und 295), daß sachliche Zusammengehörigkeit ihren sprachlichen Ausdruck am besten in der Übereinstimmung der Laute findet. In einer mittelhochdeutschen Erzählung zieht Engeltrut einen Engelhard einem Dietrich vor, die beide um ihre Liebe werben, weil die Namen Engelhard und Engeltrut besser zusammenstimmen als Engeltrut und Dietrich.

Einen Mangel hatten diese altdeutschen Namensbildungen: sie waren zu lang, zu unbequem für den täglichen Gebrauch. Sie mußten deshalb erhebliche Veränderungen über sich ergehen lassen. Wie wir heute aus Charlotte Lotte machen, aus Elise Lise, aus Johannes Hans, aus Nikolaus Klaus, also nur die Silben beibehalten, die den stärksten Ton haben und beim Rufen fast allein vernommen werden, ebenso erfuhren die altdeutschen Namen starke Verkürzungen.

Die gekürzten Formen — man pflegt sie Koseformen oder Kurzformen zu nennen — sind auf doppelte Weise entstanden. Entweder ist einer der beiden Bestandteile und zwar fast immer der zweite, ganz weggeworfen. Der übrig gebliebene Teil zeigt dann die Endungen o oder i. So wurde z. B. aus Ingraban ein Ingo, und neben Kuonrat steht die gekürzte Form Kuono, neben Volcwart Folko, neben Burkhart Bucko. War das erste Glied des Namens schon selbst ein abgeleitetes Hauptwort, so konnte in der Koseform auch noch das Suffix weggeworfen werden: von Ebarhard wurde gebildet Ebaro, Ebo; von Irminrich (= Ermenrich) ein Irmino, Irmo; von Raginbald ein Ragano und Rago. Die Endung i ist bis auf den heutigen Tag be-

sonders im Alemannischen lebendig; hier wird aus Konrad
Kuoni, aus Rudolf (hruotwolf, Ruhmwolf) Ruodi, aus
Walther (Waltend-Herr) Wälti. Man kann nicht umgekehrt
mit gleicher Bestimmtheit sagen: Wälti ist aus Walther entstanden, denn man sieht leicht, daß bei dieser Weise der Kürzung
ein und dieselbe Koseform zu sehr verschiedenen Namen gehören
kann. Gero z. B. ist Kurzform zu Gerbert (speerglänzend),
Gerhard (speergewaltig), Gernot (Speer-Not), Gerwig (Speer-
Kampf), Gerwin (Speerfreund) usw.

Weniger vieldeutige Gebilde entstehen bei der zweiten Art
der Kürzung. Hier wird von dem zweiten Teil der Zusammensetzung noch der Anfangslaut mit in die Kürzung hineingenommen.
So geht aus Sigbald, Sigbert die Kürzung Sibo (aus Sigbo)
hervor (= neuhochdeutsch Seib), aus Sigfried ein Siffo (für
Sigfo), aus Sigimar (siegberühmt) und Sigimund (Sieg-Hand)
ein Simo.

Von den auf diese Weise gewonnenen Formen werden nun
wieder die verschiedensten Ableitungen gebildet, die wohl alle
ursprünglich verkleinernde Bedeutung haben. Über das ganze
deutsche Gebiet verbreitet sind die Suffixe -in und -ilo; wesentlich dem niederdeutschen Gebiet ist angehörig das Suffix -iko,
dem oberdeutschen -izo, -zo; auch Doppelableitungen begegnen,
Bildungen auf -ilîn, -ikîn, -liko, -zilo, -zilîn. Von den mit diet,
althochdeutsch diot (Volk) gebildeten Eigennamen ist Dioto die
einfache Koseform. Davon ist z. B. abgeleitet: Diotin, Diotilo
(daraus die heutigen Namensformen Diedel, Thilo, Tilly, Till),
Diotiko (heute z. B. Tiedge, Tieck, Deeke), Diozo (heute
Dietze, Diez), Diotilîn, Diotikin, Diozilo, Dioziko,
Diozilîn.

Einzelne derartige Kürzungen sind ja noch heutzutage neben
den Vollnamen lebendig, wie Fritz zu Friedrich, Heinz zu
Heinrich, Kunz zu Konrad, Utz zu Ulrich sich stellt.

Auch Bildungen mit -man wurden zu Koseformen verwendet,
wie wir es heute noch etwa in Karlemann empfinden. Aber sie
schlossen sich nicht bloß an Personnenamen, sondern auch an
Ortsnamen an. Neumann braucht nicht ein neuer Mann zu sein,
sondern ist vielleicht einer von Neuburg, Neuhausen oder Neustatt.

Neben diesen altgermanischen Bestand von Namen treten
mit dem Eindringen des Christentums auch ausländische Namen,
teils hebräischen, teils griechischen und lateinischen Ursprungs.
Zunächst ziemlich spärlich. Noch im 12. und 13. Jahrhundert
kommen z. B. in den Zeugenlisten der Frankfurter Urkunden
auf 30, 40 Namen germanischen Ursprungs vielleicht zwei oder
drei, die durch das Christentum eingeführt worden sind. Nur
unter den Frauennamen sind bereits hier die Namen von biblischen
Persönlichkeiten oder von Heiligen etwas stärker vertreten. Ganz
gewaltig aber nimmt die Zahl der christlichen Namen im 15. Jahrhundert zu; in einem Frankfurter Bruderschaftsbuch dieser Zeit
sind von etwa 140 Namen bereits mehr als 60 kirchlicher Herkunft,
darunter besonders zahlreich der Name Johannes vertreten:
ein Umschwung, der zum Teil mit dem gesteigerten religiösen
Empfinden der Zeit im Zusammenhang steht.

Diese aus der Fremde eingewanderten Namen erfahren ganz
ähnliche Verkürzungen und Verkleinerungen, wie sie in den Koseformen der echt deutschen Bildungen vorliegen: Nikolaus erscheint als Nickel und als Klaus, Johannes als Johann,
John, Jan, Hannes, Hans, Hansel, Jakob als Jack, Jäggi,
Jock, Jockel, Kob, Köbel, Köbi; Beppi gilt in Basel für
Johann Jakob.

Die Sitte, mit einem Namen sich zu begnügen, dauert in
ganz Deutschland bis zur mittelhochdeutschen Zeit. Das Aufkommen unserer heutigen Doppelnamen ist zum Teil wohl Folge
der Entwicklung der bürgerlichen Freiheit, des Aufblühens von
Handel und Wandel, des Häufigerwerdens von bürgerlichen Kaufs-
und Vertragsurkunden; zum Teil aber bekundet sich darin eine
gewisse Neigung zum Prunk, zur Schaustellung. Am frühesten
finden sie sich in den Städten; von da an erst dringen sie langsam
aufs Land vor; in den Städten begegnen sie zuerst in Süddeutschland und am Rhein. Während sie hier schon im 12. Jahrhundert beginnen, treten sie in Mittel- und Norddeutschland erst
im 13. und 14. Jahrhundert auf. Die Leibeigenen entbehren ihrer in
manchen Gegenden bis ins 16. Jahrhundert; die Friesen und die
Juden sind erst im Ausgang des 18. und im Beginn des 19. Jahr-

hunderts durch staatlichen Zwang zum neuen Brauche völlig bekehrt worden.

Für die Vornamen der jetzt aufgekommenen Doppelnamen wurden die schon bisher im Gebrauch stehenden deutschen und ausländischen Namen verwendet. Doch ist die getroffene Auswahl nicht sehr groß, und ihre Zahl wird immer geringer. Schon im 15. Jahrhundert sind es nur noch wenige Namen, die häufiger auftreten, von fremden in erster Linie Johannes, dann Nikolaus und Peter, von deutschen Heinrich (Heinz) und Konrad (Kunz). Hierin liegt der Ursprung für die Redensart Hinz und Kunz, zur Bezeichnung jedes beliebigen. Einen scheinbaren Gegenzug gegen die geringe Zahl der Vornamen bietet der Brauch, statt eines Vornamens deren zwei zu wählen, ein Brauch, der im 17. Jahrhundert überhand nimmt. Aber auch hier betätigt sich der Wunsch nach vornehmem Auftreten, nach prunkvoller Ausstattung.

Die Bildung der Nachnamen geschieht in zwei Stufen. Zunächst entstehen Beinamen, wesentlich in der gleichen Weise, wie noch heute Beinamen, Übernamen, Spitznamen zustande kommen, und so konnten Besitzer des gleichen Einzelnamens voneinander unterschieden werden. Diese Beinamen stehen in einem gewissen Gegensatz zu den alten Einzelnamen. Diese letzteren waren zum weitaus größten Teil dem Kinde von den Angehörigen beigelegt. Die Beinamen dagegen sind wesentlich die Schöpfung von Fremden; innerhalb der Familie tritt ja selten das Bedürfnis auf, eine genauere Bezeichnung zu geben, als sie die Taufnamen bieten. Das zweite Erfordernis ist, daß diese Beinamen fest werden, daß sie von Geschlecht zu Geschlecht sich vererben. Freilich ist die Vererbung nicht immer eine so strenge gewesen, wie wir sie gewöhnlich uns jetzt vorstellen: noch in neuhochdeutscher Zeit, in gewissem Sinn bis in unsere Tage, lassen sich Fälle nachweisen, wo Familien ihre Namen gewechselt haben.

Das Aufkommen der Vererbung begreift sich am leichtesten bei den Namen, welche von den Wohnsitzen der Benannten hergenommen sind, wo also meist durch viele Geschlechter hindurch die gleiche Eigentümlichkeit zur Namensgebung herausforderte; noch heute läßt sich z. B. im Schwarzwald oder im Lippischen die Wahrnehmung machen, daß die Besitzer eines Hofes fort und fort nach diesem benannt werden, auch wenn der Inhaber wechselt. In bezug auf die Form lassen sich hier drei Arten der Bildung unterscheiden. Entweder wird die Ortsbezeichnung noch durch irgendeine Präposition eingeleitet, wie in Amthor, Aus'm Wörth (Wert = Insel), Imhof, Thorbeke (= to der beke am Bach), Überweg, von der Tann, Zumbusch. Oder es wird von den Ortsbezeichnungen eine Ableitung auf -er gebildet; hierher gehören die zahlreichen Bildungen auf -bacher, -hauser, -häuser, -hofer, -röder, -reiter, -reuter (nicht von reiten, sondern von Namen auf -reut, -reit, also von Orten, an denen Rodungen vorgenommen worden sind) usw. Endlich kann die Ortsbenennung jedes äußern Zeichens verlustig gegangen sein, das die Beziehung auf eine Person herstellen würde, vgl. Amerbach, Ollendorf, Steinthal, Berg, Busch, Stein, Strauch.

Nach ihrem Ausgangspunkt betrachtet, sind der Klassen dieser Namen so viele, als es Arten von Ortsbezeichnungen gibt. Eine derselben kann leicht verkannt werden. Wie noch heute die Wirtshäuser und allenfalls die Apotheken bestimmte Schilder haben, nach denen sie benannt werden, so war es im Mittelalter — und diese Sitte hat sich in der Schweiz noch heute vielfach erhalten — weit verbreiteter Brauch, die Wohngebäude nach Hauszeichen zu benennen. Und diese Zeichen konnten Pflanzen oder Tiere oder beliebige andere Gegenstände sein. So trug denn der Erfinder der Buchdruckerkunst nach seinem Hauszeichen den Namen Gensfleisch. Ein Drach, ein Ochs müssen nicht nach ihrer Gemütsart benannt sein, sondern können in einem Hause zum Drachen, zum Ochsen das Licht der Welt erblickt haben.

Ein weiterer Anlaß, Namen von Geschlecht zu Geschlecht weiter gehen zu lassen, ergab sich, wenn die Bezeichnungen von Stand und Gewerbe hergenommen wurden, denn diese vererbten sich ja mit großer Regelmäßigkeit vom Vater auf den Sohn. Dieser Abteilung gehören die Namen an, die unter allen die weiteste Verbreitung besitzen: Meier (aus lateinisch major, Verwalter eines Hofgutes), Müller, Schmidt, Schneider, Schulze (= mittelhochdeutsch schultheize). Gar manche älteren jetzt ausgestorbenen Gewerbe und Beschäftigungen leben noch in solchen

Namen fort, wie Armbruster, Bogner, Falkner, Gelzer (Schweineausschneider), Plattner (der Harnischplatten macht), Pfeilsticker (der Stecken für die Pfeile verfertigt).

Wie konnte aber jemand dazu kommen, Bischof, Herzog, Kaiser oder König zu heißen? Zu einem Teil mögen bei derartigen Namen Hausmarken den Ausgangspunkt gebildet haben; ein anderer Anlaß bot sich dar in einer im Mittelalter so beliebten Gattung der Volksbelustigung, der Sitte theatralischer Aufzüge und Spiele. Wer einmal bei einem solchen als Fürst, als Kaiser oder Papst mitgewirkt hatte, mochte zeitlebens solchen Titel behalten. Oder aber der Name besagt, daß die Vorfahren auf einem Gute gesessen haben, das dem Bischof, dem Herzog usw. gehörte.

Ungünstig für die Vererbung lagen die Dinge, wenn jemand durch die Zufügung des Vaternamens näher gekennzeichnet wurde. Die Vererbung wäre möglich gewesen, wenn etwa der Vater Hans, der Sohn — auf den Einzelnamen des Vaters getauft — Hans Hansen und ebenso der Enkel Hans Hansen geheißen hätte. Aber in der ältern Zeit geht nur selten der Einzelname des Vaters auf den Sohn über, viel eher der des Großvaters, so daß derselbe Name erst in jedem zweiten Geschlecht wiederkehrte. Es bedarf also des Musters der beiden früher besprochenen Gattungen von Namen, um hier — ebenso wie bei den noch folgenden — die Vererbung festzustellen. So aber können all die zahllosen altdeutschen Einzelnamen in späterer Zeit uns als Familiennamen begegnen.

Der Name des Vaters kann zugefügt werden mit Hilfe des Wortes Sohn; das ist besonders Brauch des niederdeutschen Gebietes: Mathisson ist der Sohn des Matthias, Andresen, Hansen — Jansen die Sprößlinge eines Andreas, Hans oder Jan. Oder es steht der bloße Genitiv: Ebers ist der Sohn eines Eber (Ebar, Koseform z. B. zu Eberhard), Helmholtz — aus Helmoldes, Helmolds umgedeutet — der Sohn eines Helmwald, Wilken der Sohn eines Wilke (= altniederdeutsch Williko, Koseform etwa zu Wilhelm).

Am häufigsten geschieht es, daß die beiden Namen einfach nebeneinander gesetzt werden, so daß also jemand etwa Robert Franz, Friedrich Friedrich, Hermann Paul heißen kann.

Es gibt aber auch bestimmte Bildungssilben, mit deren Hilfe Ableitungen aus dem Namen des Vaters geschaffen und neben den Namen des Sohnes gestellt werden. Diesem Zweck dient insbesondere die Bildungssilbe -ing oder auch -ung: so ist Henning der Sohn eines Henno (Koseform zu Heinrich), Agilolfinger und Karolinger die Nachkommen von Agilolf und Karl; Hartung stammt von einem Hart(muot) oder (Eber)hard, und das Geschlecht des Wölse wird Wölsungen genannt. Aber auch die Silbe -er kann neben ihren zahlreichen andern Aufgaben (s. oben S. 279) die der Herkunftsbezeichnung übernehmen. So ist ein Jörger der Sproß eines Jörg (Georg), Hanser der eines Hans; der Vorfahr eines Körner — oder Kördener, wie er früher hieß — war ein Kord, d. i. Konrad. Auch die Diminutivsilbe selber wird so verwandt: der Sohn von Erwin von Steinbach hat Johannes Winlin geheißen.

Ganz vereinzelt findet sich der Fall, daß der Name der Mutter fortlebt in dem der Nachkommen; man mag dabei an nachgeborene Söhne von Witwen denken. So kommt der Name Hilgard, der Name Gredel als Eigenname vor; ein Lieske kann der Urenkel irgend einer Elisabeth sein, und der bekannte Germanist Vernaleken ist der Nachfahr von Vern (d. i. Frauen) Aleken (d. i. Adelheid).

Auch bei den Familiennamen, welche von Eigenschaften hergenommen sind, wäre es in einzelnen Fällen denkbar, daß sich die Vererbung von selbst ergeben hätte. Denn besonders körperliche Merkmale gehen gelegentlich von Vorfahren auf die Nachkommen über. Aber im allgemeinen ist hier gewiß das Muster anderer Gattungen bei der endgültigen Festsetzung der Namen wirksam gewesen.

Die Art, in welcher Eigenschaftsbezeichnungen als Namen beigelegt werden, unterscheidet sich in nichts von der Art, wie in der Sprache überhaupt Merkmale von Dingen ausgesprochen werden. Es können einfache Beiwörter neben den Einzelnamen gesetzt werden; so entstehen jene zahlreichen Namen wie Groß und Klein, Schwarz und Weiß, Alt und Jung. Oder es tritt gelegentlich auch unter Anwendung von Metaphern ein Substantiv zur Kennzeichnung ein: so heißt etwa jemand Bauernfeind, Fuchs

K n o p f, K l o t z, oder. wenn er sich eines mächtigen Hauptes erfreute, auch S c h ä d e l. Selbst mittelst ganzer Sätze kann eine Eigenschaft beigelegt werden: so konnte etwa H a s s e n p f l u g (= hasse den Pflug) einen, der den Pflug haßt, einen trägen Menschen bezeichnen, oder K l u i b e n s c h ä d e l (= kluib den Schädel, zu k l u i b e n, spalten) einen Rauflustigen.

Die Zunamen sind also formal, wie man sieht, zu einem großen Teil nichts anderes als appositionelle Satzglieder, diese mußten also mit dem Artikel verbunden werden; so hieß es denn etwa: M a t t h i a s d e r V r i e s e, R i c h a r d d e r R o t e, H e i n r i c h d e r M ü l l e r, K o n r a d d e r B ä c k e r. Dagegen der im Genitiv beigesetzte Vatername hatte natürlich keinen Artikel; es hieß also D i e t r i c h B e r e n d e s. Demnach sollten wir bei Weglassung der Vornamen heute zweierlei Arten von Zunamen besitzen: solche m i t Artikel: d e r F r i e s, d e r R o t, d e r M ü l l e r, d e r B e c k e r, aber A n d e r s, B e h r e n s, E b e r s usw. Tatsächlich ist das nicht der Fall, denn es hat Ausgleichung stattgefunden: im Süden unseres Sprachgebiets legt der Volksmund a l l e n Zunamen — und nach diesem Muster auch den Vornamen — den Artikel bei: d e r M e y e r, d e r S e i t z, d e r F r i t z, während im Norden kein Name vom Artikel begleitet ist.

Diese eigentümliche Verteilung hängt damit zusammen, daß auch die Gattungen der Beinamen selber nach Gegenden verschieden stark verteilt sind. Insbesondere spielen die Bildungen, in denen der Familienname aus dem Vaternamen entstanden ist, im Norden eine viel größere Rolle, also gerade die Namen, bei denen der Artikel nicht hinzutreten konnte. Bei den Friesen herrschte diese Weise sogar fast ausschließlich: also zugleich die Gattung, die von sich aus für die Vererbung keine Handhabe bot; daher also die Notwendigkeit des staatlichen Zwangs, um auch bei ihnen Familiennamen durchzuführen.

Den bis jetzt genannten Gruppen von Benennungen ist es gemeinsam, daß sie von einem tatsächlich vorhandenen Anknüpfungspunkt ausgehen. Die größte Masse der Namen ist auf solche Weise gebildet, und das hat seinen guten Grund. Die meisten Namen sind ja nicht gewählt, sondern gegeben, und solche Namengebung hat nur dann einen Sinn, wenn der Bezeichnete mit ihrer Hilfe nun auch erkannt werden kann, wenn also der Name irgendeine hervorstechende Eigentümlichkeit des zu Bezeichnenden angibt. Sowie aber jemand in die Lage versetzt wird, sich selbst einen Namen zu wählen, kann dieser Grund wegfallen, und es kommt zur Schöpfung von Namen, die sich als Phantasienamen bezeichnen lassen. Das war besonders der Fall, als die Juden gezwungen wurden, sich Eigennamen beizulegen. So erhalten wir denn Namen von erfundenen Ortsbezeichnungen wie **Blumenthal**, **Löwenthal**, **Rosenthal**, oder von beliebigen kostbaren und glänzenden Gegenständen: **Bernstein**, **Goldmark**, **Goldstein**, **Rubinstein**, **Saphir** usw.

Mannigfaltig genug ist, wie man sieht, die Zahl der Wurzeln, aus welchen Namenbildungen entspringen können. Und es kommen verschiedene Umstände hinzu, die die Buntheit des Bildes noch erhöhen. Einmal machen die mundartlichen Verschiedenheiten auch hier ihren Einfluß geltend; in der einen Gegend muß ein Name sich so, in der andern so entwickeln; für die nämliche Anschauung werden hier dies, dort jene Wörter gewählt: so bedeutet **Hafner**, **Pötter**, **Töpfer** einen und denselben Beruf, ebenso **Binder**, **Böttcher**, **Büttner**, **Fasser**, **Küfer**, **Scheffler**.

Zweitens die eigentümliche Stellung der Eigennamen innerhalb der Rede. Wir haben früher gesehen (S. 63 und 122), daß beim gesprochenen Wort nicht alle einzelnen Laute vom Hörenden aufgenommen werden, sondern nur ein Teil derselben, welcher durch das Anklingen bereits vorhandener Vorstellungen im Bewußtsein ergänzt wird. Nun erscheinen aber die Eigennamen, abgesehen von ihren verschiedenen Kasus, stets genau in derselben Funktion; es können nicht verschiedene Erscheinungsformen sich zu Gruppen zusammenschließen, von einem etymologischen Stützpunkt kann keine Rede sein; und noch weniger ist daran zu denken, daß etwa aus dem Satzzusammenhang die Gestalt eines Namens zu erraten wäre. So ist das richtige Verstehen eines Namens, also seine richtige gedächtnismäßige Wiedergabe sehr erschwert und der volksetymologischen Umdeutung der weiteste Spielraum gegeben. Wer heute den friedlichen Namen **Wohlfahrt** führt, der ist in Wahrheit der Nachkomme eines grimmigen **Wolfhart**; ein **Leuthold** war vor Zeiten

ein Leutold, Leutwald, d. i. ein Herrscher über das Volk, und
eine Familie Guterding hat früher Gottharding geheißen,
was den Sproß eines Gotthard bezeichnete.

Es ist also das Gegenteil von dem wahr, was man früher
angenommen hat: daß die Namen in ihrer Lautgestalt das Alte
getreuer festhielten als das übrige Sprachmaterial. Wir sagen
freilich Bruno, Hugo, Otto, Berta, während doch sonst die
vollen Vokale der althochdeutschen Endsilben längst zu e geworden oder ganz abgefallen sind. Allein diese alten Vornamen
sind künstlich durch die lateinische Urkundensprache aufbewahrt;
die eigentlich volkstümliche, lautgeschichtliche Entwicklung
liegt vor in den Eigennamen Braun(e), Haug, Ott(e).

Eine völlig bewußte Umgestaltung deutscher Namen findet
statt, wenn nach dem Verfahren der Humanisten deutsche Namen
lateinisches oder griechisches Aussehen erhalten, also etwa Lotz
(Koseform von Lothar oder Ludwig) in Lucius gewandelt,
Krachenberger in Grachus Pierius umgestaltet wird oder
die Namen geradezu — richtig oder falsch — in die fremde Sprache
übersetzt werden, z. B. Schultze in Prätorius, Schwarzert in
Melanchthon (Schwarz-Erde). Eine andere Art willkürlicher
Veränderung ist es, wenn bekannte Namen durch Umstellung
von Buchstaben verhüllt werden. So hat Hans Christoph von
Grimmelhausen eine ganze Reihe von Decknamen aus seinem
Namen hergestellt: z. B. Samuel Greifnson von Hirsch-
feld, Germann Sohleifheim von Sulsfort, Israel From-
schmidt von Hugenfels.

Nach dem Gesagten ist es möglich, daß die allerverschiedensten Namensformen aus einer und derselben Wurzel entsprungen
sind. Aber umgekehrt ist es sehr wohl denkbar, daß in ein und dieselbe Lautform verschiedene Arten von Namen zusammengeflossen
sind. Besonders häufig ist der Fall, daß ein moderner Name aus
einem beliebigen Hauptwort oder Beiwort gebildet sein kann oder
zu sein scheint, während die Deutung aus einer Koseform ebenso
nahe oder näher liegt. So könnte Rot eine ganz neue Bildung,
ausgehend von der Haarfarbe, sein; es kann aber auch die alte
Koseform Rodo, Hrodo fortsetzen (zu Hrodbert, Hrodger,
Hrodhari usw. — hrôd bedeutete Ruhm): Bär und Wolf

können Judennamen aus der neuesten Zeit sein, oder Nachklänge eines altdeutschen Berwald, Berwin — Wolfgang, Wolfger, Wolfhard. Namen wie Dank, Eisen, Wald gehen schwerlich auf die gleichlautenden Hauptwörter unserer Sprache zurück, sondern auf altdeutsches Danko, Iso, Waldo, Koseformen etwa von Dankwart, Isanhard, Walthari.

So ist also die Deutung unserer Familiennamen nicht unerheblichen Schwierigkeiten unterworfen. Wo man die Geschichte einer Familie nicht kennt, wo lediglich die modernen Namensformen, keine älteren urkundlichen Belege vorliegen, da kann in sehr vielen Fällen nur von Vermutungen, von Wahrscheinlichkeiten, nicht von Sicherheit der Erklärung die Rede sein.

II. Die Ortsnamen.

Bei den Ortsbezeichnungen reicht die Namengebung zu einem Teil in die Zeit zurück, wo noch Kelten auf dem Boden Deutschlands saßen; das erschwert das sprachliche Verständnis, denn unsere Kenntnis der altkeltischen Sprache ist äußerst dürftig. Am stärksten ist das keltische Element bei der Bildung von Fluß- und Bachnamen sowie von Namen bewohnter Ortschaften beteiligt, weniger bei Bergnamen, am wenigsten bei Flurbezeichnungen: diese letzteren sind ja zum weitaus größten Teil erst eine Folge einer ausgedehnteren Forst- und Feldwirtschaft.

Sicher keltisch sind z. B. die Namen von Donau, Rhein, Main, Isar, von Breisach (älter Brisiácum), Mainz (Moguntiácum, hat also keinen Zusammenhang mit dem Namen des Mains), Solothurn (Solodurum), Worms (Borbetomagus), Zarten (Tarodunum). Der Name des Melibokus bei Darmstadt ist zwar keltisch, aber er haftet an diesem Berge nicht auf Grund volkstümlicher Überlieferung, sondern infolge gelehrter, noch dazu irrtümlicher Namengebung.

Was aus römischer Zeit stammt, sind hauptsächlich Städtenamen, wie Augst (Augusta), Basel (Basilea), Köln (colonia), Kastell (castellum), Koblenz (Confluentia, der Zusammenfluß), Zabern (ad tavernas). Auf römische Gutshöfe (villae, villaria) gehen auch die so zahlreichen Siedelungen im Südwesten Deutschlands zurück, die Weil oder Weiler heißen oder auf- weil oder

-weiler ausgehen. Die ersten Bestandteile solcher Namen allerdings sind späteren, deutschen Ursprungs, bezeichnen zumeist den späteren Besitzer (z. B. Rappoldsweiler der Weiler des Ratbold).

Im Süden drängt auch Romanisches herein: die Kantonsbezeichnung (Außer-, Inner-) Rhoden geht zurück auf lateinisch rota Rad durch Vermittlung des Rhätoromanischen, wo das Wort die Bedeutung von Reihe, Abteilung angenommen hat.

Die uns leichter verständlichen deutschen Ortsbenennungen können ausgehen von der Lage des Ortes: vgl. z. B. Hochhausen, Hochheim — Berghausen, Bergheim — Thalhausen, Thalheim, Wertheim (das Heim auf dem Wert, der Insel), Neckarhausen, Rheinheim. Oder von der Beschaffenheit des Ortes: z. B. von den Pflanzen, die dort wachsen, oder den Tieren, die dort hausen: Aschbach (ein Bach, an dem Eschen wachsen), Birkenau, Buchenbach, Hasel—Haslau, Ibenbach (von der Eibe), Seligenstadt (von althochdeutsch salaha, Salweide), Weidenau; Auerbach, Bebra (früher Biberaha, Bieberwasser), Habsburg (Habichtsburg), Roßbach, Spessart (älter Spehteshart, Spechtswald), Ziegenhain. Oder von der Benutzung des Ortes, den menschlichen Anlagen, die sich dort befinden. Zahlreich sind die von Mühlen abgeleiteten Benennungen wie Mühlbach, Molenbek, Mühlhausen, Mülheim oder auch, mit einem älteren Wort für Mühle, Kernbach, Kehrenbach, Kirnbach (althochdeutsch quirn = Mühle); die vielen Namen auf -reut, -rode bezeichnen, daß an den betreffenden Orten ein früherer Waldbestand ausgerodet worden; Detmold lautete in früherer Zeit Thietmella, d. h. Versammlungsstätte des Volkes (althochdeutsch thiot Volk, mahal Rede, Ort der Rede).

Die drei bis jetzt aufgeführten Gattungen von Namen sind ungefähr gleich alt, das heißt: der Grundsatz ihrer Bildung geht bei allen gleichmäßig in die frühesten Zeiten der Namengebung zurück, während die einzelnen Vertreter der Gattung in sehr verschiedenen Zeiten entstanden sein können. Bedeutend jünger sind die Benennungen nach den Besitzern, den Bewohnern eines Ortes: ihr Aufkommen zeigt uns, wie die Verbindung zwischen

dem Eigentümer und dem ·Grund und Boden immer fester wird.
Hier marschiert nun die ganze Masse der altdeutschen Personennamen wieder vor uns auf: vgl. Bamberg (älter Babenberg,
Berg des Babo — Koseform zu den Namen, die mit badu =
= Schlacht beginnen), Diedenhofen (zu althochdeutsch Dioto,
s. oben S. 337), Hersfeld (das Eigentum eines Hariulf, Heer-
Wolf), Rüdesheim (das Heim eines Rudwin), Witgenstein
(der Stein eines Witiko, d. h. etwa eines Witekind). Der Besitzer
kann aber auch nur nach seiner Würde bezeichnet sein: vgl. Bi-
schofsheim, Herzogenhorn, Kaiserswerth, Königstein.
Oft ist nicht ein einzelner Besitzer oder Bewohner genannt, sondern
eine Mehrzahl von solchen; diese können wieder bezeichnet sein
nach dem Volksstamm, dem sie angehören, vgl. Sachsenhausen,
Groß- und Lützelsachsen (an der badischen Bergstraße),
oder nach dem Namen des Stammvaters: hierher gehört der weitaus größte Teil der zahlreichen Namen auf -ingen (-ing), -ungen;
oder endlich nach der Beschäftigung, dem Gewerbe: diese Weise
begegnet besonders bei den Straßennamen, wie Gerbergasse,
Färbergasse, Brotlauben.

Nur selten geben uns freilich geschichtliche Quellen Aufschluß, welche bestimmten Personen es ˙gewesen sind, die einer
Ortschaft ihren Namen verliehen haben. Aber auch bei den Namen
die von der Lage, der Beschaffenheit, der Verwendung einer Örtlichkeit genommen sind, kann der Fall eintreten, daß sich die
Merkmale unserer Beobachtung entziehen, die den Anstoß zur
Namenbildung gaben. Denn diese Merkmale selbst können eine
Wandlung erlitten haben. Wo früher noch sumpfiger Boden war
und Namen auf -bruch, -moos, -ried gebildet wurden, da ist
heute trockenes Land; in Nadelholzbeständen begegnen noch
heute Bezeichnungen von Forstorten, von Schlägen, die von
Buchen oder Eichen genommen sind, ein Hinweis darauf, daß der
Laubwald vor dem Nadelwald zurückgewichen ist. Der Widerspruch, der hierdurch zwischen Namen und Sache entsteht, kann
sogar sprachlichen Ausdruck finden; es wird gelegentlich der alte
Name den neuen Verhältnissen angepaßt, so daß z. B. Flurbezeichnungen wie Birkenäcker, Birkenfeld, Eichenäcker, Esch-
feld entstehen.

Viele Namen sind gar nicht an dem Punkt erwachsen, zu dessen Bezeichnung sie heute dienen. Der Name, der an einer bestimmten Örtlichkeit ursprünglich haftete, dehnte sich licht sehr auch auf benachbarte Orte aus, daher die zahllosen Bezeichnungen von Dörfern, die mit -au, -bach, -wald zusammengesetzt sind. Er konnte aber auch in weit entfernte Gegenden getragen werden, wenn etwa Ansiedler einer neuen Ortsgründung den teuren Namen der Heimat verliehen: Frankfurt an der Oder hat mit dem Volkstamm der Franken sehr wenig zu tun.

Schließlich gibt es auch hier wie bei den Personennamen Fälle, wo ein Zusammenhang zwischen Name und Sache kaum mehr stattfindet, wo die freie Phantasie schöpferisch gewaltet hat, so daß ganz abstrakte Wörter als Ortsbezeichnungen erscheinen; in vielen dieser Fälle wird hier die Aufschrift, der Wahlspruch eines einzelnen Hauses den Ausgangspunkt gebildet haben. Zahlreich sind die Namen auf -lust und -ruhe; es begegnen sogar Ortsnamen wie Ärgernis, Eintracht, Gelegenheit, Mißgunst, Unverzug.

Der überwiegende Teil der Ortsnamen bietet zusammengesetzte Wörter dar, wie ja auch die altdeutschen Personennamen doppelgliedrig waren. Aber daneben sind auch einfache Wörter nicht selten, und gerade unter den allerältesten Ortsnamen sind sie ziemlich stark vertreten. Bei manchen Namen freilich ergeht es uns, wie bei den Koseformen der Personennamen: sie machen den Eindruck der Einfachheit, während sie aus zusammengesetzten entsprungen sind. Wie der Sohn eines Dietrich kurzweg als Dietrichs bezeichnet wird, so kann Dietrichs auch das Feld, das Haus eines Dietrich bedeuten: der zweite Teil der Zusammensetzung wird nicht ausgesprochen, weil er sich leicht ergänzen läßt.

Noch eine andere Ersparung hat stattgefunden. Wir empfinden jetzt die Ortsbezeichnungen als Nominative; nur ein geringer Teil ist dies aber von Haus aus gewesen; die übrigen antworteten auf die Frage wo? und standen im Dativ, verbunden mit einer Präposition, meistens mit der Präposition zu. Eine solche ist in ganz vereinzelten Fällen noch erhalten, vgl. Andermatt = an der Matt, Zermatt = zu der Matt (andere Beispiele bei den Personennamen S. 340); bisweilen verrät sich ihr früheres Vor-

handensein noch durch den Anlaut des Namens: so entspringt
der hessische Ortsname Merkenfritz aus einem frühern im
Erkenfrides. Sonst ist sie verloren gegangen; aber oft genug
zeigt noch die Form des Namens den dativischen Ursprung.
Dative des Singulars sind die Bildungen auf -berge, -walde,
solche des Plurals die auf -felden, -hausen, -hofen, -ingen,
-lon (= althochdeutsch lohun, Dativ Plural von loh, Hain),
-steten, -walden; der gleiche Kasus liegt vor in einer Reihe
von Ländernamen, wie Bayern, Franken, Hessen, Sachsen,
Schwaben, die nichts anderes als die Plurale der Völkernamen sind: es hieß ursprünglich ze den Baiern, ze den
Franken usw. Oft bietet zwar der zweite Teil des Kom-
positums jetzt eine Nominativform dar, aber im ersten Teil steht
noch der Dativ eines Beiworts, vgl. Breitenfeld, Hohentwiel
— Homberg (= Hohenberg), Naumburg, das lautlich gleichwertig ist mit Neuenburg, Stolzenfels, Weißenburg —
Wittenberg (niederdeutsch witt = weiß).

Natürlich sind auch die Ortsnamen so gut wie die Personennamen den gewöhnlichen Lautgesetzen unterworfen. In besonderer Blüte steht hier die Abschwächung voller Kompositions-
glieder und die Angleichung von Konsonanten, zwei Erscheinungen,
für welche bei dem gewöhnlichen Sprachmaterial weit seltener
die Voraussetzungen gegeben sind; dazu kommt, daß bei den
gewöhnlichen Zusammensetzungen die lautgesetzlichen Formen
sehr häufig wieder durch den Einfluß der selbständigen Wörter
verdrängt werden. Z. B. ein altes Ruotboldisrode ist jetzt
Ruperath, Markberteshusun = Merkshausen, Alahmun-
tinga = Allmendingen. Wo der erste Teil der Komposition
heutzutage auf -ers ausgeht, können vor alters sehr verschiedene
zweite Glieder von Personennamen gestanden haben: Herbers-
dorf = älterem Heribrehtesdorf, Elfershausen = Adal-
frideshusun, Liggersdorf = Liuteartisdorf, Ollersbach
= Adalgerisbach, Volkersdorf = Folchardesdorf, Einers-
heim = Einheresheim, Drommersheim = Truhtmares-
heim, Ballersheim = Baldrodesheim, Oggersheim
= Agridesheim, Frankershausen = Francwardeshusun.
Die Endung -sen der Ortsnamen ist meist aus -husen (= -hausen)

geschwächt; sie kann aber auch der Rest eines Wortausgangs
-esheim sein. Das in der Schweiz, besonders am Züricher
See, so häufige -ikon ist entstanden aus -ic-hofen und dieses
aus -inc-hofen; die ersten Glieder enthalten also patronymische
Bildungen auf -ing.

Aber auch bei den Ortsnamen gibt es Veränderungen, die
nicht durch die Lautgesetze bedingt sind. Auch hier werden Kurzformen gebildet, die sich den Koseformen bei den Personennamen
vergleichen lassen (s. oben S. 336); sie sind aber freilich sehr viel
seltener als diese. So wandelt sich lat. Moguntiacum zu althochdeutsch Maginza, heute Mainz, Borbetomagus zu Worms;
der Name des badischen Ortes Salem ist aus Jerusalem hervorgegangen. Greifswald erscheint im Volksmund als Grips.

In noch viel höherem Maß als bei den Personennamen gibt
es bei den Ortsnamen ein Nebeneinander von älteren und jüngeren
Formen, und zwar für ein und dieselbe Örtlichkeit: in unendlich
vielen Fällen ist der amtlich gebrauchte Name ein anderer als der,
der im Volksmund lebt, indem die Behörden die überlieferten
Formen der Urkunden festhalten, mitunter freilich auch nur eine
falsche Verhochdeutschung des volkstümlichen Namens, die nie
und nirgends bestanden hat.

In Oberhessen begegnet als amtliche Form eines Flurnamens
das Wort Margaretenburg. Es lautet aber im Volksmund
Grereburg, und dem müßte ein hochdeutsches Krötenburg entsprechen; man hat aber Grere als den Namen Grete aufgefaßt
und dafür die volle Form Margarete eingesetzt.

Die mundartlichen Verschiedenheiten des Wortschatzes treten
bei den Ortsnamen viel deutlicher hervor als bei den Personennamen. Denn die Fälle, wo ein Ortsname nicht in der Gegend
gebildet worden, in der wir ihn vorfinden, sind viel seltener als diejenigen, wo der Träger eines Personennamens weit von seiner
ursprünglichen Heimat sich angesiedelt hat.

Für das Alemannische sind die Bildungen auf -hofen und
-schwand bezeichnend; bayrisch und alemannisch sind diejenigen
auf -wang; der Lech scheidet die alemannische Form -ingen von
der bayrischen -ing. Mittel- und niederdeutsch sind die Namen auf
-lar, mittelfränkisch die auf -scheid, thüringisch und hessisch

die auf -ungen. Niederdeutschem Boden gehören die Bildungen auf -brink, -büttel, -fleth, -hude, -koog, -kuhl an. Eingehende statistische Untersuchungen über die örtliche Verbreitung gewisser Bildungsweisen sind imstande, mancherlei alte Volkszusammengehörigkeit nachzuweisen und über die Siedelungsweise Licht zu verbreiten. Die Namen auf -weiler geben uns Aufschluß über die Verbreitung des Römertums; die Namen, die mit Walch-, Walchen-, Walen- beginnen (wie Walensee, Walchensee, Walchwil), weisen auf Gebiete und Orte, in denen welsche, d. h. keltoromanische Bevölkerung sich besonders lange gehalten hat.

So tritt die Erforschung der Ortsnamen in den Dienst der Geschichte, wie ja auch sonst oft genug die Sprache zum Hilfsmittel für den Geschichtsforscher wird. Aber freilich, dieses Werkzeug verlangt große Vorsicht und eine durchaus kundige Hand. Wer als Pfarrer, als Jurist, als Verfasser von Ortsgeschichten es unternimmt, Ortsnamen zu deuten, dem kann man nur die dringende Mahnung entgegenrufen: Schuster, bleib bei deinem Leisten.

Schriftenverzeichnis.

S. 7: Eine Schrift, die ähnliche Absichten verfolgt, wie das vorliegende
Buch, ist das Buch von O. Weise, Unsere Muttersprache, ihr
Werden und ihr Wesen. 7. Aufl. Leipzig und Berlin 1909. Eine Ergänzung dieses Werkes bilden von demselben Verfasser: Ästhetik der
deutschen Sprache. 4. Aufl. Leipzig 1916 und: Unsere Mundarten,
ihr Werden und ihr Wesen. Leipzig und Berlin 1910. — Von wissen-
schaftlichen Darstellungen der Entwicklung der deutschen Sprache
seien genannt: O. Behaghel, Geschichte der deutschen Sprache,
Bd. 1 von Pauls Grundriß der germanischen Philologie, vierte
Aufl. Straßburg 1916, ferner: W. Wilmanns, Deutsche Grammatik,
Straßburg. I, 3. Aufl. 1911, II, 2. Aufl. 1899, III. 1906 und 1909;
Herm. Paul, Deutsche Grammatik, Bd. I und II, Halle 1916/17.
S. 9: der gemeinsamen germanischen Grundsprache]
vgl. F. Kluge, Vorgeschichte der altgermanischen Dialekte. Dritte
Aufl. (Bd. II von Pauls Grundriß der germanischen Philologie),
Straßburg 1897; W. Streitberg, Urgermanische Grammatik.
Heidelberg 1895; F. Dieter, Laut- und Formenlehre der altgermanischen Dialekte. Leipzig 1900.
ihre Sprache die indogermanische]
vgl. K. Brugmann und B. Delbrück, Grundriß der vergleichenden Grammatik der indogermanischen Sprachen. Straßburg
1897—1900; zweite Bearbeitung I 1897—98; II 1906—16.
mit dem semitischen Sprachstamm verwandt seien]
·vgl. H. Möller, Semitisch und Indogermanisch. Kopenhagen
1906.
ob bereits der Indogermane gelernt hatte, einen Satz dem andern mit
Hilfe einer Konjunktion unterzuordnen]
vgl. Ed. Hermann, Gab es im Indogermanischen Nebensätze?
Jenaer Dissertation 1894; H. Jacobi, Komposition und Nebensatz. Bonn 1897.
S. 10: die Kunstausdrücke, welche zu ihrer Bezeichnung verwendet
werden]
vgl. E. Sievers, Grundzüge der Phonetik. 5. Aufl. Leipzig 1905,
und Phonetik. In Band I der 2. Auflage von Pauls Grundriß der

354

deutschen Philologie. Straßburg 1901; O. Bremer, Deutsche
Phonetik. Leipzig 1893; L. Sütterlin, Die Lehre von der Lautbildung. Leipzig 1908.
S. 13: eine Mischung mit den rätischen Völkern]
vgl. Sigm. Feist, Die germanische und die hochdeutsche Lautverschiebung. Beitr. zur Geschichte der deutschen Sprache und
Literatur, XXXVI, 307; H. Meyer, Über den Ursprung der germanischen Lautverschiebung. Zeitschrift für deutsches Altertum
und deutsche Literatur, XLV, 101.
nicht so im Indogermanischen]
vgl. H. Hirt, Der indogermanische Akzent. Straßburg 1895.
S. 14: dieses Gesetz wird nach seinem Entdecker das Vernersche ge-
nannt]
vgl. K. Verner, Eine Ausnahme von der ersten Lautverschiebung. Zeitschrift für vergleichende Sprachforschung, XXIII, 97.
was einmal ein bekannter Semitologe behauptet hat]
Ferd. Hitzig in seinen Heidelberger Vorlesungen.
S. 15: die verschiedensten Meinungen im Schwange sind]
vgl. Herm. Collitz, Das schwache Praeteritum und seine Vorgeschichte. Göttingen 1912.
S. 16: faderi kumondi]
vgl. O. Lücke, Absolute Partizipia im Gotischen und ihr Ver-
aitnis zum griechischen Original. Göttinger Dissertation 1876.
nur von den Westgoten besitzen wir zusammenhängende Aufzeichnungen in ihrer eigenen Sprache]
vgl. F. Kluge, Geschichte der gotischen Sprache, in Pauls
Grundriß der germanischen Philologie. 2. Aufl.; ders., Die Elemente
des Gotischen (Grundr. 3. Aufl., Bd. I) 1911.
S. 17: Ulfilas, geb. 311, gest. 382]
vgl. Conrad Müller, Ulfilas Ende. Zeitschr. f. deutsches Altert.
55, 76.
Goten auf der Krim]
vgl. R. Loewe, Die Reste der Germanen am Schwarzen Meere.
Halle 1896; F. Braun, Die letzten Schicksale der Krimgoten.
Jahresbericht der reformierten Kirchenschule zu St. Petersburg
für 1889/90.
S. 20: nur die kurzen, nicht die langen Vokale der älteren Zeit zu e
verwandelt]
vgl. O. Behaghel, Zur Frage nach einer mittelhochdeutschen
Schriftsprache. Basler Festschrift zum Heidelberger Jubiläum
1886; Ed. Hoffmann, Der mundartliche Vokalismus von Basel-

Stadt. Basler Dissertation 1890, S. 75; P. Schild, Brienzer Mundart. I. Teil. Göttinger Dissertation 1891, S. 93; J. Schatz, Die tirolische Mundart, Innsbruck 1903, S. 51; E. Wipf, Die Mundart von Visperterminen im Wallis. Frauenfeld 1910, S. 48.

S. 22: diese Glossen]

vgl. Die althochdeutschen Glossen gesammelt und herausgegeben von E. Steinmeyer und E. Sievers. 4 Bände. Berlin 1879—1898.

zusammenhängende Sprachdenkmäler]

vgl. R. Koegel, Geschichte der deutschen Literatur bis zum Ausgange des Mittelalters. Straßburg 1894.

S. 23: Langobarden]

vgl. W. Bruckner, Die Sprache der Langobarden. Straßburg 1895.

den Burgundern, Langobarden und westlichen Franken zuteil geworden]

vgl. F. Kluge, Romanen und Germanen in ihren Wechselbeziehungen, in Groebers Grundriß der romanischen Philologie, I, 383.

S. 29: Der Mainzer Reichslandfriede]

herausgegeben von K. Zeumer, Neues Archiv für Geschichtskunde, 28, 435.

beginnen die deutschen Urkunden]

vgl. M. Vancsa, Das erste Auftreten der deutschen Sprache in den Urkunden. Leipzig 1895.

massenhaft französische Wörter aufgenommen]

s. Anm. zu S. 174.

S. 30: diese „unhöfischen Wörter"]

vgl. G. Bötticher, Germania, XXI, 270; F. Panzer. Das altdeutsche Volksepos. Halle 1903, S. 16.

S. 31: ein anschauliches Bild des deutschen Sprachgebietes]

zahlreiche Einzelheiten über Verbreitung und Grenzen des Deutschen in der Zeitschrift „Deutsche Erde", Gotha bei Perthes.

S. 32: der erste Deutsche des 17. Jahrhunderts, Leibniz]

vgl. A. Schmarsow, Leibniz und Schottelius. Straßburg 1877.

Christian Thomasius]

vgl. Karl Sudhof, Hohenheims deutsche Vorlesungen. Beihefte zur Zeitschrift des Allgemeinen Deutschen Sprachvereins, III, 142; R. Hodermann, Universitätsvorlesungen in deutscher Sprache. Christian Thomasius, seine Vorgänger und Nachfolger. Beihefte zur Zeitschrift des Allgemeinen Deutschen Sprachvereins, VIII, 99.

durch Christian Wolff]

vgl. P. Piur, Studien zur sprachlichen Würdigung Christian Wolffs, Halle 1903.

356

S. 35: Lessings Prosa]
> vgl. E. Schmidt, Lessing, 3. Aufl. Berlin 1910. Bd. II, S. 530.

S. 36: dasjenige von Wustmann]
> vgl. G. Wustmann, Allerhand Sprachdummheiten, vierte Aufl., Straßburg 1917.

der Allgemeine Deutsche Sprachverein]
> vgl. die Zeitschrift des Allgemeinen Deutschen Sprachvereins und die wissenschaftlichen Beihefte zu dieser Zeitschrift.

S. 37: Andreas Schmeller]
> vgl. Andreas Schmeller, Die Mundarten Bayerns grammatisch dargestellt. München 1821; derselbe, Bayrisches Wörterbuch. Stuttgart und Tübingen 1827—1837. Zweite Ausgabe von K. Frommann. München 1869—1878.

das schwäbische Land]
> vgl. H. Fischer, Geographie der schwäbischen Mundart. Tübingen 1895.

ein Sprachatlas des gesamten Deutschen Reiches]
> Berichte über dieses großartige Werk, das von G. Wencker in Marburg begonnen wurde, gab F. Wrede in dem Anzeiger für deutsches Altertum und deutsche Literatur von 1892—1902.

S. 38: daß sprachliche Grenzlinien mehrfach mit alten politischen Markscheiden zusammenfallen]
> vgl. K. Haag, Die Mundarten des oberen Neckar- und Donaulandes. Programm der Realanstalt Reutlingen 1898; derselbe; Über Mundartengeographie. Alemannia, XXIX, 228; K. Bohnenberger, Über Sprachgrenzen und deren Ursachen, insbesondere in Württemberg. Württembergische Vierteljahrshefte, N. F. VI, 161; derselbe, Sprachgeschichte und politische Geschichte, Zeitschrift für hochdeutsche Mundarten, III, 321; H. Jellinghaus, Stammesgrenzen u. Volksdialekte. Mitteilungen des Vereins f. Geschichte u. Altertumskunde von Osnabrück, XXIX, 1; Deutsche Dialektgeographie, herausg. von F. Wrede, H. I—VIII. Marburg 1908—1915.

S. 40: das Plattdeutsche selber]
> Genaueres zur Einteilung der niederdeutschen Mundarten siehe F. Wrede, Anzeiger für deutsches Altertum, XXI, 295.

die Grenzlinie zwischen Mitteldeutsch und Oberdeutsch]
> vgl. F. Wrede, Hochfränkisch und Oberdeutsch, Zeitschrift für deutsches Altertum, XXXVII, 288.

S. 46: keinen Unterschied mehr zwischen Nominativ und Akkusativ]
> vgl. L. Tobler, Über die scheinbare Verwechslung zwischen Nominativ und Akkusativ. Zeitschrift für deutsche Philologie, IV, 375.

Einschränkungen zugunsten des Akkusativs]

vgl. O. Behaghel, Dativ und Akkusativ. Zeitschrift für deutsche Philologie, XII. 216.

das Gebiet der syntaktischen Abweichungen]

vgl. O. Weise, Über den gegenwärtigen Stand der Forschung auf dem Gebiete der Syntax deutscher Mundarten. Germanisch-romanische Monatsschrift, I, 774; G. Binz, Zur Syntax der Baselstädtischen Mundart. Basler Dissertation 1888; H. Reis, Beiträge zur Syntax der Mainzer Mundart. Gießner Dissertation 1891; derselbe, Syntaktische Studien im Anschluß an die Mundart von Mainz. Beiträge zur Geschichte der deutschen Sprache und Literatur, XVIII, 475; J. Schiepek, Zum Satzbau der Egerländer Mundart. Erster Teil. Prag 1899; Zweiter Teil 1908. F. G. G. Schmidt, Syntax der Rieser Mundart. Americana Germanica, III, 29; ·O. Weise, Syntax der Altenburger Mundart. Leipzig 1900; Fritz Holzträger, Syntaktische Funktion der Wortformen im Nönischen. Tübinger Dissert. 1912 u. Archiv. d. Ver. f. siebenb. Landeskunde, Bd. 37 u. 38; Licrow, Beiträge zur Syntax des Verbums in der mecklenburgischen Mundart. Propr. v. Oschatz 1904; Karl Ehrlicher, Zur Syntax der Sonneburger Mundart. Leipziger Dissert. 1906; O. Feller, Das Fürwort in der Mundart von Gerolzhofen. Würzburger Dissert. 1914.

S. 47: die Verschiedenheiten des Wortschatzes]

vgl. Paul Kretschmer, Wortgeographie der deutschen Umgangssprache. Erste Hälfte. Göttingen 1916.

S. 48: geschriebene und gesprochene Rede]

vgl. H. Wunderlich, Unsere Umgangssprache in der Eigenart ihrer Satzfügung. Weimar und Berlin 1894; Behaghel, Geschriebenes und gesprochenes Deutsch. Beihefte zur Zeitschrift des Allgemeinen Deutschen Sprachvereins, H. 17/18.

S. 51: Granne und Achel zusammengeflossen sind]

vgl. Ferd. Holthausen, Germ.-roman. Monatsschrift, II, 507; Fr. A. Wood, Itteratives, Blends and „Streckformen". Modern Philology 94, IX, Nr. 2; derselbe, Kontaminationsbildungen u. haplologische Mischformen. Journ. of Engl. and German. Philology, XI, 295.

S. 54: die Schriftsprache als Einheitssprache]

vgl. O. Behaghel, Schriftsprache und Mundart. Gießen 1896.

S. 55: daß in mittelhochdeutscher Zeit schriftsprachliche Regungen sich geltend machen]

vgl. S. Singer, Die mittelhochdeutsche Schriftspr. Zürich 1900.

und selbst die niederdeutsche Prosa]   .

    vgl. G. Roethe, Die Reimvorreden des Sachsenspiegels. Berlin 1899.

so hat die Speyrer Kanzlei]

    vgl. R. Nebert, Zur Geschichte der Speyrer Kanzleisprache. Dissertation von Halle 1891.

S. 58: wie Luthers Sprache sich weiter verbreitet hat]

    vgl. F. Kluge. Von Luther bis Lessing. 4. Aufl. Straßburg 1904.

S. 59: aber noch Wieland]

    vgl. F. Muncker, Sitzungsberichte der bayr. Akademie der Wissenschaften, 1903, 161.

in der dritten Auflage hat der Dichter sie größtenteils ausgemerzt]

    vgl. Karl Zagajewski, Albrecht von Hallers Dichtersprache. Straßburg 1909.

S. 60: die Eigentümlichkeiten, welche das Neuhochdeutsche unterscheiden]

    vgl. K. von Bahder, Grundlagen des neuhochdeutschen Lautsystems. Straßburg 1890; A. Ritzert, Die Dehnung der mittelhochdeutschen kurzen Stammsilbenvokale in den Volksmundarten des hochdeutschen Sprachgebiets. Beiträge zur Geschichte der deutschen Sprache und Literatur, XXIII, 131.

Gletscher]

    vgl. W. Meyer-Lübke, Gletscher. Zeitschrift für deutsche Wortforschung, II, 73.

S. 61: Zahlreich sind die niederdeutschen Bestandteile]

    vgl. O. Jänicke, Die niederdeutschen Elemente unserer Schriftsprache. Berlin 1870.

wo die niederdeutsche und die hochdeutsche Form desselben Wortes nebeneinander]

    vgl. O. Behaghel, Germania, XXIII, 288.

S. 63: letzte Z.: in der Aussprache eine gewisse Einheit herausgebildet]

    vgl. Th. Siebs, Deutsche Bühnenaussprache, achte und neunte Aufl. Köln 1910; K. Luick, Bühnendeutsch und Schuldeutsch. Die neueren Sprachen, 1904, 345; W. Braune, Über die Einigung der deutschen Aussprache. Heidelberg 1904; T. Heinrich, Studien über deutsche Gesangsaussprache. Breslau 1904. (Mit ausführlicher Bibliographie.)

S. 66: die Umgangssprache]

    s. die Angaben zu S. 48.

S. 67: Z. 2 v. u.: Missingsch]

    vgl. O. Behaghel, Zeitschrift des Allgemeinen Deutschen

Sprachvereins, 1914, 315; Conr. Borchling, Beihefte zur Zeitschrift des Allgemeinen Deutschen Sprachvereins, H. XXXVII, 202.

S. 71 u.: steht im Widerspruch zu der altdeutschen Weise]

vgl. O. Behaghel, Zur deutschen Wortstellung. Beihefte zur Zeitschrift des Allgemeinen Deutschen Sprachvereins, H. XVII und XVIII. S. 233.

S. 72: die Entstehung der mundartlichen Literatur]

vgl. O. Behaghel, Schriftsprache und Mundart. Gießen 1896, S. 9; Aug. Holder, Geschichte der schwäbischen Dialektdichtung. Heilbronn 1896; Alfr. Lowack, Die Mundarten im hochdeutschen Drama bis gegen das Ende des XVIII. Jahrhunderts. Leipzig 1905.

S. 72 73: ein bestimmtes Gebiet des Wortschatzes, auf welchem so die freie Wahl beeinträchtigt wurde]

vgl. Ph. Wegener, Über deutsche Dialektforschung. Zeitschrift für deutsche Philologie. XI. S. 450; O. Behaghel, Hebels Werke I, S. XV.

S. 76: das Hochdeutsche falsch in die Mundart übersetzt]

vgl. O. Behaghel, Sprache der Anderen. Kunstwart, XXVI, 135.

S. 77: Standessprachen, technische Sprachen]

vgl. F. Kluge, Unser Deutsch.[2] Leipzig 1910 (S. 55: Standes- und Berufssprachen; S. 92 Studentensprache; S. 110 Seemannssprache; S. 127 Weidmannssprache). — P. Lembke, Studien zur deutschen Weidmannssprache. Zeitschrift für den deutschen Unterricht, XII, 233. — F. Kluge, Deutsche Studentensprache, Straßburg 1895; J. Meier, Hallische Studentensprache. Halle 1894. Basler Studentensprache. Eine Jubiläumsausgabe für die Universität Basel, dargebracht vom deutschen Seminar in Basel. Basel 1910. — J. Horn, Die deutsche Soldatensprache.[2] Gießen 1905; Karl Bergmann, Wie der Feldgraue spricht. Gießen 1916. — H. Klenz, Die deutsche Druckersprache. Straßburg 1900. — G. Goedel, Etymologisches Wörterbuch der deutschen Seemannssprache. Kiel und Leipzig 1902; ders., Klar Deck überall. Hamburg 1916; F. Kluge, Seemannssprache. Halle 1907—1911.

S. 79: Zu den sprachlichen Eigentümlichkeiten einzelner Familien vergleiche man die Bemerkungen von Helene Böhlau in ihrer Erzählung Verspielte Leute. Engelhorns Romanbibliothek, XIV, 15, S. 13.

S. 81: ein eigentümlicher Gebrauch von statt, anstatt]

vgl. O. Behaghel, Beihefte zur Zeitschrift des Allgemeinen Deutschen Sprachvereins, H. XVII/XVIII, S. 217, Anmerkung, und Zeitschrift für deutsche Wortforschung. XI, 26.

so hat Richard Wagner sein Lieblingswort freislich aus dem Altdeutschen entlehnt]

    vgl. Felix Ott, Richard Wagners poetischer Wortschatz. Gießner
Dissertation 1916.

S. 82: sind wir nicht verpflichtet, der Willkür ihren Lauf zu lassen?]

    vgl. O. Behaghel, Sprachgebrauch und Sprachrichtigkeit. Bei-
hefte zur Zeitschrift des Allgemeinen Deutschen Sprachvereins,
H. VI. S. 16; derselbe, Literaturblatt für germanische und romanische Philologie, XIV, 81.

S. 84: das Aufblühen wie der Verfall muß zur gegebenen Zeit zweckmäßig gewesen sein]

    vgl. O. Behaghel, Verlust und Ersatz im Leben der deutschen
Sprache, Westermanns Monatshefte, 61, 490.

das s des Genitivs sei entbehrlich]

    vgl. O. Behaghel, Die Zukunft unseres Genitivs. Zeitschrift des
Allgemeinen Deutschen Sprachvereins, 1900, 262.

S. 87: Wir sprechen vom Begehen eines Festes]

    vgl. R. Kögel, Geschichte der deutschen Literatur. 1, 1, S. 6,
Anm.

Beim Anstechen eines Fasses kommt nichts Stechendes mehr zur An-
wendung]

    vgl. O. Behaghel, Zeitschrift des Allgemeinen Deutschen Sprach-
vereins, 1917, 98.

S. 88: die alte Benennung auch dann festgehalten, als die sachliche
Grundlage sich wandelte]

    vgl. R. Hildebrand, Wie die Sprache altes Leben weiterführt,
in: R. H., Beiträge zum deutschen Unterricht, Leipzig 1897.

S. 91: der Ruf nach einer kaiserlichen Akademie der deutschen Sprache
erhoben worden]

    vgl. F. Kluge, ein Reichsamt für deutsche Sprachwissenschaft;
O. Behaghel, Brauchen wir eine Akademie der deutschen Sprache?
Beihefte zur Zeitschrift des Allgemeinen Deutschen Sprachvereins,
H. XX; derselbe, ein Reichsamt für deutsche Sprache; ebenda
H. 23/24; Mor. Trautmann, Der Staat und die deutsche Sprache.
Leipzig 1911.

S. 92: so mögen sie wohl ihr Nützliches haben]

    vgl. namentlich Th. Matthias, Sprachleben und Sprachschäden.
3. Aufl. Leipzig 1906.

S. 93: Jakob Grimm]

    vgl. H. G. Andresen, Über die Sprache Jakob Grimms. Leipzig
1870.

noch andere wie Scheffel]

    vgl. O. Heilig, Über Sprache und Stil in Scheffels Ekkehard, Alemannia, XXIX, 56.

S. 96 u.: dieser Brauch ist durchaus verwerflich]

    vgl. Alb. Heintze, Die Stellung des Zeitworts nach und. Beihefte zur Zeitschrift des Allgemeinen Deutschen Sprachvereins, H. IX, S. 144.

S. 98: die Triebkräfte des Sprachlebens]

    vgl. H. Paul, Prinzipien der Sprachgeschichte, Vierte Auflage. Halle 1909; G. von der Gabelentz, Die Sprachwissenschaft, ihre Aufgaben, Methoden und bisherigen Ergebnisse. Leipzig 1891; R. Rousselot, les modifications phonétiques du langage. Paris 1891; W. Wundt, Völkerpsychologie. Bd. I: Die Sprache. Leipzig 1900; Eugen Herzog, Streitfragen der romanischen Philologie. Erstes Bändchen. Die Lautgesetzfrage. Halle 1904.

S. 99 o.: sie haben vor allem Sinnliches, Greifbares zu benennen]

    vgl. die Statistik bei G. Schöner, Spezialidiotikon des Sprachschatzes von Eschenrod, Zeitschrift für hochdeutsche Mundarten, IV und V.

hat man über fünftausend Wörter zusammengebracht]

    vgl. Gust. Schöner, Zeitschrift für hochdeutsche Mundarten, V, 350.

S. 100: beispielsweise kennt das Deutsche für Primula elatior]

    vgl. G. Pritzel und C. Jessen. Die deutschen Volksnamen der Pflanzen. Hannover 1882.

S. 100: 64 Ausdrücke für Schmetterling]

    vgl. J. Franck, Westdeutsche Zeitschr. für Geschichte und Kunst, XXVII, 10.

S. 105: unausgesprochen bleiben, weil sie für das Verständnis nicht unbedingt erforderlich sind]

    vgl. O. Behaghel, Beihefte zur Zeitschrift des Allgemeinen Deutschen Sprachvereins, XXXVI, 171.

hat das Gaunertum sich eine eigene Sprache gestaltet]

    vgl. F. Kluge, Geheimsprachen, Unser Deutsch. Leipzig 1907. S. 74; derselbe, Rotwelsch. Bd. I. Straßburg 1901; L. Günther, Das Rotwelsch des deutschen Gauners. Leipzig 1905; Ernst Rabben, Die Gaunersprache. Hamm 1906; L. Günther, Beiträge zur Systematik und Psychologie des Rotwelsch. Archiv für Kriminalanthropologie und Kriminalistik. Bd. 33, 38, 42, 43, 46—51, 54 bis 56; Engelb. Wittich und L. Günther, Die jenische Sprache. Ebenda Bd. 63—65.

362

S. 106: das gilt von den sogenannten Euphemismen]
vgl. K. Scheffler, Der verhüllende oder euphemistische Zug
in unserer Sprache. Beihefte zur Zeitschrift des Allgemeinen
Deutschen Sprachvereins, H. XIV/XV. S. 113.

S. 107: Eindruck eines pessimistischen Zuges]
vgl. R. Bechstein, Ein pessimistischer Zug in der Entwicklung
der deutschen Wortbedeutung. Germania, VIII, 330.

S. 110: die Sprache der Höflichkeit]
vgl. R. Ihering, Der Zweck im Recht. Bd. II, S. 656.

die Art der Anrede und die Art, wie jemand von sich selbst spricht]
vgl. Jakob Grimm, Deutsche Grammatik. IV², 356; G. Ehris-
mann, Duzen und Ihrzen im Mittelalter. Zeitschrift für deutsche
Wortforschung. Bd. I u. ff.; Albrecht Keller, Die Formen der Anrede im Frühneuhochdeutschen. Zeitschrift für deutsche Wortforschung, VI, 129.

in Poesie und Prosa verschieden]
vgl. R. M. Meyer, Deutsche und englische Dichtersprache,
Herrigs Archiv 120, 9.

S. 111: verläuft der schöpferische Vorgang]
vgl. O. Behaghel, Bewußtes und Unbewußtes im dichterischen
Schaffen. Wien und Leipzig 1907.

S. 112: die Redeform der Wiederholung]
vgl. O. Behaghel, Zur Technik der mittelhochdeutschen Dichtung. Beiträge zur Geschichte der deutschen Sprache. XXX, 431.

S. 115 o.: in der altgermanischen Dichtung]
vgl. R. M. Meyer, Die altgermanische Poesie nach ihren formelhaften Elementen beschrieben. Berlin 1889.

durch das z. B. W. Busch die Lachmuskel seiner Leser in Bewegung setzt]
vgl. Paul Lindau, Wilhelm Busch, Nord und Süd, IV, 257.

S. 117: hat awol die Geltung des schriftsprachlichen nein]
vgl. Zeitschrift für deutsche Mundarten 1908, 970.

S. 118 o.: die grammatische Theorie]
vgl. Max Herm. Jellinek, Geschichte der neuhochdeutschen
Grammatik von den Anfängen bis auf Adelung. Heidelberg 1913
und 1914.

S. 220 o.: Lootse ist Kurzform zu Lootsmann]
vgl. F. Kluge, Zeitschrift für deutsche Wortforschung, IX, 122.

S. 126: Beispiele solcher isolierten Formen]
vgl. J. N. Zimmermann, Über die isolierten Formen im Neuhochdeutschen. Programm des Schullehrerseminars zu Meersburg
1880.

S. **127:** wird gewöhnlich als Volksetymologie bezeichnet]
vgl. K. G. Andresen, Deutsche Volksetymologie. Sechste Aufl. Leipzig 1899; O. Weise, Zur Charakteristik der Volksetymologie. Zeitschrift fürVölkerpsychologie und Sprachwissenschaft. XII, 203; K. Brugmann, Indogermanische Forschungen. XVII, 170; Kr. Nyrop, sprogets vilde skud. Kopenhagen 1882.

S. **130:** die Rote Erde]
vgl. F. Jostes, Anzeiger für deutsches Altertum und deutsche Literatur, XXII, 400.

S. **130:** solche anreimende Formeln]
vgl. Th. Heinze, Die Alliteration im Munde des deutschen Volkes. Anklam 1882; C. Schulze, Die sprichwörtlichen Formeln der deutschen Sprache. Herrigs Archiv, XXXXVIII S. 435.

S. **133:** die Wandlungen der Bedeutung]
vgl. Alb. Waag, Bedeutungsentwicklung unseres Wortschatzes. Dritte Aufl. Lahr 1915; G. Gerber, Die Sprache als Kunst. Zweite Aufl. Bromberg 1885, namentlich Bd. II, S. 21; Joh. Stöcklein, Bedeutungswandel der Wörter, seine Entstehung und Entwicklung. München 1898. W. van Helten, Zur Semasiologie. Zeitschrift für deutsche Wortforschung, XIV, 1; K. Morgenroth, Gesetze des Bedeutungswandels. Zeitschrift für französische Sprache und Literatur, 1913, 8; Marie Hadlich, Zur Theorie des sprachlichen Bedeutungswandels. Dissertation von Halle 1915.

S. **136:** die Bezeichnungen für die spezifischen Sinneswahrnehmungen]
vgl. F. Bechtel, Über die Bezeichnungen der sinnlichen Wahrnehmungen in den indogermanischen Sprachen. Weimar 1879.

S. **137:** es mit der ursächlichen Verknüpfung der Erscheinungen nicht sehr genau nimmt]
vgl. O. Behaghel, Beihefte zur Zeitschrift des Allgemeinen Deutschen Sprachvereins, H. XIV/XV, S. 140; K. Scheffler, Zeitschrift des Allgemeinen Deutschen Sprachvereins. 1904, S. 363; Paul Feldkeller, Über Begriffsüberschiebungen, Archiv für die gesamte Psychologie, 36, 281; K. Schrader, Blind, taub, stumm. Sanders' Zeitschrift für deutsche Sprache, V, 145.

S. **138:** was man gewöhnlich als Metapher bezeichnet]
vgl. Fr. Vischer, Das Symbol. Philosophische Aufsätze, Eduard Zeller gewidmet, S. 153; Brinkmann, Die Metapher, Bonn 1878; K. Bruchmann, Psychologische Studien zur Sprachgeschichte. Leipzig 1888; Alfred Biese, Das Assoziationsprinzip und der Anthropomorphismus in der Ästhetik. Kieler Programm 1890; derselbe, Die Philosophie des Metaphorischen, Hamburg und Leipzig 1893.

S. 139: insbesondere sind es gewisse Zweige menschlicher Beschäftigung]
vgl. Hermann Schrader, Der Bilderschmuck der deutschen Sprache. Siebente Aufl. Berlin 1912.
keiner in stärkerem Maße als das Waffenhandwerk]
vgl. Fr. Haberland, Krieg im Frieden. III. Teil. Ritter und Turniere im heutigen Deutsch. Programm von Lüdenscheid 1896.
durch Tiernamen gekennzeichnet]
vgl. K. A. Bahrdt, Zoologie in den Ausdrücken und Redensarten der Sprache. Progr. v. München 1872.; Th. Imme, Sprachliche Zoologie. Zeitschrift des Allgemeinen Deutschen Sprachvereins, XXIII, 353.
S. 141: flüchten in die Binsen]
vgl. Zeitschr. für hochdeutsche Mundarten, III, 213.
S. 143: besonders merkwürdig ist eine Art von Vergleichen]
vgl. O. Behaghel, Einfluß des Schrifttums auf den Sprachschatz. Zeitschrift des Allgemeinen Deutschen Sprachvereins. 1903, 35.
S. 145: „da beißt keine Maus einen Faden ab"]
vgl. Othm. Meisinger, Zeitschrift für deutsche Mundarten, 1909, 24.
S. 148: Eigennamen wieder zu Eigenschaftswörtern werden]
vgl. Wilh. Wackernagel, Die deutschen Appellativnamen. In s. kl. Schriften, III, 54; Othmar Meisinger, Die Appellativnamen in den hochdeutschen Mundarten. I. Die männlichen Appellativnamen. Progr. von Lörrach 1904; derselbe. Die weiblichen Appellativnamen in den hochdeutschen Mundarten. Zeitschrift für die hochdeutschen Mundarten. VI, 120; derselbe, Die Appellativnamen in den hochdeutschen Mundarten. Nachträge. Progr. von Lörrach 1910.
S. 152: besonders häufig sind die Ausdrücke]
vgl. J. Haltrich, Zur Volkskunde der Siebenbürger Sachsen. Wien 1885, S. 381: Ausdrücke und Redewendungen für guten und schlechten Wein, für Trinken, Schlagen und Sterben.
die Ausdrücke für schlagen]
vgl. O. Weise, Prügeln und sinnverwandte Ausdrücke. Zeitschrift für hochdeutsche Mundarten, II, 38.
S. 156: insbesondere die Vogelnamen]
vgl. J. Winteler, Naturlaute und Sprache. Aarauer Programm 1892 (Stieglitz, S. 13, Star, S. 14); Osk. Hauschild, Deutsche Tierstimmen in Schriftsprache und Mundart. Zeitschrift für deutsche Wortforschung, XI, 149; Hugo Suolahti, Die deutschen Vogelnamen, Straßburg 1909.

S. 156/7: so bildet Ticktack das Geräusch des Pendels nach]
  vgl. O. Rosenbach, Das Ticktack der Uhr in akustischer und sprachphysiologischer Beziehung. Zeitschrift für Psychologie und Physiologie der Sinnesorgane, XXXIII, 81; Trets, Die Harmonie der Vokale. Archiv für die gesamte Psychologie, 1909, 311.

S. 158 o.: Aufnahme von Wörtern aus den Mundarten]·
  vgl. C. Franke, Reinheit und Reichtum der deutschen Schriftsprache, gefördert durch die Mundarten. Leipzig 1890.

durch Wiedererweckung alter Worte]
  R. Müller, Die Wiederbelebung alter Wörter. Beihefte der Zeitschrift des Allgemeinen Deutschen Sprachvereins, H. II, 57.

S. 157: das Wort Gas]
  vgl. Edm. von Lippmann, Chemiker-Zeitung 1911, Nr. 5, 7, 8

S. 158: am kecksten ist Richard Wagner zu Werke gegangen]
  vgl. Felix Ott, Richard Wagners poetischer Wortschatz. Dissertation von Gießen 1914.

S. 159: haben sich in Zusammensetzungen und Ableitungen alte Bedeutungen erhalten]
  vgl. O. Behaghel, Sprachliche Versteinerungen. Westermanns Monatshefte, 1900, S. 818.

J. 164: als der der Lutherischen‘ Bibel]
  vgl. die oben zu S. 137 genannte Abhandlung von O. Behaghel; ferner P. Grünberg, Biblische Redensarten. Studie über den Gebrauch und Mißbrauch der Bibel in der deutschen Volks- und Umgangssprache. Heilbronn 1888.

die Kreise der Sprachreiniger, die schöpferisch gewirkt haben]
  vgl. H. Dunger, Wörterbuch von Verdeutschungen entbehrlicher Fremdwörter. Leipzig 1882. Einleitung.

S. 165: von den Schlagwörtern unserer Zeit]
  vgl. Otto Ladendorf, Historisches Schlagwörterbuch. Straßburg und Berlin 1906.

S. 166 u.: bedient sich die gedrungene Rede des‘Sprüchworts solcher Neu bildungen]
  vgl. Emil Terner, die Wortbildung im deutschen Sprüchwort. Gießner Dissertation 1908.

Lebenshaltung von Friedr. Alb. Lange]
  vgl. Traug. Friedmann, Zeitschrift des Allgemeinen Deutsche Sprachvereins, 1912, 102.

S. 166 u.: verschiedenen sprachlichen Einflüssen ausgesetzt war]
  vgl. F. Wrede. Der Sprachatlas des Deutschen Reiches und die elsässische Dialektforschung. Herrigs Archiv, CXI, 29.

daß Mundarten von Städten]

vgl. J. Erdmann, Beiträge zur Kenntnis der Mundart von Bingen-Stadt und Bingen-Land. Zeitschrift für deutsche Mundarten, 1906, 146; O. Schmidt, Der kurze Vokalismus der Bonnländer Mundart. Gießener Dissertation 1905; O. Knauß, Vergleichung des vokalischen Lautstandes in den Mundarten von Atzenhain und Grünberg. Gießner Dissertation 1905.

S. 167: als „Restwort" erhalten]

vgl. Ed. Herrmann Zeitschrift, für vergleichende Sprachforschung, XXXIX. 604.

S. 168: die Einwirkung fremder Sprachen]

vgl. das zu S. 164 angeführte Werk von H. Dunger; ferner: J. Wackernagel, Sprachtausch und Sprachmischung, Nachrichten der Gesellschaft der Wissenschaften in Göttingen. 1904, 90; W. Wackernagel, Die Umdeutschung fremder Wörter, Kleinere Schriften, III, 253; Fr. Seiler, Die Entwicklung der deutschen Kultur im Spiegel des deutschen Lehnworts. T. 1, Dritte Aufl. Halle 1913, T. 2—4, 1907—12.

S. 171: der Einfluß des Lateinischen]

vgl. die Liste bei F. Kluge in Pauls Grundriß der germanischen Philologie², I, 333.

daß die lateinischen Lehnwörter zu einem großen Teil aus dem Gallischen stammen]

vgl. J. Jud, Zeitschrift für roman. Philologie, XXXVIII, 37.

hat der lateinische in der mittelhochdeutschen Zeit fortgedauert]

vgl. Paul Möller, Fremdwörter aus dem Lateinischen im späteren Mittelhochdeutschen und Mittelniederdeutschen. Dissertation von Gießen 1914.

S. 172: ein Pfiff Wein (lat. pipa die Röhre]

vgl. J. Jud, mots Allemands d'origine Romane. Romania, 1913, 581.

S. 172: wo es von sonst nicht verbreiteten französischen Fremdwörtern geradezu wimmelt]

vgl. Th. Keiper, Französische Familiennamen in der Pfalz und Französisches im Pfälzer Volksmund. 2. Aufl. Kaiserslautern 1891; Jul. Leithäuser, Gallicismen in niederdeutschen Mundarten. Programm von Barmen 1891 und 1894; Ph. Lenz, Die Fremdwörter des Handschuhsheimer Dialekts, Programm von Baden-Baden 1896; L. Florax, Französische Elemente in der Volkssprache des nördlichen Roergebietes. Progr. von Viersen 1893; Rich. Mentz, Französisches im mecklenburger Platt. Programm von Delitzsch 1897 und 1898; M. Besler, Die Forbacher Mundart und ihre französischen Betandteile. Programm von Forbach 1901; Theod. Gartner, Fremdes im Wortschatz der Wiener Mundart. Zeitschrift für hochdeutsche Mundarten III—V; Karl Roos, Die Fremdwörter in den elsässischen Mundarten. Dissertation von Straßburg 1903; Wilh. Schoof, Das französische Fremdwort in der Schwälmer Mundart. Zeitschrift für deutsche Mundarten 1906, 64; E. Jäschke, Lateinisch-romanische Fremdwörter der schlesischen Mundart. Breslau 1908; J. Tockert, Romanische Lehnwörter in der Luxemburger Mundart. Luxemburg 1910; G. Roedler, Fremdwörter in der Nassauer Sprache. Mitteil. des Vereins für Nassauische Altertumskunde. 1911, 95 und 129; Adolf Bach, Über die lateinisch-romanischen Elemente im Wortschatz der nassauischen Mundarten. Annalen des Vereins für Nassauische Altertumskunde 42. 82 (1913); E. Sorg, Romanische Lehn- und Fremdwörter im Oberpfälzischen. Oberpfalz, VII, 115; Maxim. Martin, Die französischen Wörter im Rheinhessischen. Dissertation von Gießen 1914; Wilh. Bruckner, Die Behandlung der fremden Namen im Deutschen. 45. Jahrbuch des Vereins schweizerischer Gymnasiallehrer für 1916.

S. 173: diese erstand im Christentum

vgl. R. von Raumer, Die Einwirkung des Christentums auf die althochdeutsche Sprache. Berlin 1851.

durch die Goten zu uns aus dem Griechischen gekommen sein]

vgl. F. Kluge, Gotische Lehnworte im Althochdeutschen. Beiträge zur Geschichte der deutsch. Sprache u. Literatur, XXXV, 124.

S. 174 u.: ein breiter Strom französischer Wörter]

vgl. J. Kassewitz, Die französischen Wörter im Mittelhochdeutschen. Straßburger Dissertation 1890; H. Palander, Der französische Einfluß auf die deutsche Sprache im 12. Jahrhundert. Mémoires de la société néophilologique de Helsingfors. III (1902).

S. 177: fremder Wörter aus dem Englischen]

vgl. H. Dunger, Wider die Engländerei. Zweite Aufl. Berlin 1910; Rob. F. Arnold, Die englischen Lehn- und Fremdwörter im gegenwärtigen Neuhochdeutschen. Zeitschrift für die österreichischen Gymnasien. 1904, 97.

Pawelatsch]

vgl. Th. Keiper, Pfälzisches Museum, XXVI, 138.

S. 178: Hurrah und Tolpatsch]

vgl. Korrespondenzblatt des Vereines für siebenbürgische Landeskunde, XXV, 70, Beiträge zur Geschichte der deutschen Sprache und Literatur, XXV, 212.

368

Bumerang stammt aus einem australischen Wort]
vgl. Schoetensack, Zeitschrift für Ethnologie XXXIII, 138;
M. Buchner, ebda. 118, 219.

S. 179: in deutschen Wörtern sich fremder Sprachgeist wirksam zeigt]
vgl. S. Singer, Beiträge zur vergleichenden Bedeutungslehre.
Zeitschrift für deutsche Wortforschung, III, 220; IV, 125; Fritz
Mauthner, Wörterbuch der Philosophie, Bd. I, S. LVII u. LXIII.

S. 180: hingegossen nach effusus]
vgl. J. A. Walz, Hingegossen. Zeitschrift für deutsche Wortforschung. XIII, 135.

Schöpfung auf englischem creation]
vgl. J. A. Walz, Zeitschrift für deutsche Wortforschung. XV, 146.

um das französische distrait wiederzugeben]
vgl. Brandstäter, die Gallizismen in der deutschen Schriftsprache. Leipzig 1864.

S. 181 o.: der sogenannte Akkusativ und Infinitiv nachgebildet worden]
vgl. O. Apelt, Bemerkungen über den Accusativus cum Infinitivo
im Althochdeutschen und Mittelhochdeutschen, Programm des
Weimarer Gymnasiums 1875; E. Herford, Über den Akkusativ
mit dem Infinitiv im Deutschen. Programm des Gymnasiums zu
Thorn 1882.

S. 182 o.: die relative Geltung des Pronomens welcher]
vgl. O. Behaghel, Zum Relativpronomen welcher. Zeitschrift
für deutsche Wortforschung, XIII, 157.

S. 184: ohne Kampf über uns ergehen zu lassen]
vgl. O. Behaghel, Westermanns Monatshefte, 61, 495.

der Kampf gegen die Fremdwörtersucht]
vgl. K. Dissel, Die sprachreinigenden Bestrebungen im 17.
Jahrh. Hamburg 1885; Hans Schultz, Die kleineren Sprachgesellschaften des 17. Jahrhunderts. Göttinger Dissertation 1888; Hans
Wolff, Der Purismus in der Literatur des 17. Jahrhunderts. Straßburger Dissertation 1888; W. Feldmann, „Das Sendschreiben
eines Landpriesters“, Zeitschrift für deutsche Wortforschung, VII,
241; derselbe, Fremdwörter und Verdeutschungen des 18. Jahrhunderts, ebenda VIII, 49.

S. 185: andere Bedeutung „als sie ihnen in ihrer Heimat zukommt]
vgl. Zeitschrift des Allgemeinen Deutschen Sprachvereins, 1910,
271; 1917, 42.

**S. 189: das Schicksal des einzelnen Fremdwortes bei und nach der
Entlehnung]**
vgl. Jos. Moers, Die Form- und Begriffsveränderungen der

französischen Fremdwörter im Deutschen, Bonner Programm 1884,
S. 26.

für die Zwecke der Schule die fremden Pflanzennamen durch deutsche
ersetzen wollen]

vgl. W. Meigen, Die Deutschen Pflanzennamen. Berlin 1898.
S. 190: besteht in bezug auf die Betonung]

vgl. W. Neumann, Über die Betonung der Fremdwörter im
Deutschen. Programm des Gymnasiums zu Groß-Strehlitz 1882.
S. 192 u.: traten in das Geschlecht derselben über]

vgl. J. Blumer, Zum Geschlechtswandel der Lehn- und Fremdwörter im Hochdeutschen. Leipzig 1890.
S. 195: bei der Prüfung, ob die eine oder die andere Schrift]

vgl. F. Soenneken, Das deutsche Schriftwesen und die Notwendigkeit seiner Reform. Bonn 1881; derselbe, Über Schriftles-
barkeit. Deutsche Optische Wochenschrift 1914/15; F. W. Kae-
ding, welche Kraftleistung verwendet die Kurrentschrift auf die
Darstellung der Sprache? Steglitz 1898.
S. 196: ob die Rundschrift schöner ist als die Fraktur]

vgl. R. Bechstein, Die deutsche Druckschrift und ihr Verhältnis zum Kunststil alter und neuer Zeit. Heidelberg 1884.
daß in der „deutschen" Schrift ein Stück nationaler Eigenart liege]

vgl. O. Behaghel, Eckenschrift und Deutschtum. Westermanns
Monatshefte 58, 651; Kurt Brandi, Unsere Schrift. Göttingen 1911.
S. 199 u.: in einem amtlichen Wörterverzeichnis Ausdruck fand]

vgl. auch O. Sarrazin, Einheitsschreibung. 3. Aufl. Berlin
1906.
S. 203: die Betonung von Forelle. Holunder und lebendig]

vgl. F. Kluge, Literaturblatt für germanische und romanische
Philologie. XXVII, 394; Behaghel, Geschichte der deutschen
Sprache⁴, 125.
S. 204: einem besonderen Nachdruck]

vgl. H. Hoffmann, Emphatischer Akzent im Deutschen. Zeitschrift für den deutschen Unterricht, XX, 133.
S. 205: sie erscheinen neuhochdeutsch als die Diphtonge ei, au, eu]

vgl. Fr. Wrede, Die Entstehung der neuhochdeutschen Diphthonge. Zeitschrift für deutsches Altertum. XXXIX, 257.
durch Entlehnung aus dem Altdeutschen]

vgl. R. Bechstein, Die Altertümlichkeiten in unserer Schriftsprache Rostock 1878.
S. 207: Ursprung der vokalischen Längen des Neuhochdeutschen]

vgl. H. Paul, Vokaldehnung und Vokalkürzung im Neuhochdeutschen. Beiträge zur Geschichte der deutschen Sprache und Literatur, IX, 101, sowie die oben zu S. 60 verzeichnete Abhandlung von Ritzert; H. Burghauser, Die neuhochdeutsche Dehnung des mittelhochdeutschen kurzen Stammvokals in offener Silbe. Programm von Karolinental 1895.

S. 210: es wurde zu i, wenn ein i der Endung nachfolgte]

vgl. F. von Borries, Das erste Stadium des i-Umlautes im Germanischen. Straßburger Dissertation 1887.

S. 212: dem Tage oder Tag]

vgl. O. Behaghel, Geschichte der deutschen Sprache. Vierte Aufl. 182.

S. 216: deren Stachellosigkeit sich der geweihlosen Hindin vergleicht]

vgl. R. Loewe, Etymologische Untersuchungen über Hirschbeere, Hindelbeere, Rehbockbeere und ihre Verwandten. Heidelberg 1915.

der Angleichung gerade entgegengesetzt ist die Erscheinung]

vgl. O. Behaghel, Einige Fälle von Dissimilation, Germania. XXIII, 32.

nebeneinander stehen Pfennig und Pfenning]

vgl. E. Schroeder, Pfennig, Zeitschrift für deutsches Altertum. XXXVIII, 124; derselbe, Blachfeld, Göttingische Gelehrte Nachrichten, 1908, 15.

S. 218: die Biegung des Neuhochdeutschen]

vgl. Kl. Boiunga, Die Entwicklung der neuhochdeutschen Substantivflexion. Leipziger Dissertation; H. Molz, Die Substantivflexion seit mittelhochdeutscher Zeit. Beiträge zur Geschichte der deutschen Sprache und Literatur. XXVII, 209; XXXI, 277.

S. 220: dem Tage, aber dem Landtag]

vgl. O. Behaghel, Das e im Dativ der Einzahl männlicher und sächlicher Hauptwörter. Beihefte zur Zeitschrift des Allgemeinen Deutschen Sprachvereins. H. 17/18, S. 251; Zeitschrift des Allgemeinen Deutschen Sprachvereins 1909, 33; Joh. Schmidt, Das Gesetz der deutschen Prosa. Wien 1898.

S. 224: mit starker Verstümmelung des unbetonten Bindeworts]

vgl. O. Behaghel, Beihefte zur Zeitschrift des Allgemeinen Deutschen Sprachvereins, H. 36, 171.

S. 225: das Nebeneinander von Franken, Lumpen, Tropfen und Franke Lump, Tropf]

vgl. O. Behaghel, Germania. XXIII, 269.

S. 232 o.: die Grenzen zwischen Dativ und Akkusativ verwischt erscheinen] vgl. O. Behaghel, Vertauschung von Genitiv, Dativ, Akkusativ beim persönlichen Pronomen. Germania. XXIV, 24.

S. 233: kürzere und längere Formen nebeneinander]

vgl. Franz Leupold, Zur Geschichte der neuhochdeutschen Pronominalflexion. Heidelberger Dissertation 1909.

S. 246: aus älterem wâren wi entstanden]

vgl. O. Behaghel, Literaturbl. für germ. u. roman. Phil. 1915, 79.

S. 248: Stammverkettung]

vgl. Herm. Osthoff, Vom Suppletivwesen der indogermanischen Sprachen. Heidelberg 1900.

ein Punkt in der Bildung des Partizipiums]

vgl. G. Maier, Das ge-Partizip im Neuhochdeutschen. Zeitschrift für deutsche Wortforschung. I, 281; P. Pietsch, Über Sprachregeln. Zeitschrift des Allgemeinen Deutschen Sprachvereins. XXI, 135; derselbe, Nochmals ge- beim Mittelwort der Vergangenheit, ebenda Sp. 257.

S. 249: ich habe ihn kommen lassen]

vgl. P. Merkes, Beiträge zur Lehre vom Gebrauch des Infinitivs im Neuhochdeutschen. Leipzig 1896; O. Behaghel, Literaturblatt für germ. und roman. Phil. 1916, 11.

Die Wortbildung. Allgemeines]

Zahlreiche Beiträge zur Lehre von der Wortbildung in der Zeitschrift für deutsche Wortforschung, herausgegeben von F. Kluge.

S. 255: Die Zusammensetzung]

vgl. L. Tobler, Über die Wortzusammensetzung. Berlin 1868.

S. 258: Neuere Versuche, diesem s das Lebenslicht auszublasen]

vgl. M. Trautmann, L. Tobler, K. Scheffler, Beihefte zur Zeitschrift des Allgemeinen Deutschen Sprachvereins, H. 1, 4; H. 2, 87, 89; H. 3, 130; H. 4, 188.

s in der Fuge der Wortverbindung]

vgl. O. Sarrazin, Plaudereien über das Binde-s. Beihefte zur Zeitschrift des Allgemeinen Deutschen Sprachvereins. H. 19, 285.

S. 262: Feuers- und Wassersnot]

vgl. O. Behaghel, Ersparung eines Gliedes der Zusammensetzung. Beihefte zur Zeitschrift des Allgemeinen Deutschen Sprachvereins, H. 14/15, 147; W. Steglich, Über die Ersparung von Flexions- und Bildungssilben bei kopulativen Verbindungen. Zeitschrift für deutsche Wortforschung, III, 1.

S. 264: Bildungen mit ver-]

vgl. H. Leopold, Die Vorsilbe ver- und ihre Geschichte. Breslau 1907

S. 266: wenn die beiden Glieder sinnesgleich sind]

vgl. H. Mushacke, Über einige Eigentümlichkeiten, insbesondere über Pleonasmus und Tautologie in der deutschen Wortzusammensetzung. Programm von Hannover 1883.

S. 272: die Aufgabe hat, den zweiten Begriff zu steigern]

vgl. L. Tobler, Über die verstärkenden Zusammensetzungen im Deutschen, Die deutschen Mundarten. V., 1; ferner den Anhang der zu S. 255 genannten Schrift desselben Verfassers; O. Hauschild, Die verstärkende Zusammensetzung bei Eigenschaftswörtern im Deutschen, Hamburger Gymnasialprogramm 1899; derselbe, Zeitschrift für deutsche Wortforschung, Bd. 4, 5, 6.

mutterseelenallein]

vgl. Zeitschrift für deutsche Wortforschung. III, 246. IV, 315.

S. 273: da saß der Kaiser Rotbart]

vgl. E. Leumann, Einiges über Komposita, Indogermanische Forschungen. VIII, 297.

Ableitung]

vgl. F. Kluge, Nominale Stammbildungslehre der altgermanischen Dialekte. Halle 1886.

S. 274: nicht selten ist sie eine andere, als es die unbefangene Betrachtung zu lehren scheint]

vgl. Wilh. Bruckner, Die Namenbildung der Basler Schülersprache. Schweizer Archiv für Volkskunde, 21, 1; Herm. Ruppert, Rückbildung deutscher Substantiva aus Adjektiven. Freiburger Dissertation von 1911.

S. 278: Eigennamen zu allgemeinen Bildungssilben geworden]

vgl. Zeitschrift des Allgemeinen Deutschen Sprachvereins 1908, 155.

S. 279: der Ausgang auf -er]

vgl. O. Behaghel, Zu den Bildungen auf -er. Beihefte zur Zeitschrift des Allgemeinen Deutschen Sprachvereins, H. 14/15, 137.

S. 289: die Satzfügung des Neuhochdeutschen]

vgl. Fr. Blatz, Neuhochdeutsche Grammatik. Dritte Aufl. Karlsruhe 1895 und 1896. Bd. 2; O. Erdmann (und Mensing), Grundzüge der deutschen Syntax. Stuttgart 1886 und 1898; H. Wunderlich, Der deutsche Satzbau. Zweite Aufl. Stuttgart 1901; derselbe, Unsere Umgangssprache in der Eigenart ihrer Satzfügung. Weimar und Berlin 1894; L. Sütterlin, Die deutsche Sprache der Gegenwart. Leipzig 1900.

S. 291: stuont weinota]

vgl. O. Behaghel, Asyndetische Parataxe. Germania. XXIV,

167; K. Held, Das Verbum ohne pronominales Subjekt in der älteren deutschen Sprache. Berlin 1903.

S. 292: die Zurückführung auf die ehemalige Beiordnung]
vgl. O. Behaghel, Der Gebrauch der Zeitformen im konjunktivischen Nebensatz des Deutschen. S. 174.

S. 293: das Aussehen von selbständigen Sätzen annehmen]
vgl. O. Behaghel, Die Herstellung der syntaktischen Ruhelage im Deutschen. Indogermanische Forschungen, XIV, 438.

S. 295: durch die Gleichheit des Anlauts]
vgl. O. Deppe, Die Alliteration im Sprachgebrauch der heutigen Prosa. Programm von Hildesheim 1912.

S. 299: das Referat]
vgl. Herm. Dunger, Wie sind die Wortbildungen Referat, Dezernat, Inserat zu erklären? Beihefte zur Zeitschrift des Allgemeinen Deutschen Sprachvereins IV, 117.

ist vielleicht die Verwendung in der Frage nicht das Uranfängliche]
Diese Vermutung ist schwerlich aufrecht zu erhalten.

S. 301: mittelst geht auf durch mittel oder über mittel zurück]
vgl. O. Behaghel, Beihefte zur Zeitschr. des Allgem. Deutsch. Sprachvereins, V, 174.

S. 303: ein großer Teil der unterordnenden Konjunktionen]
O. Behaghel an der zu S. 292 genannten Stelle.

S. 305: wer denn? was denn?]
Die im Text gegebene Erklärung des denn ist unrichtig; denn bedeutete in solchen Sätzen ursprünglich soviel als unter diesen Umständen. Auch so war es also ursprünglich satzverbindend.

S. 306: Interjektionen als Mittel der Erzählung]
vgl. J. Wackernagel, Verhandlungen der Züricher Philologenversammlung S. 297 ff.

frisch gewagt ist halb gewonnen]
vgl. O. Behaghel, Literaturblatt für germanische und romanische Philologie. 1900, 58.

S. 307: in der Regel vom Geschlechtswort begleitet]
vgl. H. Graef, Die Entwicklung des deutschen Artikels vom Althochdeutschen zum Mittelhochdeutschen. Gießner Dissertation 1905.

S. 313: der Genitiv gewesen, der Einbußen erlitten hat]
vgl. G. Rausch, Zur Geschichte des deutschen Genetivs seit der mittelhochdeutschen Zeit. Gießner Dissertation 1897; H. Kiefer, Der Ersatz des adnominalen Genitivs im Deutschen. Gießner Dissertation 1910.

S. 314: die deutschen Mundarten der Gegenwart haben kaum mehr eine Ahnung vom lebendigen Gebrauch des Genitivs; S. 316: auch der Dativ ist nicht unangetastet geblieben]

vgl. W. Friedrich, Die Flexion des Hauptworts in den heutigen deutschen Mundarten. Zeitschrift für deutsche Philologie, XXXII, 484, und XXXIII, 45; K. Alles, Beiträge zur Substantivflexion der Oberhessischen Mundarten. Gießner Dissertation 1907; L. Sütterlin, Der Genitiv im Heidelberger Volksmund. Festschrift zur Einweihung des neuen Gebäudes für das Gymnasium in Heidelberg. 1894; R. Brandstetter, Der Genitiv der Luzerner Mundart in Gegenwart und Vergangenheit. Zürich 1904.

S. 316: ein Mischgebilde entstanden]

vgl. O. Behaghel, Literaturblatt f. germ. u. rom. Philol. 1914, 281.

S. 317: Röslein rot]

vgl. J. Hellwig, Die Stellung des attributiven Adjektivs im Deutschen. Gießner Dissertation 1898.

die unflektierte Form geradezu Regel geworden]

vgl. R. Rühl, Unflektierte (nominale) und starke Form im Singular des attributiven Adjektivs in den hochdeutschen Mundarten. Gießner Dissertation 1909.

S. 318: durch Abwerfen der Partizipialendung]

vgl. O. Behaghel, Beihefte zur Zeitschrift des Allgemeinen Deutschen Sprachvereins, H. 36, 171/174.

S. 319: Verbindungen von sein oder haben mit dem Partizipium Präteriti]

vgl. O. Behaghel, Ich habe geschlafen. Zeitschrift für deutsche Philologie. XXXII, 72; H. Paul, Die Umschreibungen des Perfektums im Deutschen mit haben und sein. München 1902.

S. 322: so weit wären wir]

vgl. Zeitschrift für den deutschen Unterricht. III, 553; IV, 433; VII, 788; VIII, 690; X, 444; XX, 711.

S. 323: in diesem Konjunktiv der abhängigen Rede]

vgl. O. Behaghel, Gebrauch der Zeitformen im konjunktivischen Nebensatz des Deutschen. Paderborn 1899.

S. 324: als ob die in ihr niederlegten Wahrnehmungen vom Erzähler selbst gemacht worden seien]

vgl. Elis Herdin, Studien über Bericht und indirekte Rede im modernen Deutsch. Dissertation von Upsala 1905.

S. 326: der Wechsel in der Tonhöhe]

vgl. P. Schild, Brienzer Mundart, Göttinger Dissertation 1891, 16; J. Schatz, Die Mundart von Imst. Straßburg 1897, S. 31;

O. Krauß, Vergleichung des vokalischen Lautstandes in den Mund-
arten von Atzenhain und Grünberg. Gießner Dissertation 1906,
S. 11; E. Fuchs, Der musikalische Akzent in der Merziger Mundart.
Zeitschrift für hochdeutsche Mundarten. V, 12; Pr. Lessiak, Die
Mundart von Pernegg in Kärnten. Beiträge zur Geschichte der
deutschen Sprache. XXVIII, 52; J. Schiepek, Der Satzbau
der Egerländer Mundart I (1899), 3; A. Gebhardt, Grammatik
der Nürnberger Mundart. Leipzig 1907, 15; H. Tschinkel,
Grammatik der Mundart von Gottschee. Halle 1908, 79; B.
Schmidt, Die Mundart des Amtes Entlebuch. Frauenfeld
1915, 29.

S. 327: bei der Abstufung der Tonstärke]
vgl. W. Reichel, Die deutsche Betonung in der Gegenwart, in:
Sprachpsychologische Studien. Halle 1897, S. 99; derselbe, Entwurf
einer deutschen Betonungslehre für Schulen. Leipzig 1899.

S. 331: Wortstellung]
vgl. W. Braune, Zur Lehre von der deutschen Wortstellung in
den Forschungen zur deutschen Philologie 1894, 34; H. Mc.
Knight, The primitive teutonic order of words. Journal of Ger-
manic Philology, I, S. 136; J. Ries, Einige Grundfragen der germanischen Wortstellungslehre. Verhandlungen der Straßburger
Philologenversammlung, S. 130; derselbe, Die Wortstellung im
Beowulf. Halle 1907; W. Reichel, Die deutsche Wortstellung in der
Gegenwart, in Sprachpsychologische Studien. Halle 1897, S. 1.

S. 332: die Mundart hat sich ihre Freiheit bewahrt]
vgl. O. Behaghel, Zur deutschen Wortstellung. Beihefte zur
Zeitschrift des Allgemeinen Deutschen Sprachvereins, H. 17/18,
S. 233; H. Reis, Untersuchungen über die Wortfolge der Umgangssprache. Programm des Ostergymnasiums zu Mainz 1906.

S. 333: Röslein rot]
vgl. die zu S. 317 genannte Dissertation von J. Hellwig.
während umgekehrt der Genetiv]
vgl. W. Wagner, Die Stellung des attributiven Genitivs im
Deutschen. Gießener Dissertation 1905.

S. 334: die Personennamen]
vgl. E. Förstemann, Altdeutsches Namenbuch. Bd. I. Personennamen. Zweite Aufl. Bonn 1900; Ad. Socin, Mittelhochdeutsches Namenbuch. Basel 1903; Albt. Heintze, Die deutschen
Familiennamen geschichtlich, geographisch, sprachlich. 3. Aufl
Halle 1908; Friedr. Kluge, Deutsche Namenkunde. Leipzig 1917

S. 335: die alten Volksnamen der Warnen und Angeln nachklingen

vgl. F. Kluge, Völkernamen als erste Glieder von Personennamen. Zeitschrift für deutsche Wortforschung. VIII, 141.

S. 336: daß die Namen der Kinder gebildet wurden]
vgl. V. Abbée, Die Namen der Verwandten und Geschlechts-
genossen in den Urkunden des Klosters Fulda. Jahrbuch des Vereins für Orts- und Heimatskunde in der Grafschaft Mark. III, 60.

S. 337: auch Bildungen mit -man wurden zu Koseformen verwendet]
vgl. K. Carstens, Beiträge zur Geschichte der Bremischen
Familiennamen. Marburger Dissertation 1906, S. 60.

S. 339: für die Vornamen der jetzt aufgekommenen Doppelnamen]
vgl. R. F. Arnold, Die deutschen Vornamen. Zweite Aufl.
Wien 1901.

statt eines Vornamens deren zwei zu wählen]
vgl. K. Heinrichs, Studien über die Namengebung im
Deutschen seit dem Anfang des 16. Jahrhunderts. Straßburg 1908.

S. 343: diese mußten also mit dem Artikel verbunden werden]
vgl. O. Behaghel, Der Artikel bei Personennamen. Beiträge zur
Geschichte der deutschen Sprache und Literatur. XXIV, 547; derselbe, Grammatik und Polizei. Das Literarische Echo. 1901, 1234.

S. 345: daß in ein und dieselbe Lautform verschiedene Arten von
Namen zusammengeflossen sind]
vgl. K. G. Andresen, Konkurrenzen in der Erklärung der
deutschen Geschlechtsnamen. Heilbronn 1883.

S. 346: die Ortsnamen]
vgl. E. Förstemann, Altdeutsches Namenbuch. Bd. II. Ortsnamen. Dritte Auflage. Bonn 1912—1916; derselbe, Die deutschen Ortsnamen. Nordhausen 1863; Fr. Pfaff, Deutsche Ortsnamen. Berlin 1896; O. Heilig, Die Ortsnamen des Großherzog-
tums Baden. Karlsruhe 1906.

wo noch Kelten auf dem Boden Deutschlands saßen]
vgl. L. Erhardt, Historische Vierteljahrsschrift. VIII, 4.

S. 347: die Kantonsbezeichnung Rhoden]
vgl. J. Vetsch, Appenzellische Jahrbücher, IV, 226.

z. B. von den Pflanzen, die dort wachsen]
vgl. J. L. Brandstetter, Die Namen der Bäume und Sträucher
in Ortsnamen der deutschen Schweiz. Luzerner Programm 1902.

S. 352: die Namen auf -weiler]
vgl. O. Behaghel, Die deutschen Weiler-Orte, Wörter und
Sachen, II, 42.

NACHWORT.

Die Handschrift der vorliegenden sechsten Auflage der
„Deutschen Sprache“ befand sich seit Ausgang des April 1915
in den Händen der Verlagsbuchhandlung. Den Einfluß des
Weltkrieges auf die deutsche Sprache noch in die Darstellung
einzubeziehen, war leider nicht möglich. Spätere Werke und
Abhandlungen konnten in den Anmerkungen noch vereinzelt
berücksichtigt werden.

Gießen, 3. August 1917.

O. Behaghel.

Wort- und Sachverzeichnis.

Inhaltsverzeichnis.

Besonderer Teil.